"信毅教材大系"编委会

主　　任	卢福财
副 主 任	邓　辉　王秋石　刘子馨
秘 书 长	廖国琼
副秘书长	宋朝阳
编　　委	刘满凤　杨　慧　袁红林　胡宇辰　李春根
	章卫东　吴朝阳　张利国　汪　洋　罗世华
	毛小兵　邹勇文　杨德敏　白耀辉　叶卫华
	尹忠海　包礼祥　郑志强　陈始发
联络秘书	方毅超　刘素卿

信毅教材大系·财税系列

（第二版）

养老保险：理论与政策

Old-Age Insurance: Theory and Policy

余桔云 主编

复旦大学出版社

图书在版编目(CIP)数据

养老保险:理论与政策/余桔云主编. —2版. —上海:复旦大学出版社,2021.8(2024.12重印)
(信毅教材大系. 财税系列)
ISBN 978-7-309-15498-6

Ⅰ.①养… Ⅱ.①余… Ⅲ.①养老保险-高等学校-教材 Ⅳ.①F840.612

中国版本图书馆 CIP 数据核字(2021)第 020689 号

养老保险:理论与政策(第二版)
余桔云　主编
责任编辑/方毅超

复旦大学出版社有限公司出版发行
上海市国权路 579 号　邮编:200433
网址:fupnet@fudanpress.com　http://www.fudanpress.com
门市零售:86-21-65102580　团体订购:86-21-65104505
出版部电话:86-21-65642845
上海四维数字图文有限公司

开本 787 毫米×1092 毫米　1/16　印张 20　字数 474 千字
2024 年 12 月第 2 版第 2 次印刷

ISBN 978-7-309-15498-6/F・2777
定价:48.00 元

如有印装质量问题,请向复旦大学出版社有限公司出版部调换。
版权所有　侵权必究

总　序

世界高等教育的起源可以追溯到1088年意大利建立的博洛尼亚大学，它运用社会化组织成批量培养社会所需要的人才，改变了知识、技能主要在师徒间、个体间传授的教育方式，满足了大家获取知识的需要，史称"博洛尼亚传统"。

19世纪初期，德国教育家洪堡提出"教学与研究相统一"和"学术自由"的原则，并指出大学的主要职能是追求真理，学术研究在大学应当具有第一位的重要性，即"洪堡理念"，强调大学对学术研究人才的培养。

在洪堡理念广为传播和接受之际，英国教育家纽曼发表了《大学的理想》的著名演说，旗帜鲜明地指出，"从本质上讲，大学是教育的场所"，"我们不能借口履行大学的使命职责，而把它引向不属于它本身的目标"，强调培养人才是大学的唯一职能。纽曼关于"大学的理想"的演说让人们重新审视和思考大学为何而设、为谁而设的问题。

19世纪后期到20世纪初，美国威斯康星大学查尔斯·范海斯校长提出"大学必须为社会发展服务"的办学理念，更加关注大学与社会需求的结合，从而使大学走出了象牙塔。

2011年4月24日，胡锦涛总书记在清华大学百年校庆庆典上指出，高等教育是优秀文化传承的重要载体和思想文化创新的重要源泉，强调要充分发挥大学文化育人和文化传承创新的职能。

总而言之，随着社会的进步与变革，高等教育不断发展，大学的功能不断扩展，但始终都在围绕着人才培养这一大学的根本使命，致力于不断提高人才培养的质量和水平。

对大学而言，优秀人才的培养，离不开一些必要的物质条件保障，但更重要的是高效的执行体系。高效的执行体系应该体现在三个方面：一是科学合理的学科专业结构；二是能洞悉学科前沿的优秀的师资队伍；三是作为知识载体和传播媒介的优秀教材。教材是体现教学内容与教学方法的知识载体，是进行教学的基本工具，也是深化教育教学改革，提高人才培养质量的重要保证。

一本好的教材,要能反映该学科领域的学术水平和科研成就,能引导学生沿着正确的学术方向步入所向往的科学殿堂。因此,加强高校教材建设,对于提高教育质量、稳定教学秩序、实现高等教育人才培养目标起着重要的作用。正是基于这样的考虑,江西财经大学与复旦大学出版社达成共识,准备通过编写出版一套高质量的教材系列,以期进一步锻炼学校教师队伍,提高教师素质和教学水平,最终将学校的学科、师资等优势转化为人才培养优势,提升人才培养质量。为凸显江财特色,我们取校训"信敏廉毅"中一前一尾两个字,将这个系列的教材命名为"信毅教材大系"。

　　"信毅教材大系"将分期分批出版问世,江西财经大学教师将积极参与这一具有重大意义的学术事业,精益求精地不断提高写作质量,力争将"信毅教材大系"打造成业内有影响力的高端品牌。"信毅教材大系"的出版,得到了复旦大学出版社的大力支持,没有他们的卓越视野和精心组织,就不可能有这套系列教材的问世。作为"信毅教材大系"的合作方和复旦大学出版社的一位多年的合作者,对他们的敬业精神和远见卓识,我感到由衷的钦佩。

王　乔
2012 年 9 月 19 日

前 言

《养老保险:理论与政策》已出版五年,在这期间,国内外养老保险领域改革不断,比如中国养老金并轨、基本养老金投资管理办法、基本养老保险关系转移接续、养老保险降费、社会保险费征管体制、中央调剂金制度、养老服务体系发展等系列新政密集出台;国外养老金结构改革,尤其是养老金参量改革,如待遇计算方法、退休年龄、缴费年限等都在不断出台新规。此外,根据实践反思理论,对制度模式的适应土壤、选择依据、经济效应以及养老金改革趋势等方面的新观点不断产生,反过来又会影响甚至左右养老金改革方向。

为了与时俱进,本书进行了第一次修订,主要内容如下:

一、增加章节。增加第八章"机关事业单位养老保险制度"。国发〔2015〕2号文确定了机关事业单位养老保险制度,故增加单独一章梳理制度的发展沿革、改革背景和动力,以及制度的现行政策。第一章增加第一节"老年与养老",重点了解不同的养老文化;制度篇增加基本养老保险关系转移接续的政策实务和案例、不同群体养老保险制度的比较、基金投资管理新规和案例等;第十一章增加一节"2000—2019年养老服务体系发展的政策文本梳理"。

二、更新内容。除了理论篇内容相对稳定,其余章节在类似框架下进行了重大修改。一是根据改革新政,调整实务、链接和案例。比如删除并轨前的热点讨论和观点,补充并轨后养老保险制度相关链接、案例。利用各种渠道获取最新的国际资料,很多数据都是2018年的。

本书分为四篇共十三章。第一篇,理论篇:养老保险概述;养老保险基本理论;养老保险基本模式及其运行机制。第二篇,国际篇:世界养老金改革趋势;典型国家养老保险制度;世界公职人员养老保险制度。第三篇,制度篇:城镇职工基本养老保险制度;机关事业单位养老保险制度;城乡居民养老保险制度;中国基本养老保险基金管理投资。第四篇,拓展篇:养老服务体系;以房养老;退休规划。章节之间的内在逻辑:介绍基本理论后,根据养老保险不同模式选择有代表性的国家实践，不仅呈现完整国外制度，还能将相关模式的差异化管理融入其中，同时分析不同模式在实践中的个性特征，深化理论知识的理解和掌握；具备一定理论知识和国际视野的基础上，介绍中国的养老保险制度的改革实践，这样学生不仅能系统掌握政策实务，而且有能力参与到改革的讨论中。此外，本书还安排了拓展篇，目的是为了知识的完整性，让学生对不同养老方式有一个较为全面的认识和理解，从而能进行实际的养老规划，实现理论与实践的结合。

本书主要特点：一是理论够用——在理论篇，只阐述共性的理论，对于尚未达成共识的理论前沿和改革热点安排在案例、链接和思考讨论中，这样既保证了内容的完整性，又能实现教学的开放性，讲授与互动并重，有利于激发学生的学习热情，培养学生的创新思维，从而提高学生发现问题和解决问题的能力。二是技能实用——运用基本理论分析国内外养老保险制度的优劣，思考各国改革的热点和难点，并在此基础上提出自己的建议。教材内容充分反映本专业的理论前沿和改革热点，资讯材料力求最新最前沿，案例问题设计充分体现前瞻性和创新性思维的培养。三是知识系统——叙述内容力求概念清楚，定义准确，结构严谨，各家理论、学说有据。不仅介绍制度内的理论与实践，还安排拓展篇，将养老保险制度与其它养老模式有机结合起来。四是形式活泼——开篇有导入案例，部分章后有案例分析，行文中有丰富的链接，图文并茂，将科学严谨与活泼有趣融为一体。

修订版再次入选江财"信毅教材大系"，这是对作者多年教学成果的肯定，但真正编好一本教材并非易事。作者非常重视本书的修订工作，投入大量的时间和精力，以期为大家奉上一本较为满意的教材。当然由于作者水平有限，书中难免有疏漏甚至错误之处，真诚希望使用本教材的老师和同学提出宝贵意见。本书不仅可做高等院校经济与管理类相关专业学生的教材，而且适合劳动与社会保障工作者、研究者以及对社会保障有兴趣的读者有选择地阅读。为方便使用该教材的老师和学生，本书配有电子课件。本教材是按照48个课时的教学内容编写，使用该教材的老师可以根据课时和学生层次，灵活选择教学内容。如本人给研究生上课16课时，主要教学内容为理论篇和制度篇，将拓展篇的相关内容设置为讨论问题；将国际篇作为学生自学的参考资料，并指导学生阅读和进行中西比较，用于讨论中国相关热点改革问题。

参与修订人员：方颖、蔡雨岑、艾婷、付林林、戴惠辰、李艳艳、杨攀攀、杨文武、胡民庚、张寒娟、黄帅明、廖昕。

感谢修订人员的辛勤付出！对于参考资料的相关著作者表示诚挚感谢！感谢江西财经大学的支持，特别感谢复旦大学出版社编辑的辛勤付出！

目 录

第一篇　理　论　篇

第一章　养老概述 ... 003
　　学习目标 ... 003
　　导入案例 ... 003
　　第一节　老年与养老 ... 003
　　第二节　老龄化与养老 ... 006
　　第三节　城镇化与养老 ... 010
　　第四节　养老保险概述 ... 017
　　本章小结 ... 024
　　基本概念 ... 024
　　复习思考题 ... 025

第二章　养老保险基本理论 ... 028
　　学习目标 ... 028
　　导入案例 ... 028
　　第一节　养老保险制度溯源 ... 029
　　第二节　福利经济学 ... 031
　　第三节　养老保险制度的政治理论 ... 035
　　第四节　养老保险制度的效率理论 ... 038
　　第五节　养老保险的公平与效率理论 ... 042
　　本章小结 ... 044
　　基本概念 ... 044
　　复习思考题 ... 044

第三章　养老保险基本模式及其运行机制 ... 047
　　学习目标 ... 047
　　导入案例 ... 047
　　第一节　养老保险责任承担模式 ... 048
　　第二节　养老保险财务模式 ... 049

第三节　养老保险缴费与给付模式 …………………………………… 053
　　第四节　养老保险基金的运行模式 …………………………………… 054
　　第五节　公共年金模式、职业年金模式和个人储蓄模式 …… 057
　　本章小结 ……………………………………………………………………… 063
　　基本概念 ……………………………………………………………………… 063
　　复习思考题 …………………………………………………………………… 064

第二篇　国　际　篇

第四章　世界养老金改革趋势 ………………………………………… 067
　　学习目标 ……………………………………………………………………… 067
　　导入案例 ……………………………………………………………………… 067
　　第一节　世界银行的多支柱养老保障模式 ………………………… 067
　　第二节　养老金制度的结构性变革 …………………………………… 073
　　第三节　养老金制度的参量改革 ……………………………………… 076
　　第四节　世界养老金改革的简单评价 ………………………………… 085
　　本章小结 ……………………………………………………………………… 087
　　基本概念 ……………………………………………………………………… 087
　　复习思考题 …………………………………………………………………… 087

第五章　典型国家养老保险制度 ……………………………………… 091
　　学习目标 ……………………………………………………………………… 091
　　导入案例 ……………………………………………………………………… 091
　　第一节　发达国家养老保险制度的典型模式 ……………………… 091
　　第二节　美国养老保险制度 …………………………………………… 092
　　第三节　德国养老保险制度 …………………………………………… 100
　　第四节　瑞典养老保险制度 …………………………………………… 105
　　第五节　新加坡中央公积金制度 ……………………………………… 108
　　本章小结 ……………………………………………………………………… 115
　　基本概念 ……………………………………………………………………… 116
　　复习思考题 …………………………………………………………………… 116

第六章　世界公职人员养老保险制度 ………………………………… 117
　　学习目标 ……………………………………………………………………… 117
　　导入案例 ……………………………………………………………………… 117
　　第一节　英国公职人员养老保险制度 ………………………………… 119
　　第二节　德国公职人员养老保险制度 ………………………………… 125

第三节 美国公职人员养老保险制度 ………………… 129
第四节 日本公职人员养老保险制度 ………………… 137
第五节 新加坡公职人员养老保险制度 ……………… 142
本章小结 …………………………………………… 147
基本概念 …………………………………………… 147
复习思考题 ………………………………………… 147

第三篇 制 度 篇

第七章 中国城镇职工基本养老保险制度 ……………… 151
　　学习目标 …………………………………………… 151
　　导入案例 …………………………………………… 151
　　第一节 基本养老保险制度沿革 …………………… 151
　　第二节 基本养老保险制度的基本政策 …………… 156
　　第三节 基本养老保险关系的转移接续 …………… 165
　　本章小结 …………………………………………… 168
　　基本概念 …………………………………………… 169
　　复习思考题 ………………………………………… 169
　　练习题 ……………………………………………… 169

第八章 机关事业单位养老保险制度 …………………… 173
　　学习目标 …………………………………………… 173
　　导入案例 …………………………………………… 173
　　第一节 机关事业单位养老保险制度演进历程 …… 173
　　第二节 2015年养老金并轨，财政退休制度全面转向
　　　　　社会养老保险制度 ……………………………… 178
　　第三节 并轨后机关与企业人员养老保险制度比较 … 184
　　第四节 基本养老保险关系的转移接续 …………… 187
　　本章小结 …………………………………………… 190
　　基本概念 …………………………………………… 191
　　复习思考题 ………………………………………… 192

第九章 城乡居民养老保险制度 ………………………… 195
　　学习目标 …………………………………………… 195
　　导入案例 …………………………………………… 195
　　第一节 农村养老保险制度的变迁 ………………… 195
　　第二节 新农保的基本政策与创新 ………………… 205

第三节　养老保险制度间的转移接续和整合 ………………… 211
　　本章小结 …………………………………………………………… 214
　　基本概念 …………………………………………………………… 215
　　复习思考题 ………………………………………………………… 215

第四篇　拓　展　篇

第十章　中国基本养老保险基金管理投资 ………………………… 219
　　学习目标 …………………………………………………………… 219
　　导入案例 …………………………………………………………… 219
　　第一节　中国基本养老保险基金管理概述 …………………… 220
　　第二节　基本养老保险基金管理投资的现状和问题 ………… 223
　　第三节　优化基金管理投资的关键性措施 …………………… 228
　　本章小结 …………………………………………………………… 236
　　基本概念 …………………………………………………………… 237
　　复习思考题 ………………………………………………………… 237

第十一章　养老服务体系 …………………………………………… 242
　　学习目标 …………………………………………………………… 242
　　导入案例 …………………………………………………………… 242
　　第一节　家庭养老 ……………………………………………… 243
　　第二节　机构养老 ……………………………………………… 246
　　第三节　社区养老 ……………………………………………… 249
　　第四节　加强养老服务体系建设的思考 ……………………… 253
　　第五节　养老服务发展态势 …………………………………… 257
　　本章小结 …………………………………………………………… 263
　　基本概念 …………………………………………………………… 263
　　复习思考题 ………………………………………………………… 263

第十二章　以房养老 ………………………………………………… 270
　　视频案例 …………………………………………………………… 270
　　学习目标 …………………………………………………………… 270
　　导入案例 …………………………………………………………… 270
　　第一节　以房养老概述 ………………………………………… 271
　　第二节　典型国家以房养老实践 ……………………………… 275
　　第三节　中国以房养老的探索 ………………………………… 279
　　本章小结 …………………………………………………………… 286

基本概念 ……………………………………… 287
　　复习思考题 …………………………………… 287

第十三章　退休养老规划 …………………… 294
　　学习目标 ……………………………………… 294
　　导入案例 ……………………………………… 294
　　第一节　退休养老规划概述 ………………… 294
　　第二节　退休养老规划流程 ………………… 300
　　第三节　退休养老规划工具 ………………… 304
　　本章小结 ……………………………………… 306
　　基本概念 ……………………………………… 307
　　复习思考题 …………………………………… 307

第一篇 理论篇

第一章　养老概述

学习目标

通过本章学习,应掌握养老保险的基本概念,养老保险的作用,养老保险的基本功能。从而形成对养老及养老相关概念的基本认识,建立相应的概念体系和逻辑框架。本章的重点在于培养对《养老保险》课程的兴趣,加深对关键概念如老年、退休、养老保险等的理解。

导入案例

电影《飞越老人院》

通过电影评述和特殊画面的抓捕,让学生形象了解老年人的生活诉求,从而引出老年人生活保障问题,并培养学生爱老、敬老的人文情怀,同时培养学生的学习兴趣,并要求学生写观后感。

思考:老人的养老需求有哪些?你将如何关爱自己的爷爷奶奶甚至周边的老人?你对未来老年生活的设想和安排是什么?

第一节　老年与养老

一、衰老

蔡文辉在其所著《老年社会学》中认为,衰老系指"人的生理器官在到达成熟之后的衰退和老化,因而逐渐接近死亡"[1]。就人的身体而言,衰老是指"细胞失去修复受损的DNA的现象,以致生理产生不平衡的状态和疾病增高的风险"[2]。

邬沧萍主编的《社会老年学》则认为,衰老是"人类在生命过程中整个机体的形态、结构和生理功能逐渐衰退现象的总称,这是机体生命过程的自然规律"[3]。

但是,蔡文辉也指出,多数学者有一共识,即并非所有老化的现象皆是生理因素造成的,

---

[1] 蔡文辉:《老年社会学》,台湾五南图书出版公司2003年版,第95页。
[2] 同上。
[3] 邬沧萍主编:《老年社会学》,中国人民大学出版社1999年版,第57页。

有些老化是个人非生理因素造成的。这就是为什么两个同年龄的人可能一个看起来很年轻很有朝气,另一个却是老态龙钟,死气沉沉。另外,有些人老得快也可能是疾病这样的外来原因所造成的。所以,他认为,生理上真正跟老化有关的原因应该包括如下五个方面:

(1) 在每个人身上都会发生的老化的现象才算是真正生理的老化;
(2) 老化是个人身体内部自然的衰老现象;
(3) 老化现象是长期慢慢发展出来的,不是偶然突发的现象;
(4) 老化现象会造成个人身体功能的衰退,影响个人的生活;
(5) 老化现象是单向的改变,生理机能不会返老还童。也就是说只会越变越老。①

因此,衰老的实质性意义在于指出人的生命是一个过程。首先,对每一个个体而言,既有发生和发展(孕育、出生、生长、发育、成熟),也必然会随着机体的老化而走向死亡,并且,这个过程是不可逆转的。其次,对不同的个体而言,衰老虽然就方向来说是不可避免的,但是衰老的开始和发展的时间未必都会在同一年龄段。再次,我们之所以会去讨论人的衰老,个中原因其实在于上文的第四点即"老化现象会造成个人身体功能的衰退,影响个人的生活"。当个体自身的生活受到影响但还没有濒临死亡的时候,必然需要他人和社会的帮助,个人衰老对社会的影响就由此产生。最后,不同的个体进入老年,其对自身衰老的承认其实在时间上(即年龄段)和心理上未必都一样,也未必会随着社会的标定(比如退休)而产生自我认定,这就是观念层面的"服老"或"不服老"的问题,它和个体在这一年龄段的健康状况、机体生理机能的衰退情况会有非常大的关系。

二、老年

不同的文化圈对于老年人有着不同的定义,由于生命的周期是一个渐变的过程,壮年到老年的分界线往往是很模糊的。有些人认为做了祖父祖母就是进入了老年,有的人认为退休是进入老年的一个标志。世界卫生组织对老年人的定义为 60 周岁以上的人群,而一些西方发达国家则认为 65 岁是分界点。中国古代曾以 50 岁作为划分界线。我国《老年人权益保障法》第 2 条规定老年人的年龄起点标准是 60 周岁,即凡年满 60 周岁的中华人民共和国公民都属于老年人。

一般来讲,老年人生理上会表现出新陈代谢放缓、抵抗力下降、生理机能下降等特征。头发、眉毛、胡须变得花白也是老年人最明显的特征之一,部分老年人会出现老年斑的症状,偶见记忆力减退。

三、中国的养老与养老文化

由"家本位"文化决定的代际关系的特点是强调家庭资源分配的向下倾斜,因为不管如何,年轻一代承载着家族绵延和光宗耀祖的责任,家庭的希望。至于老人,不管是他们自己还是其他家人,都认为其重要性不如年轻一代,因而不必在资源分配上与年轻一代平等,只求温饱。而社会伦理也基本认可这样一种想法。因此,家本位文化主导下的个人生命的价值,最主要的就是他(她)对家庭与家族的责任,在某种意义上,他(她)是因为这样

---

① 蔡文辉:《老年社会学》,台湾五南图书出版公司 2003 年版,第 97—98 页。

一种责任才活着。所以,老年人在自己处于养老阶段的时候,仍表现出"牺牲自己,多为后人与家庭出份力"这样一种集体主义精神。显然,直到今天,它仍然是中国养老文化的精髓所在。

当然,变数也已经出现。在坚持"家本位"文化的集体主义价值的同时,也开始有限地接受了个体主义的价值。在社会转型的同时养老文化开始呈现一种多样化的姿态。

而在城乡养老文化改变的同时,用于调节亲子关系的"孝道"之内含也发生了变化。在中国,家庭养老是和"孝"这一观念及以"孝"为核心的传统的家庭伦理联系在一起的。儒家将"孝"具体化为"养亲""尊亲""无违""立嗣"等行为准则,从而使"孝"成为传统社会中家庭养老的道德基础。

综合中国城乡的情况,从子孙来说,一方面,作为儒家思想核心的"孝"的观念确实对他们的行为形成了约束,因而就从子代方面保证了家庭养老的实行。但是,"孝"的内涵和实践并不是一成不变的。随着时代的变化与城乡社会流动的增加,"事亲"成了一件执行难度日益增大的事情。"孝"的内容和实践也随之发生变化。"立嗣"已经变得不重要了,"无违"也随着父权家庭制度的瓦解而淡化了,倒是子女尽力去实现老年父母对自己的期望逐渐成了"孝"的内容。慢慢地,这些期望变得与子女自己的事业和家庭有了越来越多的关系。"孝"的内含的变化以及老年人出于"责任伦理"对子女在赡养方面不到位所给予的宽容,因此也大大缓解了传统的"孝"所规定的养老方面的要求给子女所带来的紧张。这样一种"责任伦理"的存在和被奉行自然会大大减轻年轻一代赡养老年人的压力,也会有效缓和两代人之间的矛盾和冲突,从而使子女和父母能在一个家庭中和睦相处。但是必须指出的是,这里主要是从文化和观念的角度分析了"责任伦理"对家庭养老的影响。我们强调了由于"责任伦理"所造成的老年人的自立,但这并不意味着就应该淡化子女和社会的责任。相反,从老年人的初衷来说,选择"责任伦理"有文化和自愿的成分,也会有被迫无奈降低自己生活标准的因素,这是我们在考察养老文化时必须注意的。

年龄划分标准

年代年龄

所谓年代年龄,也就是出生年龄,是指个体离开母体后生存的时间。西方国家把45—64岁称为初老期,65—89岁称为老年期,90岁以上称为老寿期。发展中国家规定男子55岁,女子50岁为进入老年期。根据我国的实际情况,规定45—59岁为初老期,60—79岁为老年期,80岁以上为长寿期。也就是外国人所讲的 old man、old woman。

我国历来称60岁为"花甲",并规定这一年龄为退休年龄。同时由于我国地处亚太地区,这一地区规定60岁以上为老年人。我国现阶段以60岁以上为划分老年人的通用标准。

就年龄阶段而言:45—59岁为老年前期,我们称之为中老年人;60—89岁为老年期,我们称老人;90岁以上为长寿期,我们称长寿老人;而100岁以上称百岁老人。

世界卫生组织对老年人的划分,将15—44岁的人群称为青年人,45—59岁的人群称为中年人,60—74岁的人群称为年轻老年人,75岁以上的才称为老年人。把90岁以上的人群称为长寿老人。

生理年龄

所谓生理年龄就是指以个体细胞、组织、器官、系统的生理状态、生理功能以及反映这些状态和功能的生理指标确定的个体年龄可分为四个时期：0—19岁为生长发育期，20—39岁为成熟期，40—59岁为衰老前期。所以，生理年龄60岁以上的人被认为是老年人。但生理年龄和年代年龄的含义是不同的，往往也是不同步的。生理年龄的测定主要采用血压、呼吸量、视觉、血液、握力、皮肤弹性等多项生理指标来决定。

心理年龄

所谓心理年龄是根据个体心理学活动的程度来确定的个体年龄。心理年龄是以意识和个性为其主要测量内容。心理年龄分为3个时期：0—19岁为未成熟期，20—59岁为成熟期，60岁以上为衰老期。心理年龄60岁以上的人被认为是老年人。心理年龄和年代年龄的含义是不一样的，也是不同步的。如年代年龄60岁的人，其心理年龄可能只有四五十岁。

社会年龄

所谓社会年龄是根据一个人在与其他人交往的角色作用来确定的个体年龄。也就是说一个人的社会地位越高，起的作用越大，社会年龄就越成熟。

综上所述，年代年龄、生理年龄、心理年龄和社会年龄的关系为：年代年龄受之父母，不可改变，但生理年龄、心理年龄和社会年龄却可以通过身心锻炼、个人努力加以改变，推迟衰老。

资料来源：老年人，百度百科，2019年4月19日，https://baike.baidu.com/item/老年人/8694277?fr=aladdin#1_1。

第二节　老龄化与养老

1982年第一届世界老龄问题大会在音乐之都维也纳举办，当时经历着人口老龄化所带来的一系列问题的主要是一些发达国家。但到了21世纪，人口老龄化已经成为全球现象。人口老龄化是指老年人口占社会总人口的比例不断上升的过程，也是在这一过程中，人口年龄结构高龄化的社会现象。联合国际人口学会对人口老龄化的定义是：当一个国家或地区60岁以上人口所占比例达到或超过总人口数的10%，或者65岁以上人口达到或超过总人口数的7%时，这部分人口即称为"老年型"人口，该国家或地区即进入了"老年型社会"。

一、世界人口老龄化

20世纪以前，世界人口增长相当缓慢，史前时期上万年、上千年才增长了不到1%，17世纪以后稍微加快，但年均增长率大约只是0.50%。在二战后人口增长速度发生了明显的变化，伴随着著名的婴儿潮也就是二战后的4664现象——1946—1964年的18年，世界人口的增长率接近2%。随后发达国家人口增长速度放慢，而包括中国在内的广大发展中国家由于积极推行计划生育，自20世纪80年代以来世界人口增长率趋于下降，1995—2000年世界平均人口增长率为1.30%，2000—2005年进一步下降为1.20%。目前，全世界每分钟大约出生259人,中国每分钟约出生38人,平均不到两秒钟出生1个人。

联合国人口基金会2007年的《世界人口状况报告》统计显示,目前世界总人口为64.647亿,人口增长率是1.20%。其中发达国家人口为12.113亿,增长率0.30%;发展中国家人口为52.535亿,增长率是1.40%。全球平均每个妇女生2.6个孩子,发达国家只有1.5个,发展中国家为2.8个。在过去10年中,世界人口增长率已呈下降趋势,到2050年,全球总人口将达到91亿。事实上,全球人口达到50亿和60亿同样经历了12年,表明人口增长已经开始放慢,根据联合国的预测,达到70亿和80亿人口将很有可能分别需要14—15年。

现在不光是每年增加7 800万人口,相当于法国、葡萄牙和瑞典的人口总和,几乎所有增加的人口都出现在亚洲、非洲以及拉丁美洲,在那些地区每个妇女一生仍然生育4—7个孩子。21世纪早期,当工业化国家的生育率稳定在或略低于每对父母生两个孩子时,全球人口的自然增长几乎都来自发展中国家。目前世界上人口数量最多的国家是中国和印度,印度在2050年将会取代中国成为人口最多的国家;结合其他的统计资料可以发现人口增长最快的国家将是发展中国家。具体情况如表1-1所示。

表1-1 人口数目最多的国家

2006年		2050年	
国家	人口数(百万人)	国家	人口数(百万人)
中国	1 311	印度	1 628
印度	1 122	中国	1 437
美国	299	美国	420
印度尼西亚	225	尼日利亚	299
巴西	187	巴基斯坦	295
巴基斯坦	166	印度尼西亚	285
孟加拉国	147	巴西	260
俄罗斯	142	孟加拉国	231
尼日利亚	135	刚果民主共和国	183
日本	128	埃塞俄比亚	145

资料来源:联合国人口基金会2007年《世界人口状况报告》。

依据联合国的预测,世界人口老龄化主要发生在21世纪,特别是上半叶。中位预测2000年与2025年、2050年比较,世界65岁以上老年人口所占比例可由6.80%上升到10.40%、16.20%;年龄中位数可由26.6岁上升到32.8岁、38.8岁。分开来看,发达国家65岁以上老年人口占比可由14.40%上升到20.80%、26.20%;年龄中位数可由37.3岁上升到43.0岁、45.6岁。发展中国家65岁以上老年人口占比可由5%上升到8.40%、14.60%;年龄中位数可由24.1岁上升到30.8岁、37.2岁。2000—2050年世界、发达国家、发展中国家人口老龄化趋势,如图1-1所示。

如图1-1所示,21世纪上半叶世界65岁以上老年人口占比上升比较快,但是在前25年和后25年,发达国家和发展中国家不尽相同。发达国家前25年老年人口占比上升6.40%,

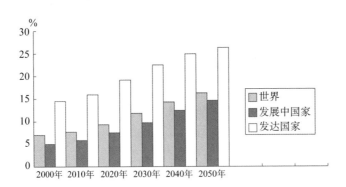

图 1-1　2000—2050 年世界 65 岁以上老年人口占比变动预测

资料来源：United Nations. World Population Prospects The 2008 Revision[Z]. New York, 2009：48-52,184

后 25 年上升 5.40%，后 25 年比前 25 年减少 1%，老龄化速度趋缓；发展中国家前 25 年上升 3.40%，后 25 年上升 6.20%，后 25 年比前 25 年提高 2.80%，老龄化速度呈加速推进态势。这表明，到 21 世纪中叶，发达国家人口老龄化已成强弩之末，老年人口比例上升的空间有限；发展中国家老年人口比例上升仍将继续，还有相当大的上升空间。总体上，由于发达国家出生率的下降和出生人数的减少、占世界人口比例的下降，世界人口老龄化趋势主要取决于发展中国家人口老龄化的进程，致使后 25 年比前 25 年高出 2.20%。因此，到 2050 年世界 65 岁以上老年人口占比达到 16.20% 时尚未达到峰值，只是以后老龄化的速度会减慢下来。21 世纪下半叶，发达国家人口老龄化呈基本稳定态势，即使升高也十分有限；发展中国家老龄化也开始减速，但要到 65 岁以上老年人口占比达到 20% 以后，方能趋于稳定。这说明，21 世纪上半叶前 25 年可视为老龄化启动阶段，后 25 年可视为较快推进阶段；21 世纪下半叶则可视为不断减慢并最终达到相对稳定阶段。可见，世界人口年龄结构老龄化从进入到基本稳定，将主要在 21 世纪内完成，21 世纪是人口老龄化的世纪。

二、中国人口老龄化

中国人口老龄化将伴随 21 世纪始终。早在 1999 年，我国就提前进入老龄化社会，目前是世界老年人口最多的国家，占全球老年人口总量的 20%。根据第六次人口普查数据，截至 2010 年 11 月 1 日零时，我国 60 岁及以上人口为 177 648 705 人，占 13.26%，比 2000 年人口普查上升 2.93%，其中 65 岁及以上人口占 8.87%，比 2000 年人口普查上升 1.91%。2015 年以后我国将进入人口老龄化迅速发展时期，到 2018 年年末，我国 60 岁及以上人口为 2.49 亿人，占总人口的 17.90%。预测显示，从 2015—2035 年的 20 年时间里，中国老年人口比例将会增加一倍，达到 20%；此后一段时间，老年人口将占中国人口的五分之一到四分之一。2020 年，我国 60 岁及以上老年人口达到 2.43 亿，约占总人口的 18%[①]。其中 80 岁以上高龄老人超过 3 000 万。到 2050 年，老年人口总量超过 4 亿，高龄老人达到 9 500 万。高龄老人占老年人比重将从目前的 12.50% 增长到 2050 年的约 25%。2051—2100 年，老年人口比重维持在 30% 以上，总量达到 3—4 亿。老年人口规模的估计和年龄标准有关，国际

---

① 数据来源：社会养老服务体系建设规划（2011—2015 年）。

上一般用65岁来定义,一些发达国家提出推迟退休的制度安排,这都会影响老年人口的规模估计和他们实际发挥的作用。根据联合国最新的人口数据预测,2011年以后的30年里,中国人口老龄化将呈现加速发展态势,60岁及以上人口占比将年均增长16.55%,2040年60岁及以上人口占比将达28%左右。在这30年里,中国开始全面步入老龄化社会。

到2050年,60岁及以上老人比重将超过30%,社会进入深度老龄化阶段。根据经济合作与发展组织(OECD)的人口发展预测,到2030年,中国65岁以上人口占比将超过日本,成为全球人口老龄化程度最高的国家。整体而言,在21世纪,中国的人口老龄化程度将一直维持在一个较高的发展水平。中国人口老龄化速度之快令人惊讶。

2006年2月23日,全国老龄办发布了《中国人口老龄化发展趋势预测研究报告》,指出:中国的人口老龄化具有老年人口规模巨大、老龄化发展迅速、地区发展不平衡、城乡倒置显著[①]、女性老年人口数量多于男性、老龄化超前于现代化六个主要特征。综观中国人口老龄化趋势,可以概括为四点主要结论:(1)人口老龄化将伴随21世纪始终;(2)2030年到2050年是中国人口老龄化最严峻的时期;(3)重度人口老龄化和高龄化将日益突出;(4)中国将面临人口老龄化和人口总量过多的双重压力。

专栏 1-2

中国老龄社会的五个特征

第一个特征是快速老龄化过程中可能"断裂"。我们知道,从成年型社会到老龄型社会,西方经历了几百年,美国经历了200多年,而中国只用了几十年。中国人口转型的这种宏大叙事,书写的是压缩式、超越式发展的历史,可能不到20年。2017年,中国60岁以上人口超过17.30%,65岁以上人口超过11.40%,是世界上老年人口最多的国家。在这样庞大的老龄人口影响下,又发生着波澜壮阔的城镇化运动,大多数老龄人口难以进入城市,为这个时代赋予很强的断裂特色。这种断裂表现为双重断裂:一是子女与父母之间的区位断裂与代差断裂;二是城市与乡村之间现代与传统的断裂。

第二个特征是老龄化社会与少子化社会共生的劳动力人口缩减。中国的老龄社会是老龄化与少子化并存的社会,也是政策性老化与社会经济发展所引发的老化形成的双重老化社会。2015年底实施"全面二孩"政策之后,计生改革的制度红利并没有完全释放出来,老龄化与少子化共生的现象将长期影响我们,未来劳动力人口数量还会持续下滑,逐步瓦解传统型"中国制造"的劳动力基础。

第三个特征是老龄化中的血亲社会向姻亲社会转变。不管是城市还是农村,养老资源更多借助的是老年夫妻互养,而非子女。传统社会,老年人会选择跟随某个儿子生活,孝道从文化结构上支持这种养老。但现在,子女离开父母进入城市打工,家庭中血亲关系的养老功能逐步弱化,姻亲关系被赋予了更为重要的养老功能。

第四个特征是老龄社会中老年政治呈现。传统社会的政治是老人政治,现代社会曾经有所

---

① 地区间不平衡,上海市1979年最早进入人口老龄化;而宁夏在2000年的第五次人口普查中的老年人口所占比例为4.47%,还未达到老龄化地区的标准。城乡间不平衡,由于农村大量年轻劳动力迁往城市打工,造成农村人口老龄化水平高于城市1.24%。

消解。但在老龄社会,老人政治会重新进入我们的生活。我们注意到:老年人更容易进行集体锻炼身体、练气功、跳广场舞、旅游等,这个现象说明老年人更易于组织起来,他们的组织成本低。

第五个特征是老年空巢和青年空巢并生。以往的研究认为,在老龄化过程中,由于子女数量的减少,父母亲会在 45—50 岁就进入到空巢时期。研究者更多地关注了老年空巢所带来的社会影响问题。但在今天的现代化过程中,青年人也开始晚结婚或不结婚,由此也形成了青年空巢家庭,客观上形成了老年空巢和青年空巢并生的社会。这也是传统社会根本没有的一种全新的社会组合现象。

资料来源:张翼,"中国老龄社会的五个特征",《中国民政》2017 年第 19 期。

三、人口老龄化引起的养老问题

根据联合国数据,从现在到 2050 年,老龄人口将从 6 亿增加到近 20 亿,60 岁以上的人口将超过 15 岁以下的青少年人数。其中发展中国家的老龄人口预计将是现在的四倍。这一特殊变化将对全世界各国的每个社区、团体和个人产生影响。在过去三十年里,全球人口结构正在经历前所未有的转型过程,但建立一个适合全人类所有男女老少居住的和谐老龄社会依然是我们的根本目标。人口老龄化是不可阻挡的世界性潮流,人口老龄化问题已经成为发达国家和发展中国家共同面对的挑战。

人口老龄化扩大了养老需求,对各国的养老保险制度提出了挑战。费尔德斯坦(Feldstein,1985)认为欧洲养老金制度的改革源于人口老龄化,Verhoeven & Verbon(1991)、Verbon & Verhoeven(1992)均提出,老年人口比重的不断上升将降低养老金效应。

人口老龄化带来了持续、深刻的挑战,主要表现在三个方面:(1)从宏观社会的角度说,人口老龄化会带来经济压力和社会活力问题。在经济上主要依靠社会养老的时代,人口老龄化意味着将给国家财政预算带来压力,因为养老金的负担会随着老年人口的增多而增大。同时,人口老龄化到一定程度会导致两代人赡养比例的变化,从而影响到劳动力的供给,影响在业人口的劳动产出率问题,这是人口老龄化的宏观效应。(2)从通观(宏观-中观-微观)结合的角度说,人口老龄化特别是高龄化会带来一个广义的生活照料问题。在老年人失能的情势下,社会如何提供专业性的医护照料,家庭如何提供非专业的生活照料,如何使老年人的生活有保障、有尊严,这是人口老龄化的通观效应。(3)从微观个体的角度说,伴随人口老龄化而来的还有一个老年发展的问题,就是如何使老年人过上有欢乐、有价值、有创造的生活。归根结底,这是老年人的发展性需求和价值性需求所决定的,可以理解为人口老龄化的微观效应[①]。

第三节 城镇化与养老

一、城镇化概述

在业界存有争论的"城市化"和"城镇化"在英文中是一个词,即 urbanization。之所以出

[①] 穆光宗、张团:"我国人口老龄化的发展趋势及其战略应对",《华中师范大学学报(人文社会科学版)》,2011 年第 5 期。

现了两种译法,是由于国内对"城市"和"城镇"概念的混淆。urbanization 这一概念最早源于 1867 年西班牙的塞尔达(A. Serda)所著《城镇化基本理论》(其被用来描述乡村向城市演变的过程)。而我国是在 20 世纪七十年代后期,才将 urbanization 这一概念引入并接受。之后,在 1982 年召开的"中国城镇化道路问题学术讨论会"上,明确指出城市化与城镇化为同义语,并建议以"城市化"替代"城镇化"以避免误解。2001 年公布的《中华人民共和国国民经济和社会发展第十个五年计划纲要》中首次提出"要不失时机地实施城镇化战略"。此后,为统一说法,学者们与国家公布的正式文件的提法相一致,均使用"城镇化"。

城镇化是由农业(第一产业)为主的传统乡村社会向以工业(第二产业)和服务业(第三产业)、高新技术产业和信息产业(第四产业)为主的现代城市社会逐渐转变的历史过程。具体包括人口职业的转变、产业结构的转变、土地及地域空间的变化。不同的学科从不同的角度对之有不同的解释。就目前来说,国内外学者对城镇化的概念分别从人口学、地理学、社会学、经济学等角度予以了阐述。一方面,城镇化的每一步都凝聚了人的智慧和劳动。城市的形成、扩张和形态塑造,人的活动始终贯穿其中。另一方面,城市从它开始形成的那一刻起,就对人进行了重新塑造,深刻地改变人类社会的组织方式、生产方式和生活方式。

城镇化率(urbanization rate),是城镇化水平的度量指标,一般采用人口统计学指标,即城镇人口占总人口(包括农业与非农业)的比重。理论上,城镇化率达到 50%左右,属于城镇化的中期阶段,也是一个快速发展的阶段,但提高城镇化比例并不意味着要把所有的农村变成城镇,把所有的农民都变成城市居民。

城镇化水平的整体评价体系应包括下列要素:城市(城镇)人口比重(城市人口实际包括非农业人口、居住城区的农业人口和流动人口);适龄人口入学率;人均国内生产总值;城市第三产业占国内生产总值比重;城市人均道路铺装长度;城市用自来水普及率;城市人均住房面积;万人拥有医生数;人均公共绿地面积。2011 年 12 月,中国社会蓝皮书发布,中国城镇人口占总人口的比重首次超过 50%,标志着中国城镇化首次突破 50%。

十八大报告后,在城镇化前面加了"新型"两个字。其实,无论是"城市化"还是"城镇化"或"新型城镇化",名称并不重要,重要的是其内涵理念、方法措施和相关政策。尽管现在官方没有对"新型城镇化"明确定义,但从李克强总理的论述中,足见其本质要义,新型城镇化的核心是"人的城镇化",即"农民"变成"市民"。这也是新型城镇化的本质。从人的城镇化角度看,实现新型城镇化不仅要土地城镇化、户籍城镇化、居住城镇化、就业城镇化、医疗城镇化、教育城镇化、福利和保障城镇化,更要做到思想意识城镇化以及相关法律的配套。一言以蔽之,新型城镇化的过程,处处都应以人为本,凸显人的主体地位乃是新型城镇化的精义。城镇化伴随农业活动的比重逐渐下降、非农业活动的比重逐步上升,以及人口从农村向城市逐渐转移这一结构性变动。城镇化也包括既有城市经济社会的进一步社会化、现代化和集约化。

新型城镇化的"新"就是要由过去片面注重追求城市规模扩大、空间扩张,改变为以提升城市的文化、公共服务等内涵为中心,真正使我们的城镇成为具有较高品质的适宜人居之所。城镇化的核心是农村人口转移到城镇,完成农民到市民的转变,而不是建高楼、建广场。农村人口转移不出来,不仅农业的规模效益出不来,扩大内需也无法实现。

故新型城镇化,是指坚持以人为本,以新型工业化为动力,以统筹兼顾为原则,推动城市现代化、城市集群化、城市生态化、农村城镇化,全面提升城镇化质量和水平,走科学发展、集约高效、功能完善、环境友好、社会和谐、个性鲜明、城乡一体、大中小城市和小城镇协调发展的城镇化建设道路。

新型城镇化不可恋旧

作者 吴敬琏

最近几年,城市化出现一些问题。归根结底,还是新型城镇化与全面深化改革关系的问题。

这里包涵三个层面问题:第一,城镇化在现代发展当中的地位是什么,作用是什么?第二,现在说加快新型城镇化,那么相对来说就有一个旧型城镇化了,那么什么是旧型城镇化?产生这些问题的根源是什么?第三,怎么依靠全面深化改革来推进新型城镇化。

第一个问题是最基本的问题。就像当年讨论股市有没有泡沫。有一次证监会召集的高层讨论会上,我们中欧国际工商学院的许小年教授提出一个问题——股市是干什么的?先要把这个问题弄清楚,不弄清楚就去讨论它涨还是不涨,应该做多还是做空是讨论不起来的。说得简单一点,城市化可以提高整个经济的效率。卢卡斯说,城市是增长的发动机,创新孵化、精湛技能的培育,无不在城市进行。中国现在一个大缺点就是缺乏思想市场。

城市化也有负面效应。人口密集会造成交通拥堵,垃圾处理、公共卫生管理变得复杂和困难,治安管理的难度加大。总而言之,城市生活的成本会变高。如果能尽量发挥城市的正能量、减少负能量,城市化就比较成功了。中国旧型城市化问题可能就在这里。

旧型城镇化有什么特点呢?第一,土地的城市化优先于人口的城市化,城市建成区的面积增长比城市人口的增长要高了好几倍。

另一个特点是"摊大饼"式发展,各地争相建设超大规模的城市,城市专业化程度很低,同构化很严重,把金融业、服务业、制造业还有政府都放在里面。第三个特点是建成的城市运作效率低。北京是一个典型,每个人的生活半径都很长。空气污染非常严重。

为什么会产生这些问题?有几个主要原因:一是政府主导了城镇化进程,把造城当成提高政绩的重要手段。二是土地产权制度。三是中国政府的行政级别是层级化的。市场活动中,城市和城市之间理应是平等的。但是我们有省级城市、副省级城市、地级城市、县级城市和乡镇,越是上级的城市,它支配资源的能力越大。

什么叫新型城镇化?我不知道。即便是我们弄清楚了,似乎因为这些体制的原因,城镇建设也很难自觉地根据国家号召去推行,比如说以人的城市化为核心的,以提高效率为主要目标的城市化,推行起来很难。

怎么办呢?应该与十八届三中全会所决定的全面深化改革相联系,改变体制上的一些缺陷。一是改变各级政府用行政命令推动城镇化的办法,通过市场运作和政府的土地利用规则提高城镇化效率。二是像《决定》所说的,建立跨城乡的全国统一的劳动力、土地和资本市场,使资源流向效率和回报最高的地方。三是要改革行政层级制度,重新界定市场的职责,重新组织城市财政。

当然,改革过程中肯定会遇到两类问题。一类是由于意识形态和现在的利益格局所造成的。比如说增加了农民的财产收入,增加了土地的收入,那么就影响到其他的在这个城市化过程当中的利益主体,他们原有的利益就会受到影响。所以这些来自意识形态和原有利益的这种阻力要排除。

另一类就是实际困难。现在这一套运作体系,各个环节之间经过磨合,虽然说效率很差,但是大致上是协调运转的。比如说大规模城建投资。它可以卖土地,卖土地就可以充实收入,如果说一个环节发生了改变,其他环节就会产生矛盾。这些问题是长时期的偏差造成的结果。推行改革,不能不顾实际会发生的困难,所以要做一些设想。比如说地方政府发债,是一个很复杂的工程,什么情况下可以发债?谁对债务进行负责?怎么监督?一些地方债的市场怎么监管?有一整套问题需要解决。

所以研究、推行新型城镇化,首先就是要学习十八届三中全会文件,同时深入研究与城镇化有关的各种问题,支持政府执行这些改革计划。

资料来源:人民网 2014 年 01 月 09 日。

二、城镇化的国际比较

根据表 1-2,发达国家在 1950 年,城镇化率已过半,达到 54.50%,以英国(79%)和澳大利亚(77%)最高,日本(53.40%)最低;之后各国的城镇化水平都在逐步上升,只是上升速度各有不同,英国上升得比较缓慢,从 1950 年的 79% 上升至 2050 年的 85.90%,不到 7%;日本上升得最快,从 1950 年的 53.40% 上升至 2050 年的 97.60%,超过 40%。在 2050 年,城镇化率超过 90% 的有澳大利亚和日本。

表 1-2　1950—2050 年世界城镇化的变化数据

年份	世界	发达国家	英国	德国	美国	澳大利亚	日本
1950	29.40	54.50	79.00	68.10	64.20	77.00	53.40
1955	31.40	57.70	78.70	69.70	67.20	79.40	58.40
1960	33.60	60.90	78.40	71.40	70.70	81.50	63.30
1965	35.50	63.90	77.80	72.00	71.90	83.50	67.90
1970	36.60	66.60	77.10	72.30	73.60	85.30	71.90
1975	37.70	68.70	77.70	72.60	73.70	85.90	75.70
1980	39.40	70.10	78.50	72.80	73.70	85.80	76.20
1985	41.20	71.30	78.40	72.70	74.50	85.50	76.70
1990	43.00	72.30	78.10	73.10	75.30	85.40	77.30
1995	44.80	73.20	78.40	73.30	77.30	86.10	78.00
2000	46.70	74.10	78.70	73.10	79.10	87.20	78.60
2005	49.10	75.90	79.00	73.40	80.70	88.20	86.00
2010	51.60	77.50	79.50	73.80	82.10	89.00	90.50
2015	53.90	78.80	80.10	74.50	83.30	89.80	93.50

（续表）

年份	世界	发达国家	英国	德国	美国	澳大利亚	日本
2020	56.00	80.00	80.90	75.30	84.40	90.40	95.30
2025	58.00	81.10	81.80	76.30	85.20	90.90	96.30
2030	59.90	82.10	82.70	77.40	86.00	91.30	96.80
2035	61.70	83.10	83.60	78.60	86.80	91.70	97.10
2040	63.50	84.10	84.40	79.70	87.50	92.10	97.30
2045	65.30	85.00	85.20	80.80	88.20	92.50	97.50
2050	67.20	85.90	85.90	81.80	88.90	92.90	97.60

资料来源：United Nations, Department of Economic and Social Affairs, Population Division (2012). World Urbanization Prospects: The 2011 Revision, CD-ROM Edition。

如表 1-3 所示，新兴经济体在 1950 年，城镇化率只有 17.60%，但之后上升速度较快，在 2050 年将达到 64%，上升超过 40%。1950 年，以南非（42%）和俄罗斯（44%）最高，中国（11.80%）最低；之后各国的城镇化水平都逐步上升，只是上升速度各有不同，埃及上升得比较缓慢，从 1950 年的 31.90% 上升到 2050 年的 60%，上升了 28%；韩国上升得最快，从 1950 年的 21.40% 上升至 2050 年的 89.60%，超过 68%。在 2050 年，城镇化率超过 80% 的有韩国、俄罗斯。中国在 2050 年的城镇化率将达到 77.30%，略高于新兴经济体的平均水平。

表 1-3 主要新兴经济体在 1950—2050 年城镇化的变化数据

年份	新兴经济体	南非	中国	韩国	印度	印度尼西亚	俄罗斯
1950	17.60	42.20	11.80	21.40	17.00	12.40	44.10
1955	19.60	44.40	13.90	24.40	17.60	13.50	49.00
1960	21.80	46.60	16.20	27.70	17.90	14.60	53.70
1965	24.00	47.20	18.10	32.40	18.80	15.80	58.20
1970	25.30	47.80	17.40	40.70	19.80	17.10	62.50
1975	27.00	48.10	17.40	48.00	21.30	19.30	66.40
1980	29.50	48.40	19.40	56.70	23.10	22.10	69.80
1985	32.30	49.40	22.90	64.90	24.30	26.10	71.90
1990	34.90	52.00	26.40	73.80	25.50	30.60	73.40
1995	37.50	54.50	31.00	78.20	26.60	35.60	73.40
2000	40.10	56.90	35.90	79.60	27.70	42.00	73.40
2005	43.00	59.30	42.50	81.30	29.20	45.90	72.90
2010	46.00	61.50	49.20	82.90	30.90	49.90	73.70
2015	48.70	63.80	55.60	84.30	32.80	53.70	74.50
2020	51.30	65.90	61.00	85.40	34.80	57.20	75.50

(续表)

年份	新兴经济体	南非	中国	韩国	印度	印度尼西亚	俄罗斯
2025	53.60	67.90	65.40	86.30	37.20	60.30	76.50
2030	55.80	69.80	68.70	87.10	39.80	63.10	77.60
2035	57.90	71.70	71.30	87.80	42.60	65.50	78.70
2040	60.00	73.50	73.40	88.40	45.60	67.80	79.80
2045	62.00	75.20	75.40	89.00	48.70	70.00	80.90
2050	64.10	76.80	77.30	89.60	51.70	72.10	81.90

资料来源：United Nations, Department of Economic and Social Affairs, Population Division (2012). World Urbanization Prospects: The 2011 Revision, CD-ROM Edition。

根据表1-2、表1-3数据可知，我国城镇化的基本情况：一是从历史演变来看，与发达国家相比，中国的城镇化用了较短的时间从10%增长到了50%；但与一些新兴经济体相比（如韩国），城镇化速度稍微慢一些。二是从未来趋势来看，2050年中国城镇化水平将略高于新兴经济体和世界的平均水平，但仍然要低于发达国家的平均水平。

三、新城镇化对中国养老保险制度的挑战

中国城镇化对养老保险体系的挑战实质是指农业转移人口对城镇养老保险制度的影响。随着城镇化的发展，我国农民工的数量急剧增加。2011年我国农民工总数是25 278万人，但参加城镇职工基本养老保险的人数仅为4 140万人，参保率仅为16.40%。农民工参加养老保险的比例较低，同时农民工与城镇人均工资的差距也逐渐加大。具体情况如表1-4。

表1-4 中国农民工变化趋势及其参加养老保险情况

年份	农民工总数（万人）	其中外出农民工人数（万人）	参加城镇基本养老保险的农民工人数（万人）	外出农民工平均外出时间（天）	外出农民工平均年龄（岁）
2004		9 820		286.00	29.50
2005		11 823		249.00	28.60
2006	20 412	10 824		261.00	30.80
2007		11 891	1 417	268.00	31.60
2008	22 616	12 609	1 846		32.50
2009	22 978	14 533	2 647	268.40	
2010	24 223	15 335	3 284	256.76	
2011	25 278	15 863	4 140	248.92	

资料来源：2005年和2007年农民工总数是根据《中国农业年鉴2009》提供的历年乡村劳动力就业中分布在农业以外的"工业、建筑业、交运仓储和邮电业、批零贸易餐饮业和其他行业"加总得到；2008—2011年数据摘自《中国发展报告2012》；参加城镇基本养老保险的农民工人数摘自2006年、2007年《劳动与社会保障事业发展统计公报》和2008年、2010年、2011年《人力资源和社会保障事业发展统计公报》；2010—2011年外出农民工平均外出天数来自《2011年我国农民工调查监测报告》；其他数据来自《中国农业年鉴2004—2010》。

在新农保实施以后,拥有农村户籍的人员可以在户籍所在地加入新农保。虽然农民工的养老保险问题得到缓解,但新农保由于缴费水平比较低,主要是社会救助性质的养老保险,因此也不能完全满足农民工在城镇退休之后的生活所需①。

综上,新城镇化会对我国农村社会养老保险的创新造成巨大压力。其一,人口老龄化扩大了养老需求,而我国农村老龄化水平还要高于城镇,这种老龄化城乡倒置的状况会一直持续到2040年②;其二,随着城镇化进程的推进,耕地面积不断减少,而农业收益在不断下降,严重弱化了土地保障功能;其三,人口结构的变化,家庭趋于小型化,加上劳动力流动的频繁,家庭保障功能被大大弱化了;其四,目前城乡社会养老保险制度的保障水平严重失衡。新城镇化的核心是"以人为本",只有不断完善城乡社会养老保险制度,才能从根本上解除人们的后顾之忧,新城镇化才能顺利推进。

 专栏1-4

不愿以地换户口　农民要算权利账

作者:谭浩俊

户籍制度改革意见的出台,农业户口和非农业户口的并轨,意味着长期封堵在城市居民和农村居民之间那座巨大的墙,将被正式推倒。这堵墙的推倒,是否意味着农村居民会大规模涌向城市呢?广大农民会不会放弃手中的土地,以此来换取一份象征着城市人"身份"的城市居民证呢?

据报道,四年前中国社科院曾经进行过一个调查,参与调查的人数近11万人,但是,调查的结果却有点出人意料。60后、70后农民工不愿转变为非农户口的为80%;而80后不愿转变为非农户口的则为75%,如果要交回承包土地才能转户口,不愿转变为非农户口的则高达90%。

户籍改革的主要目的之一,就是要让农民进城,让农村的土地流转起来,让千家万户种地变成集中耕种,以此来提高土地的利用效率,提高粮食等农作物的产量以及降低生产成本、减轻管理压力。然而,九成农民不愿用土地换户口,显然会影响到户籍制度改革的效率。

为什么一直被认为对农民很具吸引力的非农业户口,突然变得毫无吸引力了呢?难道广大农民的理念真的已经转变到不愿进城成为城市人了吗?显然,这是无法用是或者不是来回答的问题。

就农村的实际情况来看,真正在家务农的农民已经相当少。特别是中青年农民,基本都到了城市、到了家乡之外。也就是说,进城工作仍然是广大农民的首选。关键在于,让他们用土地换户口,这就需要好好地算算账了。因为,对广大农民来说,不管土地的收益如何,也不管他们是否会在土地上投入很多的时间和精力,有一点可以肯定,那就是只要土地还在自己手中,涉及土地的权利就不会从他们的手里轻易消失。即便在城市务工享受不到平等的权利,有土地这份权利作保证,还能使他们与城市居民有一个可以比较的空间和平台。如果土地也失去了,而进城以后应享受的权利享受不到,或享受权利不平等,那么,他们作为公民

---

① 李时宇:《双重困境下的养老保险体系改革研究:基于老龄化和城镇化的视角》,中国人民大学出版社2013年版,第84—87页。

② 全国老龄工作委员会.中国人口老龄化发展趋势预测研究报告[EB/OL]. http://finance.sina.com.cn,2006-2-24.

的权利也就会失去很多。

一些农民不愿轻易用土地换户口,说白了,就是在算权利账,算户口带来的权利能否与土地产生的权利相对应,甚至更高。否则,就会坚持保留土地、到城市打工的理念,那么户籍改革也就难以有效地向前推进。

事实也是如此,这些不愿选择转为非农业户口的农民,大多是在城市务工的人员,他们在城市务工过程中,已经充分感受到了权利不平等带来的精神压力和生活压力,感受到一旦失去土地后可能带来的心理恐惧。因为,只要土地在手,哪怕城市不再需要自己了,自己不喜欢城市了,也可以选择回到土地上去,去充分享受土地带来的权利和快乐。

这也意味着,在推进户籍制度改革过程中,要想让广大农民自觉自愿地用土地换户口,从而推动城镇化进程,提高中国的城市化率,最有效的途径,就是要实现权利的均等化,让失去土地的农民不至于成为二等公民,不成为城市的边缘人口。而这恰恰是目前城镇化过程中的最大难点,也是最大薄弱点。一些地方为了腾出建设和开发用地而实施的所谓新型城镇化,绝大多数没有能够有效保障失地农民的权利。凡是失去土地的农民,都是名下的资产大幅增加了,生活水平与质量却大大降低了,从而形成了畸形的小康标准。亦即资产已经达到小康甚至现代化水平,而生活却由原来的小康退回到了温饱。原因是,这些地方并没有在让农民交出土地的同时,给农民足够的就业空间或社会保障。尤其是年龄较大的农民,基本都返回到了温饱甚至贫穷状态。

这对广大农民来说,无疑是一个很不好的导向、很不好的示范。自然,他们在考虑用土地换户口问题上,就不可能不认真、细致地算好权利账,把失去土地以后的风险和困难想得更多一些。

更重要的是,在农业技术水平不断提高,农村环境不断改善的大背景下,即便在农村生活,质量和水平也未必比在城市差。更何况,城市的下岗和失业状况也比较严重,给他们的启迪和影响也很大。与其拿土地换户口自断后路,不如拿着土地到城市务工或生活,城市的权利少一点,农村的权利则有保障。这就给城市决策者提出了一个严峻的课题:如何在推进户籍改革的同时,让失去土地的农民能够在权利上充分平等,以此来消除广大农民的顾虑。户籍改革的路很长,远不只是户口并轨那么简单。

资料来源:《北京青年报》,2014 年 08 月 02 日 http://news.ifeng.com/a/20140802/41412869_0.shtml。

第四节 养老保险概述

一、养老保险的概念及其内涵[①]

根据我国劳动和社会保障部的定义,养老保险是国家和社会根据一定的法律和法规,为

---

① 本教材的养老保险都是指"社会养老保险",其内涵笔者根据以下著作的相关内容整理而成:郭士征主编:《社会保障学》,上海财经大学出版社 2005 年版,第 53—60 页;林义主编:《社会保险》,中国金融出版社 2004 年版,第 16—25 页;邓大松主编:《社会保险》,中国劳动社会保障出版社 2002 年版,第 40—41 页;郑功成主编:《社会保障学》,中国劳动社会保障出版社 2007 年版,第 300—301 页。

解决劳动者在达到国家规定的解除劳动义务的劳动年龄界限,或因年老丧失劳动能力退出劳动岗位后的基本生活而建立的一种社会保险制度,是社会保险制度的核心内容和重要险种之一。养老保险的目的是为保障老年人的基本生活需求,为其提供稳定可靠的生活来源。其内涵包括如下几个层面:

(1) 强制性。养老保险制度通过法律形式加以规范和强制,是一种具有政府意志体现的制度安排。强制性即国家根据本国经济社会发展需要,通过立法程序,划定一定的社会养老保险范围,要求对覆盖在内的国民强制参加社会养老保险。强制性是社会养老保险的首要特征,对养老保险的发展非常重要。首先,它能有效降低逆选择,使符合条件的公民都参加养老保险,从而保证保险的大规模。根据大数定律,参保人数越多,费用负担越低,制度较易推行。且参保的人数越多,互济性就越强,有利于养老金的收支平衡和制度的可持续发展。其次,它是社会养老保险区别于其他商业保险的重要标志。强制性决定了社会养老保险的管理组织者必须是政府,绝大部分养老保险体系由政府负责管理,政府在养老保险领域的突出作用和重要性与政府在其他保险市场(如汽车保险、意外保险)上有限的作用形成了鲜明对比。公民是否参加和缴费是由法律规定并由政府强制执行,而不是建立在个人自愿选择的基础上的。

(2) 普遍性。社会养老保险的覆盖范围不是一成不变的,它可以根据社会经济发展的阶段进行动态调整,但是随着经济社会的发展、国家财力的增强,各国应该尽力扩大养老保险的覆盖范围(即中国所称的"广覆盖"),直至覆盖全体社会公民,由"广覆盖"到"全覆盖",使社会所有成员能普享养老权这一基本权利,这是各国正在践行的终极目标,也是基本人权的要求。因为社会养老保险保障的是养老权,养老权作为公民因年老不能工作时享有的生存权,是一种普遍权利,每个公民都应平等享有。而生存权是人权的核心内容,政府有义务提供这种保障。

启蒙时期,洛克(John Locke)提出了天赋人权说,认为生命、自由、财产是人类的三大基本权利,且在道德上不可侵犯。1919年德国制订的魏玛宪法第151条规定:经济生活的秩序,必须符合正义原则,即保障所有人都能过着有尊严的生活。1948年,联合国在《世界人权宣言》中将"个人尊严"与"人格自由发展"规定为个人应有的权利,指出国家应尽力建设一个能保障个人人格尊严、自由发展的制度和社会环境,人民有权享受社会保障,这是一种权利而非恩典。

社会保障权是对市场经济优胜劣汰法则的矫正,按市场法则,"优胜劣汰"是合理的,按人权理念,则应做到"优胜劣存",劣者的生存权和优者的发展权一样重要。任何对劣者生存权的冷漠都是不符合人权原则的。所以从保障人权的角度看,社会养老保险应尽力做到普遍性,当然这有一个发展过程。

(3) 社会性。社会性的具体表现:它是以国家为主体组织实施,养老金在一定范围内进行统筹调剂并实行社会化管理,以及在全社会实行统一的养老保险制度,以此实现国家主导的公平收入分配、稳定社会经济发展的目的。

可见,社会养老保险主要体现国家的再分配功能,它是一项重要的社会政策。政治经济学派认为养老是公民的一项社会权利,强调政治因素在社会养老保险制度变迁中的作用。直到20世纪五六十年代,一批政治学家由于受到社会民主主义思想的影响,他们依然倾向于从社会公平和正义的视角来分析社会养老保险制度的社会性绩效。可是分配中的公平与效率却是个十分敏感而又重要的问题。过分强调公平就会忽略效率,比如,为了筹集更多的资金而实行高费率,就会降低企业的生产积极性,影响经济发展;向居民提供过高过宽的社会福利,又会助长惰性,伤害积极性,从而损伤公平。所以如何兼顾公平和效率、合理把握收缴水平和支付标准,是政府发挥适度再分配职能所必须重视的问题。此外,它还是一项经济制度,社会养老保险模式选择是否得当,直接影响一国经济发展状况。根据各国社会养老保险制度改革实践可知,社会养老保险制度具有提高储蓄率、加快资本市场形成和促进经济发展等多种功能。

(4) 对应性。社会养老保险的对应性,即养老保险权利与义务相对应,要想享受养老权利,必须履行缴费义务,即养老保险是以社会保险为手段来达到保障的目的。但它不同于个人报酬对等原则,即投保人所得到的津贴直接取决于他所缴纳的保费,津贴的精算标准完全等于缴费的精算标准。一般而言养老金收益水平通常与个人退休前的平均工资正相关。萨拉·伊·马丁(1996)在比较研究了139个国家的公共养老保险体系之后发现,130个国家的养老金发放水平都在一定程度上和个人退休前的工资水平相关。一些国家的养老金收益水平甚至直接和养老保险贡献成正比例(养老保险贡献和个人退休前的工资水平成正比例)。在另外一些国家(如加拿大、丹麦、芬兰、冰岛、日本、新西兰、挪威、瑞典等),养老金收益通常由两个部分构成:一是基本养老金,基本上和个人缴纳的养老保险贡献无关,仅仅为所有老年人提供的最低生活保障;另一部分则与个人以往的工资收入水平相关。在计算养老金收益水平时,如何衡量个人劳动收入存在不同的方式。一些国家如美国等,计算时综合考虑个人一生的工资收入状况,给每年收入以相同权重;另一些国家,如土耳其,仅考虑个人接近退休时的收入水平;还有的将个人收入最高的年份作为计算依据。

虽然养老金收益水平与劳动收入密切相关,但绝大部分国家的养老金收益水平与受益人的非劳动收入(主要是个人的资产收入)不相关。马利根和萨拉-伊-马丁(1999)研究了98个国家的养老金计算标准,发现只有两个国家的养老金收益水平和退休者的非劳动收入相关,其余国家的养老金收益水平仅与个人退休前的劳动收入相关,而不依赖于他们的非劳动收入。①

二、养老保险制度的基本特征

社会养老保险是整个养老保险体系的核心,除了具备社会保险强制性、互济性、补偿性、社会性和福利性等共同特征外,还具有以下主要特征:

(一) 参加保险与享受待遇的一致性

其他社会保险项目的参加者不一定都能享受相应的待遇,而基本养老保险待遇的享受人群是最确定、最普遍、最完整的。由于进入老年是人生不可避免的人生规律,这就决定了任何人如果想要安享晚年,都需要有相应的养老保险,人们对养老保险的普遍需求,正是根源于其化解的老年风险的普遍性。相对于失业、疾病、伤残等不确定事件而言,老年风险是一个确定的、可以清晰预见的、人人都会遇到的事件,虽然由于不同的人的能力、经历和家庭条件不同,对老年收入锐减、身体衰弱等的承受能力也不同,但随着家庭规模的缩小、保障功

---

① 袁志刚主编,《养老保险经济学》,上海人民出版社2005年版,第19—20页。

能的弱化以及市场竞争带来的各种风险的集中化和多重化,任何人都不能保证自己的老年没有风险。因此,在老年风险日益成为人生最普遍风险的同时,基本养老保险亦成为社会成员最普通的需求。同时,基本养老保险是社会保险制度中受保者身份最稳定的。参加基本养老保险者进入法定的养老年龄,都可以享受基本养老保险待遇。而参加其他社会保险项目,并非都能享受相应的待遇。

(二)保障水平的适度性

养老保险的基本功能是保障劳动者在年老时的基本生活,这就决定其保障水平要适度,既不能过低,也不能过高。一般来说,养老保险的整体水平要高于贫困救济线和失业保险金的水平,低于社会平均工资和个人在职时的收入水平。

(三)享受期限的长期性

养老保险都是劳动者在年轻时参加,达到退休年龄办理退休手续后再领取,直到退休者死亡终止。基本养老保险具有如下两个固有的特征:一是缴费时间长达数十年;二是领取养老金的时间也长达十多年到数十年不等。参加养老保险的劳动者一旦达到享受待遇的条件或拥有享受养老保险的权利,其资格就可以长期享受,一直延续至其死亡。

(四)与家庭养老相联系

养老保险的产生与发展,逐步取代了传统家庭养老的部分甚至大部分功能。养老保险保障程度较低时,家庭养老的作用更大一些;养老保险保障程度较高时,家庭养老的作用就相应减弱。但养老保险并不能完全取代家庭养老。几乎所有国家的宪法或法律都规定了公民有赡养老人义务的原则。因此养老保险和家庭养老是相互联系、相得益彰的统一体。

(五)管理的复杂性

养老保险管理的复杂性,不仅在于长期积累性带来了制度设计与管理的难度,而且由于基金规模的庞大,基金保值增值的负担也十分繁重,需要有专门的机构和人员来进行基金经营运作,而其他社会保险项目则没有如此大的压力。

三、养老保险制度的设计原则

世界各国由于政治、经济和文化背景不同,养老保险制度实施的类型也有差异。但各国在建立这一制度时,都遵循如下设计原则:

(一)广覆盖原则

相对于失业、疾病、伤残等不确定事件而言,老年风险是一个确定的、可以清晰预见的、人人都会遇到的事件,养老毫无疑问是劳动者最具普遍性的风险,由基本养老保险普遍需求特征决定了其覆盖面应该是最广的,应包括尽可能多的劳动者。

(二)权利和义务相对应的原则

目前大多数国家的基本养老保险制度都实行权利和义务相对应的原则,即要求参保人员只有履行规定的义务,才能享受规定的养老保险待遇。这些义务主要包括:依法参加基本养老保险;依法缴纳基本养老保险费并达到规定的最低缴费年限。基本养老保险待遇以养老保险缴费为条件,并与缴费的时间长短和数额多少直接相关。

(三)保障基本生活水平的原则

基本养老保险的目的是对劳动者退出劳动领域后的基本生活予以保障,保障老年人在晚年有一个稳定可靠的生活来源。这一原则更多强调社会公平,有利于低收入阶层。一般而言,低收入人群基本养老金替代率则相对较高,而高收入人群替代率则相对较低。由于老年人领取养老金不是一次性的,往往采取终身、定期给付的形式。在给付期间不可避免地会出现物价上涨等情况。为保障退休者的实际生活水平与整个社会消费水平相适应,国家应根据物价和通货膨胀率的变动情况,按照一定的指数标准调整养老金水平。当然,劳动者还可以通过参加补充养老保险和个人储蓄性养老保险获得更高的养老收入。

（四）分享社会经济发展成果的原则

随着社会经济的发展,社会平均消费水平总是不断提高,在社会消费水平普遍提高的情况下,退休人员的生活水平有可能相对下降。因此,有必要建立基本养老金调整机制,使退休人员的收入水平随着社会经济的发展和职工工资水平的提高而不断提高,以分享社会经济发展的成果。因为老年人过去的努力为当前经济发展奠定了基础,他们为当今的经济成果创造了条件,做出过贡献,因而他们有理由分享经济发展成果。如果退休者与在业者之间的收入差距过于悬殊,就会产生大量的老年低收入人群,违背了社会发展的公平原则。因此,老年社会保障的标准应当随着经济发展、社会进步而提高。

（五）公平与效率兼顾的原则

自从基本养老保险机制建立以来,公平与效率一直是人们争论的焦点。公平原则就是通过养老保险制度实现收入的再分配,以体现社会公平。基本养老保险中的公平原则,一方面体现在实际存在的待机抚养关系上;另一方面,许多国家实行的养老金随经济发展而向上调整以分享经济发展成果的政策、养老金与工资报酬关联的累退制等,都反映了公平的原则。效率的原则是指制度的设计一定要符合成本最低的要求。一个有效率的基本养老保险制度,就是要用最小的经济成本实现已达成社会共识的基本养老保险制度的目标。没有明确的目标就有可能引起政策的混乱,造成社会的不安,付出昂贵的社会成本。在制度目标清晰的情况下,如果制度设计不当,也可能造成制度运行的经济成本过高,资源严重浪费。由于公平与效率在一定程度上是互相矛盾的,因此,基本养老保险制度的设计要寻求社会公平与效率的平衡点,实现公平与效率的统一。

（六）管理服务的社会化原则

按照政事分开的原则,政府委托或设立机构管理养老保险实务和基金。要建立独立于企业、事业单位的养老保险制度,就必须对养老金实行社会化开发,并依托社区开展退休人员的管理服务工作。

（七）经济援助与服务相结合的原则

根据老年人的生理和身体特点,其要想获得健康、正常的生活,不但需要有稳定的生活来源、一定的经济基础,更要有符合老年人生活需要的服务相配合。而各国养老保险的水平都不能完全保证每个老年人都有条件雇用保姆或家政服务人员,因此,基本养老保险在向老年人提供经济帮助的同时,有必要向他们提供一些必需的服务项目。在全球老龄化问题日益严重,已经不是某一个或几个国家面临的问题时,这一点也就变得更加重要。养老保险能否结合好经济和社会发展,严重影响着养老保险的实施效果,关系到养老问题在多大程度上能得以解决。

四、养老保险的地位和作用

养老保险是以老年人的生活保障为指标的,通过再分配手段或者储蓄方式建立保险基金,支付老年人的生活费用。它的实施具有以下作用:(1)有利于保证劳动力再生产。通过建立养老保险的制度,有利于劳动力群体的正常代际更替,老年人年老退休,新成长劳动力顺利就业,保证就业结构的合理化。(2)有利于社会的安全。养老保险为老年人提供了基本生活保障,使老年人老有所养。随着人口老龄化的到来,老年人口的比例越来越大,人数也越来越多,养老保险保障了老年劳动者的基本生活,等于保障了社会相当部分人口的基本生活。对于在职劳动者而言,参加养老保险,意味着对将来年老后的生活有了预期,免除了后顾之忧,从社会心态来说,人们多了些稳定、少了些浮躁,这有利于社会的稳定。(3)有利于促进经济的发展。各国设计养老保险制度多将公平与效率挂钩,尤其是部分积累和完全积累的养老金筹集模式。劳动者退休后领取养老金的数额,与其在职劳动期间的工资收入、缴费多少有直接的联系,这无疑能够激励劳动者在职期间积极劳动,提高效率。

此外,由于养老保险涉及面广,参与人数众多,其运作中能够筹集到大量的养老保险金,能为资本市场提供巨大的资金来源,尤其是实行基金制的养老保险模式,个人账户中的资金积累以数十年计算,使得养老保险基金规模更大,为市场提供更多的资金,通过对规模资金的运营和利用,有利于国家对国民经济的宏观调控。

五、养老保险与商业人寿保险的区别

商业人寿保险是以自愿投保的公民为保险对象,在保险人年老退休或保期届满时,由保险公司按照合同规定给予养老金补偿的一种制度,它是商业保险公司的产品之一。养老保险和商业人寿保险就其发挥的作用来看都是为了保障公民的基本生活,维护劳动力的再生产,促进生产的发展和社会的稳定。二者既有联系,又有区别,均属于社会保障的范畴,是一种相互补充、相互促进的关系。但养老保险和商业人寿保险作为两种不同性质的保险制度存在明显区别。

(1)两种制度的性质不同。养老保险是国家依法强制实行的社会保险制度,属于政府行为,具有强制性、互济性和社会性等特点,并通过收入再分配起到调节劳动者收入差距、实现社会公平的作用;商业人寿保险则是一种商业行为,投保人与保险公司之间完全是一种契约或合同的关系,主要体现了资源型、赔偿性、对等性和补偿性等特点,其性质更大程度上是一种以规避风险为目的的投资行为,对投保人来说起到了平稳现金流的作用。

(2)保险的约束性不同。养老保险的保险对象通常是法律法规所规定的特殊群体,有时会遵循覆盖广的原则,扩大到全体国民;而商业人寿保险的保险对象是自愿投保的自然人,由投保人根据自己的需要和能力自主参加。

(3)保障水平不同。养老保险的平均水平只能保障最基本的生活,一般高于社会救济水平和失业保险水平,接近于中等生活水平;商业人寿保险的水平是不稳定的,保险水平取决于投保人投保金额的多少。

(4)权利与义务的内容规定不同。养老保险强调的是大多数保险人的基本生活,劳动者只要履行了为社会贡献劳动和缴纳社会养老保险费的义务,就能从社会获得享受养老保

险待遇的权利,在权利和义务之间不存在严格对等关系;而商业人寿保险则具有强烈的合同约束,保险人与被保险人是一种"对等互利"的关系,保险的责任随着合同的存在而存在。

(5)承担保险的主体和社会作用不同。养老保险的经营主体是政府设置的社会保险机构,是一种公益性的社会机构,是以保障基本生活、提供管理服务、维护社会稳定、促进经济可持续发展为目的,而不以营利为目的;商业人寿保险经营主体是商业保险公司,是自主经营、自负盈亏的经济实体,是以追求自身利益和发展为目的的企业法人,对被保险人只负责补偿经济损失,不对被保险人承担管理服务的社会责任。

因此,养老保险和商业人寿保险即有明显的区别,又相互补充,两种保障方式并不相互对立,也不存在竞争,商业人寿保险是对国家法定养老保险的有益补充。需要强调的是,任何参加养老保险的法人和个人不得以参加了商业人寿保险为由而拒绝参加国家规定的基本养老保险;任何商业保险公司及其员工也应参加基本养老保险。三种养老方式的主要区别见表1-5。

表1-5 三种养老方式的比较

	社会养老保险	商业养老保险	家庭养老
实施主体	政府	商业保险公司或中介机构	家庭
实施目的	社会福利最大化	商业利润最大化	家庭效用最大化
执行依据	法律强制性	商法资源性	道德约束
体现原则	现代文明的社会互助	成本收益原则	尊老爱幼的道德底线
费用负担方式	政府、企业、个人多方负担	完全由个人缴费	家庭成员之间的代内代际转移
风险分担范围	社会	经过核保的投保人	家庭内部
化解老年风险能力	强	弱	较弱

在中国,这三种养老方式的贡献比较悬殊,且城乡间养老资源结构差异显著,具体情况可参见专栏1-5。

中国养老资源结构

从20世纪90年代到2010年,中国城市和农村老年人的供养结构发生了变化,如下表所示:

表1-6 1987—2010年老年人口供养构成变动(%)

	年份	养老金	子女供给	本人劳动收入	其他
城市	1987	63.70	16.80	14.60	4.90
	2005	76.90	7.00	9.60	6.50
	2010	80.60	7.50	5.10	6.80

(续表)

	年份	养老金	子女供给	本人劳动收入	其他
农村	1987	4.70	38.10	50.70	6.50
	2005	9.80	37.10	39.80	13.30
	2010	20.10	42.50	31.30	6.10

资料来源:1987年数据,参见《中国1987年60岁以上老年人口抽样调查资料》第260—263页;2005年数据,依据《2006年中国城乡老年人口追踪调查数据分析》第63—66页数据计算;2010年数据,来源于中国社科院人口与劳动经济研究所《2010年七省区人口社会调查资料》。

可见,城市养老保险待遇不断提高,给付的养老金额不断增加;农村则一直由家庭子女承担,如果家庭子女不履行赡养义务便视为违法,这在城乡收入差距持续拉大形势下,城乡养老社会保险水平难免落入差距越拉越大的境地。2009年开始实行新型农村养老社会保险试点,目前已经基本上实现全覆盖;无奈新农保水平过低,现阶段对缩小城乡养老社会保险差距作用有限,这就形成"全覆盖"下城乡养老社会保险差距之大,远远超出人们想象的新情况。2011年城镇职工基本养老保险基金支出12 764.9亿元,离退休人数8 626.2万人,人均给付养老金14 797.8元;新农保试点基金支出587.7亿元,达到领取待遇年龄参保人数8 921.8万人,人均领取658.7元,仅相当于城镇职工的4.50%。① 如果加上城镇离退休人员各种补贴收入,差距还要增大许多,严重挑战养老社会保险的公平性性质。②

资料来源:田雪原,"人口老龄化与养老保险体制创新",《人口学刊》2014年第1期。

本 章 小 结

养老保障面临人口老龄化和城镇化的双重压力和挑战。养老保险是国家和社会根据一定的法律和法规,为解决劳动者在达到国家规定的解除劳动义务的劳动年龄界限,或因年老丧失劳动能力退出劳动岗位后的基本生活而建立的一种社会保险制度。从强制性、普遍性、社会性、对应性四个方面来理解养老保险内涵;养老保险除了具备社会保险强制性、互济性、补偿性、社会性和福利性等共同特征外,还具有参加保险与享受待遇的一致性、保障水平适度性、收益期限长期性等基本特征;养老保险设计应遵循广覆盖、保障基本生活水平、兼顾公平和效率等原则;养老保险具有保障劳动力再生产、有利于社会稳定、促进经济发展等作用;养老保险与家庭养老、商业养老保险在实施主体、实施原则、化解老年风险能力等方面存在差异。既然养老方式有很多种,问题是政府为什么要实施社会养老保险制度? 这为第二章养老保险产生的理论学说埋下了伏笔、制造了悬念。

基 本 概 念

养老保险　商业养老保险　人口老龄化　新城镇化

---

① 国家统计局:《中国统计年鉴2012》,中国统计出版社2012年版,第943、944、951页。
② 田雪原:"人口老龄化与养老保险体制创新",《人口学刊》,2014年第1期。

复习思考题

1. 人口老龄化对养老需求的挑战是什么?
2. 新城镇化如何影响中国养老保险体系?
3. 社会养老保险与商业养老保险的异同及其关系?
4. 养老保险的内涵是什么?养老保险是否属于公共品?判断依据是什么?

 案例 1

不仅是老有所养的问题

作者:刘林德

"你到底死不死啊?我就请了 7 天假,是把做丧事的时间算进来的。"

这是一个儿子对病危父亲的喊话,出自《中国青年报》7 月 30 日的报道《农村老人自杀的平静与惨烈》。多年来,华中科技大学的贺雪峰教授和他的学生们进行着一项令人尊敬的学术调查,研究农村老人的非正常死亡现象,其实主要是自杀。调查显示,自 20 世纪九十年代起,农村老人的自杀现象令人"触目惊心",有的村庄"几乎没有正常死亡的老人"。

中青报的报道经由互联网传播,让这一现象走出学术圈,进入大众视野。虽然学者的调查只在 11 个省份的 40 多个村庄进行,也不得不说这已经是一个非常严重的社会问题。

文中那位儿子的话,一般看来已无人性可言,直接撕碎了我们心目中伦理亲情的价值标准。但说者显然没有多少良心上的挣扎,只是带着稍稍不耐烦的情绪脱口而出。而父亲也不觉得儿子这样讲话特别忤逆,他甚至不做任何抗议就做了自我了断,丧事在儿子的时间规划中顺利举行。

报道和调查中,类似的事例并不少见。老人自杀不再有伦理道德的阻碍,只剩下纯粹的利益计算,当你已经老到无法创造更多的价值,当养老的成本超出了你在有生之年所能生产的效益,甚至拖累儿女们的利益生产,自杀成了最经济的选择。在一定的村社共同体内,它甚至成为一种新的道德标准,父母、子女、邻人都视其为正常,"赖着"不死反而成为不道德,要背上沉重的良心负担。可以说,尊老敬老、养儿防老等传统道德,在这些地方已经崩坏。

如果据此给农村地区冠以落后、愚昧、势利等判断,是不公正的。厌老情绪,敬老道德的弱化,其实是种整体的社会现象。在生活压力和负担沉重的农村地区,它表现得更为惨痛,直接冲击着私人领域的伦理亲情。而城市里则在公共领域展开。比如这几年持续讨论的老年人乘坐公共交通工具的问题,老年人的公共娱乐休闲问题,公共空间对老年人的扶助问题,舆论几乎一致倾向对老年人"污名化"。

老从来都是一件不经济的事,身体的脆弱,劳动能力的减退和丧失,或许人类自古就对老抱有本能恐惧。但在历史上,老人在其他领域的权威和作用,抵消了这种恐惧,维持着老人的社会地位。比如老人是知识和经济的传承者,共同体内矛盾的裁断者。这种非经济权力,使得老人成为社会价值的制定者,也因此获得对经济权力的支配。然而,现代社会让这一切都变化了,人们习得经验知识,裁断是非,不需要再依靠老者。老人几乎完全处于无权状态。

经济和权力关系在社会运行中起着重要作用,不容否认。但人的生命和价值,并不能因此来计算。必须有强大的道德观念,与之进行对抗,人类和社会才不至于重新沉沦到野蛮状态。如果说老年人对年轻人进行道德压迫和束缚,曾经是一个历史问题。现在情形则颠倒了,年轻人对老年人的道德厌弃,成为新的时代问题。对老人自杀的伦理问题、敬老道德崩坏的问题,不能以纯经济角度考虑。经济原因或许是导致道德弱化的主要因素,然而道德一旦沦丧,重新恢复比经济供给困难得多。我们诚然需要有完善的养老设施和机制,使老有所养、老有所乐,但仅此是不够的。人并非活得衣食无忧就好,老人也同样需要尊严、社会认同和尊重。我们必须同时考虑老有所敬的问题,在伦理道德上给厌老、嫌老、弃老者以良心压力。

资料来源:《华商报》,2014 年 08 月 02 日 http://news.ifeng.com/a/20140802/41412875_0.shtml。

思考:在我国封建社会,尊老敬老风尚普遍存在,而当今社会却世风日下。这是人性的堕落还是社会制度使然?

独居老人为说话1年拨打超千次110:陪我聊一会

《重庆商报》记者　郑三波

重庆市渝中区大坪正街71岁的赵大爷独自居住,爱喝酒的他常常酒后拨打110,有时是说没带钥匙,有时是说摔倒了,其实他是不堪寂寞,就想找民警来了好有人说话。昨日,大坪派出所民警介绍,经统计,赵大爷一年来竟然拨打了1 483次110报警电话。

老人爱在家里喝闷酒

昨天,记者来到渝中区大坪正街某小区,看到赵大爷时,他正有说有笑,很难看出赵大爷孤独。该小区门卫室的保安陈先生说,赵大爷平时都爱坐在门卫室聊天,和邻居之间关系比较好。但是赵大爷有一个习惯,晚上爱躲在家里喝闷酒,喝醉了就胡言乱语。

大坪派出所社区民警席警官介绍,去年7月23日,一个大雨的夜里,赵大爷打110报警说自己没带钥匙回不了家。"我联系上他的前妻,拿到钥匙后把老人送回了家。"席警官回忆,当时老人处于醉酒状态,说话含糊不清。

最多一天5次拨打110

据了解,自那以后赵大爷就开始频繁地打110报警。根据渝中区公安分局的报警记录,第一周打了29次,主要是摔倒了找民警帮忙,或是家里东西坏了找民警解决。

席警官说,每次民警去都发现赵大爷其实是因喝酒找不到人聊天,心里烦就拨打110找人聊天,或者希望民警去和他说话。

"最频繁的时候,赵大爷一天打了5次电话,民警也因此去了5趟。"席警官说,"民警接到报警必须出警,每次都去,赵大爷一喝酒就想找人聊,他酒量也大,要喝1斤多白酒,但就是很孤独。"

席警官说,民警能理解赵大爷想找人说话的愿望,每次民警去都和他交谈,直到安抚了其情绪才离开,但依旧无法改变赵大爷喜欢打110的习惯,现在他几乎与所里每位社区民警都很熟。根据渝中区公安分局的报警记录,从去年7月23日至今年7月23日,一年时间内,赵大爷拨打110一共1 483次。

资料来源:光明网,2014年08月06日 http://tv.sohu.com/20130911/n386353452.shtml。

思考:

1. 产生以上现象的原因是什么?

2. 新修订的《老年人权益保障法》在2013年7月1日正式实施,新法规定家庭成员应当关心老年人的精神需求,不得忽视、冷落老年人。与老年人分开居住的家庭成员,应当经常看望或者问候老年人。媒体解读为"常回家看看法",不常看望老人将属违法。该法同时规定,用人单位应当按照国家有关规定保障赡养人探亲休假的权利。请结合上述案例,评述该法。

第二章 养老保险基本理论

学习目标

养老保险发展至今已经有100多年的历史,从而形成了形形色色的有关理论。本章介绍了福利经济学的基本理论;阐释了养老保险制度起源和发展的诸多理论,主要分为政治理论和效率理论两大类别,对每一种理论的具体内容进行了概括和总结;同时介绍了养老保险的现代理论。

导入案例

在食物极其匮乏的原始社会,男人、女人、男婴、女婴、老人这五类人进食的优先顺序及其原则是什么?

据英国社会学家埃·哈拉兰博斯的考察,在加拿大哈得逊湾以西的加勒布印第安人曾经以鹿群为食物来源。当冬天找不到鹿群时,为了避免社区所有的成员都饿死,就确立了以下优先进食的原则:首先让有活动能力的成年男子吃饱,因为倘若他们过于虚弱而不能打猎,大家就会没有食物可吃;其次是让这些人的妻子吃饱,因为这样她们可以多养孩子;男孩更被重视,因为他们长大后可以成为猎手。老年人是首当其冲的被淘汰者,灾荒时他们要光着身子走到雪地里去自杀。如果老年人都死了,就轮到了女婴。①

在原始社会存在杀老弃老的风俗。英国历史学家沃辛顿·史密斯的《原始野蛮人》记载了关于旧石器时代尼安德特老年人的情况,其中写道:"长老是这群人的父亲和主人。到了有一天,这个长老已四十或者更老一些,他的牙齿脱落了,体力衰落了,一个年轻的男子就会站出来反抗他,把他杀掉,取代他的统治地位。在蹲所(原始人群居的地方)里的老年人是会很快被解决掉的。他们只要衰老而脾气变坏了,烦恼和死亡也就降临到他们的头上。"

渔猎民族布什门人为了狩猎,从一个地方向另一个地方迁徙时,通常抛弃他们上了年纪的亲属。在这种情况下,他们给老人留下一块肉和一盆鸵鸟蛋壳的水,一旦这些微量的储备用光了,可怜的老人必然饿死或者成为野兽的食物。在昂加瓦地区老人被处死;在中央爱斯基摩人中,一个人可以把上了年纪的双亲杀死;在格陵兰东海岸的古代部落中,濒临死亡的老年人有时被溺死或者老年人自行溺死;很多印第安人部落中有杀死和抛弃老

---

① [美]马克·赫特尔:《变动中的家庭——跨文化的透视》,浙江人民出版社1988年版,第120页。

年人的习俗①。

思考：

1. 请问以上进食原则是否极不道德？请结合你的理由？
2. 原始社会这种杀老弃老的现象产生的原因？是否有其合理性？如何理解这种现象？

第一节　养老保险制度溯源

在人类发展的历史长河里，建立养老保险的制度并不算久远，至今只有一个多世纪。

在原始社会，人类认识自然和改造自然的能力都非常有限，只能被动地接受和适应环境，人类赖以生存的物品来源于采集和打猎，个体几乎无法长期生存，并且所有物品都是平均分配，没有人能够获得剩余物品，老弱病残以及无法参与生产活动的成员也都是由集体共同照顾，当然在生存环境比较恶劣的情况下，他们也是首先被遗弃的对象。

人类社会在从原始社会末期向奴隶社会过渡的时期，社会生产力进一步发展，人类能够创造出更多的物质产品，除平均分配之外，特殊的人群能够获得剩余产品，进而产生了私有财产，私有财产的产生，使得以家庭为单位的自给自足的自然经济进入历史舞台，并长期存在。如果人们因为年老生病或者伤残不能参加劳动，那么他们的生活将全部由家庭承担。在我国两千年的封建历史中，家庭是基本的生产和消费单位。"养儿防老"是在传统社会得到社会成员普遍认同的老年保障方式。

将社会养老保险制度作为正式制度安排，始于18世纪的工业革命。工业化大生产改变了人们的生产方式，也创造了新兴的产业。新兴的产业使得工人在工作遭遇到更多的风险，造成了更多的伤残事故，劳动技能的更新也恶化了工人的就业环境。

德国社会养老保障制度的萌芽，是社会各方力量斗争的结果，一定程度上讲，也是工人运动的成果。19世纪五六十年代，德国第一次工业革命进入大规模发展阶段，劳资矛盾异常尖锐。在这种背景下，一些有社会保障意识的企业为了缓和社会矛盾，开始自发地为工人提供养老保障，主要资助年老雇员、丧失劳动能力者或者已故雇员遗属。这种做法主要是一种企业自身行为，尚不具有法律约束力，并且发展缓慢，因此还不能称之为一种制度，但是企业为雇员提供保障的思想和做法对德国养老保障的产生起到了一定的推动作用。

19世纪末，德国工人运动和社会民主运动日益高涨，以俾斯麦为首相的德国政府试图通过养老保障及其他社会福利措施来平息日益高涨的工人运动，因此接受了社会政策学会关于经济和社会政策主张，在依据《社会法案》的前提下，分别于1883年、1884年、1889年先后颁布了《疾病保险法》《工伤保险法》和《伤残和养老保险法》，建立起了社会保险法的基本思想和原则，确立了面向产业工人的养老保险制度。

19世纪后半期，随着资本主义从自由竞争到垄断经营的发展，工业化社会中的各种矛

---

① [英]卡尔·桑德斯：《人口问题——人类进化研究》，商务印书馆1983年版，第150—151页。

盾已经凸显出来。工人阶级为了维护自身利益和基本生活,进行了长期的工人运动,失业问题也时常困扰着他们。资产阶级政府为了调整劳资关系,缓和阶级矛盾,试图通过立法正式建立社会保障制度。

1889年,德国《老年和残疾社会保险法》的颁布成为社会保险的开端,同时也标志着社会保险从此进入了国家立法阶段。继德国之后,欧洲绝大多数国家在19世纪末和20世纪初,相继建立了各自的养老保险制度。此外,其他地区的工业化国家如新西兰、澳大利亚、美国、新加坡、日本等也先后建立起这种养老保险制度。1935年美国国会通过的以老年和失业问题为主题的《社会保障法》,常被视为现代社会保障制度产生的标志。而广大发展中国家的社会保障制度起步较晚,大部分国家是在二战后才逐步建立起不同层次的养老保险制度。

二战以后,随着世界经济的不断发展和繁荣,生产的社会化程度进一步提高,特别是产业结构的大调整,引发了社会观念的大变革。为达到更广泛的社会平等和更高程度的经济平等的目标,1948年英国宣布了福利国家政策。此后,瑞典、挪威、荷兰、法国、意大利等国也纷纷参照执行了英国的全面福利计划,使社会保险制度在全世界范围内得到空前发展,根据美国劳动保障署统计,到2006年,全球有173个国家建立了社会保障制度,其中有170个国家建立了针对老年人的生活保障制度。

专栏2-1

济 贫 法

16世纪英国圈地运动迫使众多农民背井离乡,沦为流浪汉,失业问题日益严重,社会不安因素急剧增加,英国统治者被迫考虑救济贫民问题。1601年,英王室通过了一个新法案《济贫法》,至1948年废除,历经300多年的时间,几乎贯穿了英国自传统农业国转变为现代工业国的全过程。

1572年,英格兰和威尔士开始征收济贫税,1576年又设立教养院,收容流浪者,并强迫其劳动。1601年颁布第1个重要的济贫法。授权治安法官以教区为单位管理济贫事宜,征收济贫税及核发济贫费。救济办法因类而异,凡年老及丧失劳动力者,在家接受救济;贫穷儿童则在指定的人家寄养,长到一定年龄时送去作学徒;流浪者被关进监狱或送入教养院。

斯图亚特王朝于1662年通过《住所法》,规定贫民须在其所在的教区居住一定年限者方可获得救济。1723年的《济贫法》更进一步规定设立习艺所,受救济者必须入所。由于在执行中弊窦丛生,1782年的法律又作出相反规定,把原料发给有劳动力的贫民在家做工,只把年老及丧失劳动力者集中起来救济。该法案扩大了济贫面,对教区收容院以外的贫困者给予救济。

1793年对法战争开始后,各地发生抢粮事件,于是伯克郡济贫官员于1795年5月在斯皮纳姆兰村开会。决定向收入低于公认最低生活标准的工人提供补助,即所谓"斯皮纳姆兰制",用以缓和阶级矛盾。到1832年,除诺森伯兰及达勒姆两郡外,英国各郡均实行了"斯皮纳姆兰制"。此法案使政府财政支出增大。在这种情况下,政府认为旧的济贫法已经无法适应形势的需要。

1834年议会通过《济贫法(修正案)》(The Poor Law Amendment Act of 1834),又称《新济贫法》。该法取消了"斯皮纳姆兰制"的家内救济,改为受救济者必须是被收容在济贫院中的贫民。但是,所内的生活条件极为恶劣,劳动极其繁重,贫民望而却步,被称之为劳动者的"巴士底狱"。有人这样描述济贫院的基本情况:在砖铺的地面上到处是贫困的妇女以及满脸脏物到处乱爬的孩子,老年妇女躺在床上气喘吁吁无法动弹,或围坐在火炉旁大声咳着,老年男子弓着背忙着活计,苟延残喘。政府就是用这种方法来减少受救济的人口和济贫的支出。可以说,这部新的法律不仅没有改善工人的生存状况,反而使他们陷入更加绝望的境地。

20世纪以来,济贫法的重要性逐渐降低。1946年的《国民保险法》和1948年的《国民救助法》通过后,卫生部主管的社会保险已完全代替济贫,济贫法失去作用。

济贫法所体现的进步主要表现在:政府以积极作为的方式,介入福利领域,干预贫困问题,从而部分地承担了相应的社会责任。社会福利和济贫活动摆脱狭隘的地域性,开始走向社会化、国家化。济贫法的局限则在于:对贫困问题的认识模糊不清,政策和应对措施存在很大局限。

资料来源:http://baike.baidu.com/view/610512.htm?fr=aladdin。

第二节 福利经济学

一、福利经济学

福利经济学(welfare economics)是在20世纪初逐步发展起来的一门理论和应用经济科学,它以研究社会经济发展与社会福利改善的关系为宗旨,研究范围十分广泛,涉及经济学、社会学、理论学以及政治学等学科。因此,可以说福利经济学是众多学科交叉和多方面学术观点汇聚的一门社会科学。

关于福利经济学的含义,不同的学者有不同的观点。著名经济学家黄有光曾说:"福利经济学是这样一门学科,它力图有系统地阐述一些命题。依据这些命题,我们可以判断某一经济状况下的社会福利高于还是低于另一经济状况下的社会福利。"美国经济学家哈维·罗森说:"福利经济学是研究不同经济状态下的社会合意性的经济理论。"福利经济学创始人庇古(Arthur Cecil Pigou)[①]认为,福利经济学是研究增进世界的或某一国家的经济福利的主要影响。英国经济学家李特尔认为,最好是把福利经济学看成是研究经济体系的一种形态比另一种形态是好还是坏,以及一种形态是否应该转变为另一种形态的问题。美国著名经济学家萨缪尔森给福利经济学下的定义是:福利经济学是一门关于组织经济活动的最佳途径、收入的最佳分配以及最佳的税收制度的学科。

可见,福利经济学是关于稀缺性资源使用效果的评价及判断的学问,是从福利的角度对经济体系的运行进行社会评估的经济学,借以判断一种经济体系的运行是增加还是减少了福利。

尽管庇古开创了福利经济学理论体系,但早在20多年前,帕累托就提出了相关福利理

---

① 庇古(1877—1959)是英国著名经济学家,剑桥学派的主要代表之一。出生在英国一个军人家庭,他是这个家庭的长子。青年时代入剑桥大学学习,最初的专业是历史,后来受当时英国著名经济学家马歇尔的影响,在其鼓励下转修经济学。

论;而第二次世界大战以来的福利经济理论研究是沿着帕累托理论体系发展的,被称为新福利经济学,庇古的理论体系则被称为旧福利经济学,与其实际提出时间顺序正好相反。

（一）旧福利经济学

被誉为"福利经济学之父"的庇古主张国家实行养老金制度和失业救助制度,构建了福利经济学的社会保障经济理论。他根据基数效用论提出两个基本的福利命题:(1)国民收入总量越大,社会经济福利就越大;(2)国民收入分配越是均等化,社会经济福利就越大。庇古的第一个基本命题提出了资源最优配置的问题。他认为,要增加国民收入,就必须增加社会产量,而要增加社会产量,就必须实现资源的最优配置。根据边沁的"最大多数人的最大福利"这一功利原则,庇古假定收入分配中存在货币收入边际效用递减①这样一个规律。对于穷人和富人来说,同样一英镑收入的效用是不相同的,穷人一英镑收入的效用要大于富人一英镑收入的效用。因此,将富人的部分收入转移到相对贫穷的人手中,从整体而言,会增加一国的社会经济福利。其主要主张是:(1)增加必要的货币补贴以改善劳动者的劳动条件,使劳动者在失业、残疾、患病和年老时都能得到适当的物质帮助和社会服务;(2)向收入较高的富人征收累进所得税,增加低收入劳动者的失业补助和社会救济金,以实现收入均等化,从而增加社会福利;(3)建立普遍养老金制度,或根据最低收入标准,实施普遍补贴制度,通过有效的转移支付来实现社会公平。②

庇古运用马歇尔的边际效用递减理论,认为经济福利的增大取决于国民收入总量的大小和国民收入在社会成员中分配的平均程度。因而为增加社会经济福利,既要使生产资源在各个生产部门中的配置能够达到最优状态来增加国民收入量,又要运用税收机制实现转移支付。庇古理论的创新性体现在将社会经济福利与国民收入相联系,与此同时,说明了收入再分配政策对国民经济发展产生的作用,可以说为养老保险制度的建立奠定了微观经济理论基础。

庇古的福利经济学理论是建立在基数效用假设和人际效用可以比较的前提条件上的,这个观点受到了他的学生琼·罗宾逊及其他经济学家的批评。琼·罗宾逊认为,个人福利是不可计量的,更无法进行比较。卡尔多、希克斯以及勒纳从帕累托理论出发对庇古福利理论也提出了批判。

（二）新福利经济学

新福利经济学建立在序数效用假说和无差异曲线分析的基础上,以避免涉及福利计量的手段和效用的人际比较问题。帕累托关于资源配置效率提出了"帕累托改进"和"帕累托最优"两个概念,这也是新福利经济学为社会经济政策的取舍提出的一个判断标准。当然,帕累托提出的标准较为简单,只适合部分社会变革情况,对于一些更为复杂的社会经济变动,帕累托标准就不再适用了。于是在20世纪三四十年代,学者们又提出了一系列其他福利判断标准,如卡尔多-希克斯标准、西托夫斯基标准和李特尔标准等,这些福利判断标准又称为补偿原理。

20世纪40年代,伯格森和萨缪尔森分别提出了社会福利函数理论。他们认为,社会福

---

① 边际效用递减规律:随着对某商品消费量的增加,人们从该商品连续增加的每个消费单位中得到的满足程度逐渐下降。

② [英]阿瑟·庇古:《福利经济学》,麦克米伦公司1972年版,第87—89页。

利的改善不仅与资源配置效率有关,而且也受到收入分配的影响。而在任一收入分配状况下都可以实现资源的最佳配置。因此,要提高整体社会福利水平,仅仅关注资源配置效率是不够的,还需考虑适当的收入分配状况。社会福利函数理论强调社会福利是个人福利的函数,要使社会福利最大化,就要使个人福利最大化;而个人福利最大化就要实现个人选择的充分自由,也就是主张经济自由主义。

第二次世界大战以后,在欧洲建立福利国家制度的影响下,福利经济学的研究也得到了进一步的发展。奥肯提出了"漏桶"原理,对平等和效率之间的关系进行深入的分析。罗尔斯提出了原始状态下的平等优先定理。伊斯特林等根据相对收入学说和有关福利含义的讨论提出相对福利学说。阿罗论证了将个人偏好次序整合为社会偏好次序的不可能性定理,这个不可能性定理促使了社会选择理论的产生和发展。

专栏 2-2

效用是用来表示消费者在消费商品时所感受到的满足程度,对这种"满足程度"即效用大小的度量问题,西方经济学家先后提出了基数效用和序数效用的概念,同时形成了分析消费者行为的两种方法,分别是基数效用论者的边际效用分析方法和序数效用论者的无差异曲线的分析方法。

边际效用基数论(Cardinal Utility)

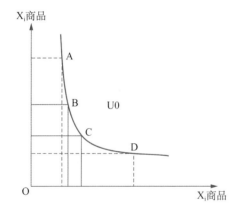

边际效用序数论(Ordinal Utility)

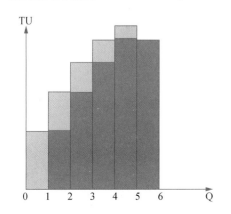
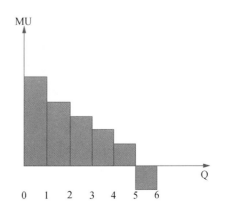

序数效用论采用的是无差异曲线分析法:(1)处于同一条无差异曲线上的两个点:两种商品的组合不同,但效用水平相同;(2)表明为实现同样的满足程度,增加一种商品消费,必须减少另一种商品的消费。

资料来源:高鸿业主编.《西方经济学(微观部分)》,中国人民大学出版社,2011。

(三)后福利主义发展理论

20世纪70年代,阿玛蒂亚·森揭示了导致阿罗不可能性定理的原因,即阿罗不可能性定理只适用于投票式集体选择规则,该规则无法揭示出有关人际间效用比较的信息,而阿罗定义的社会福利函数实际上排除了其他类型的集体选择规则,因而产生了不可能性结果。阿玛蒂亚·森进一步指出,新福利经济学采取的序数效用分析法存在致命的不足,即缺乏充分的有效信息进行社会排序;而基数效用可以提供充分有效信息进行人际间效用比较,从而获得一定的社会排序。由此提出了新古典效用主义的社会福利函数,福利经济学开始向效用主义回归。

20世纪80年代以后,福利经济学又得到了广泛的关注和重视。80年代中期,阿玛蒂亚·森将社会个人潜能的实现作为福利评判的主要内容,认为对资源的占有状况必然影响个人潜能的实现。这种强调生活质量和发展权益的理论又称为后福利主义发展理论。后福利主义的发展观认为,每一个社会个体或群体均享有发展权益,包括社会、经济和政治等方面的权益。不仅要注重当前已经实现的各种权益,更要注重社会个体或群体可能实现的各种潜在的权益。随着全球经济一体化的不断加深,关于贫困和发展的问题的认识也不断深入,对社会福利的理解也在不断拓宽和深化,新观念和新理念将会层出不穷。

二、社会民主主义福利思想

直至20世纪五六十年代以前,一批受社会民主主义思想影响较大的政治学家,倾向于从社会公平、社会正义的角度出发,分析国家福利制度产生的原因和社会绩效。例如,20世纪30年代,瑞典经济学家的建议就有较浓厚的社会民主主义色彩,对"中央计划经济"持赞赏态度,强调收入和财富的均等性,强调国家福利措施,希望通过政府的政策实施,把资本主义社会和平地转变为"自由社会民主主义"的社会。他们认为,经济学的目标在于使人人得到福利,承认我们在世界上的目标是尽可能给所有的人创造最大的幸福,而不管他们的阶级、种族、性别、语言或者信仰可能是什么,那么将会有一个令人愉快的发现,即这个领域的经济方面问题基本解决了。他们也认为,一个理想的社会应当把福利普遍给予社会的成员,使人人得到幸福。为此,国家应当负起责任。社会民主党人设计的经济目标是国有化(主要经济部门)、福利化(收入再分配,提供社会化服务,政府稳定经济和社会)、市场化(企业分权、平等竞争、反对垄断)三者结合的混合经济。

三、美国福利社会化思想

经过20世纪20年代经济繁荣的短暂间歇,到30年代大危机时,数千万美国人处于贫困无助的困境中。克服贫困、发展社会福利,在美国的呼声很高。美国历任总统中,首次系统提出福利保障社会化并由联邦政府承担责任的,是富兰克林·罗斯福。他的主张如下:

(1)安全福利保障是工业化社会的产物;(2)安全福利保障是政府第一位的工作;(3)传统的安全福利保障方式必须改革;(4)政府依据宪法应当承担安全福利保障的责任;(5)安全福利保障社会化应当逐渐完善。1935年,罗斯福签署了美国第一部《社会保障法令》,它奠定了美国社会保障立法的基础,开创了美国式福利国家制度的新时期,是美国社会保障发展史上重要的里程碑。

第三节 养老保险制度的政治理论

这类理论主要是从制度变迁的角度研究养老保险的制度起源,认为政治因素在养老金制度变迁中具有重要作用;在一个存在着若干不同利益集团的社会中,集团往往通过政治上的斗争相互争夺资源。某一种制度的制定是政治力量斗争的结果,政治力量强的利益集团制定规则,而政治力量弱的一方只能接受规则。如果代表老年人的利益集团在斗争中获胜,养老保险作为一种有益于老年人的社会制度就得以存在。概括起来,典型的政治理论有多数理性投票理论(Majority Rational Voting)、时间集中的政治斗争理论(Time-Intensive Political Competition)以及纳税人保护理论(Taxpayer Protection)。

一、多数理性投票理论

在多数理性投票理论中,公共决策是由数量最多的中间选举人(median voter)决定的。该理论认为老年人是政治斗争中的获胜者,作为公共决策的养老保险体系则是对他们的奖励。由于在实际生活中老年人并不占人口中的多数,因此将该理论应用于养老保险体系需要进行进一步假设:一种情况假设老年人和穷人组成一个联盟;另一种情况假设老年人和中年人组成一个联盟并且认为一次选举的结果可以永久持续。

在第一种情况下,老年人被看作获胜联盟的领导者。老年人认识到他们在选举中不占大多数,为了使得有利于他们的养老保险制度能够实施而与穷人结成联盟。如果老年人和穷人联盟占到选举中的多数就能在政治斗争中获胜。

在第二种情况下,老年人和中年人结成联盟。布罗宁(Browing,1975)建立了一个一劳永逸的交叠世代模型说明老年人和中年人联盟是如何获胜的。这里的一劳永逸是指一次选举的结果能够长期保持稳定。

该模型假设经济中有数量相等的三代人:年轻人、中年人和老年人,每一代人都生活三个时期,不存在人口增长和经济增长。为了便于计算未来养老金的福利水平和支付的现值,假定贴现率和利率均为零。假定三代人要就引入一个可以永久持续的现收现付养老保险体系投票,政策的规则如下:在每一个时期,年轻人和中年人的纳税额为T,老年人的津贴为2T。容易推断,在该政策下三代人的福利水平能有所改进(至少也不会有损失),该政策不论对哪一代人来讲都是可行的,并且如果它能长期保持稳定就可以看作永久性的。

二、时间集中的政治斗争理论

瑞典学派的主要奠基者维克赛尔认为,资本主义经济中各阶层的利益并不总是和谐共存的,而是存在冲突。他说:"我们一旦认真开始把经济现象看成一个整体,并为这个整体寻求增进福利的条件,就必然为无产阶级的利益进行考虑。"①他提出要扩大公共经济成分,由国家执行收入再分配政策,以增进全社会福利。他也是从边际效用递减规律出发,来论证收入再分配的必要性。他认为,一个理想的社会应该将福利普遍分配给全体社会成员,使得每个人都能得到幸福。因此,国家应担负起保护生态、稳定经济、分配收入等职责,这为瑞典福利型社会保障制度的建立奠定了理论基础。

穆利根和马丁(Mulligan & Sala-i-Martin,1999)建立了一个老年人和年轻人的政治斗争模型解释养老保险制度的存在。他们认为每个集团中重要的变量是其成员的时间分配。假设其成员工作时间较少的集团是获胜集团,进行该假设的理由是:如果人们不工作就可以集中精力去做他们关心的事情,老年人可以因不工作而将精力用在"取得养老金或从其他集团获得转移支付"上。

穆利根和马丁建立了一个标准的世代交叠模型,将每一个时期划分为三个阶段,分别对其进行了模型描述,并进一步分析了协调集团活动的财政政策和税率的比较静态,最后得出结论:由于老年人的劳动生产率低于年轻人,从而老年人的税前工资低于年轻人的,并导致了老年人的政治均衡税率高于年轻人,这就会鼓励老年人多休闲并将更多的精力用于政治斗争,因此政治斗争的结果是引入养老保险制度。老年人因面临较高的收入税率而宁愿选择退休,享受来自年轻人的转移支付。

三、纳税人保护理论

纳税人保护理论(Becker & Mulligan,1998)认为福利计划的目的是保护纳税人免受来自老年人的过多压力。贝克尔和穆利根通过一个关于老年人和年轻人政治斗争的模型解释福利计划的存在。该模型假定政府预算是收支平衡的,如果老年人是政治斗争的获胜者,年轻人就要纳税支付老年人的津贴,年轻人的纳税额等于老年人的津贴数额。在斗争中,双方要想取胜都要花费一定的资源(比如游说立法者、影响投票人以诱使他们将选票投向低税率或者高津贴的政策)。但两个利益集团的目标函数是不同的:年轻人的目标函数是使单个成员所承受的总成本最小,老年人的目标函数是使单个成员所得到的津贴与支付的成本之差最大。

贝克尔和穆利根引入了老年人的福利函数、年轻人单个成员的税收损失函数以及老年人单个成员的津贴损失函数,并附加了一些假设条件建立了年轻人和老年人的目标函数,在政府预算平衡的条件下通过对目标函数求极值得出结论:福利计划减少了老年人施加给年轻人的压力,使纳税人的处境变好。因此,年轻人从自身利益出发是赞成福利计划的。

以上所概括的三种政治理论都认为养老保险体系是代表不同利益集团的政治力量斗争的结果。代表不同利益集团的政治力量的强弱是不同的,他们之间的斗争也是一种博弈的过程。但最终都是代表老年人的利益集团获胜,因此旨在有益于老年人的养老保险体系就能够作为一种制度长期存在。

此外,政治理论也涉及了公平性问题,从社会公平的角度解释养老保险体系。认为老有

---

① [瑞典]克努特·维克赛尔:《国民经济学讲义》,上海译文出版社1983年版,第10页。

所养是每个公民的基本权利,与这一权利相对应的义务则是个人在工作时交纳一部分的费用(以工资税的形式)。这种权利与义务的结合作为一种制度确立下来就是养老保险体系。

贝弗里奇报告
——英国战后社会保障制度建设和福利国家发展纲领性文件

贝弗里奇报告可以说是影响整个世界社会保障制度发展的经典著作,它是社会保障发展史上具有划时代意义的著作。曾影响英国、欧洲乃至整个世界的社会保障制度建设和发展进程,被业内人士视为福利国家的奠基石和现代社会保障制度建设的里程碑,为无数的经济学家和社会保障工作者所推崇、研究和学习借鉴。《贝弗里奇报告——社会保险和相关服务》(Social Insurance and Allied Services)是素有"福利国家之父"之称的英国经济学家威廉·贝弗里奇(W.H. Beveridge,1879—1963)爵士的传世经典,对整个世界的社会保障制度建设产生了巨大的影响。在该报告中,贝弗里奇向政府提出了建立"福利国家"的方案,主张实行失业、残废、疾病、养老、生育、寡妇、死亡等七个项目的社会保险。他还提出:社会保险的对象是全体公民,个人所得待遇同个人缴费多少没有多大的联系,以保证大家都享受到最低的保障水平。该报告进一步提出了有关社会保险的基本原则,即所有的家庭不管其收入水平如何,应当一律按照统一的标准上交供款(保险费)和领取津贴;领取津贴的时间和数额应当充分;行政管理应该统一。第二次世界大战后,英国工党政府全面推行"贝弗里奇计划",终于在1948年宣称建立了"从摇篮到坟墓"都有保障的"福利国家"。

该计划主要的社会背景是英国现代社会保障制度虽然经过多次改革,但依然存在许多问题和缺陷,难以缓解英国持续存在的社会问题。同时,二战的爆发引发英国民众对社会保障制度改革的呼声进一步强烈。

《贝弗里奇报告》的主要内容是对英国现行社会保障制度的缺陷提出批评,阐述了社会保障的范畴、改革应遵循的原则(革命性、综合性、合作性)、着重阐述社会保障的三种途径(社会保险——为保障基本需要;国民救济——对特殊需求提供保障,实行免费原则;自愿保险——为不同收入水平的人提供不同水平的保障)、社保制度发展应遵循的六原则(统一津贴标准原则、统一缴费标准原则、统一管理原则、津贴发放时间与数量应该合理的原则、综合性原则和分类原则)

各国学者对于这部经典之作有着以下的评价:

美国学者:这个报告是在各民主国家都感到迫切需要一个拟好的战后计划时发表的。

英国学者:贝弗里奇的突出成就是二战期间,应政府之邀请制定战后福利国家的蓝图。

中国学者:它构建了福利国家的理论蓝图并被许多国家变成了现实。尽管福利国家在发展中也出现了某些问题,但《贝弗里奇报告》和贝弗里奇本人却在社会保障史上占有无可争辩的不朽地位,他倡导的理念、原则、方法乃至所确立的制度框架,仍然对社会保障的发展具有深远影响。

资料来源:贝弗里奇,《贝弗里奇报告:社会保险和相关服务》,中国劳动社会保障出版社2003年版。

第四节 养老保险制度的效率理论

效率理论侧重于解释以下问题:(1)市场本身存在着无效性,有些问题不能完全通过市场来解决,需要借助于其他的力量,比如老年人贫困问题。这主要是将经济学中的市场理论运用到养老保险体系中,将其看作解决老年人贫困的最优制度安排。(2)引入养老保险的经济比没有养老保险的经济有更高的效率。效率理论按照其阐述问题的角度不同又可以分为七种:老年人福利理论,诱导性退休提高效率理论,退休保险理论,个人短见和父爱主义理论,政府管理节约成本理论,人力资本投资收益理论,生命周期假说和交叠世代模型理论。

一、老年人福利理论

老年人福利理论将养老保险体系看作最优的再分配方式,认为市场在解决老年人贫困方面存在着无效性(市场不能形成一种社会可以接受的收入或财富再分配机制),从而需要政府建立养老保险体系帮助老年人脱离贫困(Mulligan,1999)。

米尔里斯(Mirrlees,1971)建立了一个包括老年人和年轻人的最优再分配模型解释养老保险的存在。该模型按照劳动生产率来区分工人,假定政府不能观察到工人的努力程度和生产率而只能观察其收入,并且认为每个人有相同的效用函数。穆利根和马丁(1999)在米尔里斯模型的基础上,同时按照劳动生产率和年龄来区分工人,假定年龄能够被观察到,并且政府对年轻人和老年人的福利具有不同的偏好。政府的目标函数是在一定的预算约束下选择工资税率以最大化社会福利函数。

政府计划可以分成两个阶段:第一阶段政府将其收入在年轻人和老年人两个集团中进行分配。在第二个阶段,政府分别从年轻人和老年人集团征税。政府对年轻人和老年人的效用函数分别赋以一定的权重最大化社会福利函数。如果政府赋予老年人福利的权重大于年轻人的,就存在由年轻人向老年人的转移支付,从而养老保险体系得以存在。

二、诱导性退休提高效率理论

诱导性退休提高效率理论(Sala-i-Martin,1996)认为,养老保险制度的目标是诱导处于退休年龄的老年人退休。由于老年人的劳动生产率比较低,如果他们到了退休年龄后不工作,社会的平均劳动生产率会得到提高,从而整个经济的效率也得到提高。

穆利根和马丁(1999)通过引入私人边际产品和社会边际产品两个函数建立了一个模型:假定个人的劳动生产率是他自己的人力资本和社会平均人力资本两个变量的函数,而私人边际产品也依赖于这两个变量。由于人力资本低于平均水平的个人会降低经济的平均人力资本并因此降低所有工人的劳动生产率,单个工人的社会边际产品可能不等于其私人边际产品。社会边际产品则是私人边际产品之和。单个工人对社会平均人力资本有影响,也会进而影响到经济中所有其他成员的工资水平。

人力资本大于社会平均人力资本的工人的私人边际产品大于其社会边际产品,人力资本小于社会平均人力资本的工人的私人边际产品小于社会边际产品。因此不存在税收和津贴时,高于平均人力资本者几乎没有工作动机,而低于平均人力资本者有强烈的工作动机。假设人力资本随着年龄的增长而降低,老年人的平均人力资本就会低于社会平均人力资本。由此可以推断老年人继续工作会对年轻人的劳动生产率有负面影响,因此年轻人希望老年人减少工作甚至退出劳动力队伍。但老年人又有工作的自由,为了使老年人愿意放弃这种自由,就必须通过某种制度安排建立一种补偿机制,补偿老年人因不工作而遭受的损失,这就是养老保险制度。

三、退休保险理论

该理论认为养老保险是为因退休而失去收入的人口提供的一种保护。人们对老年失去劳动能力从而失去收入进行保护的一种方式是在年轻时将收入的一部分储蓄以供老年之需,另一种方式是购买保险。但购买保险由于信息不对称而存在着逆向选择:人们拥有关于自己老年时健康和赚钱能力的私人信息,只有认为在老年时丧失赚钱能力的个体才会购买私人保险。因此,由政府管理带有强制储蓄性质的养老保险体系可能是一个最优的政策选择。

戴蒙德和米尔里斯(Diamond & Mirrlees,1998)用一个两阶段模型来解释这一理论:假定每个工人生活两个时期,在年轻时工作,并且年轻时能预测到自己老年丧失劳动能力的概率;同时假定在最优的退休保险合同下,失去劳动能力者均不工作,而有劳动能力者都选择工作;单个工人的劳动生产率和失去劳动能力的概率是不同的,但能够被观察到,因此可以根据劳动生产率和老年丧失劳动能力的概率来区分单个工人。在这些假设前提下,最优的退休保险合同可以描述为:在满足激励相容约束(表明有工作能力者不会假装丧失了工作能力)的条件下,使单个工人一生中的总效用最大。上述问题通过引入养老保险制度对工作人口的收入征税(包括工作的老年人)并给失去劳动能力的老年人发放津贴就能够解决。

四、个人短见和父爱主义理论

该理论认为大多数人年轻时目光短浅,没有储蓄足够的钱以维持他们老年时的生活,因此需要有一个养老保险体系关心他们。该理论又有两种解释:

第一种解释(没有远见的浪费)认为,人们年轻时缺乏远见,几乎不进行储蓄。戴蒙德(Diamond,1977)推测了造成这种短视的三个理由:(1)人们缺乏必要的信息判断他们退休时的需求。(2)人们不愿意面对将来变老的事实,从而不能做出长期有效的决策。(3)人们在年轻时对未来考虑甚少,从而决策时短视。因此,政府像父爱般关心他们,并强迫他们工作时储蓄足够的钱也许是一种理想的选择。

第二种解释(理性浪费)则认为父辈在年轻时是有远见的,他们不仅考虑到了将来退休时的需求,也能预测到下一代人对他们退休需求的反应。他们预期社会能在他们老年陷入困境时帮助他们,即使这种困境是他们自己造成的。意识到这一点年轻人也不会为老年进行储蓄,因为年轻人知道将来他们年老时,社会不会对他们的贫困坐视不管。

在两种解释下,因为年轻人过多地消费经济均不会达到帕累托最优状态。实现帕累托最优的一个办法就是强迫人们在年轻时储蓄并在他们年老时返还给他们,从而说明了养老保险的强制性。

五、政府管理节约成本理论

政府管理节约成本理论认为(Diamond，1993)，政府管理的养老金体系和私人养老金体系能实现同样的目标。养老金体系之所以由政府管理是因为政府管理可以在成本上最大限度地实现规模经济。因此从成本的角度来讲，政府管理比私人部门的管理更能节约成本，更有效率。但政府对养老金领取者规定了统一的退休年龄，这明显与私人养老金的做法不同。因此这一理论的假设前提是政府管理带来的成本节约要大于规定统一退休年龄所造成的成本上升，总效应是政府管理节约成本。

但实证研究表明(Mulligan & Sala-i-Martin，1999)，美国许多私人养老金的管理成本都要低于社会保障管理局(SSA)。另外，只要工人是理性的，私人养老金是完全竞争的市场，显示性偏好理论表明即使私人养老金的管理成本高于政府部门，在私人养老金体系下工人的处境也会更好。因此用该理论来解释政府管理的养老保险体系看起来不那么具有说服力，同时它也不能解释为什么养老保险体系具有强制性并且是代际分配的。

六、人力资本投资收益理论

人力资本投资收益理论(Pogue & Sgontz 1977，Becker & Murphy 1988)试图说明养老金是老年人对年轻一代进行人力资本投资的收益。养老金数额即他们早年的投资所产生的收益。

穆利根和马丁建立了一个模型来解释这一理论：假定每代人生活三个时期，第一个时期进行其自身的人力资本投资(如接受教育等)，第二个时期工作，第三个时期退休。每一代人在工作时期要拿出收入的一部分用于下一代人的人力资本投资，同时还要支付上一代人给予他们的人力资本投资而应产生的利息(第一代工作人口除外)。因此，每一代人对养老保险体系的贡献都由两部分组成：一是以工资税的形式对上一代人给予他们的人力资本投资产生的利息的支付；二是对下一代人的人力资本投资。

穆利根和马丁还引入了个人账户，假定每代人中个人账户中的所得是按照他在工作时对下一代人的投资而定的，并分两种情况进一步说明：第一种情况假设个体人力资本投资的收益率大于具有相同风险的其他投资的市场收益率，则个体的人力资本投资决策是自愿的，而对上一代人的利息支付(以工资税的形式)是强制性的。第二种情况假设个体人力资本投资的收益率小于具有相同风险的其他投资的市场收益率，则对上一代人投资的利息支付和对下一代人的人力资本投资支出都是强制性的。两种情况下，每一代人都能够以养老金的形式收到来自下一代人的支付。

七、生命周期假说和交叠世代模型理论

生命周期假说和交叠世代模型为新古典学派奠定了理论基础。相对收入假说问世以后，莫蒂利亚尼又在经济增长率一定的假设下，分析了短期和长期的消费倾向，以此说明消费的棘轮效应。收入假说和莫迪利亚尼的消费函数同时指出，即期消费既取决于即期收入，又取决于先期的高峰收入。

生命周期假说的出发点是，一个典型的理性消费者，追求的是其生命周期内一生效用的

最大化,而其预算约束为生命周期内的收入与消费支出的平衡。由此得出的结论是,消费者在任何年龄上的消费支出与即期收入完全无关,而是依赖于一生的全部收入(劳动收入和继承收入)。因此,个人的消费支出在其生命期的各个年龄段上,都要选择一个稳定的、接近于他所预期的平均消费率进行消费。跨时消费是平滑的:由于储蓄=收入-消费,而消费支出又是一生收入决定的,所以,短期的储蓄由即期收入和一生平均收入之差决定,这样的消费行为导致了个人储蓄和财富在其生命周期内的驼峰形分布(见图2-1)。生命周期假说不可避免地涉及了老年期的消费问题。

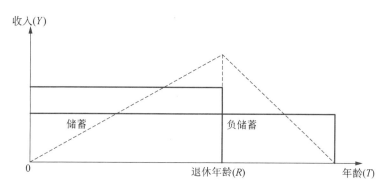

图2-1　个人储蓄的驼峰形分布

交叠世代模型由阿莱、萨缪尔森和戴蒙德等人创立。生命周期假说(如图2-2)将一代人的寿命分为两个时期,不涉及两代人之间的关系。交叠世代模型的出发点是:任何时候都有不同代人生活着,每一代人在其生命的不同周期都可以和不同代人进行交易。

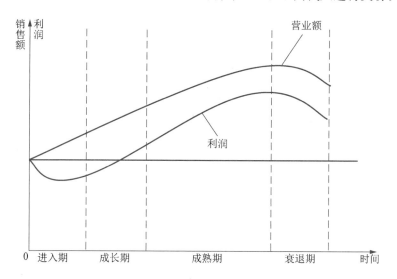

图2-2　生命周期理论模型

交叠世代模型的基本形式是一个跨时的一般均衡模型。经济由个人和企业组成,个人生存分为两期,第一期是消费和储蓄,第二期则消费掉全部财产,取得一生效用的最大化。企业的行为是竞争性的,它雇佣劳动直到劳动的边际产量等于工资,租用资本直到资本的边际产量等于租用价格。当工资和资本的租用价格恰好使企业愿意使用劳动和资本的可用量时,要素市场获得均衡;由于净投资等于年轻人的储蓄与老年人的反储蓄之和,这时商品市场也达到均衡。但是,均衡状态不一定是唯一的。如果存在着一个等同的关心当前和后代的效用的中央计划者,则经济会处于黄金律(golden rule)稳定状态,此处的稳定状态人均消费水平为最大;如果中央计划者较少地关心后代,则经济可能收敛于修正黄金律的稳定状态。

第五节 养老保险的公平与效率理论

政治经济学派注重研究政治因素在养老保险制度变迁中的作用,将养老看作公民的社会权利,认为养老金制度起源于社会民主论。直至 20 世纪五六十年代,一批受社会民主主义思想影响较大的政治学家仍然倾向于从社会公平和正义的角度分析养老保险制度的社会性绩效。可见,养老保险制度当时仅仅被看作一种社会制度,只看到了它可以稳定社会经济发展的功能。

新古典学派注重研究养老金制度的经济绩效,注重从国家与市场的关系研究公共养老金制度的起源,分析养老金制度和各种经济变量之间的相互影响,如养老金与劳动力行为、个人储蓄和国民储蓄、金融市场以及财政预算等方面的经济变量之间的相互影响。可见,养老保险也是经济制度。养老保险模式的选择是否得当,直接影响一国的经济发展。

凯恩斯(Keynes)认为经济危机的根源是有效需求不足,而市场机制无法使经济达到充分就业均衡,只有依靠国家干预才能实现。在凯恩斯的国家干预思想中,社会保障制度被看作一种重要的宏观调控手段,他认为国家对社会福利领域的干预有助于提高社会边际消费倾向,实现宏观经济的平衡①。所以说养老保险制度既是一项社会制度也是一项经济制度,它既是社会问题,也是经济问题,所以它必须坚持"公平与效率"相结合的原则。

在当代养老保险制度改革潮流中,世界各国都提出了"公平和效率"的问题,如"效率优先论"和"公平效率兼顾论"等。提出这一原则的意义在于,就养老保险制度的研究对象而言,已不再单纯局限于社会领域、政治领域和道德领域,必须将经济学、社会学、政治学和伦理学结合起来进行综合的研究。这无疑为我们开辟了一个全新的领域。

研究公平与效率的关系这一问题时,必须从总体上把握公平和效率的关系。公平的思想古已有之,无论是奴隶社会还是封建社会,都有其特有的公平观。而效率是市场经济发展的结果。问题在于,在什么情况下,公平和效率变成了一对矛盾?在什么情况下,公平和效率又可以兼顾?

在社会保险领域,公平主要是指公平筹集资金和公平分配基金。公平筹集资金是指纳税者和缴费者之间财政负担的公平分担;公平分配基金是指在公民之间创造公平的社会保障利益分配机制。总之,公平原则是在社会保险领域调整和平衡各种关系的基本原则,是人类进步的结晶。效率是指以最经济的方法将有限的社会保险基金分配到最需要的群体中去。在经济领域,公平意味着社会财富经过公平的再分配渠道,由富有向贫穷转移。效率原则意味着引进竞争和激励的原则,克服社会保障领域惰性因素,使其朝着有利于市场经济发

---

① 凯恩斯:《就业、利息和货币通论》,商务印书馆 1996 年版,第 12—15 页。

展的方向改进。可见,公平与效率是对立的统一体:公平是实现效率的前提条件;效率是实现公平的必要条件。

欧盟国家的经验告诉我们,单纯强调公平的社会保障制度,会因为脱离经济发展的规律而步入歧途。在社会保障领域,必须坚持公平加效率的原则。借鉴欧盟国家的经验和教训,总结本国的实际情况,中国在养老保险领域提出了"效率优先,兼顾公平"的原则。即首先发展和巩固基本养老保险制度;建立由国家、雇主和雇员三方出资的养老保险基金;坚持保障基本社会生活需要的给付水平,缴费率和替代率保持适度水平;建立个人积累账户,把激励原则引入养老金的支付领域。坚持"效率优先,兼顾公平"的原则,还要避免因过分强调效率而忽略养老保险的基本目标:社会互助和消灭贫穷。

养老保险的再分配效应

作为一种再分配机制,养老保险制度会对一国居民的收入进行再分配。在福利经济学框架下,现收现付制的收入再分配功能一直被作为养老保险制度存在的强有力因素。通常以再分配在福利经济学意义上的结果为标准。一个特定的养老保险制度,如果在增加了受益者福利的同时,不会使其他任何人的福利状况有所恶化,那么就可以称其为帕累托有效,从而实现了收入再分配。美国经济学家阿隆(Aaron,1966)指出,在萨缪尔森提出的"生物回报率"(等于人口增长率与实际工资增长率之和)大于市场利率的前提下,现收现付制能够在代际之间进行帕累托有效配置。而相对于现收现付制,基金积累制将会带来一个使将来各代生命期效应都要减少的跨时配置,这是因为在"生物回报率"大于市场利率的条件下,年老后享受基金积累制下储蓄的养老金并不能增加自己一生的福利,只是近期消费转为远期消费,同时也不可能给上一代带来什么好处。阿隆在做出该结论的时候,是把实际工资增长率和市场利率确定为外生给定变量来对待的,因此,他所讨论的经济被称为一个小型的开放经济,而现收现付制达到帕累托有效的这个外生前提被称为"阿隆条件"。

1975年,萨缪尔森证明,即使在一个工资增长率和市场利率都是内生的封闭经济中,一个现收现付的养老保险计划仍然有可能存在着帕累托有效配置。这样,现收现付制在福利效应上能够进行代际的帕累托改进的可能性就从小型开放经济进一步推广到封闭经济中。

之后,斯普里曼(Spreemann,1984)利用一个无限世代交替模型得出一个更强有力的结论:如果时间是无限连续的,在自由变化的缴费率下,除非人口增长率和工资增长率之和永远小于市场利率,否则,现收现付制就总能在代际间进行帕累托有效配置。而对基金积累制来说,除非将来存在某个时期,从这一时期以后的所有各期内,"阿隆条件"都得不到满足,它才会是帕累托有效的。否则,不管"阿隆条件"满足与否,基金积累制一般都不会实现帕累托有效。

综上所述,不管是在实际工资增长率和市场利率外生的小型开放经济中,还是其内生的封闭经济中,一个现收现付的养老保险制度总是有可能在代际间达到帕累托有效配置。现收现付制是用下一代人年轻时的福利相对于基金积累制而言的减少去补偿上一代人的福利,但是当他们年老时还能继续得到再下一代的补偿,而由于世代交叠的无限性决定了每一代人都不会遭受福利损失;而在基金积累制下,每代人都只能获得一定市场收益率下的精算平衡,没有代际间的再分配。

此外,在养老保险制度的转制过程中,相对于现收现付制,转制一代的福利必然会因为转制而恶化(Breyer,1989)。韦伯(Verbon,1955)提出,在一个小型的开放经济中,从现收现付制到基金积累制的转变不可能是帕累托改进。相对于转制前的初始状态而言,从现收现付制到基金积累制的转制会产生额外的成本。布雷耶(Breyer,1989)进一步扩展了这一理论,他提出,不管是开放经济还是封闭经济条件下,在基金积累制取代现收现付制的过程中,若想在不使至少一代人的福利变坏的条件下补偿转制中第一代的福利损失是不可能的。也就是说,不管用何种政策实施养老保险制度转制,至少一代人要蒙受损失。

资料来源:刘德浩,《养老保险制度收入再分配效应的效率分析》,《统计与决策》,2010年第1期。

本 章 小 结

庇古的福利经济学理论是建立在基数效用假设和人际效用可以比较的前提条件下,他根据基数效用论提出两个基本的福利命题:一是国民收入总量越大,社会经济福利就越大;二是国民收入分配越是均等化,社会经济福利就越大。他主张国家实行养老金制度和失业救助制度,构建了福利经济学的社会保障经济理论。

养老保险制度的政治理论主要有多数理性投票理(Majority Rational Voting)、时间集中的政治斗争理论(Time-Intensive Political Competition)以及纳税人保护理论(Taxpayer Protection)。这类理论主要是从制度变迁的角度研究养老保险的制度起源,认为政治因素在养老金制度变迁中具有重要作用

养老保险制度的效率理论按照其阐述问题的角度不同又可以分为七种:老年人福利理论,诱导性退休提高效率理论,退休保险理论,个人短见和父爱主义理论,政府管理节约成本理论,人力资本投资收益理论,生命周期假说和交叠世代模型理论。效率理论侧重于解释以下问题:(1)市场本身存在着无效性,有些问题不能完全通过市场来解决,需要借助于其他的力量,老年人贫困问题即如此。这主要是将经济学中的市场理论运用到养老保险体系中,将其看作解决老年人贫困的最优制度安排。(2)引入养老保险的经济比没有养老保险的经济有更高的效率。

养老保险制度既是一项社会制度也是一项经济制度,既是社会问题,也是经济问题,所以它坚持"公平与效率"相结合的原则。

基 本 概 念

福利经济学　边际效用递减　基数效用　序数效用　交叠世代模型　生命周期假说

复习思考题

1. 现代意义的社会养老保险为什么产生在工业社会而不是农业社会,原因何在?

2. 试比较政治经济学派和新古典学派主张的异同。
2. 请根据"公平与效率"理论,谈谈我国养老资源的分配现状。
3. 养老保险新理论有哪些?

 案例 1

养老方式变迁

当人类进入到传统农业的自给自足的自然经济时期,群体内部的杀老习俗逐渐向养老开始转变,老年人的生活需求逐渐得到了保障。

在古罗马城邦时代,曾经出现过显赫一时的"老年政治"现象。古罗马的政治制度曾支持老年人保留其对社会的政治影响,当时最有影响的国家议事机构的名称就取自"老"的含义,被称为"元老院"。在古城邦,年龄意味着权力,城邦是由元老院管理的,在家庭内部,最年长的男性权威几乎是绝对的,根据习俗和法令,年轻人从属于老年人。不过,只有社会的杰出成员,而非公民,才能获得由社会给予的尊敬。

古代的瑞典即有传递"仁杖"的邻里互助习俗。其做法是在一根长约三尺的木杖上刻上这样的句子:"乡邻们,当仁杖传到您家时,请对贫病者给予帮助和照顾。"后来这一传统发展成为"保健储蓄箱"的形式,即乡邻们每月从收入中抽出少许钱投入其中,用以为救济贫病之用。

公元 6 世纪,社会上富有的老年人退休到修道院养老,将财产送给修道院,换取养老资源,并与世永远隔绝,以显示其高贵。在中世纪的德国,出现了"基尔特"——手工业者互助基金会,通过向会员收取会费筹集基金,以便帮助那些丧失工作能力又没有土地依托的手工业会员,这是一种以团体互助方式部分提供老年保障的制度①。

在老年保障制度中,中国古代官吏退休制度是相当典型的。早在公元前的春秋战国时期,我国已出现了官员退休制度。当时在某些地方废除了旧的世卿世禄(终生俸禄)制度,代之以新的"致仕"(官员退休)制度。

中国从汉朝开始推行的家庭、家族伦理规范。"三纲"(君为臣纲、父为子纲、夫为妻纲)将男性老年人的家庭地位提升到了治家的首要地位。唐朝的《律例疏议》规定"凡同居之内,必有尊长,尊长既在,子孙无所自专,若卑幼不由尊长,私取用当家财物者,处罚"。

《清律辑注》记载"一户之内,所有田粮,家长主之;所有钱财,家长专之"。②

由此可见,老年人在家庭中的经济地位得以提高,并且老年时期能获得子女赡养,得到生活保障。

N.R.霍受等:《社会老年学——多学科展望》,社会科学文献出版社,1992 年版,第 42 页—43 页。

姜向群:《老年社会保障制度》,中国人民大学出版社 2005 年版,第 15 页。

思考:

1. 当人类进入传统农业的自给自足的自然经济时期,群体内部的杀老习俗逐渐向养老

---

① [美]N.R.霍受、H.A.基亚克:《社会老年学——多学科展望》,社会科学文献出版社 1992 年版,第 42—43 页。
② 姜向群:《老年社会保障制度》,中国人民大学出版社 2005 年版,第 15 页。

习俗开始转变,老年人的生活需求逐渐得到了保障。原因何在?

2. 在前工业化时期,即使是一些国家出现了社会养老的方式,也是极少的现象,并没有形成具有现代意义的社会养老保险制度。试分析其原因?

3. 纵观养老方式的变迁(原始社会杀老弃老—农业社会尊老敬老—工业社会社会养老),请问你从中能得出哪些结论?

(注:结合"导入案例"和第一节"养老保险产生"的内容进行理解)

风韵犹存:墨西哥美丽花院

在墨西哥有一所特殊的养老院,名字很好听,叫"美丽的花院",它的特殊性在于在这里休养的老人都是人老珠黄的妓女。在墨西哥的 Tepito 区一些妓女"退休"后无处容身,可以在这里找到庇护。现在里面住着23个无家可归的老年妓女。

她们得到了社会的接纳

这所妓女养老院成立于2007年,由一名叫卡门·穆尼奥斯的老年性工作者发起,她看到一些老年妓女同行,丧失工作能力后,无依无靠、露宿街头,晚景凄惨。就想到要创建一所能让老年妓女颐养天年的地方,她游说当地政府和媒体并得到了支持。当时的市长代表政府捐赠给了她一处18世纪的破旧的房子,同时也得到了当地妇女机构、社会个人和公司单位捐款,经过一番修缮,使那些退休的性工作者有了栖身之所。现在的规模可容纳45名60岁以上的妓女养老。

她们自己动手经营生活

在这所能为那些退休的性工作者提供基本养老保障的养老院,这些老年妓女也做些力所能及的工作,她们自己动手,打理家务,并做一些小手工艺品出售,为"美丽的花院"尽一份心、出一份力。同是天涯沦落人,她们在这里找到了家,惺惺相惜,她们在这里彼此相伴相扶,共度安详的余生。

资料来源:http://travel.163.com/10/1220/01/6OADPTL300063KU6.html。

思考:你对美丽花院的出现有何感想和评说?

第三章　养老保险基本模式及其运行机制

学习目标

理解和掌握几种养老保险模式，如筹资模式、给付模式、管理运行模式等的内涵特点、优缺点等，在此基础上分析其运行机制，并对现实制度模式的政策意图进行深入探讨。本章的难点是现收现付制和完全积累制的运行机制，分析不同筹资模式在应对老龄化引起的支付危机上的优势和劣势。

导入案例

智利养老保险制度改革历程

1981年改革内容

1981年之前，智利养老保险实行现收现付制，由于该制度在运行中暴露出很多缺陷，如收支难以平衡、保险费率过高、保险给付不公平、基金管理低效等，智利在1980年底通过《养老保险法》，1981年对养老保险制度开展改革，引入由私营养老金公司（AFP）管理个人退休账户的养老金制度。其主要内容：1.个人缴纳费用，雇主无需承担供款义务，个体经营者可以自愿参加。2.养老金私营化管理与运作，政府进行监管。3.政府提供各类担保，包括发行认可债券解决转制成本，对贫困阶层提供最低养老金（MPG）或者低收入津贴（PASIS），对养老金投资回报提供最低担保以及其他特殊担保。4.养老金给付方式多样，有三种给付方式可供自由选择，包括购买终身年金、临时提款加终身年金，以及制定计划提款方案。

2008年改革内容

虽然智利养老保险私有化改革取得了一定成效，但是随着社会环境的改变以及一些新问题的产生，如人口老龄化、人均寿命提高、男女工资差异大等，智利于2008年通过"20.255号法律"，再次启动新一轮养老金制度改革，填补了原先个人账户制度的重大缺陷。本轮改革的主要内容：1.增加团结支柱，扩展养老保险覆盖面。团结支柱旨在通过提供基本团结养老金（PBS）和社会保障团结津贴（APS）两种方式，让更多群体享受养老保障。PBS替代原先的PASIS，对社会贫困阶层的老年及残疾职工（65岁以上）提供非缴费性基本养老金。APS则是对曾给个人账户缴费，并自筹养老金的老年及残疾职工提供补充津贴。强制个人账户覆盖面拓展至个体经营者，要求其从2015年1月1日起按照应税收入的10%缴纳养老金。2.鼓励职工增加自愿退休储蓄。改革之前几乎没有公司提供职业养老金计划,本次改革的重要举措之一就是建立雇主资助的自愿养老金计划(APVC),要求雇主与合格 APVC 管理机构签订协议,雇主对参与该计划的职工账户缴费,缴费额度取决于具体协议规定。3.强调性别平等。本轮改革的诸多举措是为了消除男女性别在养老金方面的差异。包括对满足条件的女性提供付息补助债券,要求保险公司根据男女在遗属与残疾保险发生率的差异给予女性一定退还款,取消之前在遗属养老金领取方面对丧妻者残疾的要求,离婚时允许双方平分个人账户资产等。此外,推动 AFP 竞争,降低账户持有者成本,调整监管架构等。

思考:请对智利养老保险制度的两轮改革进行评价。

资料来源:Jere R.Behrman Maria Cecilia Calderon, Olivia S.Mitchell, etc, 2011, "First-Round Impacts of the 2008 Chilean Pension System Reform, Insurance and Risk Management Working Paper."

第一节 养老保险责任承担模式

根据养老保险的责任承担机制,可将养老保险划分为政府负责型、责任分担型、个人承担型、混合责任型等模式。

一、政府负责型

政府负责型是指由政府直接负责的养老保险制度,它通常以国民年金的形式存在。在这种模式下,企业与个人承担社会保障的纳税义务,政府通过预算来为国民提供养老金,政府对养老保险事务实行直接管理并严格监督。这种模式的最大特征,就是强调政府责任,实现养老保险金待遇的普遍性,发放对象包括所有老年人,普遍性中充分地体现出了公平性。但不足之处是可能因人口老龄化而给财政带来日益沉重的负担。

一般而言,福利国家因其实行国民年金保险制度,客观上属于政府负责型制度安排,在这些国家享受养老保险待遇通常与是否参与社会劳动和是否缴付养老保险费脱钩,它通常只强调是否属于本国公民和是否达到法定退休年龄。也有部分国家实行双层或多层次养老保险制度,其中处于基础层次的养老保险亦采取政府负责的国民年金形式。

需要指出的是,曾经风行社会主义国家的国家保险型制度,也包括了养老保险在内,它以生产资料公有制为基础,对包括养老保险等在内的社会保障制度实行国家级统筹,国家财政充当后盾和经济基础。同时,国家通过法律来确立公民"老有所养"的基本权利,退休金支出亦全部由政府和企业(也以财政为后盾)承担,个人不用缴纳保险费,从而也可以纳入政府责任型养老保险模式。

二、责任分担型

责任分担型由政府、单位或雇主、个人等多方分担养老保险责任,是社会养老保险制度发展的主流形式。这种模式是基于责任分担或责任共担的原则确立的,其特点是劳动者的养老保险责任由多方共担或分担,它有利于养老责任风险分散和财务稳定。同时,由于实行强制性责任共担,这种模式也就无法覆盖到全体国民,它只能适用于劳动者甚至主要是工薪劳动者,从而属于选择性的制度安排。

在实践中,责任分担型养老保险制度既有政府、单位或雇主、个人三方分担型,也有单位或雇主与个人双方分担型。不过,即使是单位或雇主与个人双方分担型,政府也负有相应的责任。

责任分担型养老保险制度体现了劳动者的权利和义务相统一和养老保险基金来源多元化的特色,同时又具有较强的社会共济性,从而更有利于调控养老保险的财务风险,更有利于养老保险制度的可持续发展。因此,责任分担型养老保险是大多数国家选择的制度模式。

三、个人负责型

除了缺乏社会保险只能由个人或家庭自我负责养老保障外,在制度化的保障机制中,也有极少数国家的养老金完全由个人负责。这种模式的典型是智利自20世纪八十年代后推行的养老金私有化改革,由此确立了养老保障的个人负责模式。在这种模式下,国家通过立法规定劳动者参与养老保障制度,但政府与雇主均不承担缴费义务,而是完全由劳动者个人缴费,所缴保险费完全记入个人账户,并通过市场机制实现有偿运营,所赚收益再充实到个人账户中去,劳动者退休后可以领取自己账户中的养老金用于养老。

这种责任模式强调个人自我负责,即养老责任完全由个人承担,政府责任很小,缺乏互助共济性和风险分散功能,也无缩小不公平和维护公平的功能,它在实践中除了为个人进入老年后积累一笔养老资金外,主要是起到提高储蓄率刺激经济发展的作用,它对个人有一定的激励作用,但能否真正解决劳动者的养老问题则有待检验。

四、混合责任型

实际上,一些国家在构建自己的养老保险制度时,在肯定责任分担机制的前提下,也注意到既需要增进国民的老年福利,也应当让个人责任适当回归,从而出现了既有政府负责的层次,又有两方或者三方分担责任的层次,还有个人负责的层次,这种多层次结构的养老保险体系作为责任分担的演变,为养老保险制度的发展提供了更新和更有效的方案。例如,日本既有政府负责的水平较低的国民年金保险,又有责任分担型的职业年金保险。在中国,公务人员采取的仍然是政府负责的养老保险制度,而企业职工则选择了责任分担机制。

第二节 养老保险财务模式

养老保险是社会保障体系中公认的最大开支项目,社会保险乃至整个社会保障制度的财政状况是否良好,在很大程度上取决于养老保险制度的财政状况是否良好。因此,各国均对养老保险的筹资模式给予高度重视。概括起来,世界各国的养老保险筹资模式主要有现收现付式、完全积累式、部分积累式三种。

一、现收现付式

现收现付式(Pay-as-you-go)是以在职工人缴费支付当前退休工人的养老金,纯粹的转移支付,本身不进行储蓄,属养老保险负担的代际转移。它以短期(通常为一年)横向收支平衡的角度出发,在确定好支出总额后,按同一比率分摊到当前参保单位和个人,特点是以支定收,实行初期因支出规模小而费率较低,以后会随着支出规模的不断扩大而提高。

$$\text{保险费率} = \left[\left(\text{上年实际支出} + \text{报告年预计增加额}\right) \times \text{计划调节指数} \times \left(1 + \text{合理结余率}\right)\right] / \text{报告年度缴费工资总额}$$

现收现付式的优点主要体现在以下几个方面:一是操作比较简单,由于预测期不是很长,很容易对养老金需要或养老保险缴费率进行测算;二是管理比较方便,由于不需留有大量积累,资金筹集规模有限,不存在资金保值增值压力;三是世代互助共济,体现为年轻一代人供养老一代人,充分体现了强帮弱、年轻人供养老年人的互助精神;四是可以避免通货膨胀的严重影响,在较短的周期内,通货膨胀率一般升幅不会过大。

但是,现收现付式也存在以下的一些缺点:第一,对远景发展考虑不足,主要顾及当前养老保险收支状况,不能应付和抵御人口老龄化带来的社会风险;第二,因各期支付额不同而造成费率波动大,给企业的成本核算带来负面影响;第三,养老金的完全代际转移不仅使劳动者社会保险的权利义务关系难以得到准确体现,而且容易造成劳动者代际之间的矛盾激化。现收现付制下养老实现机制,如图 3-1 所示。

图 3-1 现收现付制下养老实现机制

二、完全积累式

完全积累式(fully funded)是在对有关经济社会发展指标如退休率、伤残率、通货膨胀率等进行宏观上的长期测算后,从追求养老保险收支的长期平衡角度出发确定适当的费率标准,在工作期间缴纳养老保险基金,基金通常以"个人账户"的方式储存,并对其进行有效运营与管理。其特点是强调长期平衡,费率较为稳定,能够积累起养老保险基金。

这种模式实质上遵循的是"同代自养"的原则,即把正在工作的劳动者筹集的未来养老保险基金全部积累下来用于退休后的养老金开支。与现收现付制相反,这种模式的优点在于能够预防人口老龄化的冲击,使资金的收取能与企业的经济条件相联系,劳动者的权利与义务关系较紧密。缺点则是固定的费率标准难以适应经济的发展变化,通货膨胀导致基金贬值风险的客观存在又使资金的保值增值压力倍增,同时因对每个企业与每个劳动者分别立账且需历经多年而使管理工作难度倍增。对于无积累的国家而言,采用这种模式筹集养老保险资金,意味着要让企业与劳动者既承担对自己未来养老金的供款之责,又要承担对已退休或即将退休的劳动者的供款之责,偿还旧债与预筹新款的双重压力,将使国家与企业均难以承受。完全积累制下养老实现机制,如图 3-2 所示。

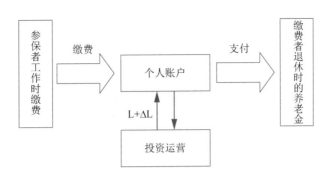

图 3-2　完全积累制下养老实现机制

三、部分积累式

部分积累式(partially fully funded)根据分阶段以收定支、略有节余的原则确定征收费率,目标是保持养老保险基金在一定时期内的收支平衡,其特点是费率具有弹性,可以根据养老金支出的需求分阶段地调整费率。实质上,部分积累模式是现收现付模式与完全积累模式的混合体,兼有两种模式的长处,而又规避了两者的短处。

部分积累式的优点在于既能满足一定时期内的养老保险基金支出,又能有一定的资金积累;既不会超过企业与劳动者个人的经济承受能力,又因阶梯时间不太长而易预测,面临的保值增值压力不会太大。部分积累制下养老保险基金的运行,如图3-3所示。

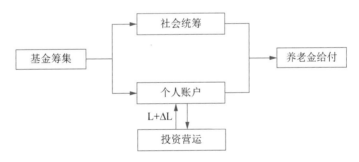

图 3-3　部分积累制下养老保险基金的运行

现收现付制和基金积累制的储蓄效应

养老保险制度对国民储蓄的经济效应是一个非常重要的问题,这一问题考察养老保险体制如何影响物质资本积累,如何改变一国的要素市场(资本市场),乃至如何影响一国的经济增长,而养老保险制度对经济增长的影响是选择一国养老保险制度的重要标准。因此,大量的研究对养老保险制度的储蓄效应进行理论分析,但由于养老金制度的储蓄效应从理论上无法得出明确的结论,于是大量的经验研究随之展开。比如,新古典经济学的研究指出,不同的养老保险制度安排会对国民储蓄产生不同的作用。现收现付的养老金收入会对居民私人储蓄产生替代效应,从而减少一国储蓄,而基金积累制则会通过养老基金的强制性储蓄,增加一国的长期储蓄。这些论断是新古典经济学派批判现收现付制,并向基金积累制转变的重要理论依据。

表 3-1　现收现付制储蓄效应的经验研究

国家	现收现付储蓄效应	文献
美国	40%—50%的替代效用	Feldstein(1974)
美国	不存在稳健的替代效应	Leimer and Lesnoy(1982)
美国	显著的替代效应	Leimer and Richardson(1992)
美国	60%的替代率	Feldstein(1996)
加拿大	较低的替代率	Dicks-Mireaux and King(1984)
法国	无效应	Oudet(1979)
德国	无稳健效应	Blum and Gaudry(1987)
斯里兰卡	较高的替代率	Shome and Saito(1980)
菲律宾	无效应	Shome and Saito(1980)
15个国家	1.50%的替代率	Feldstein(1977)
14个OECD国家	无显著效应	Kopits and Gotur(1980)
40个发展中国家	无显著效应	Kopits and Gotur(1980)
21个OECD国家	无显著效应	Modigliani and Sterling(1983)
16个OECD国家	无显著效应	Koskela and Viren(1986)
11个OECD国家和25个欠发达国家	较低的替代率	Edwards(1995)

资料来源:根据Schmidt-Hebbel(1998)等资料整理。

表 3-2　基金积累制储蓄效应的经验研究

国家	养老基金制度类型	基金积累制储蓄效应	文献
新加坡	中央公积金	正效应且十分显著	Faruqee and Husain(1994)
新加坡	中央公积金	不显著	Husain(1995)
马来群岛	职业养老金	不显著	Faruq and Husain(1994)
智利	基金积累制	正效应且十分显著	Corsetti and Schamidt Hbbel(1997)
智利	基金积累制	正效应且十分显著	Morande(1996)
智利	基金积累制	正效应且十分显著	klausSchmidt-Hebbel(1999)
7个OECD国家和4个欠发达国家	各种积累制	正效应且十分显著	Reisen and Bailliu(1997)
美国	职业养老金	62%的替代率	Munnell(1976)
美国	职业养老金	无效应	Kotlikoff(1979)
美国	职业养老金	16%的替代率	Hubbard(1986)

(续表)

国家	养老基金制度类型	基金积累制储蓄效应	文献
美国	职业养老金	66%的替代率	Avery,Elliehausen,Gustafson(1986)
美国	职业养老金	50%的替代率	Waters(1981)
加拿大	职业养老金	28%—51%的替代率	Dicks mireaux and King(1984)
荷兰	职业养老金	无效应	Alessie,Kapteyn and klijn(1997)
荷兰	职业养老金	100%	Euwals(2000)
英国	职业养老金	65%—75%	Attanasio and Rohwedder(2003)

资料来源：根据Schmidt-Hebbel(1998)等资料整理。

第三节 养老保险缴费与给付模式

一、养老保险金的缴费模式

养老保险缴费模式包括给付确定模式（DB）和缴费确定模式（DC）。

（一）给付确定模式

给付确定模式（defined benefit）是指事先为劳动者确定一个退休后的生活水平标准，根据该标准计算出替代率，根据替代率来确定支付养老金标准，再结合相关影响因素进行测算来确定养老保险费的征缴比例。这种模式实质是"以支定收"模式，维持的是短期内的横向平衡，一般没有结余。这种模式通常是和现收现付模式联系在一起的。

给付确定模式具有以下三个特点：(1)遵循以支定收的原则，根据承诺的给付水平，通过一套复杂的精算方法计算出当期社会保障支付总额，再以此为基础征收社会保障费（税）；(2)社会保障方案的实施主体承担投资风险，如果上一年度社会保障基金收大于支或者经办机构的投资收益率高，雇主就可以少缴费（税），甚至暂时不用缴费（税），相反雇主就应该多缴费（税）以弥补计划出现的亏损；(3)基金统一管理，将筹集到的资金存入一个公共账户，统一进行管理。

（二）缴费确定模式

缴费确定模式（defined contribution）是结合未来的养老负担、基金的保值增值、通货膨胀率、企业的合理负担、现行劳动力市场和工资水平等因素，经过预测，确定一个相当长时期内比较稳定的缴费比例或标准，然后按照这个缴费标准来筹集养老保险基金，并完全或部分地存入劳动者的个人账户，同时允许这部分基金有实际或名义的投资回报率。这种模式实质上是"以收定支"，维持的是长期内的纵向平衡，通常和完全积累或部分积累模式联系在一起。

缴费确定模式具有以下三个特点：(1)实施较容易，管理成本较低，会计处理比较简单；(2)建立个人养老金账户，对劳动力流动的障碍相对较小，有利于人才的合理流动，对于企业而言不承担将来确定金额养老金的义务；(3)养老金的安全性比较高，个人账户的建立使职工个人的养老金不受公司倒闭的影响。

（三）给付确定模式与缴费确定模式的比较

在缴费确定制中，社会保险事业管理机构不承担社会保险基金的任何金融风险，社会保险金收益由基金积累额和投资收益决定，唯一的治理问题是缴税（费）和收益的及时支付、基金资产的管理（包括绩效测算和评估）、基金监管，以及向企业和参保职工披露相关信息。在给付确定制中，作为政府代表的社会保险事业管理机构承担各种形式的金融风险，提供最低投资收益率担保，或者保证给付一定比例的工资替代率。

从风险分担的角度来看，给付确定制与缴费确定制在积累期的差异和受益风险是完全不同的，缴费确定制更注重制度设计引起的成本效率问题，社会保险事业管理机构承担社会保险基金的所有风险。而给付确定制更注重精算方法和精算成本，社会保险事业管理机构为预定的社会保险金待遇水平提供担保。从缴税（费）激励的角度来看，给付确定制的给付与职工退休前的缴税（费）没有直接关联，职工有不缴税（费）或"搭便车"的动机。而缴费确定制的给付水平取决于职工退休前的缴税（费）积累和投资收益积累水平，职工有很高的积极性（动机）为自己的个人账户缴税（费）。

二、养老保险金的给付水平确定模式

按养老保险金的给付标准是否与享有者工作期间的收入水平有关，可将养老保险划分为普通生活保障模式和收入关联模式。

普遍生活保险模式（flat-rate universal pension）强调对所有老年居民都提供养老保险，养老保险金的标准是统一均等的，水平高低与消费水平有关，与老年人是否是工薪阶层劳动者、退休前工资收入高低、职业是否稳定等没有关系，一般是保障基本生活水平。普遍生活保障模式的养老保险制度生存的基石是政府财政的有力支持。普遍保障的思想可追溯到1942年英国发布的《社会保险和相关服务报告书》（Social Insurance and Allied Services），因这项研究是由经济学家贝弗里奇（W.H. Beveridge，1879—1963）主持的，故通称"贝弗里奇报告"。今天，福利国家所实施的普遍保障的养老保险制度正是依据"贝弗里奇报告"中提出的"普遍性"原则建立起来的。

收入关联模式（income-related pension）强调社会保险费一般由雇主、雇员和国家三方共同负担，社会保险的缴费额度和养老保险金的给付标准都与劳动者退休前的工资收入有关联。由于这是一种与收入水平有关联的制度模式，也就自然而然地将非工薪阶层，如农民排除在这种模式安排的养老保险制度之外。与普遍生活保障模式相比，收入关联模式更强调权利与义务的平衡。

第四节　养老保险基金的运行模式

一、养老保险基金运行模式

养老保险基金运行模式，是指养老保险基金筹集后的管理方式，它主要有社会统筹模式、个人账户模式以及社会统筹与个人账户相结合模式等。

（一）社会统筹模式

社会统筹模式，是通过养老保险筹资渠道筹集到的养老保险基金全部进入社会统筹，由相关部门根据当年或一个周期内的社会需要统筹规划养老保险基金的使用问题。该模式最大的特点就是高度社会化，最大限度地发挥了社会保险互助共济和风险共担的功能，将"大数法则"利用到极致。但该模式通常只考虑短期内基金的平衡，一般没有或只有很少的节余，因此，采用该模式的养老保险制度要在人口结构稳定的情况下才能得以维持，当人口结构发生变化，如出现人口老龄化危机时，就难以为继。在具体制度安排中，这种模式总是和现收现付的财务模式联系在一起。

（二）个人账户模式

与社会统筹模式相对应，个人账户模式是指征缴的养老保险费全部进入个人账户，当劳动者步入老年、失去劳动能力、离开劳动力市场以后，再按照个人账户积累的金额（本金＋运营收入），领取属于自己的养老金。

这种模式对于劳动者具有一定的激励作用，但没有体现"大数法则"，没有互助共济和风险共担功能，而且基金保值增值压力大。在具体制度安排中，这种模式通常和完全积累的财务模式联系在一起。

（三）社会统筹与个人账户相结合

社会统筹与个人账户相结合，是中国首创的一种新型养老保险基金运行模式。社会统筹部分的现收现付与个人账户部分的完全积累同时并存。该模式实行的是国家、企业和个人三方承担供款责任但分别记账，其中个人所缴部分全部进入个人账户，其余的实现社会互济，计发时实现结构性组合。

社会统筹与个人账户相结合的模式在中国虽已有十年左右的实践探索，但是效果真正如何还需要更多时间、更进一步地检验，尤其是社会统筹账户与个人账户的关系，以及它们各自的运行规则与监管规则等，还有待完善。

二、养老保险基金管理模式

20世纪70年代末以来，受多种因素的制约，养老保险基金管理呈现出多元化的新走势。目前，从世界范围来看，养老保险基金管理存在三种主要的管理模式：公共部门集中管理模式、委托投资管理模式、完全市场化管理模式。

（一）公共部门集中管理模式

公共部门集中管理模式主要是被公共养老金制度所采用。如美国的社会保障基金委托给社会保障基金信托管理委员会投资管理；新加坡的中央公积金委托给中央公积金局管理运作；英国的国家基本养老金完全纳入国家财政预算管理。这种模式实行包括基金行政管理权、投资管理权、监管权等在内的多权合一，不仅可以带来资金集中征缴和管理的规模优势，降低管理成本和交易成本，政策的执行也比较灵活；而且运用养老保险基金投资于经济建设的投资策略，可以实现促进经济发展和社会政策的双重目标。但该模式最大的缺陷是政府与养老保险基金的利益不尽一致，可能导致寻租、腐败、政治操纵、基金资源配置无效、制度运行缺乏透明度等问题。

(二) 委托投资管理模式

委托投资管理模式主要是被依照国家立法建立的基金积累制养老保险制度的基金采用。如我国的全国社会保障基金和个人账户基金。这种模式要求所有经过某种方式挑选的私营投资管理机构均可自由进入养老基金市场。管理的方式要么是由私营投资管理机构与公共部门签订协议,遵循协议规定的要求来吸收、管理和运作养老基金;要么通过竞争招标或拍卖的方式选择几家业绩稳定、效率较高、费用较低的投资管理机构,由其管理和运作养老基金,参保职工个人不直接与投资管理机构接触,个人缴费(税)由公共部门统一征收,集中起来在几家投资管理机构之间进行投资额度分配。这种模式要求投资管理机构所管理的养老基金与其管理的其他基金和自有资产严格分离,并且由监管机构对其实行严格监管。这种模式的优点是:(1)通过公开竞标、拍卖等方式选择符合条件的私营投资管理机构来运作养老基金,避免了由公共部门垄断运作可能导致的腐败寻租等问题;(2)通过公共部门以集中征收方式征集养老基金避免了私营投资管理机构为了争夺市场而发生的成本费用内耗;(3)规模庞大的养老基金使受托人可以有更多资金和理由寻找那些将在接近边际成本的限度内收取费用的投资管理人。

(三) 完全市场化管理模式

完全市场化管理模式主要是被补充保障项目,如企业年金、个人养老金计划形成的养老基金采用。如美国的私人养老基金、英国的职业年金,我国的企业年金基金都采取信托型管理模式;也有些国家的私人养老基金采取基金会型、契约型或公司型管理模式。这种模式下,企业依据政府法律法规建立养老金计划,政府对计划的建立、养老基金的管理、投资运作行为,以及委托代理关系不进行干预,养老基金采取完全市场化管理方式,政府的作用仅限于从外部实施监管。

1981 年 5 月智利改革政府管理的现收现付制退休金制度,创立以投资为基础的个人退休金账户制的私人养老金制度。智利养老基金只允许专门成立的养老基金管理公司(Administradores de fondos de pensiones,AFPs)运作,实行"一人一账户""一公司一基金"的管理制度(目前允许一公司两个基金)。但智利模式也因其很高的营销成本和 AFPs 之间的恶性竞争而受到多方批评。从 AFPs 的费用结构来看,允许雇员在 AFPs 之间不受限制的自由转换导致很高的营销成本。由于投资监管和费用、佣金规定,各 AFPs 提供的产品的差异性很低,因此,各 AFPs 都试图通过提供礼品和其他激励吸引雇员转换 AFPs。1995 年有 25% 的雇员转换 AFPs,而希望转换的雇员达到 37%,这迫使 AFPs 的营销代理人增加到 15 432,大大增加了营销成本。不考虑营销成本被低估因素,AFPs 的年均营销费用占到总成本的 45% 左右。从养老基金市场的发展演变来看,规模经济是通过兼并实现的。允许个人自由选择 AFPs 和进行零售管理导致整个养老基金规模不经济、AFPs 之间恶性竞争。①

三、养老保险基金监管模式

(一) "审慎人"法则

"审慎人"原则只要求那些负责任的基金管理人在做出投资决策时要尽职尽责,慎重考

---

① 邓大松主编:《社会保险》第二版,中国劳动社会保障出版社 2009 年版,第 176—177 页。

虑基金管理的特殊环境。附带原则通常是大致分散化的要求和忠诚义务(只考虑所有者的利益)。"审慎人"监管的前提是经济发展已经很成熟,金融体制比较完善,并且基金管理机构也已得到一定程度的发展。这种模式的特点是:其一,强调基金管理者对雇员的诚信义务和基金管理的透明度;其二,要求资产多样化经营,避免风险过度集中;其三,鼓励竞争,防止基金管理者操控市场和避免投资组合趋同。在这种模式下,监管机构和基金理事会(或董事会)较少干预基金的日常运作,只是在有关当事人提出要求或基金出现问题时才介入,基金的监管很大程度上依赖于独立受托人,如基金托管人、外部审计师、精算师、法律顾问以及资产评估机构和新闻媒体等中介组织。

(二) 定量限制式监管模式

所有的拉美国家及其他一些国家对计划受托人、各类投资工具、风险、所有权集中度实行了限制。这些国家的投资监管被贴上了"量化"或"严格"的标签。这些监管通常指定了养老基金可以投资的资产类别的最大限额,有些国家还具体指定了单个资产的最大限额,甚至资产的最低持有额(特别是政府债券)。在定量限制式的监管模式下,监管机构独立性较强,一般都是成立专门机构进行监管。这种模式除要求投资管理人达到最低的审慎性监管要求外,还对基金的结构、运作和绩效等具体方面进行严格的限制监管:(1)对养老基金管理机构实行严格的特许经营权管理制度,严格控制基金管理公司的数量和质量;(2)要求养老基金管理机构只能从事与养老基金有关的投资经营和服务业务;(3)对基金管理公司提出严格的限量要求。这种模式一般适用于市场经济体制不够完善、管理制度建立较晚、市场中介机构不够发达、法律不够健全的国家①。

第五节 公共年金模式、职业年金模式和个人储蓄模式

一、公共年金模式

公共年金模式是指由政府通过立法强制执行,以工资税,或以个人与企业共同缴费或以一般财政收入为基金来源,以现收现付办法筹集养老保险基金和按给付确定制计发养老金,实行公共管理的养老保险模式。

(一) 公共年金模式的划分

公共年金模式主要可以划分为以下四种类型:(1)社会保险计划;(2)普遍社会救助计划;(3)普遍养老金计划;(4)多重组合公共年金计划。在普遍社会救助计划中,提供以生活状况调查为基础的年金,是一种收入不等的年金分配。在普遍养老金计划中,提供统一定额的年金,是一种平均主义的年金计划。

1. 社会保险计划

这种年金计划下,缴费和津贴的多少与个人的工资水平直接相关,德国和美国是推行这种模式的主要代表。德国目前的养老保险制度是典型的收入关联年金计划,包括法定义务

---

① 邓大松主编:《社会保险》第二版,中国劳动社会保障出版社2009年版,第177—180页。

保险和自愿保险两种,所有工资超过最低限额的雇佣从业人员都是义务保险对象。此外,部分收入不高的独立经营者和自由职业者也是法定的义务保险人。其筹资模式是"现收现付"的,目前的养老保险费比例为雇员工资收入的19.70%,雇主和雇员各负担一半。德国公共年金的给付水平是根据劳动者的工资收入水平、就业年限、缴费期限、收入替代率及调节系数等基本要素共同确定的。美国联邦政府实施"老遗残健"(OASDHI)社会保险制度,只对65岁以上退休老年人、退休死亡者遗属、残疾人和老年人健康提供社会保险计划。它目前实行部分积累的筹资模式,保费率为15.30%,雇主和雇员各承担一半,给付水平以指数化平均工资为基础。

这种年金计划的优点在于将养老保险的储蓄、保障和再分配功能有机地结合起来,劳动者、雇主和政府三方共同负担费用导致成本降低,同时能激励劳动者努力工作来提高工资收入。缺点在于对于妇女和其他工作经历较短或收入较低的人群帮助不大。

2. 普遍社会救助计划

这是一种对收入较低或财产较少者给予较高标准年金补助的带有社会救济色彩的年金计划,通常是通过财政融资,根据对生活状况的调查确定给付水平,强调再分配的功能。

这种年金计划的优点是:(1)成本低。在同样成本水平下可支付更多的年金,缓解贫困的功能较强,据估计澳大利亚有70%的人口领取生活状况调查制年金,但其成本及占GDP的比重只有采用全民平均津贴的新西兰的一半。(2)年金分配更趋合理。按个人或家庭的经济收入水平决定年金给付,使有限的资金集中使用在最需要帮助的人身上,同时使富人不能比穷人得到更多的转移支付,这是一种较为经济的资金运用方式。

它的缺点是:(1)管理费用高。由于对每一个年金领取者都要经过生活状况调查,导致这方面的管理成本增加。(2)名声不好。据说在英国,21%的有资格领取生活状况调查津贴的人碍于面子而不愿提出申请。(3)缺乏鼓励个人储蓄和努力工作的机制。这种制度更容易造成人们在养老保障上对国家的依赖性和忽视个人责任的倾向,人们缺乏个人养老和努力工作以提高收入的动力,势必造成国家年金支出的扩大。(4)由于中等收入者不能受益,因此在资金上和政治上得不到他们的支持。

3. 普遍养老金计划

英国是实行普遍养老金计划的典型。英国的公共年金体系分成两个部分,即基本年金和收入关联年金。在基本年金部分,英国实行普遍养老金政策。当男满65岁、女满60岁时,都可以从国家退休金计划中领取一定份额养老金。同英国一样,瑞典的公共年金计划也由"国家基本年金"和"附加年金"组成。在国民基本年金中,雇主缴纳雇员工资总额的5.86%,雇员不缴费,政府从其他税收中补贴支出需求的30%。国民基本年金的计算给付方法是:公民年满65岁,就可以按政府每年统一确定的"基数"的一定比例计发。单身老人全额国家基本年金最高为基数的96%;老年夫妇最高为基数的163%。

与生活状况调查年金制相比,肯定普遍养老金计划的观点是:(1)为所有的老年人提供了一个基本收入下限,充分体现了养老保险中的"保险"功能。(2)每个老年人无论达到法定退休年龄前收入高低,均可以得到相当数量的一份养老金,充分体现了养老金制度追求公平的原则,也表明这种制度具有极强的收入再分配功能。(3)由于是人人都能获益的制度,所以在资金筹集上和获得政治支持上的压力比生活状况调查年金制小一点。

否定该制度的观点认为:(1)成本高。由于其覆盖范围大,资金主要来自国家财政,因而税率比较高且主要由高收入阶层承担,易引发避税现象。(2)不是一个合理的分配计划。养老金没有考虑个人的实际需要程度,人人均等获得,结果是表面上平均分配,实际上不平均,因为少量的平均津贴对富人意义不大,而真正贫困的老人需要的更多,不能有效地缓解老年贫困问题。(3)资金来源单一。不少国家基本上完全由国家承担,造成政府财政负担沉重,如澳大利亚,仅养老金一项就占财政支出的25%,占GDP的7%。

4. 多重组合公共年金计划

这是国家根据不同的经济保障目标,综合运用多种养老保险形式形成的老年经济保障制度。

(1)普遍养老金计划与社会援助计划的结合。这种组合方式在年金的给付上采取平均津贴和生活状况津贴相结合的办法。如澳大利亚,雇员和雇主均不缴纳保险费,养老金开支全部从联邦政府总收入中支付。凡在澳大利亚连续居住10年(总共居住15年)的居民,男65岁、女60岁,均可享受定额老年年金。除了老年年金外,年金给付还包括残疾年金、寡妇年金、单身年金和配偶年金。享受上述年金的人均需要经过收入调查,70岁以上老人可不再接受这项调查。

(2)社会保险计划与普遍社会救助计划的结合。实行这种年金组合形式的国家通常在年金给付上以按收入关联年金支付退休金为主,同时对不能享受退休待遇的老人提供生活状况调查津贴。如美国,根据"指数化平均工资"计发的退休金,构成其养老制度的主题,但政府对没有资格领取退休金或退休金过低的贫困老人及伤残人和他们的家属、遗属提供经济状况调查津贴,这项津贴是依据《补充保障收入方案》实行的。

(3)普遍年金、社会保险和普遍社会援助计划相结合。国家向老年人提供一种平均津贴、生活状况调查和收入关联津贴制相结合的慷慨的年金计划。英国政府从1978年开始改革公共年金计划,在基本年金的基础上,又增加了附加养老金部分,也叫收入关联年金(SERPS)。从1978年4月6日起,按退休者全部就业年限中平均工资的25%计发附加养老金。此外,英国政府还向贫困的老年人、残疾人和遗属支付经过收入调查的津贴。

(二)公共年金模式的主要特点

无论是哪一种形式的公共年金计划,都有一些共同的特点:

(1)在资金来源上,或者是以工资税(如收入关联年金计划)为基础,或者是以一般财政收入(如普遍养老金计划)为基础筹资。另外,国家一般都规定缴费工资的上限和下限,雇员工资低于规定下限的部分免缴,高于上限的部分也不征缴,同时不作为计发养老金的基数。

(2)在资金筹集方式上,都采用现收现付或者现收现付基础上的部分积累模式。它表现在两代人(退休者与在职人员)的关系上是一种代际赡养关系,即在职工作者以工资税或其他税收形式缴费形成养老保险基金,支付退休者养老金。

(3)在养老金的属性上,领取的养老金表现为一种社会权益,而不表现为对资金的所有权。由于个人缴费与退休时获得的养老金收益没有直接的对应关系,所以养老金的获得更多地体现为国家对公民的义务和公民应享受的权利。

(4)在养老金分配上,都采取"给付确定"(DB)模式,以"替代率"(即养老金相当于个人工资或社会平均工资的一定比例)反映养老金的给付水平,雇员可以根据本人的工资收入水平大致确定未来的退休金。

（5）在养老金给付上，都强调指数化调整机制。为了适应动态经济变化，尤其是弥补通货膨胀风险造成养老金实际货币购买力降低的损失，西方工业化国家普遍建立了养老金指数化调整机制，即养老金按通货膨胀率进行调整，较多见的情况是养老金的提高。目前在工业化国家中，有12个国家实行以工资变化为基础的指数调整机制。在调整期限上，一般以年度调节和半年调节为多。

（6）在公共年金的管理上，都实行由政府公共机构管理。无论是立法管理、行政管理、信息管理还是基金管理，都强调集中统一，社会化程度很高。

（三）公共年金模式的评价

公共年金模式被大多数国家所采用，其优点主要表现在以下几个方面：

（1）公共年金的给付水平比较稳定，有助于实现保障基本生活需要的目标。公共年金根据"给付确定"（DB）的方式计发养老金，使得养老金支付水平是确定的；加之养老金"调整机制"的贯彻，使养老金能够实现一定的基本生活保障，有效地防止老年贫困。

（2）公共年金计划具有明显的"收入再分配"功能。这种制度安排对缴费基金采取统筹和共济的方式进行筹集和分配，使工资收入水平不同的人在退休后的养老金差别较小，有助于社会公平目标的实现。

（3）公共年金计划符合传统的社会伦理。"现收现付"的筹资模式是靠两代人的契约运行的，在职的工人为现已退休者支付年金，并期望将来有人为他们支付年金。这种代际赡养非常类似于一种正式计划的延续，是自然经济形态下家庭赡养关系在工业化社会中的转化和规模扩大。

（4）公共年金由政府公共机构管理，有助于保障基金的安全和保持保障体系的稳定。公共年金由政府管理，政府就承担了对公民年金的最终支付的责任。即使养老保险基金入不敷出，政府也会通过转移支付的办法调用其他财政基金以保证养老金的需要。

但年金计划也存在着一些不足，主要体现在以下几个方面：

（1）人口结构的转变向传统的现收现付公共年金提出挑战。工业化国家正面临着人口结构的转变，其特征是：低出生率，人口寿命延长，退休人口增长，退休人口占在职人口的比例不断提高。建立在"现收现付"财政机制上的公共年金制度的正常和有效运转，依赖于人口结构的稳定，退休者的年金要靠目前工作者的缴费支持。随着工业化国家老年人口的增长和人口出生率的下降，赡养率比将比今天降低，即将来一个退休者所对应的工作人口将比今天减少。

（2）对劳动力市场的负面影响。以工资税资助的公共年金计划加大了劳动成本，同时由于人口年龄结构的转型带来缴费的不断提高，更加速了这一现象的恶化，其结果是雇主必然缩减对劳动力的需求量。而对工人来说，给付确定的年金计算方法和现收现付的筹资模式使年金和缴费之间缺乏直接的联系，即一些人所得的年金少于他们缴纳的费用，而另一些人甚至没有缴费就领到了年金。这种分配方式促使一些工人逃避到非正式部门工作或提前退休，其结果是熟练劳动力的流失和劳动生产率的下降。有人提出，在过去20年中，OECD国家工资税的提高可能是造成失业率上升和实际工资收入增长率减慢的原因之一。

（3）公共年金计划过分强调社会互济和代际赡养，忽略了个人的自我保障责任，容易助长过度依赖政府的倾向;以工资为基准确定的养老金待遇使个人置身于经济波动和风险之外,人们对基金的关心程度不高,政府确定的待遇水平对经济的反应十分迟钝;待遇给付方式容易趋于平均,从而助长懒惰现象;"现收现付"等筹资方式加上政府管理基金,使得在基金不足时经常靠提高缴费比例增加资金,缺乏保值增值手段;公共管理下基金运营的成本高,效率低下。

二、职业年金模式

大多数工业化国家都建立了职业年金制度来作为老年收入的一个补充来源,并且已经成为养老保险体系中的一个重要支柱,而且随着人口老龄化的日趋严重以及减轻国家养老负担压力的迫切需要,职业年金越来越受到政府和社会的关注。目前在 OECD 国家中,每4位老人中的1位以及33%以上的劳动年龄人口参加了职业年金计划,职业年金计划的资产迅速增加。详见表3-3所示。

表3-3 部分工业化国家的职业年金

国　　家	职业年金对劳动力的覆盖率(%)	职业年金资产占GDP的比例(%)(2016—2017年)
爱尔兰	38.30	35.30
比利时	59.60	6.90
加拿大	26.30	85.10
意大利	9.20	6.40
法国	24.50	0.60
德国	57.00	—
日本	45.40	18.10
西班牙	3.30	3.20
墨西哥	1.70	1.30
芬兰	6.60	51.00
美国	40.80	79.60

资料来源:Pensions at a Glance 2017 OECD and G20 Indicators 151。

(一) 职业年金的类型和基本特点

根据供款来源不同,职业年金可分为个人缴费职业年金和个人不缴费职业年金。无论哪种情况,雇主或企业都要负担缴费(雇主一般负担一半以上),所不同的只是个人是否缴费。多数国家实行的是个人缴费的职业年金计划(个人一般负担33.30%—50%)。个人参与缴费,雇员就会更加关注这项计划,对基金运营和管理进行监督;个人不参与缴费,基金管理成本较低,雇员在流动时基金的转移比较容易。

根据决定因素不同,职业年金可分为强制性、自愿性和集体谈判决定这三种。在强制性的职业年金计划下,政府通过立法,要求每一个企业都必须举办企业补充养老保险,职工个人也不得退出,法国、瑞士、丹麦、荷兰和澳大利亚等国家属于此类。自愿性的职业年金计划是由企业自主决定是否举办企业补充养老保险,实行职业年金的大多数国家都采用自愿性的制度安排。还有一些国家通过劳资双方集体谈判的方式决定是否举办补充养老保险,如瑞典。

各国职业年金计划的基本特点是:(1)大多数国家的职业年金计划是自愿性的;(2)缴费由雇主和雇员共同承担;(3)基金能够进行市场化运营;(4)职业年金计划的缴费和运营享受国家的免税优惠政策。

(二)职业年金计划的功能

(1)补充养老。从本质上看,职业年金是职工工资的延期支付,这种延期支付的目的是为未来的退休养老做准备,以避免基本养老保险不足时所带来的生活水平的下降,职业年金从这个意义上讲是作为一种补充养老保险。从这个基本功能,我们还可以引申出职业年金具有缓解国家财政压力的作用。所以,职业年金是基本养老保险的补充,对降低基本养老保险替代率,缓解财政压力起到了很重要的作用。

(2)福利激励。职业年金的实质是将职工现期的一部分工资转移到退休后支付,对于事业单位来说,如果将其作为人力资源管理的一个手段、工具、方案,就可以给予职工薪酬福利方面的激励,提高职工工作效率和积极性,稳定单位劳动力队伍,另一方面也可以用来吸引和留住一些优秀管理和技术人才,提高单位的综合实力。

(3)合理避税。从企业年金的发展历史看,世界各国都给予企业年金一定的税收优惠。虽然在我国现行的税收法律制度中,对企业年金有一定的税收优惠,但对职业年金的税收优惠还没有明确规定,但是从目前政策导向的预期来看,未来政府对实施职业年金的单位缴费、个人缴费以及职业年金基金的投资收益均给予税收优惠是一个必然的趋势。

(4)资源配置。职业年金资产一般会以基金方式进入金融资本市场,通过从分散的个体提供汇聚基金,实现跨越时间、空间和产业提供经济资源转移。提供这种转移,个人可以在生命周期使资源分布最优化,同时资源也可以被最优地配置到最有效率的用途上去。目前,企业年金基金是许多国家长期资本的一个主要来源,基金的投资相对自由,能够产生更高的收益,优化资金的配置,职业年金计划形成的基金也同样具备这一功能。

(三)职业年金的优缺点

相对于其他形式的养老基金而言,职业年金既能够体现出专家投资管理的潜力和优势,又能有较好的风险收益组合和较低的交易成本。事业单位设立的职业年金计划是其人力资源管理和人力资本投资的重要举措,有效的职业年金计划有利于保留和吸引事业单位高端技术和管理人才,进而有利于增强事业单位内部的凝聚力和外部的市场竞争力。

但与个人账户养老金计划相比,其缺点主要体现在:(1)其制度透明度较差,对养老金受益权和携带性通常有一定限制,较早的离职者不能拥有其养老基金的既得受益权;(2)员工养老金的保障程度还取决于事业单位对养老金计划适度的融资水平、资产托管与投资的有效性、税收政策的优惠激励;(3)从其适应性上看,一般只是较好地适用于公司规模较大、员工相对稳定的单位或行业;(4)其最大的缺点在于事业单位设立的养老金计划往往被看成公司财务与人力资源管理功能的扩展。

三、个人储蓄模式

通常,对于个人储蓄模式有着两种理解。第一种是指以强制储蓄的方式建立个人养老保险账户,国家通过立法,规定完全由个人或个人与企业同时按雇员工资的一定比例将养老保险费存入雇员的个人退休账户逐年积累,由专门机构(政府或私营)负责基金管理和投资运营。当劳动者达到法定退休年龄时将个人账户积累的基金、利息及其他投资收入作为养老金返还给退休者。如新加坡中央公积金制度,它的基本内容是:强制性地规定雇主和雇员将收入的一部分上缴给中央公积金局,通过建立中央公积金来为每一个雇员提供全面的社会福利保障。公积金局每月收缴的公积金经过计算记入每个会员的个人账户中。目前,会员的个人账户分为三个:普通账户,用于购房、投资、教育等;保健账户,用于支付住院医疗费用和重病医疗保险;特别账户,只限于养老和特殊情况下的紧急支付,一般在退休前不能动用。新加坡中央公积金制度是以个人账户为标志,强制储蓄的保障模式。

第二种是个人或家庭通过储蓄或其他方式(如人寿保险)自愿建立的补充退休收入保障计划。瑞士也有类似的"个人养老储蓄"计划。这项计划是自愿参加的,最终目的是谋求更大可能的个人福利。具体办法是与保险公司缔结联合储蓄合约,或与储蓄银行就联合储蓄计划达成协议。从职业年金计划的缴费收入中扣除部分金额,转入保险公司或银行的个人储蓄账户上。个人联合储蓄计划的缴费可按如下高于一定的标准从税收中扣减:(1)投保人参加了强制性职业年金计划,每年高于同等最高报酬劳动 8%,及 64 800 瑞士法郎的 8%或 5 184 瑞士法郎;(2)投保人未参加强制性职业年金计划,每年高于年收入 20%(最大额为同等最高报酬劳动 40%),即 64 800 瑞士法郎的 40%或 25 920 瑞士法郎。如果夫妻双方均从事有益的活动,则二者均有权享受这一扣减税收法令的优惠。个人养老储蓄是应征税的,投保人一旦死亡,继承人有权享受保险。

政府一般对个人储蓄计划采取鼓励的态度,有些国家通过免征所得税的政策予以扶持。管理和经营个人养老储蓄的机构除了银行外还有保险公司。目前,个人储蓄养老计划还远不如公共年金计划和职业年金计划那样普遍。随着整个养老金制度改革,养老金体系中的第二、第三支柱的作用会越来越重要。无论如何,面对一个变幻不定的世界,多样化、多层次投资都是养老保险的最佳选择。

本 章 小 结

根据养老保险的责任承担机制,可将养老保险划分为政府负责型、责任分担型、个人承担型、混合责任型等模式。养老保险是社会保障体系中公认的最大开支项目,社会保险乃至整个社会保障制度的财政状况是否良好,在很大程度上取决于养老保险制度的财政状况是否良好。因此,各国均对养老保险的筹资模式给予高度重视。概括起来,世界各国的养老保险筹资模式主要有现收现付式、完全积累式、部分积累式等三种。养老保险缴费模式包括给付确定模式(DB)和缴费确定模式(DC)。养老保险基金运行模式,是指养老保险基金筹集后的管理方式,它主要有社会统筹模式、个人账户模式,以及社会统筹与个人账户相结合模式等。

基 本 概 念

政府负责型　责任分担型　个人承担型　混合责任型　现收现付式　完全积累式　部

分积累式　给付确定模式(DB)　缴费确定模式(DC)　社会统筹模式　个人账户模式　社会统筹与个人账户相结合模式

复习思考题

1. 养老保险的基本模式有哪几种？每种模式各具有哪些主要特点？
2. 现收现付制和基金制哪种模式更能应对老龄化的挑战？
3. 给付确定模式和缴费确定模式的优缺点。
4. 公共年金计划有哪些特点？如何评价公共年金计划？
5. 怎样理解职业年金计划的地位和功能？

第二篇　国际篇

第四章 世界养老金改革趋势

学 习 目 标

理解世界银行提出的三支柱和五支柱养老保障模式;世界银行的观点对世界养老金改革有哪些影响;了解养老金制度的参量改革;世界养老金改革的趋势。

导 入 案 例

法国政府强行通过退休改革法案

法国当地时间 2020 年 2 月 29 日晚,法国政府突然采取行动,不经议会表决,强行通过退休制度改革法案。法国总理爱德华·菲利普当晚现身法国国民议会,突然代表法国政府宣布引用宪法第 49 条第 3 款,不经过议会讨论和表决,直接通过退休制度改革法案。法国政府提出的退休制度改革法案主要内容是将法国各行业的 42 种退休制度逐步合并成一个统一方案,以实现社会公平。

法国工会组织纷纷表示强烈反对改革方案,自 2019 年 12 月以来展开大罢工和抗议示威游行,向政府施压。法国国民议会 2 月 17 日开始对退休制度改革法案进行辩论,国民议会中反对该法案的议员提出了多达 4 万条修正条款。总理菲利普表示,经过两周辩论,还有近 3 万条修正案等待审查,辩论过程可能旷日持久,政府方面很可能难以按原定计划完成立法议程,因此采取了不经议会表决的步骤。不少民众在当地时间 3 月 1 日凌晨聚集在国民议会外展开抗议,反对退休制度改革法案通过。

资料来源:https://www.guancha.cn/internation/2020_03_01_539266.shtml。

第一节 世界银行的多支柱养老保障模式

自 1889 年德国颁布《养老保险法》以来,养老保险经历了 100 多年的发展,各国相继建立了养老保险制度,但都遭遇了很多问题,尤其是发展中国家。在过去的几十年里,养老金制度在稳定国家经济和保障老年人口生活方面的重要性已取得人们广泛的共识,世界银行在全球范围内资助养老金制度改革,在应对养老金面临的挑战方面发挥了主导作用。

一、三支柱理论

(一) 主要内容

在 20 世纪 80 年代逐步显现的人口老龄化危机的影响下,以现收现付模式为主的养老金制度面临财务平衡难以持续、老年人基本生活难以保障的困境。在此背景下,世界银行在 1994 年提出了"三支柱"养老金改革模式,试图对上述问题给予回应,要点如表 4-1 所示。

表 4-1 世界银行的"三支柱"方案

三支柱养老金体系	强制性公共管理支柱	强制性私营支柱	自愿性支柱
目标	再分配+共同保险	储蓄+共同保险	储蓄+共同保险
形式	DB 型公共养老金计划	个人储蓄计划 职业年金计划	个人储蓄计划 职业年金计划
融资	社会保障税 社会保障缴费	有调控完全积累	完全积累
对象	正规就业者	正规就业者	正规就业者 非正式就业者

第一支柱——强制性的公共养老金计划,目标是有限度地缓解老年贫困,提供各种风险保障;由政府通过税收融资,强制实施,一般采用现收现付制,通过代际转移为老年人提供一定水平的长寿保险。

第二支柱——强制性完全积累的私营养老金计划,实行"以收定支",将退休金待遇水平与在职时的缴费相联系,不存在代际转移,以减少人们对第一支柱的依赖。

第三支柱——自愿性个人储蓄养老金计划,强调自由支配的灵活性和自愿性,政府也适当为这种计划提供税收优惠。

(二) 推广与应用

世界银行三支柱模式提出以后,在许多国家得到推广和应用,如拉美养老金私有化改革就深受其影响。拉美国家进行的养老金改革与世界银行的理念不谋而合,因而得到它的大力支持。20 世纪 90 年代,世界银行几乎与拉美的所有国家进行了协商,要求对其养老金进行改革。世界银行还为进行改革的国家(如阿根廷、墨西哥和乌拉圭)提供贷款,帮助这些国家消化因养老金私有化改革所产生的转制成本。对于转型国家,世界银行在其经济援助的条款中,要求银行成为私人养老金机制形成的"外生"变量,成为"驱动私人部门发展的切入口"(World Bank,1996:107)。早在 90 年代初,世界银行就向匈牙利推销其私有化方案,但遭到了拒绝。1994 年发布"防止老龄危机"的报告后,其方案变得越来越明确,对匈牙利养老金的改革提出"改革制度,包括将现行的单一公共计划分成两个强制性的支柱:一个是普遍的以税收为基础的养老金和……基金积累的第二支柱"(World Bank,1995:38—40)的建议。1995 年前后,应匈牙利财政部长之邀,世界银行直接介入匈牙利养老金的改革,从而为私有化方案的最终胜出奠定了基础。另外,世界银行还从拉美邀请了部分专家指导匈牙利的改革,并从美国等国家拉来赞助,帮助匈牙利养老金改革渡过难关。为了向波兰的改革者提供第一手的养老金改革信息,世界银行等国际组织发起了一次智利和阿根廷之旅,成员主要有社会保障专家、记者、贸易联合会等利益集团的代表,而反对者则被排除在外。当然,为避免引起争议,世界银行并没有走向前台,而是由其他国际机构充当代言人。

资料来源:杨立雄,"利益、博弈与养老金改革:对养老金制度的政治社会学分析",《社会》,2008年第4期 http://www.sachina.edu.cn/Htmldata/article/2009/01/1718.html。

二、五支柱理论

(一) 出台背景

1. 财政压力:短期紧迫性和长期迫切性

绝大多数公共计划的设计当初并没有考虑到财务可持续发展的要求,同时制度赡养率的恶化、较高的给付水平、劳动力非正规化导致的收入减少、保费征缴方面存在的问题加剧了短期财政压力,造成了双重的负面影响。首先,这些转移支付经常造成一国预算赤字居高不下且日渐庞大,在经济危机时期将导致负面的宏观经济影响;其次,如果政府试图将高额预算转移支付造成的非稳定性影响最小化,就必须多征税或是削减政府预算的其他部分。人口老龄化造成了长期的财政压力,从而使得养老收入支持制度,尤其是现收现付制的融资模式变得非常困难,且日渐缺乏吸引力。

2. 兑现承诺

许多现存制度的一个根本缺陷在于它们在不同职业之间的不一致性和不公平性,有一部分人重复得到了风险保护,而相当多的人却根本没有被覆盖到。其次,现存制度经常是承诺过多,兑现太少。最后传统制度无力兑现其承诺,不能将覆盖面扩展到其他人群。

3. 制度要适应社会经济变化

人口老龄化、女性劳动参与率提高和家庭结构变化这三个重要的社会经济变化开始对全世界范围的公共养老金体系提出挑战。人们开始讨论人口老龄化、人口结构和劳动力增长对非积累制养老金计划的隐性回报率的影响与作用问题、丧偶妇女的传统养老金的待遇以及对残障人员的待遇的重新设计。

4. 全球化的机遇与挑战

随着经济全球化,国际经济环境对一国经济的影响程度日益增大。一些国家之所以改革养老金制度,部分原因是改善本国的国际竞争力,消除本国面临的资本短缺问题。过去的几十年世界各国经济联系日益密切,限制对外贸易的资本流动的障碍已经大大减少,形成了日益激烈的国际竞争环境。许多国家的政府,特别是那些征收高额工资税的政府最终得出结论:在高度竞争的经济环境中,有必要削减养老金。

(二) 主要内容

国际劳工组织在世界银行之前提出一个"三支柱"方案(社会救助的第一个支柱,强制性、现收现付制的第二支柱和自愿性的第三支柱),尽管二者在制度的具体设计上存在差异(具体见专栏4-1),但它们在谋求老年人收入稳定这一目标上,立场是一致的。经过多年的争论,世界银行也开始反思三支柱模式的缺陷,认为需要重新评估各国养老金制度改革的初始条件,深入探讨养老金改革的策略选择。因此,世界银行在 2005 年提出了五支柱的改革思想,其核心是在原有三支柱基础上,增加了零支柱和第四支柱(具体内容见表 4-2),同时认为三支柱模式使养老金制度暴露于投资风险中。

表 4-2 世界银行五层次收入保障框架体系

方式	特点	参与	财源	对象		
				贫困人口	制度内	制度外
公共救助	最低生活保障	普享型或补救型	公共财政	＊	＋	0
现收现付	公共养老金	强制性	保费＋公共财政	—	—	＊
强制积累	单位/个人养老金	强制性	积累的金融资产	—	—	＊
自愿积累	单位/个人养老金	自愿性	积累的金融资产	0	＊	＊
家庭、地区互相救助	家庭/社区/NGO 援助	自愿性	金融、非金融资产	＊	＊	＋

注:对对象人员而言重要性较大为 ＊、重要性中等为 ＋、重要性较小为 0、基本不影响为 —。
资料来源:World Bank.Old-Age Income Support in the Twenty-first Century. 2005;
李连芬、刘德伟:我国养老金"多支柱"模式存在的问题及改革方向,《财经科学》2011 年第 3 期。

零支柱为非缴费型养老金计划,采取公共救济形式。为终身贫困者以及那些没有资格领取正式养老金的退休工人提供最低水平保障,针对所有老人,旨在消除老年贫困。零支柱是任何完备的退休制度必不可少的一部分,应该是普享型或家计调查型的国民养老金。第四支柱是指家庭成员之间、社区或 NGO 对于老年人的非正式支持,因为一部分退休者的消费可能来自非养老金资源,如家庭内转移支付,以及赡养、医疗和住房方面的服务等。

与三支柱相比,五支柱体系主要有以下三方面的变化:一是认识到强制性养老金的局限性,进一步关注基本收入对弱势老年群体的保障作用,因此增加了零支柱,把社会保障扩大到所有老年人口;二是认识到第三支柱和自愿性支柱能有效补充基本养老金,在基本养老金有限的情况下为高收入人群提供进一步养老保障需求;三是认识到家庭、社区等对老人的非正式支持的重要性,符合福利多元主义原则。

(三) 对五支柱理论的评述

上述五个潜在要素每一个都具有自己的特征,以应对特定类型的风险。"零支柱"应对的是终生的贫困风险和流动性约束的风险,这就防范了必须参与正规经济部门,并通过劳动工资来积累微薄的个人储蓄的风险。第一支柱应对的是个人短视的风险、低收入的风险、由寿命预期不确定性和金融市场导致的计划目标不当的风险,但这种典型的现收现付制容易受到老龄化和政治风险的影响;强制性的第二支柱应对的主要是短视风险,而且设计合理与运行有效的第二支柱便可以使个人免受政治风险的影响。如果强制性地将其年金化,个人就将面对金融市场波动和较高交易费用的风险,以及长寿风险。第三支柱可以补偿其他支柱设计的僵化缺陷,强调自由支配的灵活性和自愿性。这一支柱为那些希望在老年时得到更多收入及保险的人提供额外保护,政府也适当为这种自愿性储蓄提供税收优惠。但它可能产生由私人管理资产所导致的财务风险和代理风险。第四支柱的提出说明养老是一个综合性问题,不仅需要资金支持,还需要各类服务的提供。这就需要社会各界的积极参与,拓展养老资源,充分发挥非营利组织、社会志愿者的功能作用,从而实现福利多元供给。

由于种种原因,个人和每个国家的能力与偏好是不同的。但是,一个由尽可能多的要素组合而成的制度均可通过管控风险来提供一个卓有成效和效率较高的退休收入。例如,雇主发起的自愿性第三支柱的特点是易受工资收入变动和就业流动性的影响,但第一支柱和第二支柱的安排足以抵消这种影响。第一支柱承诺的待遇水平易受宏观因素变动和长期人口老龄化产生的政治风险的影响,但第二支柱和第三支柱的制度安排可以有效地缓解这些风险。

三、多支柱理论对中国的启示和借鉴

国际经验证明,现收现付制在人口结构年轻、经济发展较快、工资增速较高的情况下,具有一定优势。而在经济发展趋于平缓、工资增长速度缓慢,人口老龄化进一步加剧以及资本市场不断发展的背景下,各国越来越多地选择多支柱养老金模式,从其中我们可以得到一些重要启示:

(1)完善费基和计发办法,使第一支柱发挥再分配功能。按照十八届三中全会的精神,我国应当"坚持社会统筹和个人账户相结合的基本养老保险制度,完善个人账户制度,健全多缴多得激励机制,确保参保人权益"。将第一层次的社会统筹与个人账户进行分离,将社会统筹部分转化为第一支柱。将分离后的个人账户养老金与企业年金、职业年金合并,形成第二支柱。在推进第一和第二支柱建设的同时,加快推进第三支柱的建设。在各种三支柱模式中,第一支柱的核心都在于促进社会再分配,以防范老年贫困为目标。现收现付制是促进社会再分配的有效手段。

(2)做实个人账户与企业年金合为第二支柱。在三支柱体系中,第二支柱的职业养老金往往是参保者退休后的主要收入来源,待遇水平依赖缴费规模及投资收益。在我国三支柱养老金体系中,应当在多渠道补充个人账户缺口的基础上,将其与企业年金、职业年金计划合并,组成第二支柱养老金计划。在多渠道补充个人账户资金缺口的基础上,将其与企业年金、职业年金合并,组成第二支柱养老金计划,即强制性的个人账户养老金和自愿性质企业年金计划。

(3)制定灵活政策,大力发展第三支柱个人养老金。个人账户资金长期存续,通过合理方式进行投资增值,既是应对通货膨胀的要求,也是实现资产壮大的需要。我国第三支柱的发展,应允许个人根据不同风险偏好,选择保险产品、理财产品、基金、股票产品。此外要促进中介机构的发育壮大。普通老百姓不具备专业的投资能力,需要专业投资顾问机构为其提供专门指导。我国第三支柱未来的发展,也需要中介机构的培育。

> **专栏 4-1**
>
> ### 两大国际组织的"三支柱方案"之比较
>
> 世界银行的观点可以概括为"三支柱的养老金体系",第一支柱为公共养老金计划,由政府或公共机构管理,实行确定受益制(Defined Benefit,DB),通过政府税收筹集资金;第二支柱为强制性私人养老金制度,采取确定缴费制(Defined Contribution,简称DC),由私人部门管理;第三支柱为自愿建立的养老金计划,可以是个人储蓄计划,也可以是企业年金计划。其实,在此之前,国际劳工组织也提出一个"三支柱"方案,第一支柱为强制性养老金,提供基本的普遍养老金,采取现收现付模式,资金来源于税收,由政府管理;第二支柱为强制性的部分积累养老金,资金来源于雇主和个人的缴费,采取确定受益制,由公共机构管理;第三支柱为自愿性的养老金计划,由私营部门管理。两个方案在第二支柱上的区别反映了两个国际组织在养老金理念上的区别,即世界银行的方案更注重养老保险对经济增长的影响;国际劳工组织更强调国家的责任和社会公平。为了宣扬自己的理念,世界银行进行了大量的调查研究,举办了一系列的研讨会,出版了大量的书籍,散布公共养老金的缺陷,宣传养老金私有化的好处,包括对宏观经济和国内储蓄的影响。依仗其雄厚的财政实力和西方发达国家的强力支持,世界银行取代了反对私有化的国际劳工组织在养老金改革过程中的作用。
>
> 资料来源:杨立雄,"利益、博弈与养老金改革:对养老金制度的政治社会学分析",《社会》,2008 年第 4 期 http://www.sachina.edu.cn/Htmldata/article/2009/01/1718.html.

由以上论述可以看出,世界银行与国际劳工组织在养老保险方面的差异颇多,如表 4-3 所示。

表 4-3　世界银行与国际劳工组织在养老保险方面的观点差异

争论点	世界银行	国际劳工组织
总目标	经济性目标为主,如经济效率	社会性目标,如社会公平
融资方式	基金积累制、个人账户	现收现付、社会统筹
管理	私人	公共
改革方式	彻底转轨	内部改革

从世界银行以及国际劳工组织给出的解决方案中可以看出,世界银行以及国际劳工组织并未完全否定现收现付制或是基金积累制,在他们给出的方案中,现收现付制与基金积累制皆占有一席之地,只是二者在两个方案中所占的比例与所起的作用是不同的。一个行之有效的方案应该是两种融资方案的相互结合、相互平衡,而非某种融资方案独行其道。两个世界组织观点之所以出现差异,关键在于对养老保险经济效应和社会效应的取舍。

至于究竟哪种方案是更合理的方案,这就要视乎各国的国情而言。只有适合本国国情的方案才是较优方案,离开具体的国情而抽象地讨论两个方案孰优孰劣,得出的结论难免失真;或者在讨论的时候运用唯一的甄选标准,得出的结论也就会难免片面。

第二节 养老金制度的结构性变革

近十几年来,西方国家养老金制度的根本性变革主要表现在两个方面:多支柱改革、私营化改革。

一、多支柱改革

1994年世界银行报告推荐的"三支柱"养老金模式出台后,OECD国家到目前基本都建立起了多支柱的养老金体系。尽管各个国家的第一支柱和第二支柱在发展和改革中养老金筹资和管理模式存在差异,零支柱的待遇形式也有不同,但是从广义上讲,大多数OECD国家都建立了多支柱的养老金体系。这是OECD国家养老金制度结构性变革的核心内容之一。

表4-4 2017年OECD国家养老金体系结构

国别	零支柱(普遍覆盖,再分配性)			第一支柱(强制性、再分配性)	第二支柱(强制性、储蓄性)
	普享型	最低养老金	家计调查		
澳大利亚	*				DC
奥地利				DB	
比利时		*	*	DB	
加拿大	*		*	DB	
智利	*		*		DC
捷克	*	*		DB	
丹麦	*		*		DC
爱沙尼亚	*			Points	DC
芬兰	*		*	DB	
法国		*		DB+Points	
德国				Points	
希腊	*			DB	
匈牙利		*		DB	
冰岛	*		*		DB
爱尔兰	*				
以色列	*				DC
卢森堡	*	*		DB	

（续表）

国别	零支柱（普遍覆盖，再分配性）			第一支柱（强制性、再分配性）	第二支柱（强制性、储蓄性）
	普享型	最低养老金	家计调查		
意大利		*		NDC	
日本	*			DB	
拉脱维亚		*		NDC+DC	
韩国			*	DB	
墨西哥		*			DC
荷兰	*				DB
新西兰	*				
挪威	*			NDC	DC
波兰		*		NDC	
葡萄牙		*		DB	
斯洛伐克		*		Points	DC
斯洛文尼亚		*		DB	
西班牙		*		DB	
瑞典	*			NDC	DC
瑞士		*		DB	DB
土耳其		*		DB	
英国	*			DB	
美国				DB	

资料来源：OECD,Pension at a Glance:OECD and G20 indicators,2017,p.87.

其中，零支柱的普享型基本养老保障模式，是指国家根据同样标准对退休者发放同样数额的基本养老金(Basic-Pension)，或者根据工作年限长短有所调整。但是养老金水平与过去收入没有必然关系。

零支柱的家计调查模式(Resource-Tested)，指根据家庭收入和财产情况确定养老金水平，一般而言，养老金水平与家庭收入负相关。

零支柱的最低养老金(Minimum Pension)，与家计调查模式类似，同样是防止养老金低于某一水平。但确定养老金方式不同，它仅考虑养老金水平，如果退休者养老金水平过低，将补足到某一统一的养老金水平，而不考虑其收入状况。

第一支柱的积分制(Points)，指工作者通过每年缴纳养老保险费获取养老金积分，在退休时根据养老金积分总额计算养老金总值，并转换为普通的养老金给付。

二、私营化改革

截至2007年,所有OECD国家的养老金体系中,都建立了私人养老金制度,有一些国家是强制性的,有些国家是自愿性的。有11个国家建立了强制性私人养老金制度,其中有9个选择了DC模式,分别是澳大利亚、丹麦、匈牙利、冰岛、墨西哥、挪威、瑞士、斯洛伐克、荷兰。此外,意大利、波兰、瑞典三个国家建立了NDC计划。值得注意的是,这些国家的DC化改革与智利、巴西、新加坡等国家存在差异(智利等国是将第一支柱DC化),这些OECD国家是保持第一支柱DB性质不变,而将第二支柱从DB转向DC,体现了第一支柱的再分配性质,同时通过第二支柱保持一定激励性。

强制性私人养老金制度覆盖率也比较高,一般包括了90%的劳动者。但是在部分养老保险转型国家,如波兰、斯洛伐克、匈牙利等,只有年轻劳动者才被强制加入新的私人养老金,因此覆盖率在45%—60%。

此外,有19个国家选择了建立自愿性私人养老金制度,其中德国、爱尔兰、英国和美国覆盖率较高,超过了40%。而意大利和葡萄牙的私人养老金覆盖率则不到10%。

表4-5　2007年OECD国家私营养老金计划模式及覆盖率

国别	计划模式	覆盖率(%)	国别	计划模式	覆盖率(%)
澳大利亚	强制职业年金	90	韩国	自愿职业年金	
奥地利	自愿职业年金	35	卢森堡	自愿职业年金	20
比利时	自愿职业年金	40—45	墨西哥	强制个人养老金	31
加拿大	自愿职业年金	39	荷兰	准强制职业年金	90
捷克	自愿职业年金	40	新西兰	自愿职业年金	20
丹麦	强制个人养老金	90	挪威	强制职业年金	90
芬兰	自愿个人养老金	15	波兰	强制个人养老金	49
法国	自愿职业年金	10	葡萄牙	自愿职业年金	4
德国	自愿职业年金	57	斯洛伐克	强制个人养老金	45
希腊	自愿职业年金		西班牙	自愿个人养老金	40
匈牙利	强制个人养老金	58	瑞典	强制个人养老金	90
冰岛	强制职业年金	5	瑞士	强制职业年金	90
爱尔兰	自愿职业年金	52	土耳其	自愿职业年金	
意大利	自愿职业年金	8	英国	自愿职业年金	43
日本	自愿职业年金	45	美国	自愿职业年金	47

资料来源:OECD Private Pension Statistics;European Union, Social Protection Committee(2005);Copeland, Schembari(2004);Palacios and Pallares-Miralles(2000);Government Actuary's Department(2006)。

从老年人所领取的私营性养老金收入占总养老金收入的比重来看,在19个私营养老金制度覆盖率较高的OECD国家中,有8个国家老年人来自私营养老金的收入占总养老金收入的比例达到或超过50%,成为首要收入来源。还有4个国家私营养老金收入占总养老金收入的比重在40%—50%。其余7个国家私营养老金收入占总养老金收入的比重基本在20%—40%之间。可见,20世纪90年代之前以公共养老金计划为主的养老保障体制,在此后发生了较大变化,私营性质养老金获得较大发展,在部分国家已成为老年人的首要收入来源。

三、小结

总体来看,自20世纪90年代以来,OECD国家养老金体系发生了一些结构性变革,主要表现在两个方面:

(1)从原来的单一支柱向多支柱发展。到目前为止,尽管OECD国家的具体政策设计存在差异,但是几乎所有国家都建立了多支柱养老金体系。

(2)从原来的以公共养老金计划为主体,向公共养老金计划与私营养老金计划并重的趋势发展,在一些国家私营养老金已经占据主体地位。

此外,应该指出的是,OECD国家养老金制度的结构性改革主要发生在世界银行"三支柱"模式出台以后的10年间,即主要集中在1994—2004年,且在新兴国家和转型国家改革力度较大。2004年之后的OECD国家养老金制度改革进程中,结构性变革相对减缓,没有出现1994—2004年大规模的系统性改革。

第三节 养老金制度的参量改革

近十几年来,几乎所有OECD国家都对养老金制度的相关参数进行了调整。可以说,相对于结构性改革的两个显著不同阶段而言,参量改革始终在进行,具有时间的连续性和内容的多样性。

一、提高领取养老金年龄

一方面,由于社会经济发展,OECD国家人口预期寿命普遍提高,根据预测,2050年欧洲人将比2000年至少多活4—5岁,这无疑将增加养老金支付年限;另一方面,人口老龄化趋势下,老年人口比重增加,养老金体系支付能力受到严重挑战。在此背景下,OECD国家纷纷提高了退休年龄,具体情况见表4-6。

表4-6 OECD国家退休年龄(2004年、2016年)

国别	2004年		2016年		国别	2004年		2016年	
	男性	女性	男性	女性		男性	女性	男性	女性
澳大利亚	65		65		日本	65		65	
奥地利	65		65	60	韩国	65		61	

(续表)

国别	2004年 男性	2004年 女性	2016年 男性	2016年 女性	国别	2004年 男性	2004年 女性	2016年 男性	2016年 女性
比利时	65		65		卢森堡	65		60	
加拿大	65		65		墨西哥	65		65	
捷克	63	59—63	63	62.3	荷兰	65		67	
丹麦	65		65		新西兰	65		65	
芬兰	65		65		挪威	67		67	
法国	60		61.6		波兰	65	60	65	60
德国	65		65		葡萄牙	65		66.2	
希腊	65		62		斯洛伐克	62		62	
匈牙利	62		63		西班牙	65		65	
冰岛	67		67		瑞典	65		65	
爱尔兰	66		66		瑞士	65	64	65	64
意大利	65		66.6	65.6	土耳其	65		60	58
英国	65		65		平均	64.8	61.25	64.46	61.65
美国	67		66						

资料来源：OECD, Pensions at a Glance: Public Policies across OECD Countries, 2007, p.30-31. OECD, Pensions at a Glance: Public Policies across OECD Countries, 2017, p.55.

总体来看，2004—2016年，大多数OECD国家无论是女性退休年龄还是男性退休年龄都有所提高。同时，男女退休年龄趋同成为一种趋势。近些年来，一些OECD国家，如澳大利亚、比利时、葡萄牙等，正在逐步调整女性退休年龄，以使男性和女性退休年龄逐步统一。男性和女性退休年龄差从2004年的3.55岁缩小到了2016年的2.81岁。然而，OECD国家的退休年龄的平均水平受到其中几个国家的退休年龄影响较大，例如韩国、希腊和土耳其。

从各国情况来看，2004年OCED国家中有2/3的国家其人口领取养老金年龄低于法定正常退休年龄，有8个国家（奥地利、比利时、芬兰、法国、匈牙利、意大利、卢森堡、斯洛伐克）男性实际退休年龄早于60岁。因此，2004年后，部分国家又陆续出台了调整领取养老金年龄的相关政策。

澳大利亚决定在2017—2023年，将退休年龄从65岁提高到67岁。荷兰采取了较为激进的措施，从2009年开始，用两年时间将领取养老金年龄从65岁提高到67岁。匈牙利通过逐步调整，在2012年开始，将领取养老金年龄从62岁提高到65岁。此外还有许多国家出台了远期的调整养老金领取年龄的措施，具体如表4-7所示。

表 4-7　OECD 国家调整领取养老金年龄的相关政策

国别	调整领取养老金年龄的政策	国别	调整领取养老金年龄的政策
澳大利亚	2017—2023 年将退休年龄从 65 岁提高到 67 岁	爱尔兰	降低提前退休者的养老金待遇
比利时	将特殊情况下领取养老金年龄从 58 岁提高到 60 岁。对临近退休的失业者申请养老金时实施严格的工作寻找调查	意大利	男性的退休年龄从 60 岁提高到 65 岁，女性 55 岁到 60 岁。女性的退休年龄将与男性相当，到 2021 年，两者的退休年龄都将提高到 67 岁
捷克	2017 年 6 月决定退休年龄的增长将被限制在 65 岁，这推翻了此前每年提高两个月的退休年龄决定的	日本	退休年龄从 60 岁提高到 65 岁
丹麦	2019—2022 年，将提前领取养老金年龄从 60 岁提高到 62 岁，2022—2030 年，退休年龄将逐步提高到 68 岁	韩国	为了鼓励公民工作，对超过 53 岁的工作者，如果收入下降，由政府给予补助
芬兰	对于 1954 年后出生的人，领取养老金的年龄从 63 岁提高到 65 岁（每年提高 3 个月）	荷兰	在 2021 年之前将领取基本养老金的年龄提高到 67 岁。在那之后，它将与预期寿命挂钩，到 2022 年，退休年龄将达到 67 岁零 3 个月
法国	根据经合组织的模型，将退休年龄提高到 62 岁	瑞典	2009 年开始，降低 1% 的雇主社会保障缴费
德国	2012—2029 年渐进提高退休年龄，从 65 岁到 70 岁。提前退休年龄保持在 63 岁，但是减少提前退休的养老金待遇	瑞士	将女性领取养老金年龄从 63 岁提高到 64 岁。男性保持在 65 岁
希腊	将男性、女性领取养老金年龄统一到 65 岁；提前退休年龄为 55 岁，但是必须至少缴费 15 年	土耳其	2048 年之前，逐步将男性领取养老金年龄从 60 岁提高到 65 岁，女性从 58 岁提高到 65 岁
匈牙利	2012 年开始，领取养老金年龄从 62 岁提高到 65 岁，对于提前退休者实施更加严格的时间条件，从 2013 年提前到 2011 年	英国	女性的退休年龄从 60 岁提高到 65 岁
冰岛	降低提前退休者的养老金待遇	西班牙	在 2027 年之前，退休年龄提高到 67 岁
奥地利	提前退休的年龄提高了 1.5 岁	波兰	撤销了对某些工人群体提前退休的政策
葡萄牙	女性与男性的退休年龄都调整为 65 岁	斯洛伐克	女性和男性的退休年龄都提高至 62 岁

资料来源：根据 OECD，Pensions at a Glance：Public Policies across OECD Countries，2007；Pensions at a Glance 2009；Retire-Income Systems in OECD Countries；OECD，Pensions at a Glance：OECD and G20 indicators，2013；OECD，Pensions at a Glance：OECD and G20 indicators，2017 整理。

二、扩大养老金计划覆盖面

由于 OCED 国家公共养老金体系建立较早，发展已经比较充分，这一时期的扩大养老金体系覆盖面主要是指政府采取各种措施扩大私营养老金计划的覆盖面，尤其是私营的自愿性养老金计划。法国、匈牙利、波兰都建立了附有税收优惠政策的私营养老金体系。韩国和意大利则将原来的遣散费用计划改变为职业养老金计划,政府也希望在此过程中提高养老金覆盖率。英国、美国、瑞士等国家也出台了一些鼓励性的政策。

还有少部分国家则致力于提高强制性养老金计划的覆盖面。希腊目前的强制性养老金计划覆盖率相对较低,因此希腊出台了新的养老金管理方案,希望借此提高养老金覆盖面。瑞士则降低了养老金计划的门槛,以确保更多非全职和低收入工作者被纳入养老金体系。

表 4-8 2004 年以来 OECD 国家扩大养老金覆盖面的相关政策

国别	扩大覆盖面的措施	国别	扩大覆盖面的措施
法国	建立新的个人退休储蓄计划,允许年收入 24 000 欧元内的 10% 缴费在税前扣除;2010 年将现金产假福利计入养老金用途	挪威	2006 年开始,DC 计划的最小雇主缴费为 2%,将 DC 覆盖率提高到 25%
德国	对于 DC 模式的职业养老金缴费,给予 4% 社会保障税收扣除,2017 年决定在正常退休年龄后工作的个人可以选择继续缴纳养老金以获得更高的福利	波兰	对新的自愿 DC 计划给予税收优惠,2012 年推出新的第三支柱自愿储蓄工具(IKZE),以补充自愿退休账户(IKE)
匈牙利	新的自愿退休储蓄计划年缴费在 100 000 HUF 内,可以获得政府缴费匹配。该账户可免征资本利得税,投资范围比以前扩大	葡萄牙	建立集中管理的自愿性 DC 计划,50 岁以下缴费 2% 或者 4%,50 岁以上缴费 6%,2009 年 3 月以后招聘的银行员工自动纳入公共养老金体系
意大利	将 50 个雇员以上的解雇费用计划改为养老金计划,包括雇员计划、个人计划和政府运作计划	瑞士	降低养老金的收入门槛,覆盖更多的低收入者和非全职工作者
韩国	新成立企业要求建立 DB 或者 DC 的职业养老金,而不是解雇费用计划。现有企业必须由雇员选择是否转入职业年金计划,从 2010 年 12 月起,将强制性职业养老金扩展至拥有 5 名或 5 名以下员工的公司	英国	对 22—65 岁就业者,没有职业养老金和个人养老金者,个人缴费 4%,雇主缴费 3%,国家缴费 1%。将全额领取的缴费年限减少至 30 年,从 2012 年 10 月起,大型雇主(超过 12 万名雇员)必须自动将员工纳入公司计划或国有的全国就业储蓄信托(NEST)
新西兰	进行 DC 计划,政府对 DC 计划给予 1 040 NZD 匹配,雇员缴费 4% 或者 8%,企业缴费由 1% 增加到 2%	美国	允许雇主自动加入雇员的养老金计划
芬兰	2017 年 1 月,雇员领取养老金的最低缴费年限从 18 年减至 17 年	日本	对个人参加确定缴费型计划的限制将被取消,允许没有工作的配偶、公共部门工作人员和目前仅由私人固定缴款计划承保的个人缴款
拉脱维亚	从 2018 年起,收入低于最低工资的个体经营者将被纳入私人养老金计划,但仍不在公共养老金计划之内	土耳其	自动将所有 45 岁以下的工薪族纳入私人 DC 养老金计划。
爱尔兰	超过一定收入门槛的年轻雇员自动加入 DC 计划	卢森堡	自愿保险每月最低缴纳额度由 300 欧元减至 100 欧元

(续表)

国别	扩大覆盖面的措施	国别	扩大覆盖面的措施
澳大利亚	2013年取消私人养老金计划的强制性缴款年限	奥地利	为增加退休金选择,以补充公共退休金制度而设立DC计划的两项新福利(2012年)
加拿大	推出一项新的自愿退休储蓄计划	智利	从2011年7月开始将60%的贫困老年人纳入第一支柱养老体系

资料来源:根据 OECD, Pensions at a Glance:Public Policies across OECD Countries,2007;Pensions at a Glance 2009:Retire-Income Systems in OECD Countries;OECD, Pensions at a Glance:OECD and G20 indicators,2013;OECD, Pensions at a Glance:OECD and G20 indicators,2017 数据整理。

三、改革养老金待遇计算方式

(一)养老金调整指数中引入物价因素

以前各国对公共养老金计划的待遇计算都是根据过去工资收入情况确定养老金待遇,让养老金受益者分享劳动生产率增长是福利国家的主要成绩,而不是根据价格变动实行指数化调整。

但是从20世纪90年代开始的养老金制度改革中,各国都逐渐改革了根据收入调整养老金的政策,改为根据收入和物价变动情况共同进行调整,或者根据物价变动进行调整。早在1985年,法国就将公共养老金计划的待遇改为根据物价进行调整,1996年将职业年金计划的待遇改为根据物价进行调整。芬兰、波兰、葡萄牙则将养老金待遇根据过去收入进行调整,改为根据物价和工资增长率共同调整,最近芬兰和波兰进一步改变了工资和物价在养老金调整中的权重。美国根据生活费的变动指数自动调整养老金待遇。加拿大根据消费价格指数自动调整养老金待遇。英国根据价格变动对养老金待遇进行年度调整。

由于工资和收入的增长率常常高于物价上涨速度,因此,在养老金调整中,引入物价变动因素,实际上减缓了养老金增长速度,降低了养老金待遇水平,意味着养老金领取者分享社会经济发展的成果更加有限。

(二)养老金给付标准与预取寿命相关联

OECD国家人口的预期寿命在2002—2040年将增长3~4岁,这对于养老金体系提出了更多要求。一是老年人终生领取养老金总值增加;二是如果没有额外资金投入的情况下,养老金替代率难以保持原有水平。这些都会影响到养老金体系财务的可持续性。

因此,30个OECD国家中,有10个国家将人口预期寿命引入了养老金计算或者调整政策中。德国的公共养老金体系中,如果人口预期寿命增加、人口抚养比增加,就会相应调低养老金待遇。奥地利也在讨论类似的根据预期寿命调整养老金待遇的政策意见。在芬兰和葡萄牙,劳动者退休时刻的养老金总值会根据那一时刻的预期寿命进行调整。丹麦则将领取养老金年龄与人均预期寿命相联系。

毫无疑问,降低养老金待遇以应对更长的预期寿命将改善养老金体系财务稳定性和可持续性。同时,为了追求与原来相同的养老金待遇,部分劳动者不得不推迟退休,这对部分老年人来说存在一些负面影响。

(三) 延长计算养老金待遇的资格年限

由于养老金缺口不断扩大，OECD 国家纷纷修改了养老金待遇计算方式。部分 OECD 国家，主要是采取收入关联模式的养老金体制国家，原来的养老金待遇与退休者在职时某一时期内的收入水平挂钩。这个时间段一般有两种，一种是收入最好的 10 年或 20 年时间段，另一种是根据工作期间最高收入计算，如退休前时刻的工资。

截至 2004 年，已有 7 个国家将计算养老金待遇的资格年限延长。其中芬兰、荷兰、波兰、葡萄牙、斯洛伐克、瑞典将养老金待遇基准收入年限延长到了整个工作期间。加上此前已有部分国家按照工作期间平均收入计算养老金待遇，在实施收入关联计划养老金国家中，目前已有 17 个国家按照工作期间平均收入计算养老金待遇。

法国将计算年限从工作期间最好的 10 年扩展到了 20 年。匈牙利养老金待遇原来按照扣除各种税后的净收入计算，现在则改为按照税前的总收入计算。

这种变化对养老金待遇的影响主要取决于工作者工作期间收入变化状况，如果工作者收入波动比较大，而且收入增长很快，则受到的影响比较大。总之，延长收入待遇计算年限，无疑坚守了国家养老金支出，促进了养老金的财务可持续性，使得养老金支出增长得到部分减缓。

表 4-9 1990—2013 年部分 OECD 国家养老金待遇计算方式的调整状况

国别	养老金待遇计算方式调整	国别	养老金待遇计算方式调整
奥地利	衡量标准从最好的 15 年扩展到 40 年	日本	用于计算养老金的收入扩大到奖金
斯洛伐克	收入基准从原来的最后 10 年中最好 5 年扩展到整个期间的平均收入	意大利	领取养老金的资格年限从 35 年增加到 40 年
芬兰	领取计算标准从最后 10 年拓展到整个期间的平均水平	捷克	将缴费年限从 25 年增加到 35 年
法国	最低缴费年限增加，公共养老金计划收入关联年限从最好的 10 年扩展到 25 年	瑞典	收入基准从最好的 15 年扩展到整个期间的平均收入
匈牙利	养老金待遇根据总收入而非净收入	葡萄牙	收入基准从原来的最后 15 年中最好 10 年扩展到整个期间的平均收入
荷兰	在职业计划中，将基准收入从最高收入改为平均收入		

资料来源：根据 OECD，Pensions at a Glance：Public Policies Across OECD Countries，2007，pp.58-59；OECD，Pensions at a Glance：OECD and G20 indicators，2013，pp.55-57 整理。

四、鼓励延迟退休，严格提前退休条件

为了改善养老保险计划的财务可持续性，同时保持其一定的再分配效率，许多 OECD 国家都从严格提前退休条件、鼓励延迟退休两个方面进行政策调整。在严格提前退休条件方面，主要采取了提高提前退休年龄，同时减少提前退休待遇的方式。比利时、丹麦、希腊、匈牙利和意大利还增加了提前领取养老金的缴费年限要求，以限制提前退休行为。法国、爱尔兰则仅对公共部门采取了上述措施。荷兰减少了对提前退休者的税收优惠。

在鼓励延迟退休方面，主要有两种措施：一是现金奖励。如澳大利亚，2009 年之前，如

果工作者达到退休年龄仍然工作960小时以上,可以获得一笔现金奖励。二是养老金增长率优惠。如芬兰,对于达到退休年龄继续工作者,由政府给予较高养老金账户利率,以此鼓励延迟退休。芬兰、英国增加了对延迟退休者的激励。法国和日本还采取了限制雇主解雇那些达到退休年龄但仍然希望继续工作的雇员的行为。

表4-10 2013年之前部分OECD国家延迟退休激励政策

国别	延迟退休激励政策	国别	延迟退休激励政策
澳大利亚	有养老金延迟退休奖励计划	荷兰	计划取消提前退休政策
奥地利	减少提前退休领取养老金的待遇,严格提前退休条件	葡萄牙	增加延迟退休养老金待遇,减少提前退休养老金待遇
比利时	对62岁以上工作者给予退休金奖金,对达到标准退休年龄者,给予私人养老金部分的财政补贴	西班牙	对于延迟退休者给予小幅激励
捷克	采取了减少提前退休和增加延迟退休政策	英国	增加延迟退休者的养老金,增加一次性给付选择
芬兰	增加63—67岁工作者的记账利率	美国	对提前领取政策有调整
法国	对于提前或延迟退休者的养老金待遇进行调整	德国	降低65岁以前退休者的养老金待遇
意大利	通过名义年金调整提前退休养老金待遇		

资料来源:OECD, Pensions at a Glance:OECD and G20 indicators,2013,pp.55-57.

延迟退休:为何争论不休

因油价暴跌、卢布贬值以及西方因乌克兰问题而实施制裁,俄罗斯今年第一季经济总量萎缩2%。在国家财政日渐窘迫的情况下,俄政府正在考虑推迟退休年龄。俄财长西卢安诺夫最近提议将男女退休年龄提高至65岁,他说:"越快解决这个问题,对经济和财政越好。"经济部长乌尤卡耶夫5月初提议逐步提高退休年龄,每年延长6个月。为发挥带头作用,俄议员们已提出将他们的退休年龄延迟至65岁。目前,俄罗斯法定退休年龄为男性60岁、女性55岁。在一些行业,例如高危的采矿业,员工可以更早退休。

随着俄罗斯人均寿命延长至女性76岁、男性65岁,俄政府的养老金负担越来越沉重,再加上经济危机加剧,总统普京不得不考虑采取推迟退休年龄的办法。普京在"普京热线"节目中指出,2016年,俄国的养老金支出将占国内生产总值的3%或逾500亿美元。他说:"问题是,我们要从哪里拿出这笔钱?"不过,上个月公布的一项独立民调显示,俄罗斯79%的男性和81%的女性反对推迟退休年龄。许多妇女选择提早退休,回家照顾孙辈,对于延迟离开工作岗位,她们尤其抗拒。

过去十几年来,提高退休年龄已成为欧美等发达国家的趋势。欧元区债务危机在欧洲引发了以提高法定退休年龄为主要内容的新一轮改革。许多国家通过提高法定退休年龄来推迟领取养老金的时间，以期缩短养老金给付期限，减少财政压力。2010年1月，西班牙政府宣布，拟从2013起将法定退休年龄由65岁延长至67岁。2012年1月1日起，德国关于职工67岁退休的法律生效。2012年11月，希腊议会通过了新紧缩措施法案，将退休年龄从65岁延长到67岁。欧洲委员会更是提议将欧盟27个国家的退休年龄提高到70岁。此外，美国准备到2027年将退休年龄从65岁延长至67岁，日本准备从2013年至2025年将退休年龄从60岁分阶段性推迟到65岁。

不同的人对于延迟退休这一问题的意见大相径庭。有人认为，伴随着人均寿命的提高，国家的社会保障体系不能连续多年支付养老金，应当延长退休年龄；有人认为，人们应当早点退休享受生活，退休年龄不仅不应推迟，还应提早，给年轻人更多机会；也有人认为，退休年龄延长与否要依据工作类型和个人情况而定，应更加灵活。

思考：延迟退休会受到哪些人群的反对？对于中国而言，延迟退休改革是解决劳动力不足、应对老龄化的唯一途径吗？

资料来源：http://www.xinhuanet.com/world/2015-05/11/c_127788991.htm 延迟退休：各国为何争论不休。

相关视频：延迟退休：各国为何争论不休 https://v.qq.com/x/cover/uy18490qivkvdn9/t0016m77dzh.html?fromvsogou=1。

五、金融危机后相关改革措施

（一）保障养老金收入水平

2008年爆发的金融危机对多个国家的养老金体系保障水平产生了一定影响，尤其是低收入老年人的生活水平，因此部分国家在此期间采取了各种措施以保障老年人退休待遇的充足性。其中，澳大利亚2008年给予老年人一笔一次性的生活补助，同时提高了零支柱养老金的替代率，从25%提高到了27.70%。希腊同样提高了基本养老金待遇。芬兰则立法规定，从2011年开始实施新的最低养老金保障，相当于目前的每年8 200欧元，这将为老年人提供一个比现在更好的，替代率为23%的老年人收入安全网。比利时、法国和西班牙都提高了最低养老金标准。德国则在2008年、2009年分别增加了所有人群的养老金（2003—2006年养老金水平基本没有变动）。有些国家还采取了税收减免措施提高养老金待遇的充足性，如澳大利亚、芬兰和瑞典减少了养老金领取者的税赋。

表4-11 2004年以来部分OECD国家保障养老金充足性的相关政策

国别	保障养老金充足性的相关政策	国别	保障养老金充足性的相关政策
澳大利亚	2009年增加第一支柱替代率从25%到27.70%。2008年12月一次性给付1 400澳元（单身）、2 100澳元（夫妻）	韩国	65岁以上的养老金覆盖率从60%增加到了70%。基本养老金平均替代率从5%增加到10%
比利时	增加了额外的最低养老金	西班牙	最低养老金增加6.40%

(续表)

国别	保障养老金充足性的相关政策	国别	保障养老金充足性的相关政策
芬兰	2011年实施新的保障养老金,对退休收入在15 000—30 000欧元的退休者减税	瑞典	2009年,对65岁以上老人在363 000 SEK以内的收入进行减税,使90%的领取者受益
法国	增加了额外的最低养老金	冰岛	削减高级政府雇员养老金
德国	2008年增加养老金1.10%,2009年增加2.41%	英国	基本养老金从2012年开始根据平均收入调整,国家第二养老金从收入关联模式改为统一待遇模式
希腊	一次性发放100—200欧元养老补贴		

资料来源:根据OECD,Pensions at Glance:Public Policies across OECD Countries,2007;Pensions at Glance 2009;Retire_Income Systems in OECD countries 数据整理。

(二)增强养老金安全性

由于人们从开始参加养老保险到去世,大概需要经过60年时间,养老金体系的长期性决定了养老金具有较大的风险性,尤其是缴费确定型的私人养老金体系更是如此,因此许多国家采取了各种措施增强养老金基金的安全性。

一是完善养老金基金投资机构。多样性是减少投资风险的关键指标,近几年来,比利时、加拿大和墨西哥养老金基金投资渠道和范围都要大于以往。澳大利亚在管理和投资养老金基金方面,鼓励和强制劳动者在接近退休时,将其养老金基金转移向风险更小的投资工具,只有年轻的工作者才能选择最高风险投资工具。英国的新国民养老金储蓄计划规定,工作者养老金基金被默认为生命周期基金,这种基金随着工作者的年龄增加而不断降低风险。

此外,冰岛通过增加强制性确定受益制养老金体系的雇主缴费,来增加养老金体系的财务可持续性。葡萄牙和土耳其则通过调整指数,改善养老金支付时的购买力来保障安全性。

六、小结

相对于结构性改革在20世纪90年代的兴起,到2000年以后逐步趋于减缓的阶段性发展,OECD国家的参量改革则一直在进行,主要从以下几个方面展开:

(1)由于人口预期寿命延长和老龄化趋势加剧,在过去十几年里,提高领取养老金年龄成为OECD国家的普遍选择。而且考虑到延长退休年龄对民众造成的影响,许多国家提前多年出台领取养老金年龄的改革政策,为改革顺利进行创造有利条件。

(2)由于公共养老金建立较早,且发展较为充分,因此OECD国家扩大养老金覆盖面的举措,主要是针对私营性质养老金。从政策设计而言,大部分国家采取了税收优惠、缴费匹配等鼓励性政策。从政策目标而言,上述政策能有效扩大养老金计划在低收入群体中的覆盖面。

(3)改革养老金调整机制同样成为各个国家的普遍选择,而且手段比较丰富,主要的考虑因素有工资增长情况、物价变动情况、人均预期寿命,以及计算养老金待遇的基准工资情况。

(4)为了进一步促进养老金体系的财务可持续性,一方面OECD国家通过立法,对提前领取养老金的要求进行了更为严格的限制;另一方面还通过各种奖励性政策,引导和鼓励人们延迟退休。

(5)尽管养老金体系改革的总趋势是控制支出规模,促进可持续性,但在遇到金融危机、老年人基本生活受到影响时,OECD各国仍然迅速采取措施,保障养老金待遇水平。说明无论外部条件如何变迁,保障老年人的基本生活始终是养老金计划的核心目标。此外,由于长期性和安全性的要求,养老金基金投资过程中,都有特定的投资要求。[1]

第四节 世界养老金改革的简单评价

一、改革的历程:结构性改革主导第一阶段,增量改革主导第二阶段

总体上,世界银行多支柱理论提出后的十年间,即1994—2004年这一阶段,可以看做结构性改革较多阶段。此期间养老金体制私有制浪潮发展迅速,有9个国家建立了DC养老金计划,6个国家建立了NDC养老金计划。世界银行所倡导的多支柱体系也在OECD国家得到了长足发展和进步。相对而言,结构性改革属于较为激进的改革形式,这些国家通过将一部分责任从政府和国家转化到市场和个人身上,改善养老金制度的财务可持续性。

2004年以后则主要是参量改革阶段,或者说以技术性调整为主,无体制性飞跃的阶段。在此期间,基本没有出现上一阶段发生的大规模系统性的改革,澳大利亚、爱尔兰、挪威、美国等国家的改革进程趋于减缓,而另一些国家的改革进程趋于停滞甚至倒退。其他一些国家,如德国、澳大利亚、加拿大、日本等国家,普遍通过延迟领取养老金年龄、严格养老金领取条件等手段对养老保险制度进行技术性调整。意大利立法通过的养老金体制改革措施被宣布推迟实施,斯洛伐克允许已经纳入退休供款新计划的职工退回到公共养老金制度,其他一些国家也在讨论类似的后退方案。

改革进程呈现两阶段特点的主要原因有两个:(1)1994年世界银行提出的三支柱理论是对以往现收现付制养老金模式的结构性变革,适时回应了当时世界上许多国家面临的人口老龄化和养老金财务不可持续问题。因此,为了适应多支柱模式的要求,各国必须对既有的现收现付制模式做出结构性调整。(2)2005年世界银行五支柱理论提出,是对三支柱理论的完善和修正,而不是颠覆和重建。此外,由于经济发展减缓以及金融危机的影响,2004年以后OECD国家的养老金改革以参量调整为主。

二、改革的趋势:减小政府责任,扩大个人责任

20世纪90年代以来,OECD国家几乎都进行了至少某些养老金制度方面的改革。结果是16个国家的平均养老金期望值减少了22%,妇女养老金期望值下降了25%。16个国家中只有匈牙利和英国的平均养老金期望值有所提高。改革前在德国、日本、墨西哥、波兰和斯洛伐克,收入为平均工资一半的职工终生工作后可得的养老金为其退休前收入的41%,

---

[1] 李珍:《基本养老保险制度分析与评估——基于养老金水平的视角》,人民出版社2013年版,第170—181页。

而改革后该比例下降为32%。这说明近十几年的改革过程中,个人和其他社会主体的养老责任和负担总体上在增加,现在职工需要更多依靠自己的力量为日后退休做准备。

另一方面,虽然国家对养老金体系资金投入的绝对数仍然在增加,但是分配到单个老年人的养老金资金相对减少了。总的来看,国家在改革过程中的责任和负担减小了。从政策层面看,不同国家采取了不同的政策路径。法国、葡萄牙、新西兰、芬兰、英国等国通过将公共养老金制度向低收入人群倾斜,保护了低收入者的福利免受削减,但减少了对其他群体的养老金承诺,以减少国家责任,同时构筑了社会安全网。而波兰、斯洛伐克等国则使养老金和收入更紧密挂钩,虽然可能会减少国家责任,但可能使低收入老年人贫困风险增大。

上述现象总体上说明了这样一个事实:OECD国家近些年的养老金制度改革趋势是国家和政府的责任逐步减小,个人与其他社会主体的责任逐步增加。对此,可以给予如下解释:20世纪90年代以来,伴随着欧洲福利国家发展中各种问题的出现,福利社会作为一个相对于福利国家的概念被提出。福利社会在不同的国家文化背景下有不同的阐述。但总体上看,有以下共识:福利社会强调市民社会的自我运作,主张通过非政府组织、社区、家庭和志愿者或者市场机制等多元化供给主体来满足人们的福利需求,以实现人们福利供给的完善;而福利国家则强调国家对于国民的福利保障责任,并通过公共财政和社会政策的手段来运作国家福利体制。从福利社会与福利国家比较的角度出发,可以认为OECD国家养老金体系改革中,国家责任逐步缩小,个人和社会责任增加,更加注重强化市场作用等措施,体现了OECD国家从福利国家到福利社会的改革取向。

三、改革的走向:私有化与商品化趋势减缓,再分配性增强

埃斯平·安德森认为第二次世界大战后建立的社会保障体系是一个非商品化的过程。郑秉文考察了1990—2003年世界各国社会保障体系,认为养老保险体系在此期间经历了一个"再商品化"过程。根据本书前文分析,确实如其所说,在1990—2003年,OECD国家养老金制度以激进的市场化、私营化变革为主要特征,体现了"再商品化"的特点。

但是从2004年以后,尤其是经济危机以来,"再商品化"进程已经减缓,基本没有出现大规模的市场化、私营化改革。一些国家的改革进程趋于减缓,另一些国家的改革进程趋于停滞甚至倒退。其原因是前一阶段改革有些矫枉过正,偏离了养老保险政策防止老年人陷入贫困的本原目标;经济危机导致私人养老金计划遇到财政危机。

从2004年以后养老金体系结构来看,OECD国家公共的分配性支柱养老金财产占总养老金财产的份额上升,私营的储蓄性支柱养老金财产占总养老金财产的份额下降。说明OECD国家养老金体系的再商品化和私有化趋势减缓,再分配性增加。

四、改革的结果:减少老年贫困,改善财务可持续性

20世纪90年代初以来,OECD国家养老金制度经历了持续改革进程。其背景主要是世界范围内人口老龄化进程加剧,原有养老金体系财务平衡遇到挑战,对于老龄化危机应对出现困难,不得不通过各种政策措施改革原有养老金制度。从各国政策实践看,无论是结构改革还是参量改革,都是在防止老年人贫困这个前提下,围绕着改善养老金体系财务可持续性、应对老龄危机的目标展开的。

从相关指标来看,在此期间,老年人口的贫困率显著下降,养老金替代率水平小幅上升。总体而言,OECD国家养老金改革改善了老年贫困状况,基本保障了老年人的生活水平。

另一方面,结构性改革措施,如养老金制度私营化、多支柱化,改善了养老金体系,尤其是公共养老金体系的可持续性。参量性改革手段贯穿于20世纪九十年代以来的整个时期,改革养老金领取条件、改变养老金待遇调整机制、增加养老金体系覆盖面,客观上促进了养老金体系的财务可持续性。

本 章 小 结

20世纪90年代以来,在新自由主义思潮的影响下,尤其是1994年世界银行三支柱理论倡导下,在世界范围内掀起了养老保险制度改革的热潮。一方面,是对养老金制度的基本框架进行根本性改革,可以看做结构性改革;另一方面,各个国家对养老金制度的影响因素进行调整,可以看做参量改革。

基 本 概 念

"三支柱"养老金体系 "五支柱"养老金体系 DB型公共养老金计划 养老金覆盖率 社会保障税

复习思考题

1. 世界银行提出的"三支柱"养老金体系是什么。
2. 世界银行的"三支柱"和"五支柱"养老金体系的区别。
3. 世界养老金改革的主要内容。
4. 请对世界养老金改革进行简要评价。
5. 世界养老金改革对中国的启示。

案例1

日本老有所养的福利制度

作者:王东京

日本是儒教文化圈里的一员。养儿防老,是大和民族的传统。老子拉扯儿子,儿子赡养老子,天经地义,代代相沿。可到了20世纪中叶,情况悄悄变了。二战后日本经济飞速发展,人口结构也今非昔比。200年前的幕府时代,日本人平均寿命只有20岁;到1963年,60岁以上的日本人达900万。按照国际标准,总人口中65岁以上的超过7%,就划入老龄化社会。1970年,日本成为亚洲第一个老龄化国家。15年后,老龄人口比例上升到10.30%。而现在每4个劳力就得养活一位老人。麻烦不单在这儿。西风东渐,改变了年轻一代的生活方式,晚婚的人越来越多,愿意和老人住在一起的却越来越少。如何养老,成了普遍的社会问题。对此，政府不能坐视不管。从50年代末起，日本政府便挑起担子，着手解决全社会的养老问题。

日本的老年社会保障，一开始就走了法制化的路子。《国民年金法》《老人福利法》《老人保健法》，恰似三根支柱，撑起了日本老人福利保障体系。

《国民年金法》是1959年颁布的。在此之前，实行的是行业年金保险制度。政府把从业人员分成七个部分，根据行业特点，确定不同的保险金额。这种办法看似简单省力，却造成行业间苦乐不均，社会覆盖面也太窄，农民和个体户，成了没人管的"另类公民"。《国民年金法》出台后，年满20到60岁的日本人，都被强制参加国民年金体系。政府拿出111亿日元启动资金，此后，国库承担总费用的1/3，剩下的由行业、个人负担。根据该法，个人缴纳年金满25年，且年满65岁，便可定期领取养老年金。年金缴纳随通货膨胀浮动，防止了养老金"缩水"。对缴纳年金较短的高龄者，设置老龄基础年金，政府发放特殊养老津贴。生活贫困的公民，可享受减免缴纳比例的照顾。除了国民年金，国家为公务员特设了"互助养老保险"，民间企业雇员还可参加"厚生养老保险"，很多企业设置了"职业养老保险"。各类商业性人寿保险，也得到了政府的支持，满足了不同层次国民的养老需求。

有了《国民年金法》，加上五花八门的保险，老年人不再为吃穿发愁。可怎样安度晚年，却还没有着落。20世纪60年代，日本以超欧赶美为目标，经济发展突飞猛进。在日本老人眼里，儿子成了工作狂，儿媳也出门挣钱，自己被冷落到一边。据当时的"老人问题调查"，60岁以上的老人，近四成不知如何打发余生，60％以上的老人靠看电视消磨时光。"养儿防老"的梦破灭了，老人们倍感孤独，这一时期，据说日本高龄者每天就有16人自杀。主管社会保障的厚生省官员们，思来想去拿不出好办法，只好照搬西方国家的经验，大搞社会福利设施。也恰恰在那段时间，京都、奈良等地的养老院，因年久失修，相继发生事故，政府便以此为契机，于1963年7月颁布《老人福利法》，推行养老社会化。厚生省率先建起"样板"福利院。与此同时，高龄者自发的社会组织，也在各地纷纷涌现。政府官员们松了口气，认为日本只用了很短时间，就建成了"西式"的老年福利社会。

可西方的养老模式，在日本推行了几年，渐渐水土不服。原来，日本老人的家庭观念特重，住进养老院，虽然衣食无忧，却少了天伦之乐。没有儿孙绕膝，子女侍奉，老人们倍感孤独。起初大受欢迎的免费医疗，也屡遭抱怨。既然一过65岁，看病就不用自己掏钱，很多人冲这一条，有事没事到医院一圈，真正要看病的，却要排队等号。医生逮住高价药大开特开，病人高兴，医院搞了创收，财政却叫苦不迭。这些问题引起日本政府的反思。看来，简单地移植西方养老模式，并非明智之举，要想把好事办好，还得立足国情，创造日本型的养老体制。1982年，《老人保健法》出台，日本老人福利政策的重心，开始发生转移。这项法律和1989年制定的"黄金计划"，以居家养老、居宅看护为发展方向，构建了具有日本特色的"居家养老"模式。由政府出资，培训10万家庭护理员，负责看护老人、处理家务；普及托老所，提供短期入住、看护、治疗；设立70亿日元的长寿福利社会基金，推出"银色住宅计划"，开发了一批低价位的"三代同堂"式住宅，对愿意入住的家庭，提供优惠贷款。同时，鼓励发展民间福利机构，推动老年保障社会化、多元化。

资料来源：http://www.cyol.net/gb/zqb/2011-10/28/content_322224.htm.

思考：敬老院在日本为什么水土不服？

案例 2

西方高福利制度为何陷入两难境地?

"从摇篮到坟墓",以高福利为主要特征的西方社会保障体系一度被视为"均富社会和避免冲突的理想模式"。但伴随全球经济增速放缓、人口老龄化等社会问题凸显,面对巨大的财政赤字和公共债务压力,西方各国政府相继开启福利制度的改革重建之路。与此同时,民众要求改善社保待遇、提高社会公正的呼声却日益高涨。西方国家福利制度改革陷入进退两难的境地。

改革:财政紧缩与福利消减

2019年4月23日,美国财政部发布的《2019年社会保障和医疗保险受托人报告》显示,社会保障计划内的合并信托基金将于2035年耗尽,届时社保计划将无法按期支付全部福利。

美国基础社保资金告急,个人养老金储蓄也堪忧。2019年3月,美国政府问责局(GAO)公布的2016年退休储蓄报告显示,当年55岁及以上的退休美国人中,48%的养老金存款账户余额为零。

政府支撑社会保障体系正变得越来越吃力。"德国法定退休的替代率目前不足40%,法定退休金的增幅常年低于德国的通货膨胀率,按购买力计算,德国法定退休金实际上一直在减少。"德国慕尼黑华星艺术团团长唐志红分析,由于德国退休金为实收实发体系,尽管德国政府每年都投入数十亿欧元的养老补贴,但劳动者缴纳的养老金也难以支撑日渐增加的退休金。

德国的困境是欧洲的一个缩影。专家分析认为,几乎所有欧洲国家都面临政府福利开支超过财政收入的入不敷出局面。更让人担忧的是,以往掩盖在欧洲高福利下的种族、宗教、阶层矛盾等问题,随着欧洲各国紧缩开支、削减福利逐渐浮出水面。

改革势在必行。4月23日,据美国市场观察报报道,目前美国金融行业已经花费数百万美元进行游说,希望推动美国退休养老制度改革。

"福利收缩是政府社会福利改革的主要方向。"美国波特兰州立大学教授李斧表示,在美国,各种社会福利开支在社会总支出和政府预算中占有巨大份额,对政府收支平衡造成不小挑战。目前,美国每年财政赤字近万亿美元,长远影响难以预估。

不止美国,希腊中国和平统一促进会会长兰孝程表示,近几年,希腊政府推行多项福利改革政策,最重要的一项是压缩养老金开支。2009年前,人均养老金开支是1 250欧元左右,现在只有833欧元左右。除了养老金外,教育、医疗、政府公共开支都压缩30%—40%;公共基建等投资接近停滞状态。

希腊不是个例。德国政府一直在大框架不变的前提下,对福利制度进行改革,最主要的方式是调整费率,比如2019年医疗保险中雇主多承担0.45%,护理险费率提高至3.30%。

矛盾:政府决策与民生诉求

提及希腊社会福利制度改革的原因,兰孝程认为,一方面是来自欧盟的压力,因为高福利导致希腊公共开支太大,财政赤字达到GDP的16%,严重超过了欧盟规定的3%红线;另一方面，希腊政府需要通过开源节流和福利改革，摆脱政府破产的危机。

唐志红表示，德国社保体系对于社会稳定及经济发展发挥了重要作用，但也造就了很多不工作只靠拿福利生活的人，还吸引了大量希望享受德国高福利的移民。随着老龄化人口不断增加、自动化生产规模不断扩大、失业率居高不下，维持社保体系的运转对于国家财政、缴费的企业和在职员工都是极大的负担。

"羊毛出在羊身上，税收是福利开支的重要支撑，高福利就意味着高税收。"李爷表示，高福利产生的税收负担令纳税人和企业很不满。

"高福利制度在保障人民生活、促进社会公平方面意义重大，但并不是最完美的制度。"法国中法关系促进会会长周兴认为，欧洲的社会福利制度会控制一部分人比别人发展得更快。它以限制发展来保障社会公平，进而达到双向控制的作用。不合理的福利制度会消磨人们积极向上的意志，助长懒惰的社会风气。

"欧洲社会福利制度改革迫在眉睫。"兰孝程表示，福利制度改革应平衡税收和企业的分担比例。只有这样，才能激发企业活力，增加就业，推动经济发展。

改革之路并不好走。法国总统马克龙曾雄心勃勃地表示，法国劳动群体缺乏工作热情，限制了国家经济发展潜力，必须着手改革法国的社会福利制度。

然而，马克龙的雄心折戟于"黄马甲"运动。2018年12月，马克龙发表电视讲话，对"黄马甲"运动做出让步，其中包括提高最低工资、免除加班收入税收、减少退休者税收等措施，旨在平息"黄马甲"运动示威者关于生活水平和购买力下降的不满。

"社会保障制度遭受的紧缩压力，与民众不断高涨的改善民生和实现社会公正的呼声，造成了政府政策抉择上的两难。"周兴说，欧式选举制度以及时常应用的全民公投手段，常常令政治家因顾虑选票而难以大刀阔斧地推行实质性和结构性的改革。

思考：西方的高福利制度可以为中国社会保障体系建设提供哪些借鉴？

资料来源："西方高福利制度为何陷入两难境地？"，人民网，2019年5月22日，http://world.people.com.cn/n1/2019/0522/c1002-31096549.html。

第五章　典型国家养老保险制度

学习目标

理解和掌握发达国家养老保险三种模式：全民福利型模式、收入关联型模式、强制储蓄型模式；不同养老保险模式典型国家的基本情况以及发展趋势。

导入案例

2019年德国养老金机构建立"母亲养老金"制度

德国联邦议院就养老金改革议案进行审议，并表决通过一揽子养老金改革措施。其中包括提高"母亲养老金"和残疾人养老金待遇等。德国联邦议员、社民党主席安德烈娅·纳勒斯表示，政府将于2019年开始正式增加退休者的养老金待遇。

2014年，德国联邦议院养老金修正议案正式引入"母亲养老金"制度，1992年之前养育子女的母亲（特殊情况下也包括父亲）可获得额外养老金补偿。新养老政策在原有"母亲养老金"制度的基础上，德国西部地区的母亲养老金将按每个子女增加16.02欧元，东部地区的母亲养老金将按每个子女增加15.35欧元。专家预计，政府每年将为此增加38.00亿欧元资金支出。

原法定退休年龄之前提前退休的人，对提前退休时间段按每月0.30%持续扣减一生，扣减额限制在10.80%内。新养老金制度开始实施后，将可全额领取养老金。根据新的养老金规定，2019年，德国养老金在原西德地区将增加3.18%，原东德地区增加3.91%。

资料来源：http://www.sohu.com/a/278548232_120020524。

视频链接：https://v.qq.com/x/page/e0833m4zqe0.html?fromvsogou=1。

第一节　发达国家养老保险制度的典型模式

发达国家的养老保险模式主要分为三种：一是全民福利型模式；二是收入关联型模式；三是强制储蓄型模式。[①]

---

① 吴春明："中外社会化保障模式的比较与借鉴"，《学术交流》，2005年第3期。

一、全民福利型养老保险模式

"全民福利型"的养老模式是福利国家广泛采取的一种养老模式。该模式强调"普惠制"原则,为该国所有达到退休年龄的公民或达到规定年龄的老人提供一定相同水平的养老金。这种养老模式下的养老金和其享受对象的身份、职业、在职期间的工资水平、纳税年限均无关系,是一种典型的"人人皆养老"的养老模式。现阶段实行该模式的主要代表国家有瑞典、英国、加拿大等。

二、收入关联型养老保险模式

"收入关联型"的养老模式是传统的养老模式。该模式强调老人的养老金待遇和其在职期间的工资水平、工作年限以及纳税数额挂钩。该模式并不覆盖全体公民,而是根据"选择性原则",参保对象主要是那些从事经济活动的雇佣劳动者。当今世界上实行该模式的主要代表国家有美国、德国、法国等。

三、强制储蓄型养老保险模式

"强制储蓄型"的养老模式是国家通过法律规定,个人、企业按收入的一定比例存入劳动者的个人退休账户,由专门的机构负责管理和投资运营,当该劳动者达到法定退休年龄时,将个人退休账户积累的全部资金(包括利息以及运营收入)一次性或逐月发还给本人作为养老金。"政府不养老,企业不养老"是新加坡政府在建立之初就遵循的原则,政府在其中不缴纳任何费用。现阶段实行该模式的主要代表国家有新加坡、智利等。

第二节 美国养老保险制度

一、养老保险制度体系

美国是一个典型的自由资本主义社会,在德国等西欧国家建立了养老保险制度或其他形式的社会保险制度几十年后,美国才于1935年通过了《社会保障法》,三年之后,老年法被增补为《老年及遗属保险法》(OASI),1956年,该法进一步扩大为《老年、遗属及伤残保险法》,简称为社会保险基金。① 随着《社会保障法》的不断修正和完善,美国的养老保障制度逐渐演变成美国特有的"三支柱"模式(见表5-1)。②

社会保险制度被普遍认为是美国最重要的社会项目之一,它也是美国联邦财政预算最大的两个组成部分之一,2018年每名受益者的平均年度受益金额为17 532美元。到2019年,大约6 400万美国人将获得超过1万亿美元的社会保障的好处。2014年美国65岁以上老年人口的收入来源如图5-1所示,老年人的总收入主要来自四个方面。社会保

---

① Cook F L,Barrett E J.:Support for the American welfare state:The views of congress and the public,New York:Columbia University Press,1992.
② 申策:美国的社会保险制度对中国养老制度改革的启示,《吉林大学社会科学学报》,2013年第3期。

障收入占 33.20%,收入占 32.20%,养老金占 20.90%,资产收入占 9.70%。只有 4%来自其他来源。

表 5-1 美国"三支柱"模式基本框架图

美国养老保障制度	国家强制的社会养老保险(第一支柱)		
	政府及雇主养老金计划(第二支柱)	公共部门养老金计划	联邦政府职工退休计划
			退伍军人养老金计划
			各州和地方政府养老计划
		私人养老金计划	收益确定型计划
			缴费确定型计划
			收益确定型和缴费确定型混合计划
	个人储蓄养老金计划(第三支柱)	个人退休账户	
		罗斯个人退休账户	
		小企业个人退休账户	

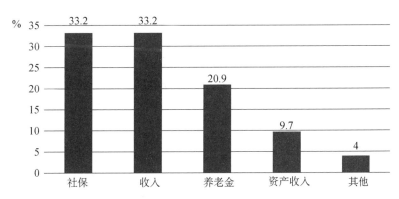

图 5-1 2014 年 65 岁以上老年人口非劳动所得的退休收入结构

资料来源:https://www.ssa.gov.

(一)国家强制的社会养老保险

国家强制的社会养老保险就是老年和遗属保险,是美国建立最早的社会保障制度,也是覆盖被保险人数最多的险种,被覆盖人数大约占全美职工的 95%。目前参保者 1.5 亿,约有 4 600 万人受益①,它是由美国社会保障管理局管理与运作的。美国老年和遗属保险如今已经成为美国联邦政府最大的财政项目,其税收收入约占联邦政府收入总额的 33%。

美国退休职工所领取的养老金,是以基本保额为基础进行计算的,基本保额又是以职工工作期间缴纳的工薪税(最高 35 年)扣除前的收入为基础进行计算的。退休职工的养老金

---

① 李超民:《美国社会保障制度》,上海人民出版社 2009 年版,第 101 页。

收入同时也受当年社会保障工资基数的限制,也就是以可缴纳的社会保障工薪税的最大工资基数为限制。

对于退休年龄老年和遗属保险有很细化的规定,划分为几个阶段。根据美国社会保障局的规定,1937年包括之前出生的人,退休年龄为 65 岁,从 1943 年以后出生到 1956 年出生的人,退休年龄为 66 岁,1960 年以后出生的人,退休年龄为 67 岁[①]。老年和遗属保险的资金来源于四个部分:雇主、雇工和自谋职业者缴纳的工薪税、社会保障收入所得税、信托基金投资利息和政府财政补贴。其中,工薪税是社保基金的主要来源,约占所有来源的 90% 以上。有雇主的个人,工薪税按月缴纳,由本人和雇主各付一半,而自谋职业者,由本人全额逐月缴纳。工薪税征税基数每年都会调整。

老年和遗属保险中同时包含了遗属保险。参加国家强制的社会养老保险的美国公民如果去世,其家庭就拥有了领取遗属保险的资格。遗属保险的覆盖面包括寡妇鳏夫福利、子女福利、父母福利、父亲或母亲福利和丧葬费等几项。

(二)政府及雇主养老金计划

1. 公共部门养老金计划

(1)联邦政府职工退休制度。

在美国,大部分联邦政府职工都参加了由美国联邦政府举办的联邦退休制度。从总体上看,在 1984 年以前,受雇于联邦政府的职工都参加了"文官退休制度";在 1984 年以后,受雇于联邦政府的职工参加的则是"联邦政府雇员退休制度"。参加"文官退休制度"的联邦政府职工不用交纳社会保障工薪税,但是也不享受美国社会养老保险的福利;而参加"联邦政府雇员退休制度"的联邦政府职工需要按时交纳社会保障工薪税,并且可以享受美国社会养老保险的福利。参加这两个退休计划的联邦政府职工还可以根据法律参加"节约储蓄计划",但是只有参加"联邦政府雇员退休制度"的联邦政府职工才能得到配套资金。

(2)退伍军人养老金计划。

退伍军人养老金计划针对的是在战争期间服役过的退伍军人,及非服役原因造成全面性和永久性伤残的退伍军人,或者年龄在 65 岁以上的老年退伍军人,还包括这些老年退伍军人的遗属。领取这项养老金的人们必须满足财产和收入的资格要求。

退伍军人养老金计划规定,养老金的发放要以家庭人数为标准来提供最低收入保障,同时养老保障在内的所有收入来源都必须从基本养老金福利中减去(除了收入补充保障福利),但是收入补充保障计划中的发放标准需要考虑每个退伍军人的福利。

2. 私人养老金计划

1974 年,美国国会通过了《雇员退休收入保障法》,至此美国全面建立了雇员参加雇主养老金计划的参保人和受益人权益的保障制度。该法案的颁布是为了保护那些雇主没有能力妥善管理的养老金计划,终结那些无法负担退休雇员养老金的养老计划,同时管理因为大龄雇员增加而面临财政压力的养老金计划。

最早的私人养老金计划很单一,雇员到了退休年龄后可以从公司按月领取一定数量的

---

① 邓大松:《美国社会保障制度研究》,武汉大学出版社 1999 年版,第 56 页。

养老金,这种退休计划叫做收益确定型计划。但是由于收益确定型计划管理比较困难、成本比较高昂,许多企业开始采用缴费确定型计划。最近几年来,私人养老金计划又出现了新的发展,出现了一种收益确定型和缴费确定型混合计划。

(三) 个人储蓄养老金计划

个人储蓄养老金计划作为国家养老保障的补充也逐渐得到发展壮大。该计划是完全由个人自愿参加的,主要包括个人退休账户和罗斯个人退休账户。

1. 个人退休账户

个人退休账户成立于 1974 年,在美国养老保障制度中正发挥着越来越重要的作用。

截至 2004 年,美国大约有 40% 的家庭参加了个人退休账户①。如今,个人退休账户已经成为美国规模最大的养老金计划,资金规模已经超过了 401K 计划。个人退休账户面向所有具有纳税收入的公民,参加者每年将一部分资金存进该账户。这是一个个人自愿参加的投资性账户,账户里面的资金用于投资升值。个人退休账户相对于普通投资账户来说,具有减税、免税还有盈利延税等优惠。该账户同时拥有良好的转移机制,更换工作的职工可以把在原来单位的企业年金计划中的资金转入到该账户中。这样可以继续投资运作,不用变现,避免了不必要的损失。

2. 罗斯个人退休账户

1997 年,罗斯个人退休账户通过《税收减免法》提出并且设立,是由美国参议员威廉姆·罗斯的名字来命名的,以纪念他在美国养老保障制度发展中的积极作用。该账户同时适用于个人退休账户,并且可以是年金或者账户的形式。罗斯个人退休账户与个人退休账户之间有很多共通之处,其开设不受年龄限制。但是它们之间有一个很重要的区别:向罗斯个人退休账户缴费不可以减税。就是说这是一个税后的个人退休账户,并且不受 70.5 岁必须要从账户中提款的制约,而且即使职工达到 70.5 岁,仍然可以继续向罗斯个人退休账户缴费。

二、美国的年金计划

美国企业年金计划的发展已经有 100 多年的历史,美国企业年金计划的发展对基本养老保险的发展起了重要的补充作用。考察美国企业年金计划的发展背景、条件和政府为规范企业年金计划而采取的各项措施,可以为我国企业年金计划的发展提供有益的借鉴。

(一) 美国企业年金计划的建立

美国第一个企业年金计划是 1875 年建立的。1875 年,美国运通公司为雇员建立了世界上第一个正式的企业年金计划。美国运通公司最初建立的企业年金计划只适用于永久残疾的工人,用于支付伤残抚恤金。一个伤残雇员必须为公司工作 20 年,达到 60 岁,才有资格从计划中获得退休金。如果达不到规定的时间,就无法获得退休金计划的受益权。雇员在申请享受退休金计划时,必须得到公司总经理的受益推荐,推荐同时必须得到公司董事会执行委员会批准,才有资格享受企业年金计划。退休者退休时可以领到的养老金大约相当于该职工退休前 10 年内月平均工资的 1/2。1915 年美国运通公司将企业年金计划进一步修

---

① 王洪春、卢海元主编:《美国社会保障基金投资管理与借鉴》,中国社会科学出版社 2006 年版。

改,即不管年龄多大,在公司工作20年以上者,就可以从年金计划中获得退休金。

美国运通公司建立第一个企业年金计划后,1880年巴尔的摩及俄亥俄铁路运输公司也建立了自己的企业年金计划。截至1905年,美国多家铁路运输公司共同建立了12个正式退休金计划,参加计划的人员有49万人。20世纪初,美国企业年金计划的增长出现高潮。截至1929年底,美国铁路运输公司、煤气电气公司、银行、煤炭公司、石油公司、化学公司、橡胶公司、机器制造公司等企事业单位建立企业年金计划共421个,参加企业年金计划的雇员达350万,占工人总数的10%。1950年4月,通用汽车公司董事长查尔斯·威尔逊建议将积累的退休金交给投资经理进行投资管理。

(二)美国企业年金计划建立的条件

如果说,美国早期企业年金计划都是保险年金式的退休金计划,主要投资于寿险产品;那么,通用汽车公司的企业年金计划则作为投资信托基金投资于资本市场,主要投资于股票、债券等投资工具。随着企业年金计划的发展,美国企业年金基金已经同银行、保险、股票及共同基金一样,发挥着重要的金融媒介的作用。截至1998年,美国私人退休金资产高达9万亿美元,大约相当于一年GDP。美国企业年金计划获得发展的条件主要有以下几个方面:

(1)企业有充足的利润。最初建立企业年金计划的企业大多是利润比较丰厚的企业,有足够的资金为职工建立企业年金计划。但是,随着1929年美国经济危机的到来,原来有足够资金资助企业年金计划的企业则面临着筹资不足的问题。许多建立退休金计划的公司无法兑现计划建立初期的退休金的承诺。

(2)享受减税优惠。企业年金计划的主要资金来源于企业当期的应税收入,雇主向企业年金计划缴费可以从企业的当期应税收入中扣除,从而达到减税的目的。据统计,截至1929年,不要求雇员缴费企业年金计划的资金的60%是从企业当期应税收入中提取并支付的。只要资助企业年金计划的雇主为计划参加者的缴费额不超过所有计划参加者年收入总和的25%,就可以从公司当期应税收入中扣除。

(3)可以获得投资收益。美国企业年金计划缴费的投资收益不仅可以使企业获得投资收益,而且还不计入计划参加者的当期应税收入。可观的投资收益,促使雇主积极发展企业年金计划,以获得更多的投资收益。

(4)既得受益权是约束雇员流动的方式。美国早期企业年金计划是公司奖给雇员的一种礼物,为雇员提供退休金已经成为雇员工作报酬的重要组成部分,成为吸引和控制雇员的手段。这也就赋予了雇主可以随时随意终止计划的权力和自由,可以根据人力资源的竞争状况决定雇员获得退休金的权益。雇员只有达到退休金计划享受的资格,才能获得领取养老金的既得受益权,既得受益权成为雇主约束雇员流动的重要砝码之一。

(三)美国企业年金计划发展初期存在的问题

美国企业年金计划在发展初期存在的问题还是比较多的,主要有以下几个方面:

(1)严格的受益权限制,使计划参加者中真正享受退休金保障的雇员较少。据有关资料显示,1875—1929年,由于美国企业年金计划关于获得退休金条件的限制,所有计划参加者中只有10%的雇员能够获得退休金的保障。

(2)企业年金计划有优惠高收入者的嫌疑。根据1993年美国非农业白领工人年度收入与退休金计划参加者之间的比较,可以很容易地发现这一点(见表5-2)。

表 5-2　1993 年美国非农业工人年收入与参加者之间的比例

年收入（美元）	参加计划的百分比（%）
5 000 以下	24.30%
5 000—9 999	37.50%
10 000—14 999	57.90%
15 000—19 999	71.90%
20 000—24 999	79.30%
25 000—29 999	79.10%
30 000—49 999	83.90%
50 000 以上	84.90%

资料来源：林羿主编，《美国的私有退休金体制》，北京大学出版社 2002 年版，第 23 页。

从表 5-2 可以看出，美国企业年金计划参加者的比率与雇员收入水平是直接相关的。雇员收入越低参加退休金计划的比例越低；收入越高，参加退休金计划的比例越高。可见，美国企业年金计划具有很大的优惠高收入者的嫌疑。

（3）获得既得受益权的雇员，无法获得当初承诺的退休金。1963 年 12 月，斯图特贝克（Studebaker）汽车制造厂倒闭，致使该厂大约 11 000 名雇员的退休金面临无法兑现承诺的问题。该厂雇员主要分为三类：第一类是已经退休的雇员和已经达到 60 岁准备退休的职工，大约有 3 600 人；第二类是年龄在 45—59 岁，在厂工作 10 年以上，已经获得退休金既得受益权的职工，大约有 4 000 人；第三类是没有获得既得受益权的职工，大约有 2 900 人。由于第一类雇员对退休金计划资产具有优先索偿权，这部分人获得了法定权益规定的退休金；而第二类雇员则由于退休金计划资产不足，无法得到足额的退休金；第三类雇员则由于计划的中止、达不到受益资格，无法获得养老金。

（4）贪污、挪用企业年金计划资产的问题十分严重。随着企业年金计划的发展，基金管理的问题逐步显现出来。滥用、贪污退休金资产，提取过高的管理费用以及将退休金资产过多地投资于雇主股票等做法，严重影响了基金资产的安全。例如，美国新泽西州工会乔治·巴拉什发起建立了企业年金计划，并大量私吞和挪用，使自己成为百万富翁。1965 年，美国政府对其进行调查时，巴拉什正将退休金计划中 4 万美元的资产，转移到自己的两个慈善组织账户中。

（四）美国政府规范企业年金计划发展的主要政策和措施

针对美国企业年金计划发展中存在的各种问题，政府逐步出台了一系列法律法规，例如《雇员退休收入保障法》（以下简称《保障法》）、《福利与退休计划披露法》等法律措施的出台，规范了企业年金计划的发展，保护了计划参加者的利益。美国政府采取的政策和措施主要有以下几个方面：

（1）规定法定的既得受益权，解除雇主单方面取消退休金计划的权利。针对既得受益权，美国政府采取了以下几方面的措施：①缩短既得受益年限的规定。美国企业年金计划建立初期，雇员的既得受益权为 20 年，到 1974 年则改为 10—15 年，到 1986 年进一步改为 5—

7年。还有一些企业年金计划规定从雇员参加计划那天起,就对退休金享有100%的既得受益权。②雇主不得随意终止企业年金计划。美国《税收法》规定,企业年金计划被完全或部分终止时,所有计划参加者必须具有100%的既得受益权。这可以防止雇主随意终止其资助的退休金计划,剥夺参加者应得的退休金,并将这部分资产占为己有。③不得改变企业年金计划参加者已经获得的既得受益权。《保障法》禁止任何退休金计划通过对既得受益权进度表的修改,而减少参加者在修改前已经获得的既得受益权。《保障法》对既得受益权的规定,保护了计划参加者的利益,也使依法获得保障的雇员增加。

(2) 建立反优惠条例。美国《税收法》规定,如果税务局发现某退休金计划的大部分参加者为高薪职员,并且都能够获得计划提供的退休金;而大部分低薪职员参加者都很早就离开雇主,得不到退休金的话,那么,美国税务局就认定计划违反了反优惠条例的规定。由于违反《税收法》的规定,企业年金计划也会丧失享受税收优惠的资格。

(3) 设立个人退休账户。个人退休金账户不仅可以为经常转换工作的雇员提供转账服务,而且还鼓励没有参加退休金计划的雇员进行退休储蓄保险。参加退休金计划的雇员自愿将工资的一部分纳入退休金计划之中,从而使纳入的金额从雇员当期应税收入中扣减,以降低其应税收入的金额并达到延税的目的。同时,美国《税收法》规定,每个人向个人账户缴费的年度限额定为不超过2 000美元,以防止高收入者利用退休金计划避税。

(4) 建立企业年金计划受托人标准。企业年金计划受托人必须具备以下资格才有可能达到标准:①企业年金计划资产必须同企业资产分离。企业年金计划资产必须放置于信托资产中,由受托人管理、投资退休金计划资产,防止公司挪用企业年金计划资产。公司一旦破产,其债权人无权要求使用企业年金计划资产偿还债务。②受托人的一切行为必须以计划参加者及受益人的利益为出发点。企业年金计划的受托人必须履行忠诚和谨慎经营的义务,不能私自挪用计划的资产为自己或者第三者谋取利益。受托人在确定投资计划时,应该遵循投资多元化、流动性和适当合理投资收益的要求,确保退休金资产的保值增值。③受托人不得提取过高的管理费用。企业年金计划的受托人必须按照《保障法》的法律要求行事,以确保计划经费不高于一般市场成本。④企业年金计划投资的资产必须在美国法律管辖的区域内。这一要求保证了企业年金计划的投资受到美国法律、法规的监管。

(5) 建立退休金津贴保障公司。退休金津贴保障公司是对企业年金计划进行保险和监督的政府机构。根据1974年《雇员退休收入保障法》的规定,雇主可以单独或者联合投保,在雇主无力支付职工退休金的情况下,由退休金津贴保障公司建立的保险基金向雇员支付法律所规定的退休金额度。

三、美国养老保险制度改革趋势

在一定程度上,美国的"三支柱"模式取得了积极的成效,但随着老龄化加剧、社保资金匮乏等问题的加剧,美国开始不断对"三支柱"养老保险制度进行改革。积极探求除"三支柱"以外的支柱在养老保险体系中的补充和创新作用。进入21世纪,美国养老保险制度呈现出以下改革趋势:

(1) 养老保障私营化。20世纪70年代以后,美国政府一直把社会养老保险私营化、市场化作为减轻国家财政包袱的主要措施之一。为刺激私营保险计划发展,政府通过立法,实施各项免税优惠政策,加强对私营社会保障业的管理,促进私营社会保障市场的发展。2001年,布什政府通过了《经济增长与减税协调法案》,规定对401K计划进行改革,使401K计划的私营性质得到加强,规模也得到扩大,养老保险私营化程度明显加深。

(2) 年金保险储蓄化。在世界其他国家社会保险改革的影响下,美国继资源性的雇主责任年金计划改革之后,进一步设计出强制性储蓄和自愿性储蓄相结合的职业年金保险,并使它成为未来美国养老保险的主要保障模式。

(3) 雇主责任私人养老金计划不断发展。美国的雇主责任私人养老金计划经历多年的探索和发展,在美国养老保险体系中占重要地位,逐渐步入正轨并带动起国内金融市场的发展与金融工具的创新。据统计,全美私有企业的员工中,48%的雇员参加了至少一种私人养老保障计划。

任何时候,任何条件下,人们的收入总有一个限量,如果第一支柱保障机制的税率定得过高,人们也许就不会有条件参加第二、第三支柱的保障机制,那么,多重保障机制也就不复存在。反之,如果第二、第三支柱的保障机制所占的保险税份额过大,就会影响第一支柱的保障机制作用的发挥,而且无法对低收入阶层的基本生活条件进行保障,甚至还会因此导致社会保障利益分配上的不合理,使本来就存在的贫富差距进一步扩大。就美国而言,第一支柱、第二支柱已经基本发展起来,第三支柱随着私人自愿性保险计划的发展也逐步发展起来。在此基础上,美国吸取"五支柱"养老保障模式的优越性,在"三支柱"养老保障模式的基础上,积极地建立"五支柱"养老保障模式。

四、美国养老保险制度对我国的启示[①]

(1) 要建立完善的养老保险制度。目前,我国养老制度建设尚处于初级阶段,政策红利尚不明显。今后我国还需探索适合国情的养老保险制度,根据不同人群特征制定有针对性的保障政策,对困难老年群体予以救助,更大力度地促进居家和成熟社区养老模式的蓬勃发展,让老年人老有所养。

(2) 规范预算管理体系,建立严格的监督机制。建立多方位、多层次的监督管理机制,完善行政和司法监督职能,对预算管理工作进行标准化评估,建立信息披露机制,确保国家政策顺利落地实施。

(3) 扩大直接融资比例,鼓励养老房地产信托投资基金的发展。减少以银行贷款为主导的间接融资模式,逐步完善以证券为主导的直接融资体系,健全房地产信托投资基金相关政策和法规,缩短养老地产资金回报周期,加快养老地产的资本循环。

(4) 充分发挥民间组织和社会的力量,探索多元的养老服务模式。美国经验表明,民间探索往往走在政策、规章甚至商业计划前面,具有极大的公益价值和社会意义。充分发挥民间团体的力量,有利于激发老年人主动参与养老服务的热情,广泛调动社会资源为养老服务增色添彩,也有利于尝试多元化的服务模式,更好地服务老年群体,丰富老年人的精神生活。

---

① 马天月:"美国人的养老模式及启示",《中国社会工作》,2018年10月。

第三节 德国养老保险制度

德国是世界上最早建立现代养老保障制度的国家。19世纪以来,伴随着工业革命和社会化大生产的推进,家庭的经济功能和社会保障能力削弱。1889年,在工人阶级斗争的强大压力下,德国颁布了《老年和残障社会保障法》,标志着现代养老保险制度的诞生。①

一、德国养老保险体系

视频链接:http://tv.cctv.com/2012/12/16/VIDE1355666399156548.shtml 德国:形成完善养老保障体系。

德国养老保险采取法定养老保险、企业养老保险和私人养老保险三支柱保险模式,为雇员的退休生活提供了一个相当周全的保障体系,主要内容见表5-3。

表5-3 德国养老保险体系

法定养老保险	企业养老保险	私人养老保险
1. 法定养老保险 2. 农场主养老保险 3. 公务员和军人养老保险 4. 独立从业者养老保险	1. 直接保险 2. 退休储蓄 3. 退休基金 4. 互助基金 5. 直接承诺	1. 保险产品 2. 银行产品 3. 不动产
正常保障功能	补充保障功能	补充保障功能

(一)第一支柱:法定养老保险②

法定养老保险的对象包括所有雇佣劳动者及独立经营者(主要为领航员、艺术家、家庭手工业者)等,约占从业人员的90%。法定养老保险的内涵比较丰富,既包括一般的养老金,又包括职业康复待遇、职业能力或就业能力丧失养老金等。

资料来源:姚玲珍:《德国社会保障制度》,上海人民出版社,2011年版,第9页。

(二)企业养老保险

雇主都有义务每隔3年对养老金调整进行考察,并根据合理的判断作出决定,如果雇主保证每年至少增加1‰的福利,则调整义务取消。作出调整的决定时,雇主可以考虑自己的经济情况,并且可以单方面作出调整的选择,而无须将自己的决定以及主要理由告诉雇员。同时,为了防止雇主因宣布破产导致养老基金无力支付债务问题的出现,德国还设立了养老保险基金会作为担保机构,如果企业破产,无法支付本企业补充养老金,则由该基金会支付,进一步保障公民权利不受影响和破坏。

---

① 姚玲珍:《德国社会保障制度》,上海人民出版社2011年版,第9页。
② 宏观上德国的法定养老保险体系包括法定养老保险、公务员养老保险、农场主养老保险和独立从业者养老保险,本文所论述的法定养老保险是狭义上的法定养老保险,即不包括农场主、公务员和独立从业者在法定养老保险范围之内。

企业养老保险制度的设立是由雇主主导的,一般不要求雇员强制缴费,而由雇主根据补充养老金计划规定缴费或在企业内部预留积累。自2002年起,参加强制性公共保障计划的雇员,可以要求雇主最多扣除4%的薪水参与企业养老保险计划缴纳,即雇员通过工资转换形式直接缴费。

(三) 第三支柱:私人养老保险

德国的私人养老保险计划是通过个人净收入支付保险费,而在退休领取养老金的一种方式,是一种私人养老手段。其针对的对象主要是医生、牙医、药剂师、律师等高工资和高收入群体。21世纪初期,德国法定养老保险、企业养老保险和私人养老保险所支付养老金的比例大约分别为70%、20%和10%,企业养老保险和私人养老保险在整个养老保险体系中所占的比例还相对较低,因此德国政府希望,私人养老保险支付的养老金近期可以提高到整个养老金的15%,中远期达到25%—30%这样的水平,逐渐将企业养老金和私人养老保险从现在的补充地位逐步提升到与法定养老保险相近的支柱地位。

二、德国养老保险的基本内容

1. 覆盖对象

德国法定养老保险是一项强制性的保险制度,所有以获得劳动报酬为目的的从业人员或参加职业培训的人员都是法定养老保险的对象,覆盖范围包括了除公务员和法官以外所有蓝领和白领的人员。具体对象主要如下:所有工人和校外受训人员;长期残疾者;宗教协会成员;部分自由职业者,其经济状态具有典型的雇主特性,即自我承担雇主风险;从事医疗护理、婴儿护理和儿童护理,雇主又按法律规定可以不承担法定保险义务的人群;处于育儿初期的母亲和父亲。

2. 养老金的计算

养老金的领取数额是根据投保者领取养老金时的工资和缴纳养老金的时间(工龄)计算的,贡献与收获成正比,最高限额为退休时工资的75%。1992年起养老金改革法实行的养老金计算公式为:月养老金=收入分值($\S$)×领取养老金时间因素(ε)×养老金现值(a)×养老金种类调节因子(β)。

$\S$:指投保人每年的工作报酬与当年所有投保人的平均收入之比,反映投保人的相对收入状况。比如2005年所有投保人的年均收入为29 202欧元,如果某一投保者当年的收入为40 000欧元,则其收入分值为1.3698。

ε:如果投保者按照法定退休年龄领取养老金,则系数为1;假如投保者在退休之前提前领取养老金,则每提前一个月,月养老金数额降低0.30%;如果超过法定退休年龄领取养老金,则上调养老金数额的比例为每月0.50%。假如投保者提前两年领取养老金,养老金2年共降低2×12×0.30%=7.20%,则ε=1-0.072=0.928;假如投保者推迟两年领取养老金,养老金则上调2×12×0.50%=12%,即ε=1+0.12=1.12。①

a:养老金现值是一个变动的养老金计算因数,它可以确保每年在工资变化时对养老金

---

① 德国法定退休年龄为66岁,若在满60岁前提前领取养老金,每提前一个月养老金打折0.20%;若是满60岁但未满62岁,每提前一个月养老金打折0.23%;满62岁起,每提前一个月养老金打折0.30%。

也能做出相应的调整,反映一名平均工资水平的雇员每年投保1年所得到的月养老金水平,并且每年都随着雇员平均工资的变化而有所不同。该现值与所有投保者平均收入计算的保费挂钩。

β:根据每个养老金类别的保障目标确定,不同的养老金调节因子系数不同。2004年3月,德国社会养老保险系统可持续发展委员会建议将"可持续因子"纳入养老金的计算公式中,可持续因子主要反映全社会养老保险缴纳人数与领取人数的比率变化趋势,它所包含的内容非常广泛,不仅关注人口寿命的变化,而且反映了包括出生率、人口流动及就业等人口发展动向,同时还可以根据失业率的变化来调整养老金。

3. 资金来源及筹集

养老保险的资金来源主要有两个渠道:第一个是主要渠道,即由雇主和雇员缴纳养老保险费;第二个是辅助渠道,即国家的财政补贴,其数额一般为养老保险费的1/5,养老金的数额一般根据退休者退休时的工资和工龄长短进行计算,但最高额度不会超过退休前最后一个月工资的75%。法定养老保险实行的是现收现付制度,随着人口老龄化,这一支柱目前面临巨大的压力。

法定养老保险为强制性保险,所有的投保人都有义务依法按时缴纳养老保险费。养老保险资金的来源有两个渠道,一个是雇主和雇员缴纳的养老保险费,这是养老保险资金来源的主要渠道。另一个是国家财政补贴,每年获得国家财政补贴的数额占养老保险费的20%。养老金根据退休者退休时的工资和工龄长短计算,但最高不超过退休前最后一个月工资的75%。德国政府计划,到2030年法定养老保险的缴费比例将由目前的19.50%提高至22%,到2020年退休人员领取养老金占工资的比例由现在的平均53%降为46%,到2030年进一步降至43%。德国的法定养老保险起源于俾斯麦时期的"自助资助"模式,规定养老保险费由雇主、雇员和政府三方共同承担,并主要由雇主和雇员承担,国家只作一定的补贴。这一模式是典型的收入关联年金计划,在这种年金计划下,缴费和津贴的多少与个人的工资水平直接相关,通常是根据劳动者的工资收入水平、就业年限、交费期限、收入替代率及调节系数等基本要素确定,并侧重体现收入关联和收入再分配的特征。此外,德国对缴费基金采取统筹和共济的方式进行筹集和分配,从而使工资收入水平不同的人在退休后所享受的养老金差别较小,使社会公平目标相对得以实现筹资模式:从完全积累到现收现付。从1957年开始,基金积累制向现收现付制转变,到1969年彻底实现,现收现付制模式一直保持到现在。

4. 给付条件

被保险人必须达到规定的退休年龄和达到缴纳保险费的期限,才有领取养老金的资格。采用这种办法的国家有法国、德国和美国等。德国规定享受养老金的最低条件为年满63岁9个月,投保35年,年满63岁6个月、投保45年或者年满65岁、投保15年;关于养老保险的给付资格与条件。通常各国普遍规定两个基本要求:(1)缴费满15年;(2)达到政府规定的退休年龄。如投保者死亡,其家属可得到一定比例的养老金。通常年满65岁者即可领取养老金。在某些前提条件下,年满60岁或63岁即可领取养老金。养老金数额原则上与投保人的劳动工资、交纳时间长短相挂钩。目前,法定养老保险覆盖了从业人员的90%,是德国养老保险制度的主干。覆盖范围包括了除公务员和法官以外所有蓝领和白领的人员,可分为工人养老保险和职员养老保险两大分支。此外还包括按照行业设置的海员、铁路工人和矿工养老保险。

5. 养老保险管理和监督机制

养老保险管理和监督机制自治性越来越强。在养老保险领域,遵循国家立法和国家自治相结合的原则。经选举产生的雇员和雇主代表对养老保险实行自治管理。自治结构是游离于政府之外的,所有这些机构共同构成了德国养老保险机关联合会(VDR)。这种将政府从直接的管理责任中脱离出来的自治管理模式还形成了有效的、内外结合的监督体系:外部监督机构是政府,内部监督机构是自治机构,从而有力地保障养老保险制度的日常运行。自治组织的管理能力也在不断的实践中变得越来越强大。

三、德国养老保险改革趋势[①]

严重的人口老龄化和居高不下的失业率,使德国现收现付的养老金运行模式(现收现付制即社会保障完全靠当前的收入满足当前的支出,不为以后年度的保险支出作资金储备)已经面临危机,成为国家财政的沉重负担。为了缓解这种状况,德国政府对养老保险进行了一系列改革。

(1) 确保政府政策优惠的长期性。在税法和劳动法上确保企业补充养老保障的长期稳定性,同时提高税收优惠效应。使雇主和雇员都觉得设立或参与企业补充养老保障有吸引力,而不是觉得政策风险大。

(2) 增强雇员企业补充养老金资格流动性。随着德国经济结构的转变和雇员工作关系变得越来越灵活,如果还是按照以往的领取条件,将会损害雇员的正当利益,有必要进一步缩短失效时限、雇员换工作时保留领取原企业补充年金计划的资格或者雇员拥有转化企业补充养老金类型的权利。

(3) 规范雇主设立和实施企业补充养老金计划的行为。虽然德国目前主导的是公司制年金计划模式,企业是企业补充养老保险制度的建立主体,但是还需要适当地提高雇员参与企业补充养老金计划的权利,对雇员的合理要求应提供保护,如雇员具有一定的年金计划类型设立选择权和缴费额决定权,则有必要对雇主设立和实施企业补充养老金计划时予以规范指导。

(4) 推动基金制纯 DC 的发展。虽然 DC 在德国不受青睐,但是 DB 向 DC 转换是未来的发展方向之一,有必要加大基金制纯 DC 的实施力度。选择基金制 DC,对雇主而言,可以避免 DB 的支出风险并降低管理成本;对于雇员,最大好处是可携带,便于职业流动。

四、德国养老保险制度对我国的启示

(1) 扩大养老保险的覆盖范围。目前,我国大量的灵活就业人员尚未完全纳入参保范围。工作不稳定、收入低、没有正式劳动关系是灵活就业人员的基本特征,这也成为他们最大的参保障碍,导致了灵活就业人员参保比例低、参保年限经常中断。为此,我国应当抓紧

---

① 姚玲珍:《德国社会保障制度》,上海人民出版社 2011 年版,第 134 页。

制定混合所有制、非公有制经济从业人员、灵活就业人员的养老保险政策。借鉴德国的经验，基本养老保险作为我国养老保险制度的核心应当既发挥社会保障统筹调剂、分散风险的功能，推进公平又要体现权利义务相对应，待遇水平和缴费多少相联系，注重效率；同时还要建立包含各类人员的基本养老保险待遇确定和正常调整机制，合理调节各方利益关系，促进社会和谐稳定。

（2）行政管理和基金运营分开。我国社保基金管理实行政府直接管理模式，这种模式保证了政府的统一严格执行，管理力度大，能体现政府的意图，有助于体现社会公正和维护社会稳定。但一直以来，这种模式的管理效率和质量却不如人意。实际上，社保行政管理与基金运营工作的对象和性质完全不同，需要不同专长的人员操作、执行不同的工作程序、承担不同的风险等等。养老保险行政管理和具体运营分开，由政府机构负责监督，委托专门机构负责具体事务管理和基金的投资运营，可以充分发挥各自的优势，既能提高工作效率，又有利于保证运营的安全和审慎。

（3）基金投资兼顾优化与多元。我国养老保险实行部分积累制，长期积累会形成大量闲置基金，而伴随着我国人口老龄化速度加快、人均寿命逐渐延长、被赡养人不断增加、通货膨胀率居高不下等社会现状，养老保险基金保值增值的压力越来越大。为了实现养老保险基金的保值增值，我国要学习德国的做法，在兼顾安全性、盈利性、流动性的前提下，充分发挥市场机制的作用，由专业的投资机构按照市场规律进行投资运营，优化投资组合，实现投资渠道多元化。除了继续坚持购买国债、存入银行以外，还可以选择一些经营效益比较好、预期良好的项目进行投资，如政府债券、企业债券、抵押贷款、不动产和衍生金融工具，还可以投资国家的重大工程建设和进行风险投资多元化的投资组合，避免"把鸡蛋放在一个篮子里"。

专栏 5-1

德国延迟退休改革以及历年改革汇总

吕鲁普改革后，迫于人口老龄化的压力，2007 年，德国政府出台退休年龄法（RV-AltAnpG），规定在 2012 年到 2029 年期间将退休年龄从 65 岁调整至 67 岁。

2013 年，为简化税优产品的认证流程，提高投资者对养老产品的理解度，《养老金完善法案》要求吕鲁普养老金（Rürup）和里斯特养老金（Riester-Rente）的提供商使用相同的产品信息表。统一产品信息表的引入，使保险公司、银行、基金公司、住房互助储金信贷社提供的税优产品变得更加透明，增强了产品之间的可比性。

2014 年，鉴于国内不断高涨的抵御老年贫困（alterarmut）和重视社会公平的呼吁，以及政府支付公共养老金能力的改善，德国政府开始了出于对社会公平价值考量的养老保障制度改革。

目前，确定收益型（DB）模式仍是德国养老金体系的主要模式。确定缴费型（DC）模式在德国长期不受青睐，但是近年来受欧盟其他成员国养老制度变革的影响，德国扩展了补充养老金的覆盖范围、增加养老金制度的摊销，DC 模式逐渐受到重视。从最新的法案变化看，2017 年草拟、2018 年正式实施的《职业养老金改善法》（BetrAVG）第一条第二款规定[13]：

"雇主有义务为职工缴纳固定的职业养老金",这相当于在德国职业养老金中引入了DC计划。德国《养老金改革法》颁布以来历次改革的主要情况如表5-4所示。

表5-4 《养老金改革法》颁布以来历次改革的主要情况

年份	法案	内容和影响
2001年	《老年财产法》及其修正案	(1) 引入了具有政府补贴税收优惠的里斯特养老金计划,为了保证养老金水平,引入补充养老计划,单一支柱转向多支柱体系;对法定养老保险缴费率设置上限,到2020年不能超过20% (2) 带来了三个实质性的改变:一是强制年金化;二是采用性别中性的年金计算方法;三是市场成本的分摊
2004年	《老年收入法》	(1) 引入延迟纳税支付,同时推出吕鲁普养老金化,对里斯特计划进行几项变革 (2) 调整了养老金待遇指数公式,加入可持续因子,调整了养老金提取费用和退休收入 (3) 里斯特养老金计划得到了更多的税收补贴
2007年	退休年龄法	规定在2012年到2029年期间将退休年龄从65岁调整至67岁,对于出生于1964年及以后的人,法定退休年龄是67岁
2013年	《养老金完善法案》	引入统一产品信息表,以便参与者在签订合同之前有机会获得有关信息,包括风险级别、费用等关键信息
2016年草拟 2018年实施	《职业养老金强化法案》	规定了享受税收优惠提高至8%的计划所需要的收入门槛
2017年草拟 2018年实施	《职业养老金改善法》	(1) 职业养老金中引入了DC计划 (2) 资助低收入雇员的雇主获得税收减免的金额,由原来的4%提高至8%。同时,里斯特计划的基本补贴自2018年起从154欧元增加到175欧元

资料来源:中国基金协会,"德国养老金体系的改革与反思",2018年3月13日 http://fund.jrj.com.cn/2018/03/13184924235116.shtml.

第四节 瑞典养老保险制度

一、瑞典养老保险体系

瑞典养老保险也实行三支柱体系,除了国家养老金外,退休职工还可以享受职业养老金或者私人养老金。

(一) 国家养老金体系

1. 收入型养老金

收入型养老金(income pension)是一种收入关联养老金,实行的是缴费确定型的现收现付制模式,也称为名义缴费确定型个人账户(Notional Defined Contribution,简称DNC),雇主与雇员18.50%的缴费中(其中个人缴费比例是7%),16%进入该账户,将当前在职劳动者的缴费用于支付当前的退休者。

2. 累积型养老金

累积型养老金(premium pension)也是收入关联养老金,实行的是基金积累制个人账户(Funded Defined Contribution,简称 FDC),按基金积累制运行,18.50% 中的小部分即 2.50% 进入到这个账户,该笔资金将直接投资于资本市场,以获取收益。

3. 保证型养老金

对于那些低收入者,或者没有收入的人来说,瑞典政府设立了最低养老保障线,保证其得到最低生活保障,通过财政预算拨款来向这些老人提供保障型养老金(guarantee pension)。

(二) 职业养老金

瑞典职业养老金的发展,是瑞典社会保障制度引入竞争机制和私营化的突出表现,也是工会组织与企业、行业或者企业之间达成的统一劳动雇佣协议。20 世纪八十年代初,瑞典职业养老金制度获得很快发展,形成四大职业养老金团体,即工人职业养老金、白领职业养老金、中央政府雇员职业养老金和地方政府雇员职业养老金。

瑞典的 ITP 具有代表性。瑞典白领养老保险协议,是由工会组织 PTK 和企业联合会 Svenska Naringslive 之间的协议,简称 ITP(Occupational Pension Scheme for White-collar Employees)。ITP 是对社会保险的补充,是瑞典涉及面最广的养老保险之一。它主要包括以下三个方面的内容:

(1) ITP 终身养老保险。终身养老保险金是由三个变量决定的:1.保险金额与工龄挂钩,当雇员累计工作 30 年后可获得全额 ITP 终生养老保险。如果工龄低于 30 年,养老保险金额成比例减少。2.保险金额与工资挂钩,保费则根据每年工资的变化进行调整,以保证到预期退休年龄时保险公司有充足的资金支付保险金。3.政府对收入标准量每年调整一次,2005 年为 44 300 克朗。

(2) ITP 临时养老保险。一般从 65 岁支付到 70 岁,但被保人可以选择提前或延迟支付。雇主雇员从满 28 岁起支付保费,保费的金额是雇员工资的 2%。累计的保费存储在个人的资金账户上,被保人可以自由选择由哪家保险公司管理投资其账户。临时养老金的多少由支付保费多少以及投资成果决定,被保人自行承担投资风险。

(3) ITP 遗属保险。ITP 遗属保险从受保人退休日起生效。当受保人去世后,保险公司每月向受保人的家属(配偶或子女)支付保险金,期限为 5 年。保险金的大小与终身养老金一样,由受保人退休前的工资水平和累计工龄决定。保费由雇主从雇员满 28 岁起,在其受雇期间每月向保险公司支付。

资料来源:王明海:瑞典的社会保障制度改革与新养老金体系,《劳动保障世界》,2006 年第 4 期。

(三) 私人养老金

私人养老金属于个人自愿行为,更多地体现在商业保险和个人的融资理财方面。

二、瑞典养老保险基本内容

(一) 保障对象

为了获得瑞典养老金的享受资格,必须符合瑞典社会保险立法的要求,选择在瑞典工作或居住于瑞典。瑞典的养老保障覆盖范围比较广,所有本地居民和在瑞典工作过一定时间的人都能享受到这一福利制度,而且其纳入的成员还包括那些在瑞典短暂工作过(通常为一到两年,没有达到获得养老金的工作年限要求),但参加了其他欧盟国家或者与瑞典签订了社会保险协议的国家的保险计划的人,以及取得保险资格的难民和登记在瑞典的船舶的船员等。

(二) 缴费标准

养老金的费用负担问题,不仅与国家和企业的财务状况、经济状况相关,也体现了制度的政策取向,关系到参保者的切身利益。

在新养老金体系下,养老金缴费费率是养老金基数的18.50%。养老金基数包括工资性收入和津贴性收入。除了工资性收入外,从医疗保险和失业保险体系获得的津贴都被看成津贴性收入,而津贴性收入也是计算养老金基数的基础。同时,从疾病补偿、抚育幼儿、学习以及社会服务时获得的津贴性收入也可以转换成养老金权,国家财政将这部分养老金的支付纳入预算,这部分缴费即国家养老金缴费。

在瑞典,每个参保人都须缴纳工资和津贴总收入的7%,作为个人养老金缴费,并且这种缴费是与工资所得税一起缴纳的,但是超过8.07倍基准收入的那部分收入不用缴纳该费用,养老金基数也不包含7%的个人养老金缴费。对每个雇员来说,雇主缴纳雇员工资的10.21%的费用,即雇主养老金缴费,这种缴费的标准也是基于工资不超过8.07倍基准收入,而工资超过8.07倍基准收入的工资不会形成养老金权,这些费用实际上是以税收的形式缴纳给中央政府财政,而不是直接进入养老金体系。但是,在计算养老金权时,7%的个人养老金是不包括在养老金基数内的,这就意味着最大养老金基数是基准收入8.07的93%,即养老金基数上限为基准收入的7.50倍(8.07×93%=7.50),养老金实际缴费费率为养老金基数的18.50%(0.17205/0.93)。

(三) 特殊情况的处理

根据瑞典的收入分配政策,除了实际工资收入外,对某些原因导致收入的减少,国家会给予一些补偿,比如说要抚育幼儿、社会服务、接受高等教育时,也可以取得养老金权。

1. 抚育幼儿

对于1960—1998年抚育子女的父母中的一方,在孩子出生的头四年(若是领养的儿童,可到11岁),因照看子女而造成的收入减少或失去收入时,同样有权得到养老金权。但父母双方只有一方能获得养老金权,如果双方都符合条件,他们可以自己决定养老金权的归属。在其后一年的一月份,双方必须要到社会保险办公室确认谁将获得养老金权,如果没有作出选择,养老金权将分配给养老金基数较低的一方。对于已通过社会服务协会的批准,领养外国小孩的父母或者监护人,也适用该政策。

2. 社会服务

服务时间必须至少连续120天,从1995年开始,包括自愿服兵役的女性,社会服务期间的养老金权对应的津贴金额是根据每天来决定的,每天的金额是用所有65岁以下参保者的平均收入的50%再除以365天而得出,再乘以社会服务天数,得到其社会服务期间的养老金权。

3. 学习

在求学期间或者在获得奖学金的年份期间,国家给予相当于奖学金的138%的补偿,作为其得到的养老金权。

三、瑞典养老保险制度对我国的启示[①]

关于制度模式方面,养老保险模式之争从社会保障制度建立以来,就一直没有停止过。实际上,完全的现收现付制和完全的基金积累制都有其难以克服的固有弱点,而瑞典改革的名义账户制可以说是一条中间道路,我国也在逐步做实个人账户,实现基金部分的不断积累,从某种程度上说,我国目前的养老保险制度也是在走中间道路,统账结合的制度总结了现收现付和完全积累两种模式的经验教训,努力兼取二者之长,符合养老保险发展改革的总体趋势。因此,在我国推进改革的进程中,应该坚定不移地坚持统账结合的制度模式不动摇,同时抓住我国经济持续快速健康发展的机遇,逐步做实个人账户,实现统账结合的制度设计初衷,并为应对人口老龄化不断积累资金。

关于建立激励约束机制方面,瑞典养老保险制度改革的一个重要成功之处就是通过实现退休养老金待遇与个人缴费紧密挂钩,不断增强参保人员的缴费意识,防止恶意逃费和欠费,努力增加养老金收入。而这个方面的成功经验在我国已经有所体现,一是基础养老金由缴费满15年发放社会平均工资的20%,改为每缴费满1年,发给指数化缴费工资和社会平均工资的平均值的1%,从而改变了原来只要缴费满15年挂钩;二是个人账户养老金由积累总额统一除以120,改为除以根据参保人余命长短和退休年龄决定的计发月数,从而实现与个人退休早晚的紧密挂钩。因此,这两部分养老金都体现了缴费的激励约束机制,并逐步建立起延迟退休的引导机制。

关于制度转换和过渡方面。解决制度转型成本和实现平稳过渡是取得养老保险制度改革的关键所在,而瑞典改革由于没有改变财务模式,相应地就没有出现巨额的改革成本,同时通过采取一些过渡性措施,例如,按照出生年份在1937之前、1938—1953年之间和1954年以后将广大退休者分为三大部分,分别实现不同的制度待遇,最终使得改革的阻力减到最小。当前我国要实现养老保险制度的成功转型,也必须高度重视转型成本和过渡问题,应该结合瑞典改革的成功经验,在保险精算的基础上,提出逐年分摊的改革方案,同时确定一个比较长的过渡期,并在此过程中明确各方的责任,逐步化解历史成本,实现制度的平稳过渡。

第五节 新加坡中央公积金制度

新加坡自20世纪50年代开始建立了中央公积金制度,之后不断改革完善,保障功能不断健全,成为了一项综合的社会保障制度,为保障新加坡居民的基本生活和提高福利水平、促进经济发展发挥了重要作用。新加坡的中央公积金制度对于中国乃至世界其他国家社会保障制度的发展具有一定的借鉴作用。

[①] 李杨,浦千里:"评瑞典养老保险制度改革——兼论对中国的启示",《西北人口》,2007年第5期。

一、新加坡中央公积金制度的产生

新加坡的中央公积金制度(Central Provident Fund,简称 CPF)在英国殖民时期的 20 世纪 50 年代就已经建立,当时主要是响应殖民地独立大趋势,人民生活困苦,居住条件差,失去工作能力的人又缺乏社会保障,同时殖民地母国及当地殖民政府为了减轻财政负担而规划出来的一种社会保障制度。当时的英国殖民政府为维持社会稳定,1953 年制定了《中央公积金法》。1955 年 7 月 1 日,政府成立了专门负责管理公积金的中央公积金局,中央公积金制度正式建立并实施,最初的公积金制度包括的劳动者是指受雇于雇主、时间在一个月以上的工人,不包括临时工及独立劳动者。其保障范围涉及公积金会员退休或因伤残丧失工作能力后的基本生活。这种早期的中央公积金制度并不是一种社会保障制度,而只是一种通过强制性储蓄来实行的职工退休养老的自我保障制度。

1965 年 8 月 9 日新加坡共和国宣布成立后,新加坡政府在继承传统公积金制度的基础上进行了多方调整,政府于 1968 年允许使用公积金,公积金存款可以用来购买房屋发展委员会建造的公共住房,公共组屋计划的实施标志着新加坡中央公积金的使用范围开始放宽。到七十年代,新加坡已经发展成为一个现代化繁荣的国家,快速的工业化创造了一个繁荣的经济,为国人提供充足的工作机会,随着工资和生活水平的提高开始出现通货膨胀,公积金的调整一定程度上抑制了通货膨胀率。1984 年,中央公积金中加入了医疗保健计划即保健储蓄计划,从 1987 年开始,公积金会员都需要留出一笔最低金额以使他们退休之后能够提供每月基本的开支。到 1990 年时,政府为了帮助保健账户持有者以及他们的家属支付因重病或顽疾所导致的高昂住院费用而设立的健保双全计划,是保健储蓄计划的补充。中央公积金制度的逐步调整使其发展成为一个具有综合功能的社会保障体系。本着为达到退休年龄或无法继续工作的雇员提供基本经济保障的目标,最终形成了其独具特色的中央公积金制度。

二、现行公积金制度的基本内容

新加坡的中央公积金制度是通过立法而设立的强制储蓄制度。在公积金制度下,雇主和雇员必须以雇员的薪金为基数,按照法定的公积金缴纳率,将公积金存入雇员的公积金账户,以作为雇员的退休养老费用。具体而言,新加坡现行的中央公积金制度的基本内容包括以下五个方面:

(1) 中央公积金的筹集。中央公积金由雇主和雇员共同缴纳,国家对公积金不征税,并为公积金提供担保。中央公积金局为每个加入者建立一个个人账户,雇主和雇员每月按照雇员工资的一定比例向这个账户供款,公积金的缴费率由隶属劳工部的全国工资理事会提出建议,经过政府同意后实行。每个公积金会员的账户均分为普通账户、保健储蓄账户和特别账户三类。在会员账户中,普通账户的储蓄可以用于住宅购买、公积金保险和教育支出,投资于不动产、获准的信托股、股票和黄金等;保健储蓄账户的储蓄用于会员及其家属成员的医疗费用;特别账户的储蓄提供会员养老或应急之需。此外,公积金账户的储蓄享有利息。

(2) 中央公积金的使用。主要用于四个方面:①养老金。中央公积金制度规定,会员在年满55岁以后,就可以从他的公积金账户中提取现金,但也同时规定,每个会员必须为自己建立一个退休账户,必须有一笔不低于中央公积金局规定的最低数额的存款。②医疗保险。新加坡医疗保险的费用由雇主和雇员共同承担,国家不承担缴费责任。中央公积金局为会员建立包括保健储蓄计划、健保双全计划和增值健保双全计划在内的三个计划。保健储蓄计划是用于一般的医疗支付,是强制性加入的;健保双全计划和增值健保双全计划是自愿加入的,主要是为了满足部分会员为自己建立重病、大病储蓄计划的需要。③购买住房。在用个人账户的公积金购买住房方面,中央公积金制度为会员提供了两个方案,即公共建屋计划和住宅房地产计划。公共建屋计划允许会员动用普通账户总额的20%购买政府建屋发展局修建的政府组屋,住宅房地产计划则允许会员用公积金储蓄购买公共土地或具有60年以上地契的土地上的房地产。④家属和家庭保障。中央公积金局为应对会员及其家庭面临的意外风险,特别建立了自愿性的家属保障计划和家庭保障计划。

(3) 中央公积金的投资。在公积金的投资方式选择方面,由会员根据自己的公积金储蓄情况,在中央公积金局提出的投资计划基础上,独立选择自己公积金的投资计划。为防止滥用中央公积金结余,政府规定会员要将选择投资计划后的公积金余额的99%用于购买政府债券。公积金局向会员提供了五项投资计划,分别是基本投资计划与增进投资计划、新加坡巴士公司股票计划、非住宅产业计划、填补计划和教育计划。会员可以在这些投资计划内自由选择。

(4) 中央公积金的管理。政府通过中央公积金局、中央公积金法及其司法机构,以强制性法令使得公民自我储蓄、自我保障,实行完全积累型的社会保障。中央公积金局统一管理中央公积金制度,依法进行独立操作,其他部门不予干预。中央公积金制度实行会员制,每个会员都有个人账户,个人的缴费和投资收益积累在账户中。中央公积金局直接管理个人账户基金。

(5) 新加坡中央公积金缴费率的变迁。新加坡中央公积金缴费率的变迁情况可划分为五个阶段:①1955—1967年,公积金初始阶段。这个阶段的公积金缴费率非常平稳,每年都保持在10%。②1968—1984年,公积金快速增长阶段。从1968年开始,公积金缴费率逐年增加,1970年公积金的缴费率上升到16%,随后逐渐上升,到1974年达到30%。1984年公积金的缴费比率达到最高点,为员工月薪的50%。③1985—1998年,公积金高位调整阶段。1985年,新加坡经济出现了衰退,1986年公积金的缴费率降为35%。从1988年开始,公积金的缴费率又开始缓慢增加,到1992年增加到40%,之后一直维持到1998年。④1999—2002年,公积金高位震荡波动阶段。1999年,公积金的缴费率大幅度地下降到30%,之后逐渐回升,波动调整,2001年达到35%左右。⑤2003—2017年,公积金平稳运行阶段。2003—2010年,公积金的缴费率缓慢上升,2011—2017年,公积金缴费率稳定在36%、37%。

三、中央公积金制度的运行管理

新加坡的中央公积金管理机构为中央公积金局。作为公积金的管理机构,中央公积金局依据《中央公积金法》对公积金进行收缴、结算、使用和储存等,实行规范化、制度化和企业化管理。按公积金法规定,凡工薪收入者,无论是公务员、职员,都要参加中央公积金计划,向中央公积金局按足额缴纳公积金,连个体商贩也要参加该计划。新加坡的公积金制度实行会员制,即所有受雇的新加坡公民和永久居民都是公积金局的会员,都必须按标准缴交强制性的公积金,会员可以在政府规定的范围内运作各自户头上所累积的资产。雇主和雇员都必须按雇员月薪的一定比例交纳公积金,按月存入雇员户下。

随着国家经济发展水平和人均收入的不断提高,公积金局对公积金的缴费比例进行了多次调整。1955年公积金制度刚刚开始施行时,国民收入较低,因此缴费率也比较低,公积金的缴费率为10%,分别按雇主和雇员收入的5%比例征收。到20世纪90年代初,随着新加坡经济和社会的发展,国民收入提高,公积金缴费率稳定在40%左右,由雇主和雇员各付一半。表5-5为新加坡2016年中央公积金缴费率情况。

表5-5 新加坡2016年中央公积金缴费率

年龄	雇主缴费	雇员缴费	总缴费率	进入各账户比率		
				普通账户	特别账户	保健储蓄账户
35岁以下	17	20	37	23	6	8
35—45岁	17	20	37	21	7	9
45—50岁	16	20	37	19	8	10
50—55岁	17	20	37	15	11.50	10.50
55—60岁	13	13	26	12	3.50	10.50
60—65岁	9	7.50	16.50	3.50	2.50	10.50
65岁以上	7.50	5	12.50	1	1	10.50

资料来源:Pension at a Glance Asia/Pacific 2018, p.65,更新数据:https://www.oecd-ilibrary.org/finance-and-investment/pensions-at-a-glance-asia-pacific-2018_pension_asia-2018-en.

在公积金制度下,每个公积金会员的账户分为普通账户、保健储蓄账户和特别账户。根据会员的不同年龄段分别订立三个账户的不同缴费比例。公积金会员在年满55岁以后,除按制度规定必须保留一笔最低存款作为晚年之用外,其余的公积金存款可全部提出。如果会员永久残废或终身离开新加坡,可以提前提取公积金存款,如果会员在规定年龄前不幸过世,他的公积金存款可由指定受益人继承。会员从62岁开始,可按月从最低存款中领取基本生活费用,政府鼓励已达退休年龄但身体健康的会员继续工作,以使他们积蓄更多的公积金存款,如果会员在退休时存款不足,可由其子女填补他的户头。对于公积金会员来讲,其公积金储蓄可以在有关条规许可范围内灵活使用。主要包括:(1)用于退休或失去工作能力后的生活保障;(2)支付本人或家庭成员住院治疗的费用;(3)为本人或家属购买保险;(4)购买政府建造的组屋或私人住宅产业;(5)购买公积金定期人寿保险;(6)购买房屋抵押递减保险;(7)购买非住宅产业;(8)投资于获批准的股票、单位信托基金、黄金和债券;(9)资助子女在国内大专学府的教育费。为防止会员使用储蓄不当造成失误,影响晚年生活,公积金局对每项使用计划都订立了相应的保护措施。

四、新加坡中央公积金制度的主要改革举措

新加坡中央公积金制度自建立以来的主要改革措施体现在以下五个方面。

(1) 逐步建立统一的社会保障制度。新加坡刚刚建国的时候,其公务员养老保险制度受到其宗主国英国的影响较大,公务员实行退休金制度,个人不需要缴费,全部由国家财政负担。随着中央公积金制度的逐步完善,公务员统一纳入中央公积金制度的范围。不过,新加坡公务员养老保险制度从独立到统一不是一步到位的,而是分步进行、渐进发展的。从1972年开始,新加入公务员队伍的部分公务员开始加入公积金制度,1986年的改革将大部分的公务员纳入了公积金制度的覆盖范围,基本建立了相对统一的国民养老保险制度,追求国民养老保险的自我积累,减轻国家财政压力,应付未来人口老龄化的压力,并通过完善公积金制度为经济发展提供资金支持。

(2) 不断完善公积金制度的功能。新加坡中央公积金制度建立以后,不断探索和创新,从单一的养老保障储蓄功能发展到了集养老、医疗、住房、教育、投资等多功能于一体的现代社会保障制度,也是目前世界上功能最为全面的社会保障制度,是新加坡社会保障制度的特色。近年来,一些国家也在效仿新加坡的这一做法,尤其体现在加强社会保障的账户积累上。保健账户的年度提取额从1998年的3 348万新元增加到2009年的6 008万新元,是1998年的近两倍;在住房方面,年度提取额相对比较稳定,一些年份受到经济发展的影响,提取额度有所下降;家庭保护计划的提取额从1998年的58.99万亿新元增加到2007年的82.50万亿新元。此外其他计划也得到了不同程度的发展。

(3) 建立灵活的公积金缴费机制。公积金的积累比率主要根据经济发展形势和劳动力成本的变化适时调整缴费比例。1955年制度刚建立时,雇员所缴纳的公积金为工资的5%,20世纪70年代调整为雇主、雇员各缴纳8%、10%和15%。1980年雇主缴费为20.50%,雇员缴纳18%,公积金的缴纳比例最高的是1984年,达到了50%,雇主和雇员各缴纳25%。1985年以后有所调整,缴费比例明显下降。

(4) 适时调整最低存款额度。最低存款计划(MSS)于1987年1月引入,提供会员退休后每月的基本生活保障,当时55岁时退休账户的最低存款为3万新元。1995年修改了最低存款额度,调整为4万新元,其中现金最少为4 000新元,其余可以财产抵押。之后最低存款额度不断提高,每年提高5 000新元,2003年达到8万新元,其中现金最少为4万新元。从2004年开始,最低存款根据每年的通货膨胀情况进行调整,2013年达到12万新元。

(5) 加强公积金储蓄的投资。公积金账户中的存款在达到相应的存款额度后,会员可以根据公积金投资计划下,以普通账户和特别账户进行投资。公积金账户中的6万新元可以获得额外1%的利率,为了使公积金会员可以得到额外的利率,只可用普通账户超过2万新元的部分和特别账户超过4万新元的部分进行投资。中央公积金投资计划使公积金会员有机会以公积金储蓄额进行投资,进一步扩大退休基金的规模。从2009年5月起,特别账户的投资门槛从2万新元提高到3万新元,继而进一步增加到2010年7月1日以后的4万新元。保证留足普通账户的2万新元和特别账户的3万新元,成员就可以将剩余的储蓄投资于固定存款、政府债券、法定机构债券、购买年金、购买保险和信托基金等等。

五、新加坡中央公积金制度改革的成就与不足

（一）中央公积金制度发展的成就

随着新加坡经济的发展和居民收入的提高，中央公积金制度的规模不断扩大，从1955—2009年中央公积金发展的总体情况来看，1955年中央公积金的会员人数仅为18万人，1990年为219.50万人，2009年达到了329.10万人；1955年的总缴费额仅为0.09亿新元，1990年为71.74亿新元，2009年达到了201.86亿新元；公积金的年度提取额从1968年的0.30亿新元增加到2009年的107.19亿新元；公积金总余额从1970年的7.76亿新元增加到2009年的1 668.04亿新元。

（二）中央公积金制度的不足

（1）新加坡中央公积金制度没有发挥互助共济作用。中央公积金制度是一种强制储蓄计划，主要靠个人的自我积累和家庭内部的互助，而缺少社会成员之间的互助共济，难以称得上是真正的社会保障，一些低收入的群体并没有真正得到社会的帮助。虽然从形式上来看，公积金制度对社会成员统一对待，表面上体现了人人平等，实际上由于不同成员之间的收入不同，包括养老在内的社会保障待遇差距比较大。与此相关联的是，中央公积金制度的收入再分配功能欠缺，不仅不能缩小收入差距，反而有可能进一步扩大不同群体之间的收入差距。

（2）较高的公积金缴费率不利于提高企业的竞争力。从公积金的缴费率来看，总缴费率维持在35%左右，一些年份甚至达到45%或50%，较高的缴费率可能直接或间接地增加企业的成本，增加企业的负担。其中的雇主缴费部分直接增加了企业的成本，而雇员缴费部分和公务员的公积金缴费（包括政府缴费和个人缴费）则间接地增加了企业的成本。对于新加坡这样一个出口型经济的国家，较高的缴费率不利于减轻企业负担，不利于提高企业的竞争力。

（3）存在基金保值增值难题。随着中央公积金制度的发展，会员人数不断增加，积累起来的资金也不断增加，公积金余额从2000年的900亿新元增加到了2009年的1 600多亿新元。从2008年全球金融危机对全球养老保险基金的影响来看，总资产从2007年底的34.77万亿美元下降到了2009年初的29.88万亿美元，损失5.50万亿美元。虽然没有新加坡中央公积金在这次金融危机中资产收益的有关数据，但是，与其他国家一样，中央公积金存在贬值的风险，加强公积金的投资，促进其保值增值是中央公积金制度发展过程中的一项艰巨任务。

六、新加坡养老保险制度对我国的启示[①]

新加坡中央公积金制度是世界社会保障制度的主要类型之一，自建立以后，新加坡中央公积金的规模不断扩大，不断调整和完善，以适应国家经济社会的发展，其中主要包括完善公积金功能、调整缴费率、调整最低存款额和加强基金投资等措施。新加坡与中国都地处亚洲，在政治、经济与文化上有着一定的相似性，中央公积金制度对中国社会保障制度的发展具有一定的借鉴意义。

---

① 龙玉其，刘巧红："新加坡中央公积金制度的改革及其启示"，《改革与战略》，2013年第11期。

（1）中国社会保障制度的发展必须始终与我国国情相结合。考虑到目前我国人口众多、经济发展水平不高、地区差异较大等现实国情,不能盲目效仿中央公积金的做法,还不宜用一个完全统一的社会保障制度来覆盖全体国民,但也不能过于分散。

（2）在当前工业化、城市化和人口老龄化、家庭规模小型化的背景下,中国社会保障制度的发展应该遵循儒家文化的传统,不能一味强调国家和社会的作用,而忽视家庭的作用,应该继续发挥家庭在资金支持、服务照料、精神慰藉等方面的作用。

（3）加强社会保障制度的法治化建设,中国社会保障制度也应该立足于目前社会保障发展和法治建设的实际,结合社会保障的未来发展趋势,进一步加强法治建设,在《社会保险法》的基础上进一步完善并加强其他社会保障法治建设。

（4）进一步理顺中国社会保障的管理体制,中央公积金制度由中央公积金局进行统一管理,而中国社会保障的管理还比较分散。虽然中国的国情难以实现完全的集中统一管理,但是,也需要进一步整合。

（5）加强社会保障基金的管理与投资,部分积累型的社会保障制度必定会积累大量的资金,目前我国社会保障已经有了较多的资金积累,对这些资金的管理与投资,促进其保值增值成为中国未来社会保障制度发展的一个重要任务。

专栏 5-2

新加坡的 CPF 制度与智利 AFP 制度的对比

二战后,越来越多的国家的人口结构在趋于老化,很多国家已经注意到了人口老龄化的现象,并在努力寻找适合本国国情的养老保障制度。不少国家在借鉴他国经验的基础上,根据本国的实际情况,创建了具有本国特色的养老保障制度,其中备受瞩目的有新加坡的中央公积金制度(Central Provident Fund,简称 CPF)和智利的私人养老金计划(Pension Fund Administrators,简称 AFP)。新加坡和智利的养老保障制度都没有推行西方传统的现收现付的养老保障模式,而是采取完全积累的个人账户制度,均属于强制性私营养老保障模式,经过几十年的运营,取得了巨大成功。但两者并非完全相同,存在各自不同的创新和突破,二者差异的主要表现见表 5-6。

表 5-6 CPF 与 AFP 的差异比较

	CPF	AFP
产生过程	成立之初就实行强制储蓄基金制度,没有制度模式的转换	由现收现付转为强制性私营养老金制度
制度覆盖范围	全部参加一个制度	新制度1980年正式实施,1982年12月31日开始工作的新职工参加新制度;老职工则可以在新旧制度间选择
基金管理模式	国家集中管理模式,由中央公积金局统一管理和运营,但独立于财政之外,单独核算,自负盈亏。中央公积金局隶属于劳工部,由劳工部制定相关政策并对其进行监督	私营机构竞争性管理模式,由专营养老基金管理公司运营,并接受政府养老基金管理总局的监督管理。总局管理经费由财政预算拨款

(续表)

	CPF	AFP
基金投资模式	扣除最低存款额度后的结余的80%用于投资,且只能投资政府债券;但投资收益与实际的投资收益率不相关①	有监管的分散组合投资。1989年以前,只允许投资政府债券、以银行信用为基础的证券以及公司债券。1989年后允许投资股票、基金和外国证券。注重投资收益,而且,为了确保投资的安全稳定,智利政府还建立了风险补偿机制
养老金发放模式	当会员年满55岁时,在保留了一笔最低存款之后,剩余存款可投资:向指定的保险公司购买终身年金、存入指定的银行、保留在公积金的退休账户中获取利息。从62岁起会员即可从最低存款(存在银行或公积金局)中按月领取养老金,直至领完为止	可用个人账户上的资金向寿险公司购买生命年金;继续由养老基金管理公司打理,并按计划提取;以上两种方式的结合

注①:这些政府债券不设立市场报价,是专门为公积金局偿付利息和其他债务而发行的浮动利率债券,中央公积金局向其成员的普通账户和医疗账户的结余支付利息的办法是:按照当地四家主要的银行12个月的定期存款利率的简单平均数与每月月底的储蓄存款利率的简单平均数的加权平均数(二者采取相同的权重),每6个月修订一次,但不得低于中央公积金法案中明确规定的2.50%的最低名义利率。养老金账户的利率因其时间较长能获得比一般公积金账户高出1.25%的额外利率。可见,公积金存款的投资收益与实际的投资收益率不相关,而且,政府还严格控制四家相对独立的地方银行存款利率。此外,近年来,新加坡政府为了提升中央公积金投资绩效,也在不断引进新的投资计划,进一步放宽投资工具,以确保基金保值增值。

资料来源:胡黎,《公积金制度下的新加坡养老保障问题研究》,武汉科技大学2011年。

思考:两种制度在基金管理投资上的做法、优缺点是什么?对中国养老保险基金的管理投资有哪些启示?

本 章 小 结

发达国家的养老保险模式主要分为三种:一是全民福利型模式;二是收入关联型模式;三是强制储蓄型模式。"全民福利型模式"强调"普惠制"原则,为该国所有达到退休年龄的公民或达到规定年龄的老人提供相同水平的一定养老金。这种养老模式下的养老金和其享受对象的身份、职业、在职期间的工资水平、纳税年限均无关系,是一种典型的"人人皆养老"的养老模式。"收入关联型模式"强调老人的养老金待遇和其在职期间的工资水平、工作年限以及纳税数额挂钩。该模式并不覆盖全体公民,而是根据"选择性原则",参保对象主要是那些从事经济活动的雇佣劳动者。"强制储蓄型模式"是国家通过法律规定,个人、企业按收入的一定比例存入劳动者的个人退休账户,由专门的机构负责管理和投资运营,当该劳动者达到法定退休年龄时,将个人退休账户积累的全部资金(包括利息以及运营收入)一次性或逐月发还给本人作为养老金。

美国的养老保障制度由三个层次构成:国家强制的社会养老保险、政府及雇主养老金计划、个人储蓄养老金计划。

德国养老保险采取法定养老保险、企业养老保险和私人养老保险三支柱保险模式,为雇员的退休生活提供了一个相当周全的保障体系。

新加坡的中央公积金制度是通过立法而设立的强制储蓄制度。在公积金制度下,雇主和雇员必须以雇员的薪金为基数,按照法定的公积金缴纳率,将公积金存入雇员的公积金账户,以作为雇员的退休养老费用。

基 本 概 念

全民福利型模式　收入关联型模式　强制储蓄型模式　美国养老保障制度体系　名义账户　中央公积金制度　智利的私人养老金计划

复习思考题

1. 美国企业年金得以快速发展的原因是什么?
2. 德国养老保险制度存在哪些问题,改革的趋势如何?
3. 瑞典名义账户制提出的背景、改革的目的是什么?名义账户制如何实现财务平衡?
4. 新加坡中央公积金制度存在的问题有哪些?
5. 新加坡中央公积金制与智利的私人养老金计划有何区别?

第六章　世界公职人员养老保险制度

学习目标

理解和掌握公职人员的概念;公职人员养老保险制度的典型模式;不同模式的利弊;国际模式对中国行政事业单位养老保险制度改革的启示。

导入案例

人社部:"养老改革并非制度合并"

退休金到底会不会"缩水"? 先改事业单位,公务员呢? 这么一大笔社保经费,谁来买单? 自国务院《事业单位人事管理条例》7月正式实施以来,处于改革"临界点"的人们,更加关心这些问题,近日还有一些事业单位人员"提前退休"的消息传出。

"提前退休"呼声高企,最大的担忧是收入和养老金可能出现大幅下滑。目前事业单位的退休金为工资的80%—90%,企业只有50%左右。财政部财政科学研究所数据显示,2013年事业单位人员退休金约为3 400元,而城镇职工养老保险只有1 900元。两者间的巨大落差让很多人"心里没底"。

目前,事业单位和公务员群体的养老金存在不小的差距。财政部财政科学研究所数据显示,2013年机关公务员退休人员养老金平均水平约为4 000元,而事业单位约为3 400元。

国家行政学院教授竹立家表示,在欧美国家,教育、医疗、科技等公共服务行业的收入和保障水平要比一般公务行政人员高,我国却出现了倒挂。"被改革对象当先锋,改革设计者本身却停滞,难免有意见和质疑"。

有研究测算,如果对事业单位养老保险进行补缴,涉及总量将达数万亿。这么大一笔钱,谁来买单? 是中央财政,地方财政,还是事业单位及个人?

针对"养老并轨"的说法,李忠表示,"并轨"的说法不够准确,"并不是说把这个制度并到那个制度里面,总的方向是各类群体实行大体相同的基本制度模式。"

此外,李忠介绍,企业养老保险制度改革时,对职工过去参加工作而没有实际缴费的年限,做视同缴费年限处理,这个可以作为机关事业单位养老保险制度改革解决同类问题的一个思考。(据新华社报道)

我国公务员养老保险制度改革将何去何从?

随着包括陕西、吉林、青海、辽宁等26个省份陆续出台机关事业单位养老保险并轨方案,中国养老金并轨改革进入启动实施阶段。

外媒称,中国将实行养老金改革,数千万端公家饭碗的公职人员将和企业职工领取同样水平的养老金,还有一千多万退休人员的养老金也将受到下调影响,其养老由公家管变成社会管。据美国之音电台网站1月22日报道,随着包括陕西、吉林、青海、辽宁等26个省份陆续出台机关事业单位养老保险并轨方案,这项改革进入启动实施阶段。目前,事业养老金比企业养老金高出约三倍,一旦并轨,将近4 000万机关事业单位工作人员将实行和企业职工一样的养老保险制度。同时,1 500多万退休人员的养老金也将进行调整。

报道称,2015年1月,国务院印发《关于机关事业单位工作人员养老保险制度改革的决定》(简称《决定》),并从2014年10月1日起实施。方案明确表示,中国将实行社会统筹与个人账户相结合的基本养老保险制度,个人缴费比例为本人缴费工资基数的8%,而单位需缴纳员工个人缴费工资基数之和的20%。此《决定》一出,意味着4 000万机关事业单位工作人员将从吃财政饭转变为缴养老金,从单位养老转向社会养老。

报道称,中国实行的一直是养老金"多轨制",即不同群体实行不同的管理方式,享受不同的养老待遇。尽管几十年来政府对制度细则有过多次调整,城乡之间、城市内部不同就业人群之间仍然存在巨大的养老待遇鸿沟。目前居住在中国农村的社会观察人士田奇庄说:"我所知道的好多公职人员的退休金达到7 000元,可是农民只有70元。"养老金并轨后,公职人员将和企业职工实行同样的养老保险制度,这两个群体的待遇差距也会随之缩小。

根据方案,并轨后参加工作且缴费年限累计满15年的人员,退休后按月发给基本养老金,基本养老金由基础养老金和个人账户养老金组成。并轨前参加工作,方案实施后退休且缴费年限累计满15年的人员,在发给基础养老金和个人账户养老金的基础上,再发给过渡性养老金和过渡性调节金。此外,养老金计算标准也由身份级别转为依据参加社会劳动的时间进行均等分配。

资料来源:https://www.jiemian.com/article/520663.html,2016/01/24 原标题:美媒:中国将实行养老金并轨制。

相关视频:https://v.qq.com/x/page/d0624ag4qsj.html?fromvsogou=1。

由于各国的文化、历史、政治等方面的差异,对公职人员的界定也有所不同,因而在养老保险实践中也有所差别。国外对公职人员的定义分为狭义、中义和广义三种。狭义的公职人员,主要是指政府行政机关中的公务人员,如美国、澳大利亚、荷兰等国;中义的公职人员,除了国家和地方政府机构中的工作人员外,还包括军队、政党和各类公益性的事业单位、科研院所、医院、各级各类学校中的工作人员,如新加坡、韩国、日本、法国等。广义的公职人员包括的对象除了国家行政机关和公益性事业单位的工作人员外,还包括其他类型的事业单位和国有企业人员,如加拿大、德国、瑞典、英国等。

根据公职人员与其他人员的养老保险制度的关系,公职人员养老保险制度可分为三种:实行单独的养老保险制度,如德国、法国、意大利;实行全国统一的养老保险制度,同时体现公职人员的优越性,如英国、瑞典、美国;实行全国完全统一的养老保险制度,如新加坡、智利、澳大利亚。

第一节 英国公职人员养老保险制度

一、英国的公职人员与公职人员养老保险制度

(一) 英国的公职人员

英国是世界上现代文官制度的发源地,1885年英国枢密院颁布了《关于录用王国政府公职人员的枢密令》,设立了文官委员会,负责文官的考试录用。1859年《老年退休法》对公职人员的概念作了明确的规定,凡由英王直接任命或持有文职人员事务委员会合格证书、准予参加政府机关工作,酬金全部由联合王国统一基金或由议会通过的款项支付的人员,均为公职人员。目前英国的公职人员是指政府部门中除去政务官以外的人员,这些人中不包括由选举或政治任命产生的议员、首相、部长、国务大臣、政务次官、政治秘书和专门委员等政务官,也不包括政府经营的企事业单位的工作人员和自治地方工作人员,更不包括法官和军人。根据不同的标准,英国的公职人员可以分为不同的类别,包括:产业类公职人员和非产业类公职人员;编制人员和非全日制人员;高级公职人员(分为1—7级)与一般公职人员。

(二) 英国的公职人员养老保险制度

英国公职人员养老保险制度采取国家基本养老保险、公职人员职业养老保险和个人自愿养老储蓄的三层次模式,与国民养老保险制度相融合。

1. 国家基本养老保险制度

1975年通过、1978年4月6日生效的《社会保障法案》正式引入了国家基本养老保险制度,并在1986年、1992年、2007年等历次改革中得到了逐步完善。这一制度具有两个重要的特点:一是覆盖范围的广泛性,任何受雇的人都可以加入这一制度;二是标准的统一性,所有国民不因身份地位、收入水平而采用不同的标准,在缴费标准和待遇领取标准上相对统一。

(1) 国家基本养老保险的缴费。

雇员在受雇期间,需要按规定缴纳保险费,2010—2011年,收入在5 044英镑及以上的雇员或5 075英镑以上的自雇人员,需要向国民保险缴费。缴费基数不是根据雇员所取得的工资收入,而是以周最低收入乘以52计算。缴费需要达到足够的"合格年限",如果在达到退休年龄前没有足够的合格年限,则不能领取全额的国家基本养老金。领取全额的国家基本养老金的合格年限取决于年龄和性别。1954年4月6日前出生的男性需要缴费44年,之后出生的男性为30年;1950年前出生的女性需要缴费39年,之后出生的女性为30年。从2010年4月6日起,英国减少领取全额国家基本养老金的资格年限,从男性缴费44年,女性缴费39年,下降到男女均为30年。在一些情况下,"合格年限"可以相应减少,比如,在抚养16岁以下的未成年人、照料接受照顾津贴的人每周35小时以上、照顾老弱病残而不能工作的,可以计入"合格年份"。这一点主要是针对已婚的家庭妇女,但至少需要拥有正常情况下一半的"合格年份"才能领取全额的基本养老金。对有能力工作、愿意工作但没有工作而领取失业救济金的时间,可以不缴费,但这期间计算"合格年限"。

(2) 国家基本养老保险的待遇。

针对不同的对象和不同的情况,国家基本养老金主要包括 A、B、C、D 四类,A 类基本养老金主要是针对雇员本人的养老金,完全依靠雇员自己的缴费获得,实行指数化调整,与零售物价格指数挂钩。待遇领取标准与"合格年限"直接相关,"合格年限"每少一年,相应降低一定的养老金比例,但如果达不到 25% 的"合格年限",则不能领取养老金。养老金可以推迟领取,每推迟一年,养老金提高 7.50%,最多推迟五年。B 类基本养老金主要针对那些仅依靠自己的缴费不能领取 A 类基本养老金者,是缴纳国民保险费者的配偶或者前配偶。C 类基本养老金从 1970 年开始实施,主要针对在 1948 年已经达到领取养老金年龄的老人,是一种免费的养老金,全部由国家财政负担。D 类基本养老金又叫高龄养老金,主要针对 80 岁以上的老年人,从 1971 年开始实施。此外,国家基本养老金的待遇还包括病残待遇。

2. 公职人员职业养老保险制度

在 1972 年《公职人员年金法》的基础上,英国公职人员职业养老保险制度不断改革和完善,迄今为止,已经有五类主要的公职人员职业养老金制度,部分制度已经不对新公职人员开放。

(1) 传统计划(Classic)。传统计划是基于公职人员退休前最后一年的工资计算的现收现付制职业养老金计划,大部分缴费由雇主负担,加入该计划的成员需要为配偶的未来养老金缴费(1.50%)。2002 年 9 月 30 日之前,提供给公职人员的养老金计划仅仅是基本的公职人员基本养老金计划(PCSPS)(2002 年起称为传统计划)。从 2002 年 10 月 1 日起,新参加工作的公职人员不能加入传统计划。

(2) 优质计划(Premium)。优质计划是一种现收现付制的公职人员职业养老金计划。2007 年 7 月 30 日起,优质计划不对新加入公职人员队伍的人开放。缴费由雇主和雇员缴费组成,其中雇主缴费占总缴费份额的大部分,缴费水平由精算师根据需要支付的养老金数额决定。个人必须缴费,缴费率为个人收入的 3.50%。在产假期间,如果个人的工资减少,雇主仍然按原来的正常工资缴费,个人按减少的工资缴费。如果是高收入者,则对养老金缴费有收入限制(封顶线)。但对于 1989 年 6 月 1 日前加入该计划者,则没有缴费上限。

(3) 传统加值计划(Classic Plus)。传统加值计划是 2002 年 9 月 30 日前的公职人员基本养老金计划(PCSPS)(Classic)和 2002 年 10 月 1 日后优质计划(Premium)二者的结合。在资金筹集方面,2002 年 9 月 30 日前,个人需要为遗属养老金缴费,费率为 1.50%,从 2002 年 10 月 1 日起,个人缴费增加到 3.50%。个人缴费是强制性的,如果在退休时仍然单身,可以退还部分缴费。雇主承担大部分缴费,缴费水平由精算师根据养老金的支出决定。

(4) Nuvos 计划。这是在 1972 年《公务员年金法》中的一项法定计划,是在 2004 年金融法案下的注册计划。适用于 2007 年 7 月 30 日后加入公职人员队伍的人。在开始工作时,如果自己没有别的选择,自动加入该计划,自己也可以选择开设一个伙伴养老金账户代替该计划。如果之前参加了一个职业养老金计划,可以转入该计划。如果参加的是个人养老金计划,也可以转入,或者在为个人养老金计划缴费的同时加入该计划,但需要在上岗的前 12 个月内提出。

(5) 伙伴养老金账户(partnership)。伙伴养老金账户是一种雇主缴费的利益相关者养老金计划,个人可以不用缴费。如果个人缴费,雇主将另外最高给予个人收入 3% 的缴费匹配。这些缴费由计划的提供者进行投资取得收益,退休时个人用积累的资金购买年金计划,或者在死亡时让予指定的人。需要开立一个伙伴养老金账户,雇主每月将根据本人的年龄和工资向账户缴费,如果个人缴费,雇主最高匹配个人工资的 3%。个人可以在 55 岁—75 岁领取一次性的免税退休金。如果个人离开公职人员岗位,可以带走养老金。

3. 自愿养老金计划

可供选择的自愿养老金计划主要包括购买增加养老金计划、参加额外自愿缴费养老金计划、参加利益相关者养老金计划等。

(1) 增加的(added)养老金计划。传统计划、传统加值计划、优质计划、Nuvos 计划的成员,都可以通过购买增加的养老金来提升养老金水平,增加的养老金在退休后随着传统计划、传统加值计划、Nuvos 计划的养老金一起支付,在每年的领取前实行指数化调整。收益不取决于投资收益,风险较小,每年随零售价格指数进行调整。购买增加的养老金有最高数额限制,而且随着通货膨胀进行调整。个人缴费可以按月从工资中扣除,也可以一次性缴费。如果按月缴费,可以选择一个固定的数量或比例。按固定数额缴费时,在未来领取的养老金数额将减少,因为税率是根据年龄增长的,年龄越大,需要缴费越多。

(2) 公职人员额外(additional)自愿缴费养老金。有两个附加自愿缴费计划的提供者:苏格兰寡妇计划和标准生命计划(Scottish Widows and Standard Life),二者提供一系列的投资方案选择。可以缴费至 100% 免税收入或者 3 600 英镑,这些缴费都免税。额外的自愿养老金计划养老金可以在 55 岁(如果在 2006 年 4 月 6 日前拥有一个附加自愿缴费养老金账户,则可以是 50 岁)至 75 岁的任何时候提取,可以领取账户基金总额 25% 的一次性免税养老金。如果退休前死亡,将支付指定的受益人一次性养老金。

(3) 利益相关者养老金计划(Stakeholder)。利益相关者养老金是一种个人养老金,向一个养老金提供者缴费建立退休基金,退休时可以用积累的基金购买年金。在养老金提供者那里开立一个利益相关者养老金账户,可以缴费至 100% 的应税收入或者 3 600 英镑,雇主不用缴费。利益相关者养老金提供一系列的投资选择。如果个人没有选择投资方案,则按默认的方案进行投资。可以在 50 岁(2010 年为 55 岁)至 75 岁的任何时候领取利益相关者养老金,不管工作与否。可以领取最高 25% 的一次性免税养老金。

表 6-1 英国公务员养老保险制度

制定模式	基本养老保险、公务员职业养老保险、自愿养老保险三层次
资金来源	基本养老保险由雇员自己缴费 公务员职业养老金以雇主缴费为主 自愿养老保险自愿缴费
待遇给付	法定退休年龄 65 岁 国家养老金分 A、B、C、D 四类,公职人员职业养老保险包括五类,自愿养老金计划有三类

二、英国公职人员养老保险制度与其他群体养老保险制度的比较

总体来看,公职人员和其他群体的养老保险制度存在一些共同的特点,但也存在一些差别,体现出公职人员群体的独特性。

在制度模式上,英国公职人员养老保险制度体系与其他国民的养老保险体系基本一致,都属于三层次的制度体系,都属于"基本养老保险＋职业养老保险＋自愿养老保险"的制度模式,其中职业养老金属于"协议退出"国家收入关联养老保险制度(或者国家第二养老保险制度)的制度。公职人员与其他群体的差别主要通过职业养老保险和个人自愿养老保险来体现。

就职业养老保险制度而言,公职人员一般实行现收现付制,而私人部门雇员的职业养老金大多数是基金积累制,由个人缴费数额决定退休金的数额。从覆盖范围来看,目前大约有85%的公共部门雇员拥有某种形式的雇主提供的养老金计划,私人部门只有约35%,而且绝大部分属于缴费确定型的基金积累制的职业养老保险制度。

在资金筹集方面,由于公职人员群体的特殊性,其职业养老金缴费绝大多数由国家负担,个人缴费相对较少,除了为遗属领取养老金缴纳部分费用外,个人基本不用缴费。目前公职人员的缴费率为1.50%(2007年以前的公职人员)或3.50%(2007年以后的公职人员)①。从私人部门职业养老金的缴费率来看,固定给付型与缴费确定型有所区别,固定给付型的私人部门职业养老金的总缴费率要大大高于缴费确定型制度。而且不同规模的私人部门职业养老金计划的缴费率也有所区别。从2009年私人部门职业养老金的平均缴费率来看,固定给付型制度的总缴费率为21.70%,雇员和雇主缴费率分别为5.20%和16.50%;缴费确定型制度的总缴费率为10.20%,雇员和雇主的缴费率分别为3.40%和6.80%②。

从公职人员及私人部门的养老金待遇水平来看,不同的公职人员养老金领取者领取的数额有较大的差距。几乎一半以上的地方政府雇员养老金领取者每年领取不到3 000英镑,而一半以上的退休警察每年最少领取15 000英镑。警察养老金比较平均,大约每年15 650英镑;国民健康服务系统则差别较大,75%的领取者每年领取不到9 000英镑,但有1%的领取者每年领取55 000英镑以上。从表6-2可以看出,10%的公职人员养老金每年在1 000英镑及以下,而这些人大多数在地方政府工作,剩下的大多数来自公职人员和国民健康服务系统。有10%的公职人员每年领取17 000英镑以上,其中警察和消防人员较多,占了1/3以上,地方政府较少,不到4%。有1%的公职人员领取每年37 000英镑的养老金,主要分布在国民健康服务系统,几乎占了67%。养老金最高的0.10%和0.01%几乎都在国民健康服务系统。大约有16.67%的法官每年领取超过67 000英镑,在最高的0.01%的领取者中居第二。可见,在公职人员中,公职人员领取的养老金数额相对比较低。

从公职人员与私人部门养老金水平的比较来看,公职人员的养老金水平也比较低。2008—2009年度,公职人员领取的养老金平均为6 700英镑;每对夫妇平均的国家养老金收入为11 300英镑,单身男性为7 500英镑,单身女性为7 400英镑。而且,从公职人员与私人部门的工资水平来看,2009年公职人员的平均工资为22 850英镑,而私人部门的平均工资为24 970英镑。相比而言,公职人员比私人部门的平均工资水平低2 120英镑。

从管理体制的比较来看,公职人员和其他群体的国家基本养老保险制度统一由国家就业与养老金部统一管理。英国公职人员的养老金原来由文官部负责,后来文官部的职能并

---

① 龙玉其:英国的公务员养老保险制度及其启示,《北京行政学院学报》,2012年第5期。
② 同上。

入财政部由财政部下设部门负责管理公职人员的养老金事宜。有十个大的政府部门,根据财政部的授权,负责计算和发放公职人员的养老金。公职人员养老金的发放和增长,由主计长办公室负责,助理主计长负责对公职人员养老金及拨款等进行清算。英国对职业养老金计划的管理主要由养老金计划办公室(PSO)和职业养老金理事会(OPB)两个机构负责,同时设立养老金督察员。养老金计划办公室主要负责监管各类养老金计划的收入和资本利得的合法性。职业养老金理事会主要负责监管养老金计划对成员利益的保护,同时向负责国家社会保障事务的国务秘书提供关于职业养老金计划立法的咨询建议。养老金督察员则是为了解决私人部门养老金计划中存在的纠纷而设立的。

表6-2 2009—2010年英国养老金领取情况

类型	领取总人数	人均养老金(英镑)	最低的10%的人数	最高的10%的人数	最高的1%的人数	最高的0.1%的人数
地方政府	906 184 (29%)	4 777	179 533 (58%)	35 441 (12%)	2 704 (8%)	104 (4%)
国民健康服务系统	673 029 (22%)	7 510	77 712 (25%)	65 154 (21%)	21 351 (62%)	2 328 (79%)
教师	580 046 (19%)	10 858	9 309 (3%)	81 632 (27%)	2 845 (8%)	73 (2%)
国家公务员	483 536 (16%)	7 632	38 530 (12%)	51 000 (17%)	3 515 (10%)	166 (6%)
军队	305 695 (10%)	8 834	3 851 (1%)	26 231 (9%)	1 981 (6%)	70 (2%)
警察	104 044 (3%)	15 636	741 (<1%)	38 077 (12%)	645 (2%)	33 (1%)
消防员	28 959 (1%)	13 804	239 (<1%)	6 479 (2%)	288 (1%)	* (<1%)
研究委员会	10 128 (<1%)	9 110	1 012 (<1%)	1 876 (1%)	49 (<1%)	0
法官	1 061 (<1%)	538 676	0	1 037 (<1%)	874 (3%)	178 (6%)
全部	3 092 782 (100%)	7 841	310 927 (100%)	306 927 (100%)	34 252 (100%)	2 960 (100%)

资料来源:龙玉其,"英国的公务员养老保险制度及其启示",《北京行政学院学报》,2012年第5期。

三、英国公职人员养老保险制度的评价

(一)制度特点

英国的养老保险制度主要具有以下几个特点:

(1)制度的部分融合性。英国的公职人员与普通国民一样,参加国家基本养老保险制度,按规定进行缴费,体现了不同养老制度的融合性、不同群体之间的平等性。不过这里的

融合并不是完全的统一,更不是完全的平等;除去参加统一的国民基本养老保险制度外,国家还为公职人员设立了不同类型的职业养老保险制度,体现公职人员的特殊性。

(2) 制度的多层次性。英国的公职人员养老保险制度主要包括三个层次,即国家基本养老保险制度、公职人员职业养老保险制度和个人自愿型私人养老保险制度,其中第一个层次和第二个层次属于国家强制型的制度。

(3) 适度的责任分担机制。英国的公职人员养老保险制度的缴费由政府和个人共同承担,既强调了政府在公职人员养老保险制度(尤其是职业养老保险制度)中的财政责任,又需要公职人员进行一定的缴费(尤其是国家基本养老保险制度)。

(4) 现收现付制。包括国家基本养老保险制度和职业养老保险制度在内的公职人员养老保险制度,实行的是现收现付制,而不进行基金积累。

(5) 给付确定制。即公职人员养老保险待遇与个人缴费没有直接的联系,而与其服务年限、领取年龄等因素有关。

(6) 法治化。英国的公职人员养老保险制度主要由《社会保障法》《养老保险法》《公职人员退休年金法》等法律来进行规范。

(7) 不断调整和完善。英国注重不断调整和完善公职人员养老保险制度。

(二) 改革历程

虽然英国国家福利制度比较优越,但是随着人口老龄化的不断加深以及 20 世纪 70 年代"石油危机"的爆发,严重地影响了英国的经济发展。高失业率和通货膨胀的出现导致英国的财政赤字总额达到了支出总额的 10.30%,通货膨胀率达到了 25%。

英国人口老龄化不断加深,人口预期寿命也在不断延长,1930—1980 年这 50 年间,男性预期寿命提高了 11.4 岁达到 69.8 岁,女性预期寿命提高了 13.8 岁达到了 76.2 岁。据统计,男性公务员的预期寿命从 1983 年的 79.5 岁提高到 2010 年时的 88 岁,女性公务员的预期寿命从 1983 年的 83.7 岁提高到 2010 年时的 90 岁。

人口老龄化带来的问题就是劳动力逐渐减少,养老金的支出不断增加,国家的财政压力不断加大。从公务员的各项养老福利计划可以看出,养老的全部或者大部分费用都是由国家来负担的,公务员负担的养老费用比例基本上都小于 3.50%,随着经济的低迷,英国的福利型保障制度的弊端就显露了出来。英国实施的从"摇篮到坟墓"式的福利制度不能调动公务员的工作积极性,也无法体现出工作的效率。

在英国工党执政时期非常注重社会保障体系的发展,建立了"福利型国家"。1979 年保守党撒切尔夫人执政时期对工党的社会保障制度进行了全面改革。她削减了政府对于养老所承担的责任,从而减轻了国家的财政压力。她强调了个人的责任,并且注意发挥市场的作用。因此,英国选择了多支柱的社会养老保险模式,实行了国家基本养老保险、引入与收入相关联的职业养老金计划和个人自愿储蓄积累制度。1986 年的《国家保障法》进一步降低了养老金水平,该法将与国家收入相关联的养老金的计算建立在一个人一生的平均收入水平上,而不是 20 年最高收入的平均水平上,而且国家收入养老金的最高水平从工党执政时期平均收入的 25% 下降到平均收入的 20%。

1997 年,工党领袖布莱尔执政时期对养老金又进行了改革。布莱尔认为原有的养老金制度使得公务员的生活水平无法得到保障,甚至陷入贫困的境地。布莱尔强调个人的责任,鼓励公务员参加职业养老金计划和个人自愿储蓄计划，目的是要消除贫困，提高养老金水平。2008年英国颁布了最新的《养老金法案》，进一步改革完善了养老保险制度。该法案提高了退休年龄，由原来的女性60岁退休、男性65岁退休统一提高为男女65岁退休，2024年到2028年退休年龄延长到66岁，2034年到2036年退休年龄延长到67岁，2044—2046年退休年龄延长到68岁。关于养老金的调整机制，2007年以前是根据物价的上涨而调整养老金，2010年6月开始，养老金根据消费者的价格指数进行调整。为了更好地监管养老金，政府成立了新的职业养老金计划监管机构：成立了职业养老金计划监管局，主要负责职业养老金计划的全面监管；成立了职业养老金计划登记处，主要负责职业养老金计划及其成员的变化记录；成立了仲裁机构，主要负责监督养老金计划，处理成员的养老金支付、转移等问题，解决纠纷等等。

（三）改革趋势

随着人口老龄化程度不断加深，英国公职人员养老保险制度面临着较大的财政负担，国家对公职人员养老保险制度进行了多次改革，取得了一些成效，对减轻财政负担、促进经济发展发挥了重要的作用。

但是改革不可能一步到位，也不可能一劳永逸，随着经济社会环境的变化，公职人员养老保险制度需要不断进行调整。但是从总体来看，适当增加公职人员的责任，维护公职人员养老保险制度与其他群体养老保险制度的平等性，促进公职人员养老保险制度的可持续发展，似乎已成为英国公职人员养老保险制度未来改革的趋势。

第二节　德国公职人员养老保险制度

一、德国的公职人员与公职人员养老保险制度

（一）德国的公职人员

德国的公职人员制度起源于19世纪末期。1873年威廉二世颁布了德国历史上第一部《官员法》和《资历条例》，首先在军队中实行人员录用改革。魏玛共和国时期，明确规定了公共行政管理的基本原则，本着公开、平等、竞争的原则录用人员。第二次世界大战以后的联邦德国根据《基本法》颁布了《联邦官员法》及相关法规。1990年两德统一后，在联邦德国《基本法》的基础上在民主德国实行公职人员制度。联邦行政法院认为，凡是在联邦、州、乡以及受国家监督的团体、研究所和基金会从事公务活动的人员都是公职人员，具体包括政府官员、医务护士、士兵、教师、法官、火车司机等，联邦总理、内阁成员、州政府成员、议会国务秘书等不属于公职人员的范畴。在德国，政府雇员包括三类：官员、职员和工人。官员一般是指公职人员，即专门从事国家行政和业务工作，忠实履行国家管理义务的人员，包括联邦、州和地方三级的官员。

1950年根据《联邦公职人员法》成立了临时联邦公职人员委员会，1953年成立了永久性的"联邦公职人员委员会"，弥补人事机构分散设置的不足。联邦公职人员委员会由7名正式委员和7名副委员组成，联邦审计长、内政部和财政部的有关负责人为常务委员。联邦公

职人员委员会不直接处理具体的人事行政事务,而主要是履行监督、指导、制定法规、裁决纠纷等职能。联邦公职人员委员会的日常办公机构设在内政部。内政部是联邦德国公职人员管理的独立行政机构,内设10个司、3个分管司以及若干处(室)。

(二)德国公职人员养老保险制度

1. 公职人员养老保险制度的模式

德国公职人员养老保险制度实行现收现付制,与其他群体养老保险制度完全分离,所需资金全部由国家负担,列入年度财政预算,公职人员本人无需缴费,通过一般税收进行融资,现收现付的养老保险制度模式给公职人员提供了表面上相对优厚的退休待遇。

但是,德国现收现付的养老保险制度模式已经给政府带来了较大的压力,不利于德国经济社会的发展,近年来,一直在探索进行公职人员养老保险制度和私人部门雇员养老保险制度的改革,公职人员养老保险制度将逐步趋向积累制或者引入积累因素。

2. 公职人员领取退休金的条件

公职人员退休领取养老金包括三种情况:正常退休、提前退休和病残退休。公职人员在达到退休年龄和规定的服务年限或丧失劳动能力时可以领取养老金,具体规定是:至少工作满5年;因病或者其他健康原因丧失工作能力;已经暂时退休或者视为长期退休。公职人员的正常退休年龄为65岁,也可以在63岁时提前退休,或者因伤残在60岁时退休,如果公职人员在达到法定退休年龄前退休,养老金将每年减少3.60%,最大削减率为10.80%,即最多提前三年退休。对一些严重伤残的公职人员或在达到法定退休年龄前不能工作的公职人员来说,退休年龄是63岁。如果公职人员在达到60岁前伤残,60岁之前伤残时间的三分之二计入计算养老金的工作年限。

3. 公职人员养老保险的待遇计算

(1)公职人员退休金。

公职人员退休金取决于公职人员的服务年限和计算养老金的报酬,退休金计算以公职人员最后一个月的工资和允许退休时的工龄为基础。工龄满10年的公职人员,其退休金为最后一个月工资的35%;工龄满11年至25年的公职人员,每超过1年再增发原工资的2%。服务年限达到26年以上的,每超过1年再增发原工资的1%。工龄不满1年的余数,以182天以上计算为1年。公职人员每月的退休金数额不得超过最后一个月工资的75%。2003年,最大的养老金替代率是75%,但需要达到40年以上的服务年限。2010年,养老金替代率下降到71.75%。如果公职人员因公伤残,则伤残养老金替代率至少是66.70%。

(2)特殊群体的养老金。

特殊群体的养老金以特别的规定运用于地方官员,尤其是市长和县行政首长。他们退休金替代率要高于普通公职人员,他们也有更大的自由在私营业务部门获得额外的收入,具体在不同的州可能有所不同。

(3)死亡抚恤金。

公职人员在职期间或者退休后死亡,其家属可以领取相应的赡养金,主要针对其配偶、亲生子女和抚养子女。公职人员死亡抚恤金最高为其最后一个月工资或退休金的两倍,死亡公职人员的遗孀可以领取其退休金60%的遗孀金。但是,如果遗孀再婚,则停止发放,但可以领取一次性补偿金。

(4)事故养老金。

公职人员因工伤而失去工作能力者,可以领取事故养老金。年满55岁未满60岁的公职人员,未满的年限按50%增加计算工作年限,或者将养老金比例增加20%。事故养老金至少是工资的66%,最高不超过75%。

表6-3 德国公务员养老保险制度

制度模式	公职人员养老保险,是雇主养老保险的一部分
资金来源	国家财政负担,实行现收现付制
待遇给付	法定退休年龄67岁,可以提前退休 工龄满10年的公职人员,其退休金为最后一个月工资的35%;工龄满11—25年的公职人员,每超过1年再增发原工资的2%。服务年限达到26年以上的,每超过1年再增发原工资的1%。工龄不满1年的余数,以182天以上计算为1年

二、德国公职人员养老保险制度与其他群体养老保险制度的比较

德国公职人员养老保险制度与其他群体的养老保险制度既有共同之处,也有明显的差别。从共同点来看,公职人员养老保险制度和其他群体的基本养老保险制度同属国家的法定养老保险制度,长期以来,两者都采取现收现付的模式。

但是,在制度的运行上,公职人员养老保险制度与其他群体养老保险制度的区别较大。主要体现在以下几个方面:

(1)在资金筹集上,公职人员无需进行缴费,完全由国家财政负担。而其他人员则需要缴费,由雇主和雇员平均分摊,或者全部由个人承担。目前,私人部门和公共部门其他雇员缴费比例为雇主和雇员各缴费9.95%,私人部门自雇人员缴费19.90%。

(2)在待遇计算上,对公职人员相对比较慷慨,私人部门的养老金计算需要考虑各种限制性因素。

(3)在管理体制上,德国实行的是不同群体之间独立自治管理的体制,公职人员与其他群体的养老保险由各自独立的部门管理。德国公职人员养老保险由联邦政府内政部负责,具体拟定公职人员退休的政策;财政部负责公职人员退休金的筹集和支付。

(4)在法律依据上,公职人员与其他群体的养老保险制度都建立在国家基本法的基础上,但是,其具体的规定依据不同的法律实施。虽然同属公共部门人员,公共部门的非公职人员则实行的是与公职人员不同的养老保险制度。

三、德国公职人员养老保险制度的改革历史

两德统一后,为保证公务员养老保险制度可持续发展,德国政府进行再一次改革。1992年德国政府调整了公务员退休金的计发办法,宣布了提前退休领取养老金的办法等等。德国进行的这次改革并不是"一刀切",而是规定了一个过渡期,且实行的是"老人老办法","新人新办法"。1992年以前退休的公务员仍然执行老的公务员退休政策;2002年以后退休的公务员按照新的政策执行。同年,改革还对失去工作能力的公务员进行了养老保险方面的规定。因自身残疾而无法继续工作的可以提前退休,包括精神疾病和身体残疾。如年满62

岁或者严重残疾年满60岁,可以不需要丧失工作能力的证明而直接退休。养老保险体系在1998年进行了改革,延长了领取养老金的工作年限,从35年的服务工龄延长到了40年。申请领取退休金的最低年龄限制从62岁延长到了63岁。改革还规定了德国公务员如果提前退休一年,养老金就会减少3.60%,最多不超过10.80%。德国公务员养老保险制度在2001年也进行了一系列改革。改革规定接下来的8年里,公务员的养老金的增长率每年降低0.50%,养老金的最高替代率从75%降低到2010年的71.75%。从2002年起,愿意为养老额外储蓄的公务员将得到政府的补贴和税收优惠。此外,公务员的法定退休年龄将逐步延长。从2009年开始公务员领取全额养老金的最低年限提高到了45年。

四、德国公职人员养老保险制度的评价

德国公职人员养老保险制度呈现出以下几个特点:

(1) 实行完全独立的制度模式,突出了公职人员的职业特点,强调公职人员的特殊性。

(2) 实行现收现付的筹资机制,通过国家财政进行年度预算安排进行筹资,当期的筹资用于发放当期的养老金,不进行基金积累,无需担心保值增值的问题。

(3) 公职人员养老完全由国家负责,无论是从责任分担还是从管理服务来说,德国公职人员养老保险制度体现了明显的国家保障特点。一方面,德国公职人员养老的资金筹资完全由国家财政负担,通过税收进行融资,个人无需缴纳任何费用;另一方面,公职人员养老事务的管理由政府部门负责,与其他群体的养老分开管理,可以说,国家是德国公职人员养老保险制度的立法者、筹资人和管理者。

专栏 6-1

1886年5月"关于农业企业①中被雇佣人员工伤事故保险帝国法"的公布和生效,是德国农村社会保障体制的开端。该法针对的对象是农业中从业的雇员,而农场主(农民)的社会保障体制在德国引入的时间并不长。

很长一段时期以来,立法机关认为,独立从业的农场主在退出农业经营时可以从继承人那里获得一定数额的现金和实物补偿(如提供住房),因此,没有为他们设立法定社会保障的必要。但由于城市化的影响,老年农场主及其家属的生活需求也在提高,而他们从农业企业移交(出售或出租)协议中获得的现金补偿又无法满足他们的需求,尤其是中小农场主在老年时往往陷入生活困境,导致了他们在达到正常退休年龄后还不得不继续从业,使得企业移交给年轻继承人的时间也被一再往后推。

1995年1月1日起,经过改革的农村养老保险体制运用到了德国东部地区,且对那里的农场主规定了过渡性措施,即一个农场主若在此前已经年满50岁,那么,他就有权在投保农村养老保险和投保(法定)普通养老保险(包括工人养老保险和职员养老保险)之间进行选择。若转入农村养老保险,原先在普通养老保险中的投保时间在特定条件下可折算入农村养老保险,这既为了确保他们能拥有最低投保时间以便从农村养老保险中获取养老金,也为了提高他们的养老金水平。

---

① 农业企业是指农林业中的企业和庄园,还包括园艺业、葡萄种植业、渔业和池塘养鱼业的企业。

总之，农村养老保险是针对农场主这一特定的职业群体设立的，其主要任务在于，给予投保的农场主(包括其配偶)、共同劳作的家属及其遗属在出现诸如年老、丧失劳动能力和死亡时养老金形式的现金给付。农村养老保险是一种法定强制保障，但在特定情况下，上述人员也可以依法或申请免除保险义务。

在农村养老保险实施以前，原来的农场主由于没有老年保障经常被迫推迟企业的移交，或是通过留一块土地自己经营来缩小农业企业规模，或是以与原有的法律形式不同的形式转交企业，从而使得年轻的接班人要等上很长时间才能接手企业，以至于他们没有充分的时间来发挥他们的经营能力。随着农村养老保险法的实施，这些阻碍因素得以消除，农村企业一般能及时地转交给年轻一代，接班人的年龄以及所有企业主的平均年龄得到了显著降低，正是出于这个原因，德国农场主平均年龄是欧洲联盟中最年轻的(平均年龄约 45 岁)。

表 6-4 德国农场主养老保险基本情况

覆盖对象	农场主①及其配偶和共同劳作的家属
财务模式	现收现付制度
资金来源	保费＋联邦政府的补贴(很大一部分)；所有农场主只能缴 1 份保费，且保费都相同；家属的保费为农场主保险费的一半，由农场主负担(除家属申请免除保险义务以外)
待遇给付条件	以农场主移交农业企业为先决条件；投保最低 15 年；获取丧失劳动能力养老金的最低投保年限为 5 年
待遇给付形式	主要是现金给付；特殊情况下可以获得经营帮工、家政帮工、康复性措施
管理机构	多家农村养老保险机构，分别设立在当地的农村同业工伤事故保险机构那里，并在全国组建了一个农村养老保险机构总联合会(GLA)。这样实现了管理人员和资源的共享，不仅节约了管理成本，提高了经济性。如当给付责任在不同保险分支机构间转移时，各类保险机构之间可以在"一幢大楼里"快捷和有效地进行沟通和合作
备注	大型农业企业中的雇员不属于农村养老保险的范畴，而是应投保普通的工人或职员法定养老保险；随着身份的转变，投保人可以在农村养老保险体制和普通养老保险体制之间自由转换

资料来源：郑春荣，"德国农村养老保险体制分析"，《德国研究》2002 年第 4 期。

注①：农场主：以土地经营为基础、独立经营并达到一定最低规模的农业企业的经营者。另外，倘若配偶双方没有持久地分居，那么农场主的配偶也被视作农场主。共同劳作的家属则是指在企业中专职从业的直至第三级的血亲、直至第二级的姻亲和一个农场主或者其配偶的养子(女)。

第三节 美国公职人员养老保险制度

一、美国的公职人员与公职人员养老保险制度

(一) 美国的公职人员

在公职人员制度建立以前，美国实行的是政治任命的"政党恩惠制"或者"政党分肥制"。这种官员任命制度与执政党和总统共进退，根据选举结果不断进行调整，给政府行政带来诸

多不便,影响了行政效率。而且这一制度难以公平择优,很多人对其强烈不满。1883年《调整和改革美国文官制度的法律》(又称《彭德尔顿法》)明确了美国公职人员制度的功绩制原则,为后来公职人员制度的建立和完善奠定了重要基础。《彭德尔顿法》规定,公职人员的录用需要经过竞争考试,并且需要一段时间的试用;确立了公职人员的政治中立原则并一直延续到现在。通过《彭德尔顿法》确立的公职人员制度为当时的政府行政管理发挥了重要作用,但是在实践中仍然存在诸多问题,比如管理程序烦琐、公职人员流失较多、录用制度缺乏灵活性、考核形同虚设、缺乏激励性等。1978年美国对文官制度进行了彻底改革,通过了《文官制度改革法》,具体内容包括:(1)撤销了原来的文官委员会,建立了一些新的人事管理机构,包括受总统直接领导的人事管理总署(OPM);(2)下放部分人事管理权限,联邦人事管理总署负责制定总的人事管理方针、政策和相应的监督权,各部门根据改革法案中的"高级行政官员条例",基于功绩制原则设立高级行政官员、负责复杂的行政事务的管理,根据工作业绩的好坏而给予相应的报酬。

美国的公职人员范围分为广义的和狭义的两种。广义的是和军人相区别的所有政府雇员,包括总统、州长、市长等民选人员,部长、副部长、助理部长、独立机构的长官等政治任命官员和行政部门的其他所有文职人员,只有立法部门的参议员和众议员、司法部门的法官以及国会雇用的人员不属于文官。狭义的是指选举和政治任命产生的高级官员(政务官)以外的政府部门的文职人员,即"职业文官"(也称事务官),还包括公共事业单位的人员和政府经营的企事业单位的管理人员。相对而言,美国的公职人员范围比较广泛。

(二) 美国联邦公职人员养老保险制度

美国现行的公职人员养老保险制度也由三支柱组成:面向全社会提供基本的退休生活保障并由政府强制执行的社会保障计划,被认为是这个多层次体系中的基石;联邦、州和地方政府为其雇员提供的第二支柱养老金计划;第三支柱是个人自行管理的个人退休账户。(IRA计划——个人退休金计划)

美国联邦政府文职雇员的退休金制度主要由公职人员退休金计划(Civil Service Retirement System,简称CSRS)和联邦雇员退休金计划(Federal Employees Retirement System,简称FERS)组成,都属于美国多支柱养老保险制度中的第二支柱公共部门养老金部分。一般1983年以前参加工作的联邦政府雇员纳入公职人员退休金计划,1984年以后参加工作的联邦雇员实行联邦雇员退休金计划。为解决1883年公职人员法案所导致的联邦政府冗员问题,1920年建立公职人员退休金计划。1983年,美国国会修订1935年的社会保障法案,将联邦政府的新雇员全部纳入联邦社会保障计划,因此,产生了联邦雇员退休金计划。

1. 公职人员退休金计划

独立公职人员退休制度包括:基本退休金、特殊退休金、残废抚恤金、孤寡津贴项目。

(1) 基本退休金与雇员工作年限和工资水平挂钩。按其连续最高3年基本工资的平均值和雇员在联邦政府的工作年限来确定,一般对前5年工龄,基本退休金按平均工资的1.50%发给;后5年,即对6—10年的部分工龄按每年积累平均工资的1.75%发放;对10年以上的部分工龄,基本退休金按平均工资的2%发给。

(2) 关于享受基本退休金资格的规定。联邦公职人员没有强制性退休年龄。只要符合下列年龄和工龄组合之一的发放条件就有资格享受基本退休金:①有30年工龄并年满55

周岁;②年龄满 60 周岁且工龄满 25 年;③年龄 62 周岁且工龄至少 5 年;④司法、警务人员服务年限 20 年以上且年满 50 岁;⑤因工致残者,凡工龄满 5 年以上的,不限年龄。另外工龄没有达到 5 年的雇员因故离职可以返还其自己的缴费和利息,但满了 5 年工龄未达到以上发放条件离职的雇员在 62 岁时可以领取延期退休津贴,或获得返还其缴费,但不享有利息,这主要是为了防止雇员抽回其缴费,以免导致整个退休金系统收入的减少。另外,有关退休金计划的筹资模式。公职人员退休金计划是一个部分积累的基金制养老金计划。所需经费,由用人单位和公职人员各自承担 7%,即凡适用于公职人员退休法的公职人员,每月应缴纳其工资的 7% 作为保险费,其服务机关也应缴纳相同的数额。为体现公平原则,限制退休后的过高收入,工资超过上限的部分不缴纳保险费,也不作为养老金的计发基数。工资额上限是随着物价和工资水平的提高而不断调整的。此外基本退休金也随物价上涨的相同比例自动调节。

最后,退休金计划的管理体制。公职人员退休金计划主要由联邦政府的人事管理办公室组织和管理,负责确定退休雇员的退休金待遇水平,并根据每年消费水平指数调整退休金。一般该办公室指定一个三人精算委员会,负责确定精算方法,估算正常成本和隐性债务的必要假定条件。此外,各联邦机构协助负责告知雇员有关退休金计划的信息,也可以代替退休雇员提出退休金支出要求。公职人员退休金计划账户基金由联邦财政部管理,大部分投资于联邦政府为持有退休基金目的的特别债券,该债券不能进入市场流通发行。

2. 联邦雇员退休金制度

联邦雇员退休金主要由第一支柱的国家强制的社会保险、待遇确定型退休金计划和个人节俭储蓄计划三部分构成。

(1) 第一支柱国家强制的社会保险。该部分主要用于养老遗属和残疾的保险费,以税收的形式筹集。这一项目与其他社会群体一样,联邦雇员和雇主分别按个人工资和工资总额的 6.20%(2015 年调整为雇员工资额的 12.40%,由雇主和雇员各承担 50%)缴纳社会保障税,最高纳税工资封顶(一般雇员工资征税最高为 80 400 美元),超过此数额的部分不纳税,也不作为计发基数。雇员达到法定退休年龄 65 岁,并且最低缴费满十年就可以享受该社会保险津贴,可以领取一定数额的社会养老金。

(2) 待遇确定型退休金计划(即基本津贴)。该部分津贴来源于雇主和雇员的缴费。目前,总缴费率为雇员工资总额的 11.50%,其中包括雇员工资额的 0.80% 和联邦各机构的 10.70%。该津贴与联邦雇员的工资水平和服务年限挂钩。其具体计算方法:雇员最高 3 年工资的平均值的 1% 乘以工作年限,不设最高限额。但如果雇员工龄达到 20 年且年满 62 岁,则退休金待遇水平为雇员最高 3 年工资的平均值的 1.10% 乘以工作年限。其发放条件根据工龄和年龄有所不同:满 62 岁有 5 年工龄、满 60 岁有 20 年工龄、达到最低退休年龄 (55—57 岁) 有 30 年工龄可以领取不同的养老金。雇员工龄在 10—30 年之间且达到最低退休年龄可以退休,但规定在 62 岁之前退休只能领取 95% 的退休金。另外如雇员有 10 年以上工龄,在没有达到最低退休年龄就已经离开岗位的可以在达到退休年龄后领取折扣退休金或者返还其缴费额和利息。

(3) 个人节俭储蓄计划。个人节俭储蓄计划是联邦雇员退休金制度的重要组成部分,是一个完全积累基金制缴费确定型养老金计划,由联邦政府发起和组织,联邦雇员可自愿选择缴费比例参加,但有最高缴费规定,一般不超过其基本工资的10%,同时联邦政府提供配送缴费。无论雇员是否选择缴费,政府都自动为其提供相当于该雇员基本工资1%的缴费。该计划由依据1986年联邦雇员退休金制度法建立的一个独立的联邦机构联邦退休金节俭投资委员会管理,由总统任命的5名兼职人员和1名专职执行主管组成,且5名兼职委员选定执行主管,由隶属劳工部的养老金与福利待遇管理局和一个独立审计机构审计监督该委员会的工作。另外有一个14人组成的雇员节俭投资咨询委员会提供咨询和指导工作。这个咨询委员会的成员由雇员和退休者团体提名,由节俭投资委员会的主席任命。目前,自愿参加个人节俭储蓄计划的雇员不断增加,从1987年有资格缴费的56.3万名中26%的人增加到1999年140万名中86%的人参加该计划。同时,参加的雇员的平均缴费率也从1987年的3.70%增加到了1997年的6.80%,其中33.30%的雇员缴费率达到了最高限额10%。

美国公共部门职业年金计划按不同职业群体分为多种类型(见表6-5)。

表6-5 美国各类公职人员养老保障体系

	联邦政府公务员 (1983年之后入职)	加入了OASDI的 州政府公职人员	加利福尼亚等15个未加入 OASDI的州政府公职人员
第一支柱	老年、遗属、残障保险 (OASDI)	老年、遗属、残障保险(OASDI)	
第二支柱	DB型职业年金:FERS	DB型:各州独立的公职人员综合性计划,各州为未加入综合计划的教师等单独建立的养老金计划	DB型:各州独立的公职人员综合性计划,各州为未加入综合计划的教师等单独建立的养老金计划
第三支柱	DC型职业年金:TSP	DC型:公务员(457计划);其他非营利性机构[403(b)]	DC型:公务员(457计划);其他非营利性机构[403(b)]
第四支柱	个人养老储蓄计划	个人养老储蓄计划	个人养老储蓄计划

资料来源:张云野、刘婉华,《职业年金制度研究》,清华大学出版社,2014年版,第64页。

专栏6-2

美国公务员养老保险制度改革以及节俭储蓄计划

美国国会于1981年开始就联邦政府公务员养老制度改革问题进行讨论,并由国会研究中心牵头,联合美国国家审计局(GAO)和国家技术评估局(Office of Technical Assessment)进行了长达一年的专项研究,提交了一系列方案。

经过五年的讨论,新的《联邦雇员退休法案》(FERS计划)最终于1986年出台,并于1987年1月1日开始实施。新计划适用于1983年后加入联邦政府的雇员。其他已参加养老计划的员工不受影响,但有选择权,可以申请转入新计划。

改革25年后,新的联邦政府公务员计划已成为美国养老保障体系第二支柱的重要组成部分,为超过300万名联邦政府公务员提供了一套类似于401K的年金计划。

新计划对养老计划进行了三点改革:一是联邦公务员开始缴纳社会通行的基本社会保障税,参加联邦公共养老保险;二是用一项基础性、福利水平较低的待遇确定型计划替代了养老计划中的高福利待遇;三是建立了一项类似于401K计划、自愿性质的缴费确定型养老计划,称为节俭储蓄计划(Thrift Savings Plan,TSP)。节俭储蓄计划目前已是美国联邦雇员养老计划的核心。

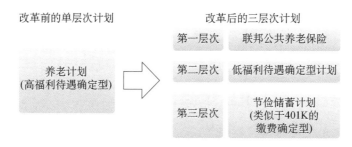

图 6-1　美国联邦政府养老体系改革示意图

资料来源:中国证监会,2016 年 12 月 12 日,http://www.csrc.gov.cn/pub/newsite/yjzx/yjbg/201612/t20161212_307707.html

二、节俭储蓄计划介绍

节俭储蓄计划(TSP)是与美国许多私人部门雇员参加的 401K 计划类似的 DC 型退休计划。截至 2013 年底,TSP 计划共有 460 万参保者,资产总额达 4 070 亿美元。

1. TSP 缴费

雇员缴费包括常规缴费和追加缴费两部分。单位缴费仅适用于 FERS 雇员,包括 1% 的自动缴费和配比缴费(见图 6-2、表 6-6)。与此同时,美国对 TSP 的雇员个人缴费、追加缴费及总缴费年度上限分别作出了规定。

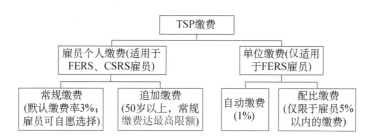

图 6-2　TSP 缴费构成

数据来源:TSP,"Summary of the Thrift Savings Plan",2014:3,p.3.

表 6-6　FERS 雇员 TSP 的政府配比缴费

雇员缴费	单位缴费		共计
	自动缴费	配比缴费	
0.0	1.00	0.00	1.00
1.0	1.00	1.00	3.00
2.0	1.00	2.00	5.00

133

(续表)

雇员缴费	单位缴费		共计
	自动缴费	配比缴费	
3.0	1.00	3.00	7.00
4.0	1.00	3.50	8.50
5.0	1.00	4.00	10.00
5.0 以上	1.00	4.00	雇员缴费+5.00

数据来源：TSP，"Summary of the Thrift Savings Plan"，2014：3，p.5.

2. TSP 税收优惠政策

TSP 有两种税收优惠政策供参保者自由选择，即传统 TSP 税优政策（EET）和罗斯 TSP 税优政策（TEE）。前者在 TSP 设立之初就存在，后者于 2012 年 5 月被引入 TSP。参保者可在两种税优政策中自由选择（默认参加前者）。通过测算对比发现，就参保者个人而言，两种税优政策孰优孰劣因人而异，主要取决于 TSP 缴费期和领取期所适用的个人所得税率孰高孰低。

3. TSP 账户的转移和支取

拥有 TSP 账户的参保者可通过直接划转或重新转存的方式将其参加的其他计划的账户资金转至其 TSP 账户。

与此同时，TSP 参保者有三种方式从其 TSP 账户中支取资金：①贷款，总贷款额度限于其个人的 TSP 缴费及其收益；②在职期间支取。参保者在就职于联邦政府期间因经济困难或年满 59.5 岁之后可申请在职支取 TSP 账户资金；③离职后支取，有三种方式供选择，即一次性付清、由 TSP 每月支付一定额度、购买年金。

4. TSP 管理

设立于 1986 年的联邦退休节约储蓄投资委员会（FRTIB）作为独立的政府机构受托管理每位参保者的 TSP 资产。该机构的管理层由董事会和执行董事组成，董事会成员负责制定 TSP 政策以及日常监督，执行董事负责政策的具体落实。TSP 财务报表每年接受一次审计，每年发布年度报告和季度报告。

三、改革的效果评价

（一）改革取得的成绩

截至 2012 年第 3 季度，美国联邦政府雇员的养老金资产达 1.5 万亿美元，而同期 401K 的资产价值为 3.5 万亿美元。

新的公务员养老计划改变了原有的高福利养老计划。从多方面来看，这是一项非常成功的改革：① 2006 年的调查显示，超过 80% 的联邦公务员对新计划很满意；②覆盖面广，2011 年参保率达 85%；③参保公务员向该计划的缴费水平很高，平均达 7.30%，远高于政府匹配缴费的上限 5%；④通过组合投资等专业投资策略取得了良好的长期收益。

（二）改革效果评价

1. 缓解了财政压力

改革前，美国联邦公务员的养老计划面临不可持续的困境，当时的公共养老保险面临入不敷出的压力,里根政府也着力削减财政支出。新的联邦政府养老金计划极大地缓解了美国政府多方面的压力。根据改革初期的分析,新的公务员养老制度的成本比老制度的成本节约25%左右。

2. 促进了私人养老的大发展,增进社会公平

美国联邦政府养老金计划在改革前独立于基本公共养老保险及私营行业的年金计划,这种"双轨制"引起社会强烈不满。并间接影响了公共养老保险的改革和401K计划的推行。新的公务员养老计划的出台帮助公共养老保险度过危机,并加强了整个社会对401K计划的长期信心。根据一直参与美国公务员养老体系改革方案制定的美国雇员福利研究中心的报告,联邦政府公务员养老体系改革后,美国401K计划才真正得以迅速发展。通过专业管理和投资,联邦政府公务员养老金也维持了其长期可持续性,保障了公务员福利。促进实体经济和资本市场的发展。

美国联邦政府养老金计划改革后,许多州和地方政府养老金也转轨为缴费确定型年金计划,并加入公共养老金体系。而改革后的养老金大部分投资于资本市场,对支撑美国的实体经济和资本市场的发展起到了重要作用。

3. 促进政府部门与私营部间的人才流动

在原有的养老计划下,雇员需要长期在联邦政府工作才能享受到该福利。因此如果业界的专业人士在职业生涯的中期转入政府工作,就无法参加该计划。同样,如果联邦公务员在退休前离开政府,既不能享有这项计划,又未被其他计划覆盖,保障缺失。这种制度影响了具有行业工作经验的专业人士和具有政府工作经验的公务员之间的相互流动。而养老体系改革后,这种职业的转化变得相对容易,促进了政府引进人才。

资料来源:

网址:www.csrc.gov.cn/pub/newsite/yjzx/yjbg/201612/P020161226542744374068,中国证监会,美国联邦政府公务员养老金改革与评价,2016-12-26。

网址:2016年12月13日,杨洋《社会保障研究》,http://www.cssn.cn/shx/201612/t20161213_3313788_1.shtml,中国社会科学网,欧美国家公务员职业年金制度比较研究。

四、美国公职人员养老保险制度与其他群体养老保险制度的比较

美国公职人员养老保险制度体系比较一致,其中第一层次的制度完全相同,并且具有收入分配的功能。在制度模式上,公职人员养老保险制度与私人部门的养老保险制度也都主要实行缴费确定的模式,强调个人的缴费责任,权利与义务相结合。公职人员养老保险制度与私人养老保险制度都处在不断完善之中,通过一系列措施加强改革,比如延长退休年龄、改革计发办法、建立待遇调整机制等。尽管公职人员养老保险制度与私人部门雇员养老保险制度有着许多的相同点,但是,毕竟是两个不同的职业群体,其养老保险制度存在很多的差别,主要体现在第二个层次,具体体现在以下几个方面。

(1) 筹资机制的差别。第二层次的养老保险制度筹资上,公职人员主要由政府以雇主的身份为雇员缴纳绝大部分费用,个人缴纳的费用较少;而私人部门的雇主养老保险制度的筹资,则主要由个人缴费组成,雇主给予适当的补充缴费。

(2) 管理体制的差别。私人业务部门的第二层次养老保险制度(即企业年金制度)主要

由各个企业自行管理,政府相关部门进行监督,采取审慎监管模式。主要有三大机构根据相关法律负责企业年金的监督:一是国内税务署,主要职责是保护政府利益,确保税收收入不流失;二是劳工部,主要职责是保护计划参与者的利益;三是收益担保公司,当发生退休金不能支付保证收益事件的时候补偿计划参与者的利益。而联邦政府公职人员的养老保险制度主要由联邦人事管理局负责全面管理,在不同的养老保险层次又分别设立相应的管理机构。

(3) 政府责任的差别。政府在公职人员养老保险制度与私人养老保险制度中的责任是有所差别的,其中一个很重要的原因就是因为政府不仅要为作为普通国民的公职人员负责,而且还要承担作为公职人员雇主的责任。政府责任主要体现在筹资方面的差别,对于公职人员,相对私人部门雇主而言,政府要承担更大的筹资比例。在管理方面,政府也更加重视,加强基金的管理、投资和监督,确保基金的安全和收益,从而更好地实现公职人员的养老保险权益。

(4) 待遇水平差距较大。美国是一个收入差距非常大的国家,在养老保险待遇上,联邦政府公职人员与其他群体差别较大。不仅公职人员与其他群体的养老待遇差别较大,而且公职人员内部的差别也较大。

五、美国公职人员养老保险制度的评价

(一) 制度特点

(1) 制度形式的部分融合性。即公职人员的养老保险制度与其他群体养老保险制度相融合,其中的老年、遗属与残疾养老保险制度覆盖全体国民,在此基础上,公职人员有其独立的制度安排,体现公职人员的职业特色。

(2) 制度的多层次性。改革后的美国公职人员养老保险制度包括了与普通国民相同的社会养老保险、公职人员由雇主提供的养老保险和节俭储蓄养老三个层次,此外,公职人员还可以参加一些个人养老计划。

(3) 资金筹集的责任共担。美国公职人员养老保险制度的资金筹集既不是完全由政府来承担,也不是完全由个人来承担,而是发挥政府与个人的共同作用,在强调个人责任的基础上,也注重发挥政府的作用。

(4) 资金的部分积累制。美国公职人员养老保险制度的第一层次(与普通国民相同的部分)实行的是现收现付制,其他层次实行的是完全积累制模式,总体来看,属于部分积累制。

(5) 注重基金的保值增值。与其他群体的养老保险制度相比,美国更加注重公职人员养老保险基金的安全与保值增值。

(6) 针对联邦政府与地方政府公职人员分别设立制度。由于美国在政治上属于分权制国家,联邦政府和地方政府公职人员分别设立不同的养老保险制度,而且,各州和地方政府公职人员养老保险制度的差别也比较大。

(二) 发展趋势

美国公职人员养老保险制度的改革,实现了从待遇确定制向缴费确定制的转变,建立了多层次的公职人员养老保险制度体系,并实现了公职人员养老保险制度与其他国民养老保险制度的相对统一,更加强调公职人员的个人责任,注重公职人员养老保险基金的管理和投

资,完善了公职人员养老保险制度的管理体制。但是美国公职人员养老保险制度的改革过度注重追求经济效率和财务可持续性,而相对忽略了制度的公平性。过度强调政府责任或者过度强调个人责任的政策都是难以持续的,随着社会经济的发展,需要从理念和措施上进一步完善社会保障的相关政策,使美国公职人员养老保险制度朝着公平与效率相结合的目标迈进。

第四节 日本公职人员养老保险制度

一、日本的公职人员与公职人员养老保险制度

（一）日本的公职人员

日本公职人员包括了国家公职人员和地方公职人员两类,其公职人员范围相对比较广泛。国家公职人员是指中央国家机关和国营事业单位的官员和职员,具体包括中央政府机关、国会、法院、国立学校和医院以及国营事业单位、企事业单位的有关人员。国家公职人员包括一般职务的国家公职人员和特殊职务的公职人员,特殊职务的公职人员主要由公众选举或议会表决任职的重要政治性职务,包括内阁总理大臣、国务大臣、检察官、法官、人事官、政务次官、内阁官房长官、内阁总理大臣秘书官、总理府总务副长官、大使、国会议员等职务。除特殊职务以外的公职人员为一般公职人员。国家公职人员的管理由内阁人事院负责,主要履行国家公职人员的工作津贴、职阶制、考试与任免、进修、惩戒及其他相关事项。地方公职人员是指地方政府机关及国营企业的官员及职员。地方公职人员也包括一般职位公职人员和特别职位公职人员两类。特别职位的地方公职人员是指由地方议会选举、任命的公职人员,地方社团的理事长、理事、监事、地方政府所有的企业负责人等职位的公职人员。一般职位的地方公职人员指为执行国会法案而进行业务和行政工作的职位,各省厅的事务次官以下的所有职位均为一般公职人员。

国家和地方公职人员的管理机构也不同,国家公职人员的管理由中央人事院负责,设于内阁之下,但又保持较高的独立性,下设管理局、任用局、工资报酬局、公平局、职员局,负责国家公职人员的考试、录用、劳动保障、薪酬待遇、工作条件和处理有关申诉等。地方政府设立人事委员会或公平委员会,负责处理地方公职人员的相关事宜,与中央人事院没有纵向隶属关系。

（二）日本的公职人员养老保险制度

由于公职人员有国家和地方之分,日本的公职人员养老保险制度也分为国家公职人员养老保险制度和地方公职人员养老保险制度。这里主要介绍国家公职人员的养老保险制度,主要包括3个部分,即国民年金制度、公职人员共济年金制度、公职人员退休津贴制度。

1. 国民年金制度

国民年金制度是一项面向全体国民的基础养老保险制度,公职人员与其他国民一样参加日本的国民养老保险制度,在缴费和待遇方面与其他群体同等对待,体现了国民完全平等的原则。凡是20—59岁的日本国民都必须加入国民年金制度,国民年金制度的对象可以分

为三类:第一类是个体经营者及配偶、20岁以上的学生以及5人以下小型企业的职员(一号保险人);第二类为厚生年金和共济年金的加入者(二号保险人);第三类为第二类保险对象的配偶(三号保险人)。

国民年金的待遇领取与缴费年数有关,领取国民年金需要缴费25年以上。国民年金的缴费采用固定数额缴费的制度。第一类被保险者由本人直接向地方政府缴费,第二类被保险人及其配偶直接由厚生年金和共济年金的保险机构直接向国民年金的机构转账,个人不需要直接向国民年金的保险机构缴费。国民年金的资金来源2/3由第一号保险人与第二号保险人缴费,1/3由国家财政负担(原来的计划),目前国家财政负担部分已经提高到1/2。

不同类型的待遇领取资格和待遇计发有所不同。国民年金的老年待遇领取资格主要包括:在年龄上,原则上需要满65岁,60岁以上也可以领取,但需要相应降低养老金数额;加入国民年金计划的年限需要在25年以上,其中保险缴费的免除期间也计算在内。关于老年待遇的标准,以20—60岁缴费或视同缴费满40年计算,缴费时间在25年以上,少于40年的计算公式为:标准年金额×(保险费缴纳月数+半免保险费的月数×2/3+免除缴费月数×2/3)/参保年数×12。加入国民年金制度40年的人员退休后每月可以领取67 000日元的最高金额养老金。遗属待遇的领取资格包括:需要是国民年金计划的成员,而加入国民年金的期间,需要达到2/3以上的缴费年限。遗属待遇的支付对象是死亡人员的配偶及子女,领取遗属待遇的子女需要在18岁以下或为身体残疾者。1995年遗属年金的数额为每月6.5458万日元,每年78.55万日元。如果还有符合条件的子女,另外加算遗属年金,每人每年22万日元。

2. 公职人员共济年金制度

日本的国家公职人员共济年金制度是依据《国家公职人员互助公会法》建立的,该法于1958年7月开始实行。主要对象包括国家公职人员、旅客铁道公司、日本烟草、日本电话等公司的员工。互助公会负责公职人员共济年金制度的资金筹集和待遇发放等业务工作。

国家公职人员年金的缴费由公职人员和政府缴费组成,总缴费率为15.20%,其中个人和政府各负担一半,即7.60%。此外,国家财政还负担全部的国家公职人员互助年金的管理费用。

国家公职人员互助年金制度的待遇支付包括3类,老年待遇、残疾待遇和遗属待遇。老年待遇即公职人员退休共济退休金,包括一般待遇和特别待遇。一般待遇是指符合国民年金老年待遇给付条件的国家公职人员在65岁时可以获得公职人员共济年金的老年待遇,未达到65岁公职人员需要进行相应减扣。特别待遇是指符合国民年金老年待遇领取资格的国家公职人员在60岁时,可以获得特别待遇,特别待遇的数额为退休共济养老金+加薪部分养老金。残疾待遇包括残疾养老金和一次性残疾待遇。国家公职人员的残疾互助养老待遇根据残疾程度支付:一级残疾养老金为退休共济养老金×1.25+加薪部分养老金;二级残疾养老金为退休共济养老金+加薪部分养老金;三级残疾养老金为退休共济养老金。国家公职人员共济年金会员的残疾待遇最低额为552 900日元。一次性残疾待遇为退休共济养老金的两倍,待遇最低额为999 000日元。遗属待遇即支付给国家公职人员遗属的养老金,遗属待遇的支付顺序依次为配偶和孩子、父母、孙子和孙女、祖父母,遗属养老金为公职人员退休共济养老金的 3/4。

国家公职人员共济年金制度在大藏省的监督下,由中央机关、各省、厅组成机关共济公会,自办公职人员年金的短期支付及各种福利业务。各国家机关共济公会联合成立"国家公职人员共济公会联合会",办理国家公职人员年金的长期支付及各种福利业务。中央机关互助公会与联合会都具有独立的法人地位,二者没有相互隶属关系。

3. 公职人员退休津贴制度

公职人员退休津贴制度是为长期在政府机关工作的公职人员提供补偿而建立的,为退休公职人员提供一次性的待遇支付,经费全部来源于政府财政。主要依据 1953 年制定、1992 年修改的《国家公职人员退休津贴法》,由中央人事院负责实施。公职人员退休津贴主要包括一般退休津贴和特殊退休津贴两类。一般退休津贴是指正常情况下的公职人员退休津贴,包括 3 类:针对工龄未满 25 年的普通退休者津贴;针对工龄在 25 年以上正常退休人员的长期连续津贴;针对减员或因公伤残、死亡人员及家属的调整性退休津贴。特殊退休津贴是指部分国家公职人员不适用《劳动基准法》《船员法》和《雇佣保险法》,需要以退休津贴的形式支付的解雇津贴、失业待遇等津贴,特殊退休津贴分为两种情况:非预期退休者的退休津贴和失业者退休津贴。主要针对那些在达不到《劳动基准法》《船员法》和《雇佣保险法》标准的一般津贴,以退休津贴的形式支付。

表 6-7　日本公务员养老保险制度

制度模式	国民年金制度、公务员共济金制度、公务员退休津贴制度三个层次
资金来源	国民年金按固定数额缴费 公务员共济金制度缴费率为 15.20%,个人和政府各负担一半 公务员退休津贴制度由国家财政负担
待遇给付	法定退休年龄为 65 岁 国民年金和公务员共济金待遇都包括老年待遇、遗属待遇和伤残待遇 国民年金需要缴费 25 年以上,待遇领取和缴费年数有关 公务员退休津贴一次性支付

二、日本公职人员养老保险制度与其他群体养老保险制度的比较

要了解公职人员与其他群体养老保险制度的异同,需要了解日本的养老保险制度的整个体系。日本的养老保险制度体系包括 3 个层次:第一层次为国民年金制度,强制要求全体国民加入,而且对全体国民完全平等对待,目前约有 7 000 万人参加这一制度;第二层次为厚生年金与共济年金制度,主要针对企业雇员与公职人员;第三层次为自愿养老保险制度,比如厚生年金基金、新企业年金基金。此外,还包括了商业养老保险制度。

日本的国家公职人员与其他群体拥有一个共同的制度基础——国民年金制度,体现了公职人员与普通国民之间的平等性与养老保险制度的融合性。在国民年金这一基础养老金制度的基础上,不同职业群体的养老保险制度是不同的,主要体现在以下几个方面。

(1) 不同养老保险制度建立的法律依据不同,国家公职人员共济年金的主要依据是《国家公职人员共济组合法》,地方公职人员共济年金主要依据《地方公职人员共济组合法》,私立学校教员共济年金主要依据《私立学校教职员共济组合法》,农林渔业团体共济年金主要

依据《农林渔业团体共济组合法》。

(2) 不同的养老保险制度由不同的机构进行管理,厚生年金主要由厚生劳动省统一管理,各类公职人员的共济年金由不同的共济公会具体负责。

(3) 不同群体的养老保险待遇有所差别,其中,公职人员比企业雇员的养老保险待遇要高一些,不过,企业雇员还可以参加厚生年金基金,提高其待遇水平。

三、日本公职人员养老保险制度的评价

(一) 制度特点

目前日本公职人员养老保险制度的特点主要体现在以下几个方面。

(1) 制度的多层次性。目前日本公职人员养老保险制度是由不同层次的制度组成的,其基础是国民年金制度,公职人员与其他普通国民一样,统一参加国民年金制度;在此基础上,国家公职人员和地方公职人员还分别参加国家公职人员共济年金制度和地方公职人员共济年金制度;此外,公职人员还进行储蓄养老。

(2) 制度的部分融合性。公职人员与其他群体拥有一个共同的制度基础——国民年金制度,体现了公职人员与普通国民的平等性和养老保险制度的融合性。当然,从整体来看,日本公职人员养老保险制度并不与其他群体完全统一,而是通过公职人员共济年金制度体现了公职人员的职业特点。

(3) 建立了责任共担机制。与一些国家(比如德国、法国)的公职人员养老全部由国家财政负担不同的是,日本的公职人员养老保险制度建立了责任共担机制,在资金来源上,由政府和公职人员个人共同负担。国家公职人员共济年金制度由政府和公职人员分别缴纳50%。

(4) 制度的连带性。日本的公职人员养老保险不仅针对公职人员本人,而且还覆盖了公职人员的配偶。

(5) 法治化特点。日本的公职人员养老保险制度通过《国民养老保险法》《国家公职人员法》《国家公职人员共济组合法》等法律对资金筹集、待遇支付等内容进行了规定,做到有法可依,并且在实践中不断完善。

(二) 发展趋势

从整体来看,日本公职人员养老保险制度并不与其他群体完全统一,而是通过公职人员共济年金制度体现了公职人员的职业特点。既体现出了不同群体之间的平等性,也体现了公职人员职业的特殊性,较好地兼顾了养老保险制度的公平与效率。不过,日本的国家公职人员养老保险制度也不是完美无缺的,随着经济社会环境的变化,公职人员养老保险制度需要进一步完善。在制度设计方面,不同群体养老保险制度的分散性与独立性仍然非常明显,容易造成攀比,也不利于劳动力的自由流动。在管理体制方面,由于不同群体制度的差异性,其管理也比较分散,不同群体的制度由不同的机构进行管理,不利于整合资源、统筹共济。

21世纪以来,日本的养老保险制度不断进行改革以应对少子化、老龄化、高龄化和经济发展放缓的严峻挑战,促进养老保险制度的可持续发展。

尽管日本的公职人员养老保险制度正在不断改善之中,也取得了一定的改革成效,但是,仍然存在诸多问题,未来改革的任务仍然沉重。在日本未来的公职人员养老保险制度改革中,应该考虑制度发展的历史和现状,并且考虑日本的人口、经济、社会的长远发展趋势,

从制度形式的公平和效率相结合走向实质的公平和效率相结合。在制度形式和制度内容的设计中应该进一步拉近公职人员与其他群体的距离,建立一个更加融合的养老保险制度体系。构建一个可持续发展的财务机制是未来改革和应对人口老龄化的重中之重,应该在完善责任共担筹资机制的基础上适度加强基金积累,并且建立有效的缴费与待遇相衔接的激励机制,提高个人的缴费积极性。在管理机制上,需加强公职人员养老保险制度与其他群体养老保险制度的适度整合,以利于更好地衔接;并且应实行社会化管理,提高制度管理与运行效率;加强制度的监督管理,提高缴费率。

专栏6-3

日本农村社会的养老保险是按照公平性和多层次性两个方面来安排的,实行的是双层结构年金制。第一层次为国民年金。1942年日本建立了只针对公司职员和公职人员的年金制,1959年的"国民年金法"使年金制覆盖农民及其他国民,1961年两种年金统一,国民年金成为全体日本国民的基础养老保险,是全体国民强制性加入的与收入无关的基础养老金,它为老年人提供基本收入保障,保证了"国民皆年金"。第二层次的农民养老保险基本上采用基金制,强调自愿原则,但政府给予税制优惠,是国民年金的重要补充。两个层次包含四种养老保险项目,即国民年金、农民年金、国民养老金基金、共济年金,其结构体系如表6-8所示。

表6-8 日本农村养老保险体系

	第一层次				
	产生	财务模式	参保条件	基金构成	待遇
国民年金	始建于1942年(未覆盖农民);1961年统一制度(覆盖农民);1985年覆盖全民	采取现收现付模式,强制实施,平均缴付,平均给付	20—60岁农民必须每月定额缴纳1.33万日元,2008年涨至1.45万日元	政府负担1/3;个人缴费,基金运营收入	缴费至少25年;缴费40年的参保者退休后每月最高可领取6.70万日元
	第二层次(自愿性的基金制)				
农民年金	始建于1971年,2001年实施新制度;参保条件是拥有或正使用7.50亩以上的农民;本人承担20 440日元(1999年),其他由国库承担				
农民年金 待遇给付	农民年金待遇给付:缴费20年并在65岁前转让经营权,则65岁以后领取的经营转让养老金=1 400日元乘以已缴费月数;若未进行经营转让,从65岁开始支付的养老金额=900日元乘以已缴保费月数;缴费超过3年,在取得领取资格前死亡或退出,可支付余额				
国民养老金基金	始建于1991年,2002年实施DC模式。参保者:不能加入农民年金的农民和个体经营者,如小店店主、医生、律师等;20—60岁农民均可自愿加入。月缴费在68 000日元以内免税				
共济年金	农业协同组合(一种农村组织)举办的人寿保险互助制度(非营利的),覆盖会员晚年生活保障、护理、医疗、死亡等保障。截至2007年度,181万农户、764万农民参加了该制度,支付养老互助金5 860亿日元				

资料来源:主要根据以下资料整理而成,任倩、付彩芳,《国外农村养老保险》,中国社会出版社2006年版;夏鲁青,"日本的农村社会养老保险",《山东劳动保障》,2009年第9期;吕学静,"日本:三大步解决农民养老",《中国社会保障》,2010年第1期;王翠琴、黄庆堂,"日本农村养老保险制度及对我国新农保的借鉴",《当代经济管理》,2010年第10期。

第五节 新加坡公职人员养老保险制度

一、新加坡的公职人员与公职人员养老保险制度

(一)新加坡公职人员

新加坡的公职人员制度受英国影响较大,形成于20世纪50年代。新加坡的公职人员定义比较广,主要包括政府各部门的工作人员(但不含所属法定机构和公司的人员)、独立机构的工作人员、小学教师。但是各部门正副部长、独立机构的正副首长和公共服务委员会的委员都不属于公职人员。新加坡按工作性质将公职人员分为行政管理类、专业类和部门类。行政管理类是指直接参与各部门决策和政策制定的人员,工资比其他公职人员要高,这一类的人数较少;专业类公职人员主要包括教师、医生、律师、工程师等;部门类公职人员主要包括警察、狱官、消防人员、移民局官员等。按级别分,新加坡的公职人员分为超级、一级、二级、三级、四级。一般而言,专业类和管理人员属于一级,执行人员属于二级;文秘人员属于三级;辅助和杂勤人员属于四级。

公职人员的管理机构有两个:一是公共服务管理委员会;二是财政部公共服务署。其中公共服务委员会的职责主要是负责公职人员的录用、晋升、纪律及发放奖学金等,由10—12名委员组成,由总理提名,总统任命,或者直接由总统直接任命。委员一般是企业界、金融界、教授、医生等有成就的非公职人员。财政部公共服务署主要负责制度人事发展政策、管理高级官员、制定公职人员培训政策、管理公职人员的工资福利事务、研究公共与私人机构的工资福利情况。

(二)新加坡公职人员养老保险制度

新加坡的公职人员养老由退休金制度逐步过渡到公积金制度,由公职人员个人缴费积累,中央公积金局进行统一管理,属于完全融合型的制度。

1. 中央公积金制度的筹资

新加坡中央公积金制度的筹资由雇主和雇员缴费组成。1955年刚建立时,缴费比例为10%,其中雇主和雇员各缴纳5%。之后缴费率不断增长,最高时期达到40%,雇主和雇员各缴纳20%;后来,总缴费率降低至35%,雇主缴费为15%,雇员缴费仍为20%。从公职人员的缴费来看,不同年龄段雇员的公积金缴费率有一定的差距,50岁以下的雇员缴费率统一,50岁以上的雇员,随着年龄的递增,缴费率也有所下降。以2010年9月至2011年2月的缴费率为例,总缴费率分别为35%、35%、35%、29%、20.50%、13%、10.50%[①],公职人员的缴费基数上限为4 500新元(每月),由于公积金制度的功能是多方面的,实际用于养老的缴费比例要远远低于总缴费率。

2. 中央公积金制度的待遇提取

参加公积金计划的公职人员领取公积金的条件是:年满55岁或者35岁以上因病不能

---

① 龙玉其:"不同类型公务员养老保险制度的比较与启示——以英国、德国、新加坡为例",《现代经济探讨》,2012年第5期。

工作;或者经批准退休;或者永久离开新加坡。一般情况下,当公积金会员达到 55 岁时,在保留最低存款的基础上,可以提出普通账户和特别账户中的积累额。而且,公积金会员在留够最低存款后,还需要在保健储蓄账户中积累一定的余额才能提取公积金。公积金会员死亡后,其公积金余额可以支付给指定的受益人,如果生前没有指定受益人的,余额将被充公。2009 年,55 岁以上会员的公积金提取额为 18 亿新元,比 2008 年减少了 13%,如果加上其他原因而提取的数量,2009 年总额达到 26.23 亿新元。由于不同雇员之间的收入不同,而且对公积金投资的选择不同,因而领取的待遇也有所差别。

3. 中央公积金制度的管理

新加坡中央公积金由中央公积金局实行全国统一管理,中央公积金局是人力资源部(原来的劳动部)的一个职能部门,是一个半官方的独立机构,管理全体国民的公积金,执行人力资源部的有关政策,并接受其监督。中央公积金局由若干董事组成董事会进行管理,董事的构成包括政府代表、雇主代表和有关专家。中央公积金局下设会员服务部、雇主服务部、人事部、行政部、计算机部和审计部等部门。中央公积金局负责公积金的管理和保值增值,主要将公积金储蓄用于购买政府债券和股票,并进行其他投资,获取利息或收益。

表 6-9 新加坡公务员养老保险制度

制度模式	中央公积金制度
资金来源	雇员缴费为主,不同年龄阶段缴费不同 缴费按一定比例划入普通账户、特别账户、保健账户,特别账户的基金用于养老和应急开支
待遇给付	法定退休年龄 55 岁 中央公积金不仅免交个人所得税,而且还向存款人支付 6% 的年息,所以存入年份越长,公积金的金额就越高,对公务员来说,工作年限越长,退休时得到的储蓄也就越多,前提条件是在职时要廉洁奉公,一旦被发现有贪污受贿等违法行为,就将取消其全部的公积金

二、公职人员养老保险制度与其他群体养老保险制度的比较

改革后的新加坡中央公积金制度将公职人员统一纳入,使公职人员的养老保险制度与私人部门养老保险制度完全统一起来,属于完全融合型制度,所以新加坡公职人员养老保险制度与其他群体的养老保险制度没有什么区别。

三、新加坡公职人员养老保险制度的评价

(一) 制度特点

新加坡公职人员养老保险制度有以下几个特点。

(1) 制度的统一性。这是新加坡公职人员养老保险制度的最大特点,即改革之后新加坡的绝大部分公职人员都加入了中央公积金制度,进行缴费积累。目前还有极少部分改革前参加工作的公职人员参加的是公职人员退休金制度,但随着这部分人逐渐退休,参加退休金制度的人将越来越少。

(2) 管理的统一性。公职人员与其他群体的养老保险统一由中央公积金局进行管理。

(3) 强调个人责任。新加坡公职人员养老保险制度与其他国家不同的是,新加坡强

调公职人员的个人责任,主要由公职人员个人向公积金账户进行缴费积累,并获得投资收益。

(4) 注重效率与激励性。将公职人员的个人缴费与养老金收益联系起来,可以调动公职人员的缴费积极性。对公积金账户进行投资获取收益,也在一定程度上提高了制度的效率性。

(5) 法治化。新加坡公职人员与其他群体的养老保险制度统一由《中央公积金法》来规定。

(二) 发展趋势

新加坡将公职人员养老保险制度纳入统一的中央公积金制度,成为国外公职人员养老保险制度的主要类型之一。新加坡中央公积金制度不断改革和完善,取得了一定的成绩。在未来的改革过程中,还需进一步提高制度的效率,尤其要增强制度的公平性。具体可以从以下几方面努力。

(1) 进一步完善目前额制度设计,改变完全自我积累储蓄、各自账户相互独立的状况,增强制度的统筹性和互济性。

(2) 加强基金的管理与保值增值,可以适当引入竞争机制,而不是完全由中央公积金局独立管理与投资。

(3) 通过进一步提高制度的效率来降低公积金的缴费率,以增强经济竞争力。

(4) 在完善中央公积金制度的基础上,还应该引入一些自愿性的养老保险制度。

(5) 需要适度强调公职人员身份的特殊性,不应该完全同等对待,以吸引和留住人才。

表 6-10　各国公职人员养老保险制度比较

	英国	德国	美国	日本	新加坡
资金来源模式	责任共担型	国家保障型	责任共担型	责任共担型	个人积累型
财务模式	现收现付制	现收现付制	部分积累型	部分积累型	完全积累型
待遇确定方式	给付确定	给付确定	混合确定	混合确定	缴费确定
制度层次	多层次	单一层次	多层次	多层次	单一层次
与国民养老保险的关系	部分融合	完全独立	部分融合	部分融合	完全融合

国外公职人员养老保险发展特点简析

近年来,国外的公职人员养老保险制度进行了一系列改革,有的是大改革,比如智利、新加坡;有的是小调整,比如德国、英国。但不论什么形式的改革都不是一帆风顺的。这些国家在改革中遇到了诸多的困难与阻力,既有经济方面的,也有政治方面的,还有制度设计方面的。在经济方面,在改革的初期,需要进行较大的投入,用更多的财力来解决制度的转型问题。在政治方面,各国公职人员都属于政治强势群体,养老保险制度改革势必影响其既得利益,因而产生很大的阻力。例如,在法国,几次改革都引发了公务员的大规模罢工。在制度设计方面,如何使改革既符合国家利益,减轻国家财政负担,又要使改革不至于产生较大的待遇差别和心里落差,从而使得改革顺利进行,成为改革的一个难点,既要考虑到历史(原有制度)和现实(新制度)的结合,又要考虑到不同群体之间的平等与差异。

制度发展注重公平与效率的结合。

国外公职人员养老保险制度改革的重要目标就是要减轻国家财政负担,促进劳动力的顺利流动和市场经济的有效运行。制度发展的一个重要特点就是在提高制度运行效率的同时兼顾公平。提高效率就是要突出责任共担原则,从现收现付制度和固定受益制度向基金积累制转型,管理服务社会化;兼顾公平体现在制度发展的多层次性,养老金待遇在体现差别的同时要强调相对公平。

(1)资金筹集体现责任共担的原则。在改革之前,很多国家尤其是欧洲福利国家,如英国、德国、瑞典,公职人员的养老金主要由政府财政负担,现收现付。随着老龄化的加剧,政府财政压力极大。通过上述各国公职人员养老保险制度的比较可以看出,大部分国家(除智利和新加坡外)现行的制度在资金筹集方面基本上体现了责任共担的原则,由国家、单位和个人三者共同负担,或者是单位和个人分担,至于缴费的比例,各个国家根据自己的实际有所差别。在资金筹集方面的责任共担,既符合效率原则,也符合公平原则。

(2)制度建设体现出多层次性。在这些国家中,公职人员的养老制度在改革前大多数是单一的国家负责制度,通过改革,大部分国家现行的公职人员养老保险制度都体现出了多层次性。比如,英国实行的就是基本养老保险、补充养老保险、个人储蓄积累三个层次;瑞典实行的是现收现付的基础养老金名义账户制度+职业年金制;日本则是由国民年金和共济年金两个层次组成;加拿大则是由国家养老金和职业养老金计划组成。其中大多数国家都设立了职业养老金,在公职人员养老保险制度的发展过程中发挥了重要作用。

(3)从现收现付制向基金积累制转型。从资金筹集和管理的模式来看,这些国家大部分实行的是部分积累制或完全积累制,只有德国、英国和瑞典的制度中体现了现收现付的成分,智利和新加坡则实行完全的个人账户积累制。由于现收现付制是由年轻人负担老年人的养老,在老龄化程度加深的背景下有些不堪重负。因而各国的改革在强调个人责任的基础上,注重基金的积累和投资运营,以此应对人口老龄化带来的挑战。

(4)养老金待遇既体现差别,又注重公平。大多数国家的公职人员养老金待遇要高于普通雇员,而且在缴费方面要低于企业。除此之外,公务员还有各种各样的津贴、补贴和福利。美、英、德、法、日5国公务员养老金替代率最低的英国为67%,最高的日本为84%,德国和法国为75%,美国为80%左右,而这5国的企业职工的平均替代率在30%—60%。这体现了公职人员与企业雇员在职位身份与权利义务方面的差别,这种适度的差别是可以接受的,也是有利的。与此同时,为了不让公职人员与企业雇员的养老金待遇差别过大,各国都采取了相应的手段,注重不同职业群体之间的公平性,比如工资制度改革,适度降低替代率等。

（5）管理相对集中统一，服务突出社会化。从以上各国的公职人员养老保险的管理体制来看，管理相对比较集中，大多数国家的公职人员的养老保险在中央设有独立的集中管理机构，并在地方设立管理机构和经办机构。对于经办机构，大多数国家由政府统一设立，但是实行"管办分开"的原则，保持管理监督机构与经办机构的相对独立，突出社会化，有利于提高效率与促进公平。大部分实行基金积累制度的国家，对于基金的管理和保值增值，在实施适度监管的同时，引入了市场竞争机制，有的甚至完全私有化运营。

注重政府主导和法制规范

各国公职人员养老保险的发展有市场化的趋势，但几乎都是由政府主导，充分发挥政府在制度发展中的作用，包括制定法规，制度设计，加强财政投入，加强管理和监督。各国在改革中将一部分职能比如经办和基金运营委托给市场，但并不意味着减少政府的责任和负担，而是为了更好地发挥政府的作用，加强监督管理。几乎各国的社会保障制度都坚持了立法先行的原则，各国在发展公职人员养老保险制度的同时，都注重制度规范和法制建设。有的国家是在综合性的社会保障法中进行规定，有的国家制定了养老保险法，还有一些国家制定了专门的公职人员养老保险法。比如，德国的《联邦公务员社会保险法》、美国的《养老保险法》、瑞典的《全国养老金法案》、日本的《公务员年金法》、智利的《养老保险法》等等。

制度不断完善，发展趋势多样化

尽管上述各国的公职人员养老保险制度的基本框架已经确定，有的已经稳定运行或较为成熟，但是，随着各国老龄化程度的加深、市场经济的完善、政治体制改革的深入和经济社会的发展变化，几乎各国都在改革和完善公职人员的养老保险制度和其他社会保障制度。一些国家正在调整公务员养老保险制度，比如推迟退休年龄，延长缴费年限，增加个人缴费比例，进一步降低养老金替代率，减少公职人员数量，完善市场化运营等等。各国公职人员养老保险制度不是固定不变的，也不是完美无缺的，更不是完全相同的。一个时期的科学制度在另一个时期并不一定是合适的，一个国家的制度在另一个国家也不一定适用。通过上述各国公职人员养老保险制度的比较可以看出，各国都在根据自己的国情和发展需要制定和调整公职人员养老保险制度，尽管有一些共同的改革趋势，但没有两个国家的制度安排是完全一致的，比如有的国家实行的是现收现付的制度，有的国家实行的是部分积累制度，还有的国家则是完全积累制；有的国家实行固定受益制，有的是缴费受益制；有的国家是单一支柱的国家养老保险或公务员年金制度，有的国家是国家基本养老保险＋职业年金制，有的国家则是国家基本养老保险、职业年金和个人储蓄积累相结合的制度；有的国家的养老保险基金由国家统一管理和运营，有的国家实行的是半市场化的运营方式，有的国家则是完全的市场化运营；有的国家是以集中管理为主，有的则是分散管理。总之，制度的改革和发展呈现出多样化的趋势。

资料来源：王延中、龙玉其，"国外公职人员养老保险制度比较分析与改革借鉴"，《国外社会科学》，2009年第3期。

本 章 小 结

国外对公职人员的定义分为狭义、中义和广义三种。狭义的公职人员,主要是指政府行政机关中的公务人员,如美国、澳大利亚、荷兰等国;中义的公职人员,除了国家和地方政府机构中的工作人员外,还包括军队、政党和各类公益性的事业单位、科研院所、医院、各级各类学校中的工作人员,如新加坡、韩国、日本、法国等。广义的公职人员包括的对象除了国家行政机关和公益性的事业单位的工作人员外,还包括其他类型的事业单位和国有企业人员,如加拿大、德国、瑞典、英国等。

根据公职人员与其他人员的养老保险制度的关系,可分为三种:

(1) 实行单独的养老保险制度。国际社会保障协会(ISSA)统计,在全球172个已建立养老保险制度的国家中,有78个国家单独建立了公职人员养老保险制度,占总数的45%。其中,OECD 国家(即经济合作与发展组织,主要包括美国、加拿大、墨西哥、英国、德国、法国、瑞典、澳大利亚、韩国、日本等34个国家)中有13个国家单独建立了公职人员养老保险制度,占总数的43%;欧盟27国中有8个单独建立了公职人员养老保险制度,占总数的29%。

对公职人员具有一定的优待。例如,德国对其联邦、州以及各个地方的公务员、军人、法官等公职人员建立了单独的养老保险制度。有专门的法律,即1976年颁布的《联邦官员供养福利法》,同时也有单独的养老金管理机构。对公职人员来说,其资金完全来源于政府财政,个人不缴纳任何养老费用,达到法定退休年龄65岁即可按照规定领取养老金,养老金替代率最高可达75%。又如,法国的公共部门雇员即公职人员也实行单独的养老保险制度,其公职人员养老保险实行待遇确定制,年满60岁并且缴费年限达到37.5年的工作人员,其养老金替代率水平达到75%。

(2) 实行全国统一的养老保险制度,但体现公职人员的优越性。英国、瑞典作为福利型国家的典型代表,公职人员除享受全国统一的基本养老保险制度外,还有一定的优越性。例如,英国公务员60周岁即可退休,65周岁强制退休,而其他雇员法定的退休年龄为男子65周岁、女子60周岁。瑞典公职人员除享受全国养老金计划外还享受公务员退休计划以及其他津贴,公职人员凡达到65岁,工龄满30年即可退休,养老金替代率为100%。

(3) 实行全国完全统一的养老保险制度。例如,智利在20世纪80年代进行养老保险制度改革以后,开始实行包括公职人员在内的、全国完全统一的养老保险制度,即开始实行由个人缴费、个人所有、完全积累、私人机构运营的养老金私有化模式。

基 本 概 念

公职人员　公职人员养老保险制度

复 习 思 考 题

1. 简述英国公职人员养老保险制度的基本内容。

2. 英国公职人员养老保险制度的优越性体现在哪些方面？
3. 简述德国公职人员养老保险制度的基本内容。
4. 试比较德国公职人员养老保险制度与农民养老保险制度的异同。
5. 试比较不同公职人员养老保险制度的优劣。
6. 简述新加坡公职人员养老保险制度。
7. 世界公职人员养老保险制度改革的趋势及对中国的启示。

第三篇　制度篇

第七章　中国城镇职工基本养老保险制度

学 习 目 标

理解和掌握城镇职工基本养老保险制度的历史变迁、变迁动力;基本养老保险的制度模式、筹资政策、待遇计发政策以及具体计算;基本养老保险关系的转移接续政策;根据基本政策分析现实问题。

导 入 案 例

老张是某物流公司的送货司机,为了赚钱,拼命工作,希望将来能快乐养老。虽然公司为他办了养老保险,但他仍有些困惑:公司每月为他代缴的养老保险费是怎么算出来的?如果他离开公司单干,还能参加养老保险吗?如果能参加,又该怎样缴费呢?他什么时候可以退休?一退休是否就可以领养老金?到底能领多少?同学们,你能帮助老张解惑吗?

第一节　基本养老保险制度沿革

一、中国养老保险制度的建立[①]

建国以后就开始逐步建立起养老保险制度。1949 年 9 月,政协通过的《共同纲领》第 32 条规定,在企业中"逐步实行劳动保险制度"。1951 年政务院颁布的《中华人民共和国劳动保险条例》规定,企业职工的养老保险费由企业负担,建立了社会保险费用统筹的企业职工退休养老制度。1955 年国务院出台《国家机关工作人员退休处理暂行办法》,对国家机关、民主党派、人民团体和事业单位的工作人员的退休制度予以明确规定,在机关事业单位中实行退休养老制度,其退休条件和待遇标准与企业大致相同。至 1956 年年底,企业职工和国家机关、事业单位职工及农村孤寡老人的养老保险制度均已基本初步确立起来,劳动保险制度覆盖的职工数量达 2 300 万,占全国国营、公私合营、企业私营职工总数的 94%。1958 年国务院又相继出台了一系列的文件,如 3 月颁布的《关于工人、职员退休处理的暂行规定》、7 月颁布的《关于现役军官退休处理的暂行规定》等,至此,中国基本建立了统一的退休制度。

---

① 引自中国经济改革研究基金会、中国经济体制改革研究会联合专家组:《中国社会养老保险体制改革》,上海远东出版社 2006 年版,第 2—4 页。

但由于"文化大革命",国家进入了长达10年的动乱时期。劳动部被撤销、工会系统瘫痪。社会保险事务陷入无人管理的境地,养老保险制度建设在这10年里呈现停滞不前甚至倒退趋势,很大程度上影响了中国的养老保险制度的长期发展。1969年,企业职工的养老社会保险制度被迫废除,养老社会保险也就变成了"企业保险",养老社会保险至此戛然而止。

可见,改革之前,中国就已经建立过较为统一的养老保险制度。这种养老保险制度安排符合当时政府和企业的要求。在很长一段时期内,城镇人口所享受的社会保障利益是以就业单位为依托的,该制度又表现为单位保障制度。由于当时的企业主要是国有企业,国家是实行"统收统支、政企不分"的财政安排,国有企业的利润全部上缴、亏损全部核销,因此企业的养老保险最终是由政府财政直接安排的。而当时的中国选择计划经济,就意味着对市场经济的全盘否定。在计划经济体制下,人们认为公平问题和经济不稳定(经济周期)问题能够通过生产资料的公有制和按劳分配制度得到解决。这样,社会保障制度自然成为计划经济体制的延伸,是国家在城镇建立起来的计划经济体系的一个组成部分,其目的自然不是弥补市场失灵,而是履行"慈善"政府的职责,以最大限度地提高公民福利水平。

二、中国转型期养老保险制度的恢复与发展

(一) 1978年后的恢复阶段

1978年,各项工作都开始步入正轨。1978年国务院颁发《国务院关于安置老弱病残干部的暂行办法》和《国务院关于工人退休、退职的暂行办法》;1980年出台《国务院关于老干部离职休养的暂行规定》;1981年发布《国务院关于严格执行工人退休、退职暂行办法》及《国务院关于军队干部退休的暂行规定》,国家在"文化大革命"之后积极地推出了多项法规、办法或条例来建设退休养老保险制度,取得了一定的效果。虽然这一系列的法规只修复原有的退休养老制度,没有矫正根深蒂固的单位保障制度。并且此时仍是由单位发放退休养老金,个人并不需要缴纳养老保险,还停留在计划经济时代的退休养老制度模式,没有真正改变传统的养老保险模式。但是经过近30年的探索,我国的养老保险制度已经得到了初步的发展,为以后进一步健全养老保险制度提供了宝贵的实践经验。

(二) 20世纪80年代养老保险社会统筹重新显现

(1) 十一届三中全会通过了《关于经济体制改革若干问题的决定》,从此,我国开始了从计划经济到市场经济的转变。国企成为自负盈亏的市场主体,再也承受不起沉重的企业职工养老金负担,于是养老金社会统筹的趋势重新出现。从1984年起,各地区为适应经济体制改革的需要,开始陆续进行以退休费用社会统筹为主要内容的改革,并取得一定成效。在总结各地试点经验的基础上,1991年《国务院关于企业职工养老保险制度改革的决定》(国发〔1991〕33号)标志我国开始了社会统筹的企业职工养老保险制度改革,基本养老保险基金由政府根据支付费用的实际需要和企业、职工的承受能力,按照"以支定收、略有结余、留有部分积累"的原则统一筹集,养老保险统筹由市、县级统筹逐步过渡到省级统筹。但该决定只适用于全民所有制企业,决定中只写明城镇集体所有制企业可以参照执行。这只是养老保险社会统筹化的开始。

(2) 市场化改革推动了企业养老保险制度改革。改革以前,国家采用现收现付制的养老保险体制,通过企业保障型的社会保障体系,为城市职工提供的是从摇篮到坟墓的福利制

度,实际上这也适应了计划经济的要求。改革以来,财政与国有企业之间的关系渐渐发生了变化,财政不再给大部分企业提供亏损补贴。十一届三中全会后,国家开始"放权让利"的国有企业改革。1979—1992年,国家制定了一系列关于扩大企业自主权的政策措施,通过扩大企业自主权、两步利改税和承包经营,使国有企业真正面向市场。

改革改变了国家和企业的关系,也同时改变了企业和职工的关系。改革前,政府给工人的工资只够支付当前的消费,退休养老到时由政府透过统收统支的财政制度直接支付,改革后政府不再需要用财政直接支付退休金。因此,改革后养老保险的负担逐渐转移到企业而成为企业的政策性负担。作为自主经营、自负盈亏的国有企业,沿用原有的社会保障制度,就意味着要自己承担职工养老保险的积累和支付。在这样的制度下,不同企业的社会保障负担明显不同。同是国有企业,老企业有较多的离退休人员,退休养老保险等社会负担远较新企业重。国有企业与其他不用承担社会保障职责的非公有制企业相比,社会保障的负担也比较重。市场化改革要求不同企业之间进行竞争,而养老保险的负担会严重地影响到企业的利润水平,进而影响到企业在市场上的竞争,因此,养老金再次走向社会统筹。

(三) 重建养老保险改革方向——建立部分基金制

1. 养老保险改革方向的重建

真正的转折点是1993年《关于建立社会主义市场经济体制若干问题的决定》中提出的关于社会保障制度改革的三个原则,它重新确立了我国养老保险改革的方向。1993年确定的改革目标是建立多层次的社会保障制度,其中养老保险体系包括基本养老保险、企业补充养老保险(企业年金)和个人储蓄性养老保险制度。中国的养老保险制度改革的主要内容包括:(1)逐渐扩大养老保险的覆盖面和受益范围,对城镇全体劳动者实行统一的社会化养老保险制度,而不再仅仅局限于国有企业和部分集体企业职工。(2)扩大养老保险金的来源,明确政府、企业和个人三方负担的机制,特别是建立了个人缴费机制。(3)建立社会统筹与个人账户相结合的制度,将传统的现收现付制转为部分基金制。在确定了基本的改革方向之后,则需要确立养老保险改革的具体方案。接下来的几年,有关部门开始着手把部分基金制的社会统筹具体化。1994年颁发了《国务院关于调整企业离退休人员离退休金的通知》(国发〔1994〕9号)。1995年《国务院关于深化企业职工养老保险制度改革的通知》(国发〔1995〕6号)制定了社会统筹与个人账户相结合的养老保险制度改革方案,建立了职工基本养老保险个人账户,以促进养老保险新机制的形成,企业职工养老保险制度改革取得了新的进展。同时还提出了两个具体实施方案供各地自行选择,各地还可以根据自身情况进行调整。

2. 部分基金制建立背后的经济因素

在推动中国养老保险走向基金制的进程中,政府是主要的推动者。由于人口方面的原因,原来的现收现付在将来会面临很大的支付压力。中国的人口自1980年到2000年经历了从低死亡率、高出生率、高增长率到低死亡率、低出生率、低增长率的转变。20世纪90年代的总和生育率很低,仅为1.70%,大大低于其他发展中国家。同时,世界银行早在1994年就提出了为应付世界人口老龄化的危机,应实行基金积累制的养老保险制度。若中国继续实行现收现付制,未来可能存在严重的收不抵支现象,最终只能由政府来填补支出缺口。考虑到这样的支付危机,中国政府也响应世界公共养老金改革的潮流,推行基金制。没有实行完全基金制,是因为当时政府尚未有足够财力支付转轨带来的巨大成本。当然,养老保险制度的变化也和国企改革的深化密切相关。1993年《关于建立社会主义市场经济体制若干问题的决定》中明确指出建立"政企分开"的现代企业制度是国企改革的方向。1993年《公司法》颁布后,中国国有企业股份制改革开始在全国铺开。之后围绕国有企业两权分离产生的委托代理问题,建立现代企业治理结构,中国国有企业改革进入了全方位的改革阶段。此时,也要求企业养老保险制度与之相配套。

虽然社会统筹的养老保险制度得以重现,但养老保险基本上还是沿用原来的现收现付制。尽管文件要求"以支定收、略有节余、留有部分积累",然而由于种种原因,积累实际上很难留住,过去的养老金计发办法也没有很大的变化。养老保险社会统筹层次较低,基本还停留在县级,根本无法发挥社会统筹的好处,以均贫富。不同地区的企业,有些由于老职工占的比例较大,比如东北老工业基地的养老负担很重,而一些沿海地区的企业负担相对轻得多。社会统筹层次太低,不能很好地调剂不同地区间的养老基金,那么负担重的企业就不能公平地同其他企业竞争。同时,由于工资制度改革滞后,个人缴费实际上在大部分企业都没有得到执行,养老保险基本上还是由企业负担,一些退休职工比例较大的国有企业缺乏财政支持后,职工养老负担非常沉重。市场机制条件下,政府又不能对此有所作为,企业的负担相当重,因此建立个人账户是国有企业改革的客观要求,部分基金制是企业自主推动的制度选择。建立个人账户,实行统账结合的养老保险制度,用以保证养老保险基金的多渠道来源,从制度上明确基本养老保险费用由企业和个人共同负担,第一次强调了个人在养老保险上的责任意识,相应地降低了企业的缴费率,减轻了企业的负担。从职工个人角度而言,部分基金制的改革也解决了长期以来统筹账户的激励问题。①

三、建立统一的企业职工基本养老保险制度

1997年《国务院关于建立统一的企业职工基本养老保险制度的决定》(国发〔1997〕26号)颁布,明确要建立统一的企业职工基本养老保险制度,并且规定了企业和个人缴纳基本养老保险费的具体比例,以工资的11%建立个人账户,其中个人缴纳4%—8%,其余由企业承担,企业贡献的比率由各级省政府决定,一般不能超过企业工资总额的20%。规定基本养老金由基础养老金和个人账户养老金组成,同时进一步扩大养老保险的覆盖范围,基本养老保险制度要逐步扩大到城镇所有企业及其职工,并规定基本养老金实行收支两条线管理。为确保企业离退休人员基本养老金的按时足额发放,1998年国务院又颁布《关于实行企业职工基本养老保险省级统筹和行业统筹移交地方管理有关问题的通知》(国发〔1998〕28号)。决定将铁道部、交通部、信息产业部(原邮电部部分)、水利部、民航总局、煤炭局(原煤炭部)、有色金属局(原中国有色金属工业总公司)、国家电力公司(原电力部)、中国石油天然气集团公司和中国石油化工集团公司(原石油天然气总公司部分)、银行系统(工商银行、农业银行、中国银行、建设银行、交通银行、中保集团)、中国建筑工程总公司组织的基本养老保险行业统筹移交地方管理。

由于两种具体实施方案的存在,各地还可根据实际情况进行调整,改革实行几年后仍然

---

① 苏晓春、杨志勇:"中国养老保险制度变迁的经济学分析",《财经研究》,2007年第9期。

存在基本养老保险制度不统一、企业负担重、统筹层次低、管理制度不健全等问题。1997—1999年国有企业改革已经进入攻坚阶段,不少企业通过"提前退休"将大批富余人员直接推入了社会养老保险,无形中更是给正在建立和完善的社会养老保障制度背上了沉重包袱。因此建立统一的企业职工基本养老保险制度已成当务之急。市场经济要求公平与效率,前提是企业必须站在同一起跑线上,建立统一的社会保障制度,既有利于社会养老保险体系的形成并提高人们的社会福利,也有利于不同类型企业之间的公平竞争。

2000年年末,国务院发布的《关于印发完善城镇社会保障体系试点方案的通知》,对正在确立中的基本养老保险制度进行了改革,包括分离基本养老保险的社会统筹账户和个人账户,准备做实个人账户,并尝试与资本市场对接。在这期间,随着统账结合模式的统一和完善,我国的养老保险制度进入了真正意义上的社会化保险时期。2005年12月,国务院出台了《关于完善企业职工基本养老保险制度的决定》(国发〔2005〕38号),2006年1月以后施行。其改革核心,进一步调整基本养老金制度的缴费和计发办法。同时,对基本养老金的给付办法做了较大调整,新的计发办法建立了缴费与养老金待遇挂钩的激励机制,鼓励多工作,多缴费,多得养老金。

我国目前城镇职工基本养老保险制度采用社会统筹账户与个人账户相结合的结构模式,这一模式是1991年提出的,经过试点实施后,于1997年全面确立的。统筹账户采用现收现付制,关注收入再分配功能,体现社会互济、社会公平原则;个人账户采用完全基金积累制,关注储蓄功能,体现经济效率。该模式试图把社会责任与个人责任结合起来,把公平与效率、宏观的集合风险能力与微观的激励机制结合起来,同时强调社会互济和自我保险。当然,制度设计初衷是完美的,但"统账结合"模式的实际运行效果如何,还需在实践中检验。

从养老保险制度变革历程可以发现,国家对这一制度的改革给予了高度重视,但重视并不等于可以迅速找到突破改革难点的有效措施,因为影响这一制度的因素既有历史的,也有现实的;既有主观的,也有客观的。

专栏 7-1

国务院印发《关于建立企业职工基本养老保险基金中央调剂制度的通知》

2018年6月13日,国务院印发《关于建立企业职工基本养老保险基金中央调剂制度的通知》(以下简称《通知》),决定建立养老保险基金中央调剂制度,自2018年7月1日起实施。

《通知》明确,建立养老保险基金中央调剂制度的主要内容是,在现行企业职工基本养老保险省级统筹基础上,建立养老保险中央调剂基金,对各省份养老保险基金进行适度调剂,确保基本养老金按时足额发放。一是中央调剂基金由各省份养老保险基金上解的资金构成,按照各省份职工平均工资的90%和在职应参保人数作为计算上解额的基数,上解比例从3%起步,逐步提高。二是中央调剂基金实行以收定支,当年筹集的资金按照人均定额拨付的办法全部拨付地方。三是中央调剂基金纳入中央级社会保障基金财政专户,实行收支两条线管理,专款专用,不得用于平衡财政预算。四是现行中央财政补助政策和补助方式不变,省级政府要切实承担确保基本养老金按时足额发放和弥补养老保险基金缺口的主体责任。

《通知》要求坚持促进公平、明确责任、统一政策、稳步推进的基本原则,建立养老保险基金中央调剂制度,作为实现养老保险全国统筹的第一步,均衡地区间企业职工基本养老保险基金负担,实现基本养老保险制度可持续发展。

资料来源:中华人民共和国人力资源和社会保障部官网 http://www.mohrss.gov.cn/SYrlzyhshbzb/dongtaixinwen/shizhengyaowen/201806/t20180613_295758.html。

第二节 基本养老保险制度的基本政策

一、基本养老保险制度的筹资政策

1. 缴费主体

凡属于城镇职工基本养老保险覆盖范围内的单位,都应当向市社会保险管理局制定的养老保险事业管理中心办理单位和在职人员的养老保险登记手续;新设立的单位应当在设立之日起1个月内办理养老保险登记手续。

2. 缴费办法

(1) 基本养老保险的登记和个人账户的设立。养老保险事业管理中心办理养老保险登记手续时,应当为单位设立养老保险编码,为在职人员设立个人养老保险账户,并核发《养老保险手册》。

在职人员的个人养老保险账户终生不变。《养老保险手册》记录在职人员设立个人账户以前的连续工龄和设立个人账户后记入个人账户中的储蓄额,作为退休时计发养老金的依据。在职人员变动工作单位时,《养老保险手册》随同本人转移。

(2) 基本养老保险费的缴费渠道。在职人员应当缴纳的养老保险费,由单位在其每月工资中代扣。单位每月应当按规定时间到养老保险事业管理中心核定本单位和在职人员应当缴纳的养老保险费,并按核定数额如数缴纳。

(3) 基本养老保险的变更和注销。单位发生分立、合并、破产或者被撤销以及录用或者辞退在职人员(包括辞职、自动离职和开除、除名等情况)时,应当在1月内在原受理登记的养老保险事业管理中心办理养老保险变更登记或者注销登记手续。

3. 缴费基数

(1) 单位缴费基数。经有关部门核定的上年度单位职工工资总额。

(2) 个人缴费基数。城镇各类企业职工,经有关部门核定的上年度本人月平均工资为个人缴费基数。但缴费基数最高为统筹地职工月平均工资的300%,最低为统筹地职工月平均工资的60%。即职工本人月平均工资低于当地职工月平均工资60%的,按当地职工月平均工资60%作为缴费基数;高于当地月平均工资300%的,按当地月平均工资的300%作为缴费基数,超过部分不记入缴费工资基数,也不记入计发养老金的基数。

职工(含农民合同工)、自由职业人员、城镇个体工商户业主和其他从业人员,一般以本人上年度实际月平均工资为个人缴费基数(有条件的地区也可以本人上月工资收入为个人缴费基数,下同)。月平均工资按国家统计局规定列入工资总额统计的项目计算,包括工资、奖金、津贴、补贴等收入。特别指出,对一些特殊类型的职工有另行规定:

①新招职工(研究生、大学生、大中专毕业生等)以起薪当月工资收入为缴费工资基数;从第二年起,按上一年实发工资的月平均工资作为缴费工资基数。②单位派出的长期脱产学习人员,经批准请长假的职工,保留工资关系的,依脱产和请假的上年月平均工资作为缴费工资基数。③单位派到境外、国外工作的职工,按本人出境(国)上年在本单位领取的月平均工资作为缴费工资基数;次年的缴费工资基数按上年本单位平均工资增长率进行调整。④失业后再就业的职工,以再就业起薪当月的工资收入作为缴费工资基数;从第二年起,按上一年实发工资的月平均工资作为缴费工资基数。

城镇个体工商户和灵活就业人员,采取统筹地上年度在岗职工的平均工资作为个人缴费基数。在职企业职工缴费由所在企业代扣代缴;自由职业人员、城镇个体工商户业主由本人直接向征缴部门缴纳,个体工商户从业人员缴费由其业主代扣代缴。离退休人员不缴纳养老保险费。个人缴费不计征个人所得税。

【案例1】 李先生2017年的月平均工资是6 000元,而当地在岗职工平均工资是4 000元。请问:2018年6月李先生社会养老保险的缴费基数是多少?如果他2017年的月平均工资是15 000元或2 000元呢?

解析:缴费基数范围:[4 000×60%,4 000×300%]

(1) 6 000元;(2) 4 000×300%=12 000元;(3) 4 000×60%=2 400元

注意:缴费基数有范围限制,并注意上下限的运用。

4. 缴费比例

根据国发〔1997〕26号文件,企业缴纳基本养老保险费(以下简称企业缴费)的比例,一般不得超过缴费基数的20%(包括划入个人账户的部分,2006年1月1日起不再划入),具体比例由省、自治区、直辖市人民政府确定。少数省、自治区、直辖市因离退休人员较多、养老保险负担过重,确需超过企业工资总额20%的,应报劳动部、财政部审批。个人缴纳基本养老保险费(以下简称个人缴费)的比例,1997年不得低于本人工资的4%,1998年起每两年提高1%,最终本人缴费工资的8%(有条件的地区和工资增长较快的年份,个人缴费比例提高的速度可适当加快)。根据国发〔2005〕38号文件:个人缴费比例统一为8%;自由职业人员、城镇个体工商户参加基本养老保险,将缴费基数统一为当地上年度在岗职工平均工资,缴费比例为20%;业主的社会保险费全部由本人缴纳。

专栏7-2

国务院办公厅印发《降低社会保险费率综合方案》

2019年4月,国务院办公厅印发《降低社会保险费率综合方案》(以下简称《方案》)。《方案》明确,降低养老保险单位缴费比例。自2019年5月1日起,降低城镇职工基本养老保险(包括企业和机关事业单位基本养老保险,以下简称养老保险)单位缴费比例。各省、自治区、直辖市及新疆生产建设兵团(以下统称省)养老保险单位缴费比例高于16%的,可降至

16%;目前低于16%的,要研究提出过渡办法。各省具体调整或过渡方案于2019年4月15日前报人力资源社会保障部、财政部备案。

《方案》提出,调整就业人员平均工资计算口径。各省应以本省城镇非私营单位就业人员平均工资和城镇私营单位就业人员平均工资加权计算的全口径城镇单位就业人员平均工资,核定社保个人缴费基数上下限,合理降低部分参保人员和企业的社保缴费基数。调整就业人员平均工资计算口径后,各省要制定基本养老金计发办法的过渡措施,确保退休人员待遇水平平稳衔接。完善个体工商户和灵活就业人员缴费基数政策。个体工商户和灵活就业人员参加企业职工基本养老保险,可以在本省全口径城镇单位就业人员平均工资的60%—300%选择适当的缴费基数。

各省要结合降低养老保险单位缴费比例、调整社保缴费基数政策等措施,加快推进企业职工基本养老保险省级统筹,逐步统一养老保险参保缴费、单位及个人缴费基数核定办法等政策,2020年底前实现企业职工基本养老保险基金省级统收统支。加大企业职工基本养老保险基金中央调剂力度,2019年基金中央调剂比例提高至3.50%,进一步均衡各省之间养老保险基金负担,确保企业离退休人员基本养老金按时足额发放。

资料来源:中国新闻网 http://www.chinanews.com/gn/2019/04-04/8800519.shtml.

表7-1 不同城市基本养老保险的企业缴费率变化

城市	2018年	2019年	城市	2018年	2019年
青岛	18%	16%	郑州	19%	16%
西安	20%	16%	天津	19%	16%
哈尔滨	20%	16%	深圳(深圳户口人员)	14%	14%
拉萨	19%	16%	深圳(非深圳户口人员)	13%	13%
南昌	20%	16%	武汉	19%	16%

资料来源:根据各地人社局网站数据整理。

5. 资产管理

(1) 社会统筹账户。为确保支付基础养老金而设立的公共财务收支系统。主要特征:资金来源包括企业缴费,以及财政补贴等;由社保经办机构统一管理;财务方式是以支定收,现收现付;社会互济、风险分担。

(2) 个人账户。个人名下的为缴纳养老保险费和支付个人账户养老金而设立的权益记录。

主要特征:财务方式实行完全积累制;资金来源于个人缴费及投资收益;个人账户不得提前支取,记账利率不得低于银行定期存款利率,免征利息税;个人死亡的,个人账户余额可以继承;个人账户资金需要专业化、市场化运营。

企业和个人所缴纳养老保险费,按本人缴费工资8%的数额为职工建立基本养老保险个人账户,个人缴费全部计入个人账户,其余部分从企业缴费中划入。随着个人缴费比例的提高,企业划入的部分逐步降至3%。企业缴费中扣除划入个人账户部分,全部进入社会统筹基金。从2006年1月1日开始,企业缴纳部分全部计入社会统筹基金,不再部分划入个人账户。个人账户的规模由本人缴费基数的11%调整为8%。自由职业人员、城镇个体工商户缴纳的养老保险费,其中缴费基数的8%计入个人账户,其余列入社会统筹基金。

【案例2】 李先生2017年的月平均工资是6 000元,而当地在岗职工平均工资是4 000元。请问:2018年6月李先生个人应缴多少社会养老保险费?如果他2017年的月平均工资是15 000元或2 000元呢?

解析: 缴费基数范围:[4 000×60%,4 000×300%]

(1) 6 000×8%=480(元);(2) 12 000×8%=960(元);(3) 2 400×8%=192(元)

【案例3】 冯先生,个体工商户,2017年1月初参加了社会养老保险计划,每年年底一次缴纳当年应缴养老保险费,费率为20%。已知2016年该市在岗职工年平均工资为32 808元。

(1) 李先生在2006年应缴纳多少养老保险费?

(2) 其中计入个人账户的缴费额是多少?

解析:

(1) 2006年应缴纳6 561.6元养老保险费;32 808×20%=6 561.6(元)

(2) 其中计入个人账户的缴费额是2 624.64元;32 808×8%=2 624.64(元)

> **专栏7-3**
>
> **中共中央办公厅、国务院办公厅印发《国税地税征管体制改革方案》**
>
> 2018年7月,中共中央办公厅、国务院办公厅印发了《国税地税征管体制改革方案》(以下简称《改革方案》)。《改革方案》就完成新税务机构挂牌、制定新税务机构"三定"规定、开展社会保险费和非税收入征管职责划转、推进税费业务和信息系统整合优化、强化经费保障和资产管理、清理修改相关法律法规等重点改革任务进行了具体部署,并明确了相关保障措施。同时,明确从2019年1月1日起,将基本养老保险费、基本医疗保险费、失业保险费、工伤保险费、生育保险费等各项社会保险费交由税务部门统一征收。按照便民、高效的原则,合理确定非税收入征管职责划转到税务部门的范围,对依法保留、适宜划转的非税收入项目成熟一批划转一批,逐步推进。要求整合纳税服务和税收征管等方面业务,优化完善税收和缴费管理信息系统,更好地便利纳税人和缴费人。
>
> 《改革方案》强调,通过改革,逐步构建起优化高效统一的税收征管体系,为纳税人和缴费人提供更加优质高效便利的服务,提高税法遵从度和社会满意度,提高征管效率,降低征纳成本,增强税费治理能力,确保税收职能作用充分发挥,夯实国家治理的重要基础。
>
> 资料来源:中华人民共和国中央人民政府官网 http://www.gov.cn/xinwen/2018-07/20/content_5308075.htm。

二、基本养老保险制度的待遇给付政策

养老保险待遇主要包括:按月领取按规定计发的基本养老金,直至死亡;享受基本养老金的正常调整待遇;对企业退休人员实施社会化管理服务;参加基本养老保险的个人,因病

养老保险：理论与政策

或者非因工死亡的，其遗属可以领取丧葬补助金和抚恤金；在未达到法定退休年龄时因病或者非因工致残完全丧失劳动能力的，可以领取病残津贴。所需资金从基本养老保险基金中支付。

（一）基本养老金的给付条件

根据《社会保险法》第十六条，参加基本养老保险的个人，达到法定退休年龄时累计缴费满十五年的，按月领取基本养老金。可见领取养老金需要符合法定条件。对不符合法定条件而办理退休手续的职工，社会保险机构有权拒付养老金。中国法定的企业职工退休年龄是：男年满 60 周岁，女工人年满 50 周岁，女干部年满 55 周岁；从事井下、高温、高空、特别繁重体力劳动或其他有害身体健康工作的，退休年龄男年满 55 周岁，女年满 45 周岁；因病或非因工致残，由医院证明并经劳动鉴定委员会确认完全丧失劳动能力的，退休年龄为男年满 50 周岁，女年满 45 周岁。按国家有关规定，提前退休的范围仅限定为国务院确定的 111 个"优化资本结构"试点城市的国有破产工业企业中距法定退休年龄不足 5 年的职工和 3 年内有压锭任务的国有纺织企业中符合规定条件的纺纱、织布工种的挡车工。

（二）基本养老金的现行计发办法（[2005]38 号文件的规定）

目前我国基本养老金的替代率，即退休人员的平均养老金占同一年度同一地区在职职工的平均工资收入的比重确定为 58.50% 左右，目的主要在于保障退休人员的晚年基本生活。为了保证养老金的真实水平及实际购买力，让退休人员也能分享经济发展和工资水平提高的好处，引入基本养老金统一的调整机制，规定由劳动保障部和财政部参照城市居民生活费用价格指数和在职职工工资增长情况，提出调整方案报国务院审定后统一组织实施。

由于我国原来采用完全的现收现付模式为养老保险筹集基金，但现在已经转化为部分积累制的统账结合制度，这就不可避免地要处理两种制度的转轨过渡问题：大多数在职职工和退休人员没有养老保险积累，需要为在职职工补充建立个人账户；为已退休人员筹集养老保险金，同时还要保证新老办法平稳过渡、前后待遇水平基本衔接。为此，根据国发〔1997〕26 号文件和国发〔2005〕38 号文件的规定，对"新人""老人""中人"规定了不同的给付办法。制度"新人"是指在新制度下参加工作的参保人员；制度"中人"是在原制度下参加工作，将在新制度下退休的参保人员；制度"老人"是在原制度下退休的人员。①

(1) 老人基本养老金。在该决定实施前已经离退休的人员成为"老人"，仍按其退休时核定的养老金向其进行给付，一般为其退休时标准工资的一定百分比，并随以后基本养老金调整而增加养老保险待遇。同时，"老人"可以享受的基本养老金可以按当地职工上一年度工资的平均增长率的一定比例（如 40%—60%）进行调整，具体办法在国务院政策指导下由省、自治区、直辖市人民政府决定。即"老人老办法"：

"老人"养老金＝旧制度的退休金＋调整养老金

---

① 人群划分的标志是"新制度"，即统账结合的养老保险制度，这一制度是在 1991 年提出的，1997 年统一的。那么在这期间，各地试行新制度的时间并不统一，即个人账户建立的时间各地不一。如上海市为 1993 年；赣州市为 1995 年；多数省市为 1998 年。所以在判断人群时，不能以 1998 年 1 月 1 日为分界点。

(2)"制度新人"基本养老金。根据国发〔2005〕38号文件规定:

$$月基本养老金 = 基础养老金 + 个人账户养老金 \quad ①$$

退休时的基础养老金月标准以统筹地上一年度在岗职工月平均工资和本人指数化月平均缴费工资的平均值为基数,缴费每满一年发给1%。

$$\text{基础养老金} = \left(\text{全省上年度职工月平均工资} + \text{本人指数化月平均缴费工资}\right) \div 2 \times \text{缴费年限} \times 1\% \quad ②$$

$$\text{个人账户养老金} = \text{个人账户全部储存额} \div \text{计发月数} \quad ③$$

对上述公式中相关名词的解释:

① 职工月平均工资。1995年以前习惯成为"社会平均工资",1995年3月1日发布的《国务院关于深化企业职工养老保险制度改革的通知》(国发〔1995〕6号)规范为"职工平均工资"。该指标反映一个地区全部职工的平均工资收入情况。它的基本计算公式为:

$$\text{职工平均工资} = \text{全部职工工资总额} \div \text{同期内的平均职工人数} \quad ④$$

② 指数化月平均缴费工资。是指职工退休时统筹地上年职工月平均工资与该职工的平均缴费工资指数的乘积。该指标反映职工在整个缴费年限或连续计算的若干缴费年限中的缴费工资平均水平,是改革期间计算基本养老金的重要指标。其公式为:

$$\text{月平均缴费工资} = \text{职工月平均工资} \times \text{月平均缴费工资指数} \quad ⑤$$

③ 月平均缴费工资指数。是指职工在整个缴费年限或其中连续计算的若干缴费年限中,第一缴费年度的缴费工资与相对应年份的职工平均工资之比的和,除以整个缴费年限或连续计算的若干缴费年限后的值。

$$\text{本人月平均缴费工资指数} = (a_1/A_1 + a_2/A_2 + \cdots\cdots + a_n/A_n) \div N \quad ⑥$$

公式⑥中,a_1、a_2……a_n为参保人员退休前1年、2年……n年本人缴费工资额,A_1、A_2……A_n为参保人员退休前1年、2年……n年当地职工平均工资;N为企业和职工整个缴费年限或连续计算的若干缴费年限。①

"月平均缴费工资指数"能够比较全面、准确地反映某一职工在社会经济生活中的相对位置。若其值大于1,说明该职工在整个缴费年限或连续计算的若干缴费年限的缴费工资高于相同年限的职工平均工资;等于1,则说明两者相等;小于1,则说明个人平均缴费工资低于职工平均工资。

④ 视同缴费年限。按有关政策承认的缴费年限,是对职工参加社会养老保险前工龄的认可和补偿,是对制度"中人"的政策倾斜。

⑤ 计发月数。是按退休年龄早晚和城市居民预期平均寿命的年龄和个人账户基金运营收益率来确定的。国发〔2005〕38号文件规定的个人账户养老金计发月数,如表7-2所示。

---

① 在实际中,N有几种选择:全程计算;实际缴费年限;选择某一段年限。

表 7-2　个人账户养老金计发月数

年龄	40	41	42	43	44	45	46	47	48	49
月数	233	230	226	223	220	216	212	208	204	199
年龄	50	51	52	53	54	55	56	57	58	59
月数	195	190	185	180	175	170	164	158	152	145
年龄	60	61	62	63	64	65	66	67	68	69
月数	139	132	125	117	109	101	93	84	75	65

资料来源:《关于完善企业职工基本养老保险制度的决定》(国发〔2005〕38号),其中有关城镇养老金新的计发办法

【案例4】 王某于2000年25周岁时开始参加工作。假设王某60周岁时退休,从参加工作至退休期间连续缴费,到退休时,王某的月平均缴费工资指数为1.3;退休时当地上年度职工月平均工资为4 000元,个人账户储存额为80 000元。请根据我国现行养老保险政策规定,计算出王某将来退休后第一个月实际应得的养老金数额。

解析:

基础养老金=(全省上年度职工月平均工资+本人指数化月平均缴费工资)÷
　　　　　2×缴费年限×1%
　　　　=(4 000+4 000×1.3)÷2×35×1%=1 610(元)

个人账户养老金=个人账户全部储存额÷计发月数
　　　　　　=80 000÷139=575.54(元)

月基本养老金=基础养老金+个人账户养老金
　　　　　=1 610+575.54=2 185.54(元)

(3) 制度"中人"的基本养老金。制度"中人"的基本养老金由三部分构成,即

月基本养老金=基础养老金+个人账户养老金+过渡性养老金　　　　⑦

制度"中人"之所以比制度"新人"的基本养老金多了一块"过渡性养老金",是因为他们在建立个人账户之前的工作时间没有个人账户的积累,过渡性养老金就是对"中人"个人账户积累不足的补偿。对于"中人"在参加社会养老保险、建立个人账户之前的工龄视同缴费年限,那么,制度"中人"的缴费年限等于参保前的工龄(即视同缴费年限)加上参保后的实际缴费年限。

对于过渡性养老金的计算,各地制定的具体办法会有所差异,但主要有两种方法。一是系数法,过渡性养老金为本人退休前指数化月平均缴费工资乘以视同缴费年限再乘以计发系数,计发系数由各统筹区政府决定,多在1%—1.40%;二是年功法,过渡性养老金为每年年功补偿金乘以视同缴费年限,年功补偿金由各统筹区政府决定。

【案例5】 李女士1981年1月参加工作,其工作单位于1998年1月参加了社会养老保险,2013年1月李女士年满55岁在该市办理了退休手续。

已知条件:李女士缴费年限(含视同缴费年限)累计为32年。当地对"中人"的过渡性养

老金政策为参加社会养老保险以前的"全部年功补偿法(参加养老保险之前的全部工龄,1年=20元)"。退休时其个人账户储存额为75 960元。2012年该地职工年平均工资为36 000元;其本人月平均缴费工资指数为2。

请问:李女士退休后第一个月的基本养老金是多少?

解析:

基本养老金=(统筹地上年度职工月平均工资+本人指数化月平均缴费工资)/2×
　　　　　　缴费年限(含视同缴费年限)×1%+个人账户储存额/计发月数+
　　　　　　过渡性养老金
　　　　　=[(3 000+3 000×2)/2]×32%+75 960÷170+(1 998－1 981)×20
　　　　　=1 440+447+340
　　　　　=2 227(元)

（三）新旧养老金计发办法比较

(1) 新的计发办法。即国发(2005)38号文件规定的计发办法(2006年1月以后施行):制度"老人"(略)、制度"中人"、制度"新人"的具体计算公式见上文。

(2) 旧的计发办法。即国发(1997)26号文件规定的计发办法。

老人:领退休金,由社会统筹基金发放,养老金的多少与工作年限和退休时的有关工资相关;

新人:基本养老金=基础性养老金+个人账户累计额/120;

中人:基本养老金=基础性养老金+个人账户累计额/120+过渡性养老金;

基础性养老金=参保人员退休时设区市上年度职工月均工资×20%。

(3) 新旧养老金计发办法的过渡政策。根据新旧养老金计算办法可知:旧的计发办法中,基础养老金与个人缴费基数和缴费年限都无关;个人账户养老金与退休年龄无关。

新旧计发办法的衔接采取5年过渡期政策,一般为2006年7月1日到2011年7月1日。在过渡期内退休的参保人员,如果按照旧的计发办法计算出的养老金大于新的,则按照旧方法确定的养老金发放。反之,如果按新的办法计算出的养老金大于旧的,那么高出的部分按一定比例确认,如赣州的做法:

2006年7月1日至2007年6月30日退休的,给予高出部分的25%;

2007年7月1日至2008年6月30日退休的,给予高出部分的45%;

2008年7月1日至2009年6月30日退休的,给予高出部分的65%;

2009年7月1日至2010年6月30日退休的,给予高出部分的80%;

2010年7月1日至2011年6月30日退休的,给予高出部分的95%;2011年7月1日起结束过渡期,之后,养老金完全按照新的计发办法确定。

【案例6】 张某于2008年4月60周岁退休时,总计缴费年限35年(其中视同缴费年限20年),本人月平均缴费工资指数为1.5,当地上年度职工月平均工资为3 000元,个人账户储存额为15 000元。请计算张某退休第一个月应得的基本养老金数额。

注:新旧计发办法对过渡性养老金都采用年功法,1年=20元;如果按新的计发办法计算出的养老金高于旧办法,高出部分按45%给付。

解析：

(1) 旧计发办法：

$$\text{基本养老金} = \text{基础养老金} + \text{个人账户养老金} + \text{过渡性养老金}$$
$$= 3\,000 \times 20\% + 15\,000/120 + 20 \times 20 = 1\,125(\text{元})$$

(3) 新计发办法：

$$\text{基本养老金} = \text{基础养老金} + \text{个人账户养老金} + \text{过渡性养老金}$$
$$= (3\,000 + 3\,000 \times 1.5)/2 \times 35 \times 1\% + 15\,000 \div 170 + 20 \times 20$$
$$= 1\,312.5 + 88.24 + 400 = 1\,800.74(\text{元})$$

因为新办法计算出的养老金高于旧办法，故第一个月实际应得基本养老金＝1 125＋(1 800.74－1 125)×45%＝1 429.08(元)

（四）基本养老金的支付方式

基本养老金的发放从职工离退休月起开始，采取按月支付的方法，不得一次性结算。死亡离退休人员从次月起停发基本养老金，其遗属可以按照国家有关规定领取丧葬补助金。基础养老金、过渡性养老金和补贴以及丧葬补助金由基本养老保险社会统筹基金支付。

(1) 办理基本养老保险待遇领取手续。职工达到退休年龄后，由用人单位劳资人员出具职工身份证、户口本原件、社会保险手册、退休申请表，属干部的，提供主管单位审批的《干部退休审查表》和《职工退休审批表》；属工人的，提供经劳动局审批的《职工退休审批表》，到社保局审理部门办理审核手续，计算养老金。社保局为退休人员在指定的银行开设活期存款账户，并于批准的次月29日后，将养老金划入存款账户，退休人员可在每月6日后凭存折到所属银行的网点领取养老金。对于享受一次性养老金的退休人员，社保局将款项一次性划入退休人员的领取银行账户，终止社会保险关系。

(2) 逐步实现社会化管理发放。为了确保养老金按时足额支付，将退休人员纳入社会管理，把企业从繁琐的退休人员管理事务中解脱出来，我国在全国范围内大力推进养老金社会化发放。中共中央办公厅、国务院办公厅关于转发劳动和社会保障部《关于积极推动企业退休人员社会化管理服务工作的意见》的通知（中办发〔2003〕16号）文件指出："企业退休人员社会化管理服务是指职工办理退休手续以后，其管理服务工作与原企业分离，养老金实行社会化发放，人员移交城市街道和社区实行属地管理，由社区服务组织提供相应的管理服务。"

基本养老金社会化发放的基本形式是由各统筹地区社会保险经办机构直接委托银行、邮局等社会服务机构发放，对于有特殊困难不能到银行、邮局领取基本养老金的离退休人员，社会保险经办机构可直接或委托社区服务组织送发。目前为社区化发放的地区，仍按照以前做法，由原行业统筹企业经办机构组织发放或由企业退休人员管理组织代发养老金。对于国内异地居住或出国定居的离退休人员，向社会保险经办机构申请并办理相关手续，其基本养老金可以委托亲属或他人代领。在国内异地居住的，也可以委托社会保险经办机构通过银行、邮局寄汇给本人；出国定居的，可以由受委托的国内亲属代领。如果需要寄出国，可以到当地中国银行,按国家外汇管理局的规定兑换成外汇寄出。若国内无亲属或他人代领,本人要求社会保险经办机构将款汇寄到国外的,汇费由个人负担。但是,在享受这些权利的同时,他们需每半年向支付待遇的单位提供由我国驻外使领馆或当地公证机构出具的生存证明书。退休待遇可以支付到退休人员死亡为止。去世后,可以按国内标准领取丧葬费,有供养直系亲属的,还可以领取供养直系亲属抚恤费或救济费。

【案例7】 李某退休在家,每月可以领取基本养老金大约是2 900元。去年三月,李某因患老年痴呆症失踪了,今年2月份李某被找到。但在老人失踪期间,社会保险经办机构停发了李某的基本养老金。老人出现以后,社保机构恢复了老人基本养老金的发放。请问,社保机构的做法是否合理?老人重新出现后,社会保险机构是否应补发其被暂停发放的基本养老金?如果在暂停发放期间,国家统一部署调增了基本养老金,其调增部分是否一并予以补发?

第三节 基本养老保险关系的转移接续

我国城镇职工基本养老保险制度实行"多工作,多缴费,多得养老金"的机制,即劳动者在何地就业就在该地参保缴费,缴费年限(相当于工作时间)的长短和缴费金额的多少直接决定了退休后享受的基本养老金金额。这种相对比较公平的城镇职工基本养老保险制度经过20多年的实践证明,对于在同一地区稳定就业的劳动者来说是适用的。但对跨地区流动就业的劳动者来说,在不同地区参保,基本养老保险关系还不能顺畅地转移接续。这种传统的养老保险转移制度严重损害了流动劳动者的保障权益,也造成了各利益方的资金压力和利益损失。如职工退出基本养老保险,只能得到自己已经缴纳、进入个人养老账户的钱,而带不走用人单位每月缴纳的占工资20%左右、已经进入社会统筹的钱。对此,国务院第93次常务会议于2009年12月22日讨论通过了《城镇企业职工基本养老保险关系转移接续暂行办法》(以下简称《办法》),2010年1月1日正式实施。该《办法》旨在保障参加城镇企业职工基本养老保险人员的合法权益,促进人力资源合理配置和有序流动,实现参保人员跨省、自治区、直辖市流动并在城镇就业时基本养老保险关系的顺畅转移接续。《办法》的制定颁布弥补了原有政策的不足,是一项利国利民之举。

一、有利于完善我国社会保障体系

党的十七大提出到2020年,我国覆盖城乡居民的社会保障体系要基本建立,要实现人人享有基本生活保障。在我国的社会保障体系中,基本养老保险占据重要位置。我国特殊的计划生育政策导致人口老龄化问题集中爆发,异常严重,2010年和2020年我国退休人员分别达到7 000万人和1亿人。如果没有比较完善的基本养老保险制度,不仅严重制约我国经济社会的进一步发展,还会导致部分退休人员基本生活保障的缺失或者保障无力的严重问题。

长期以来影响基本养老保险制度完善的最大障碍就是劳动力资源跨省、区流动导致养老保险关系不能转移接续的问题,尤其是进城劳动的1.5亿农民工,他们之所以参加基本养老保险积极性不高,或者即使参加,一旦离开工作的城镇也纷纷退出保险,根子就在于他们的养老保险关系不能实现跨省、区转移接续。专家学者对于完善我国养老保险制度的普遍建议是提高统筹层次,实现养老保险关系跨地区转移接续,尤其是农民工更是翘首以待,盼望他们的养老保险关系能够随工作地区的转移而转移。针对这种情况,党的十七大在明确我国完善社会保障制度中长期发展目标的同时,在论述加快建立覆盖城乡居民的社会保障体系,保障人民基本生活问题时特别指出:"促进企业、机关、事业单位基本养老保险制度改革,提高统筹层次,制定全国统一的社会保险关系转续办法。"可见《办法》是贯彻落实党的十七大关于完善社会保障体系精神的重要措施,是完善社会保障制度健全的助推器。

二、明确了流动就业的职工退休后养老保险待遇领取地

《办法》第六条规定,跨省流动就业的参保人员达到待遇领取条件时,基本养老保险关系在户籍所在地的,由户籍所在地负责办理待遇领取手续,享受基本养老保险待遇。基本养老保险关系不在户籍所在地,而在其基本养老保险关系所在地累计缴费年限满10年的,在该地办理待遇领取手续,享受当地基本养老保险待遇。基本养老保险关系不在户籍所在地,且在其基本养老保险关系所在地累计缴费年限不满10年的,将其基本养老保险关系转回上一个缴费年限满10年的原参保地办理待遇领取手续,享受基本养老保险待遇。基本养老保险关系不在户籍所在地,且在每个参保地的累计缴费年限均不满10年的,将其基本养老保险关系及相应资金归集到户籍所在地,由户籍所在地按规定办理待遇领取手续,享受基本养老保险待遇。上述规定一方面保障了参保人员绝对有地方享受保险待遇,不会出现不同地方相互推诿的问题,同时规定了享受保险待遇地以缴费满10年为标准。这有利于保障参保人员利益最大化,也体现了权利义务相一致的公平原则。

可见,待遇领取地的确定原则:"户籍地优先,从长、从后计算。"如果参保地和户籍地一致,在户籍地即参保地领取养老保险待遇;如果不一致,就按照缴费满10年的地方来确定待遇领取地;如果有多个缴费满10年的地方,就选最后一个满10年的地方;如果所有地方缴费都不到十年,就把养老关系和相关资金转回到户籍地,由户籍地支付。比如:户籍地在温州的李某,先后在温州、上海、南京工作并缴费分别为12年、5年、11年。根据规定待遇领取地是南京。又如,一个江西的农民工,先后在福建、广东、浙江的城镇就业,参保缴费各5年。退休后,如果该农民工户籍仍在江西,养老金领取地在江西;如果户籍转至最后参保地浙江,则领取地就为浙江。

三、确定了转移资金的统一计算方法

《办法》规定,参保人员跨省就业,除转移账户储存额外,还转移12%的单位缴费。此举进一步打破了地区分割、城乡分割的壁垒,必将进一步扩大养老保险制度的覆盖范围,从而为更多的老龄人口退休后的生活提供更为坚实的保障。

四、有力保障了参保人员的养老权益

(1)养老保险关系转移,只要职工提出申请即可,其他皆由有关部门办理。《办法》第八条规定:"参保人员在新就业地按规定建立基本养老保险关系和缴费后,由用人单位或参保

人员向新参保地社保经办机构提出基本养老保险关系转移接续的书面申请。新参保地社保经办机构在15个工作日内,审核转移接续申请,对符合本办法规定条件的,向参保人员原基本养老保险关系所在地的社保经办机构发出同意接收函,并提供相关信息;原基本养老保险关系所在地社保经办机构在接到同意接收函的15个工作日内,办理好转移接续的各项手续。新参保地社保经办机构在收到参保人员原基本养老保险关系所在地社保经办机构转移的基本养老保险关系和资金后,应在15个工作日内办结有关手续,并将确认情况及时通知用人单位或参保人员。"办法"不仅规定养老保险关系转移,由职工的新就业地与原就业地的社保经办机构完成,而且是限时完成,省去了职工往返劳顿之苦。

(2)在养老保险关系转移中充分照顾到了职工的利益。《办法》第五条规定,参保人员跨省流动就业,男性年满50周岁和女性年满40周岁的,应在原参保地继续保留基本养老保险关系,同时在新参保地建立临时基本养老保险缴费账户,记录单位和个人全部缴费。参保人员再次跨省流动就业或在新参保地达到待遇领取条件时,将临时基本养老保险缴费账户中的全部缴费本息,转移归集到原参保地或待遇领取地。结合实际情况分析,上述"4050"人员尤其是农民工多来自中西部地区,他们能够参加基本养老保险,往往是在经济发达地区工作出色并且工作的时间比较长,否则用人单位是不愿意为他们缴纳数额不小的保险费用的。随着中西部大开发步伐的加快,他们有可能返回家乡就业,但是养老保险关系保留在原工作地有利于提高他们退休后的保险待遇,故办法规定他们的养老保险关系原则上不转移,而只是临时性转移。这是人性化管理的生动体现。

专栏7-4

人社部:职工在多地有"视同缴费年限"需分别计算

2016年年底,人社部印发了《关于城镇企业职工基本养老保险关系转移接续若干问题的通知》。通知明确城镇企业职工基本养老保险关系转移接续若干问题,规定今后职工在多地有视同缴费年限的,需分别计算为各地的视同缴费年限。重复领取养老金者只能保留一个养老保险关系并领取待遇,其他养老保险关系应予以清理,个人账户剩余部分一次性退还本人。

《城镇企业职工基本养老保险关系转移接续暂行办法》在实施中,出现了一些新情况和新问题,导致部分参保人员养老保险关系转移接续存在困难。人社部这次明确,由于各地政策或建立个人账户时间不一致等原因,参保人员在跨省转移接续养老保险关系时,转出地无法按月提供1998年1月1日之前缴费信息或提供的1998年1月1日之前缴费信息无法在转入地计发待遇的,转入地应根据转出地提供的缴费时间记录,结合档案记载将相应年度计为视同缴费年限。

《暂行办法》实施之后重复领取基本养老金的参保人员,由本人与社会保险经办机构协商确定保留其中一个养老保险关系并继续领取待遇,其他的养老保险关系应予以清理,个人账户剩余部分一次性退还本人。

参保人员在建立临时基本养老保险缴费账户期间再次跨省流动就业的,封存原临时基本养老保险缴费账户,待达到待遇领取条件时,由待遇领取地社会保险经办机构统一归集原临时养老保险关系。

跨省流动就业人员未在户籍地参保,但按国家规定达到待遇领取条件时待遇领取地为户籍地的,户籍地社会保险经办机构应为参保人员办理登记手续并办理养老保险关系转移接续手续,将各地的养老保险关系归集至户籍地,并核发相应的养老保险待遇。

资料来源:http://dw.chinanews.com/chinanews/content.jsp?id=8082403&classify=zw&pageSize=6&language=chs.

本章小结

我国目前城镇职工基本养老保险制度采用社会统筹账户与个人账户相结合的结构模式,这一模式是1991年提出的,经过试点实施后,于1997年全面确立的。统筹账户采用现收现付制,关注收入再分配功能,体现社会互济原则、体现社会公平;个人账户采用完全基金积累制,关注储蓄功能,体现经济效率。该模式试图把社会责任与个人责任结合起来,把公平与效率、宏观的集合风险能力与微观的激励机制结合起来,同时强调社会互济和自我保险。当然,制度设计初衷是完美的,但"统账结合"模式的实际运行效果如何,还需在实践中检验。

基本养老保险制度的筹资政策:单位有关部门核定的上年度单位职工工资总额缴费,缴费比例一般不超过20%。城镇各类企业职工,经有关部门核定的上年度本人月平均工资为个人缴费基数。但缴费基数最高为统筹地职工月平均工资的300%,最低为统筹地职工月平均工资的60%。即职工本人月平均工资低于当地职工月平均工资60%的,按当地职工月平均工资的60%作为缴费基数;高于当地月平均工资300%的,按当地月平均工资的300%作为缴费基数,超过部分不计入缴费工资基数,也不计入计发养老金的基数。根据国发〔2005〕38号文件:个人缴费比例统一为8%;自由职业人员、城镇个体工商户参加基本养老保险,将缴费基数统一为当地上年度在岗职工平均工资,缴费比例为20%;业主的社会保险费全部由本人缴纳。

基本养老金的给付政策:参加基本养老保险的个人,达到法定退休年龄时累计缴费满15年的,按月领取基本养老金。可见领取养老金必须满足缴费和退休年龄条件。国发〔2005〕38号文件规定的新计发办法:制度新人的基本养老金由基础养老金和个人账户养老金组成;制度中人多了一块过渡性养老金,过渡性养老金就是对中人个人账户积累不足的补偿。其中,基础养老金=(全省上年度职工月平均工资+本人指数化月平均缴费工资)÷2×缴费年限×1%;个人账户养老金=个人账户全部储存额÷计发月数;过渡性养老金的确定有系数法和年功法。相对旧的计发办法,新办法的待遇与个人缴费基数和缴费年限相挂钩,建立了缴费与养老金待遇挂钩的激励机制,鼓励多工作,多缴费,多得养老金。

《城镇企业职工基本养老保险关系转移接续暂行办法》旨在保障参加城镇企业职工基本养老保险人员的合法权益,促进人力资源合理配置和有序流动,实现参保人员跨省、自治区、直辖市流动并在城镇就业时基本养老保险关系的顺畅转移接续。明确了基本养老保险关系转移中的资金转移的计算办法,即除转移个人账户储存额外,还转移12%的单位缴费;明确了待遇领取地的确定原则:"户籍地优先,从长、从后计算",如果参保地和户籍地一致,在户籍地即参保地领取养老保险待遇;如果不一致,就按照缴费满10年的地方来确定待遇领取地;如果有多个缴费满10年的地方,就选最后一个满10年的地方;如果所有地方缴费都不到10年,就把养老关系和相关资金转回到户籍地,由户籍地支付。

基 本 概 念

统账结合模式　基本养老保险中的老人、中人、新人　基本养老金　基础养老金　个人账户养老金　视同缴费年限

复 习 思 考 题

1. 试分析基本养老保险制度变迁的几个阶段及其变迁动力。
2. 简述基本养老保险现行制度模式。
3. 简述基本养老保险的缴费政策。
4. 简述基本养老金的领取条件。
5. 试比较新旧养老金计发办法并评价新办法的优缺点。
6. 简述基本养老保险关系的转移接续政策。
7. 试分析基本养老保险制度在缴费环节和给付环节可能存在的问题。
8. 某公司员工李女士到法定退休年龄仍然自我感觉年富力强,要求再多干几年,她要求多干几年的愿望能否实现?原因是什么?
9. 税务机关征收社保费有何优劣?

练 习 题

一、计算题

1. 李某于2018年6月60周岁时退休。退休时,李某的缴费年限为30年(其中视同缴费年限10年),其退休时,本人月平均缴费工资指数为0.90,当地上年度职工月平均工资为4 000元,个人账户储存额为15 000元。请计算出李某退休第一个月实际应得的养老金数额。(注:过渡性养老金采用年功法,1年=15元)

2. 李女士1981年1月参加工作,其工作单位于1998年1月参加了养老保险并建立个人账户,2004年1月李女士年满55岁在该市办理了退休手续。退休时其个人账户储存额为54 060元。2003年该地职工月均工资为2 000元。(按照国发〔1997〕26号文件规定的计发办法计算)

问:李女士退休后第一个月的基本养老金是多少?

3. 李某于2009年10月年满55周岁退休时,总计缴费年限为30年(其中视同缴费年限为17年),本人月平均缴费工资指数为1.10,退休时当地上年度在岗职工月平均工资为3 000元,个人账户储存额为20 000元。

问:李某退休后第一个月的基本养老金是多少?

(注:过渡性养老金新旧政策中均采用年功补偿法,1年=25元;如果按新的计发办法计算出的养老金高于旧办法,高出部分按65%给付)

4. 王某于2000年25周岁时开始参加工作。假设王某60周岁时退休,从参加工作至退休期间连续缴费,到退休时,王某的月平均缴费工资指数为1.30;退休时当地上年度在岗职工月平均工资为8 000元,个人账户储存额为180 000元。请根据我国现行养老保险政策规定,计算王某退休后第一个月的基本养老金。

5. 张某于2008年4月,即60周岁退休时,总计缴费年限为35年(其中视同缴费年限为15年),本人月平均缴费工资指数为0.90,当地上年度在岗职工月平均工资为1 800元,个人账户储存额为15 000元。请计算张某退休后第一个月的基本养老金。

(注:过渡性养老金新旧政策中均采用年功补偿法,1年=15元;如果按新的计发办法计算出的养老金高于旧办法,高出部分按45%给付)

二、案例分析题

1. 有些单位与员工签订这样的劳动合同:约定企业给职工高工资,或者约定保费包干,让员工以非全日制从业人员身份参保缴费,拒绝再为其缴纳养老保险费。

请问:(1) 这样的约定是否合法有效?

(2) 面对这样的劳动合同,你的策略是什么?

(3) 如果职工主动不参加养老保险,企业该怎么办?

2. 小李要去上海深造,于是向单位人事部提出离职申请,并与单位解除了劳动关系。但小李希望在公司自费续交养老保险费。那么,小李可否在原企业续保?如果不行,她该怎么办?

3. 王某曾是某钢厂职工。1999年,王某年满55周岁,他听说,像他这种情况,可以办理内退并申请办理了内退。2004年,王某达到退休年龄,但劳动保障行政部门却无法给王某办理退休手续。原来这几年,单位一直没有为王某缴纳养老保险费。王某找到单位领导。领导说,他是内退人员,早就已经退休了,还缴什么养老保险,对王某的要求不予理睬。王某无奈,找到市劳动监察支队,要求监察处理。请问,在王某内退期间,单位是否可以不为其缴纳养老保险?

4. 2019—2050年全国企业职工基本养老保险制度赡养率变化如下:

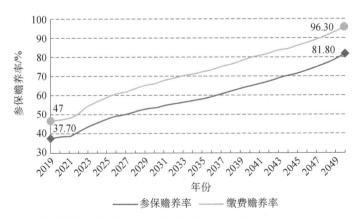

资料来源:郑秉文,《中国养老金精算报告2019—2050》。

请问：

（1）何谓养老保险赡养率？它与老年人口赡养率有何异同？

（2）根据赡养率的变化趋势，谈谈这一趋势反映了怎样的社会现实。

（3）为应对人口老龄化引起的养老金支付危机，从我国实际出发，有哪些可行的化解途径？

5. "延龄退休"：理论与实践的"博弈"之路

早在2008年11月，人力社保部社会保障研究所就曾表示，有关部门正在酝酿等待条件成熟时延长退休年龄，有可能女职工从2010年开始，男职工从2015年开始，采取"小步渐进"方式，每3年延迟1岁，逐步将退休年龄提高到65岁。在2030年前，职工退休年龄将延迟到65岁。

2010年9月，关于"是否应该推迟退休年龄"的话题再度引发热议。起因是在《中国的人力资源状况》白皮书的发布会上，人社部副部长王晓初表示，有专家指出，到2035年中国将面临两名纳税人供养一名养老金领取者的情况。之后，就不停地有专家发言，通常都会一石激起千层浪。像中山大学社保研究中心主任申曙光就曾给人社部撰写过一份关于延迟退休的报告，里面详尽指出了延迟退休的利好："晚退5年，社保基金就可少支付5年的养老金，同时又多收5年的养老保险，一来一去就有10年养老保险基金的差距。从全国看，每年减少基金缺口200亿元。"

而人力社保部一贯的回应是：延迟退休，尚处"纸上谈兵"阶段。2013年8月，清华大学提出的养老体制改革方案中关于"延迟到65岁领取养老金"的建议，再次引发了关于延迟退休问题的新一轮争论。

2013年10月，在中国记协举办的新闻茶座上，人力社保部副部长胡晓义指出是否会推迟退休年龄，会慎之又慎。但如果单单从维持养老基金的收支平衡这个角度来论述推迟退休年龄视角有些偏窄。更大的社会背景是，去年新增劳动力的数量首次出现了下降，意味着中国劳动力无限供给时代已经结束，如何节约用人、提高人力资源的利用效率已上升至重要层面。如果在劳动力仍有足够工作能力时就让其中断工作，对人力是极大的浪费，首次在正式场合将人力成本归结为延迟退休的理由。

思考：你认为中国是否应延迟退休年龄？如果应延迟，请给出政策建议。

6. 不降低养老金补缴门槛 全国统筹时广东要吃亏

"全国的统筹应该提到议事日程。"昨日，广东省人大常委会组织代表到广东省人社厅视察社保工作，广东省人大常委会主任黄龙云提醒，在实施过程当中，广东的老百姓以何种基数来参与全国养老金统筹，必须从现在开始着手进行。

与黄龙云一样，广东省人大代表、江门市人社局副局长、社保基金管理局局长俞雪花很担忧全国统筹可能对广东带来的影响。她提出：广东应该完善职工养老保险补缴问题。目前广东的抚养比是6.7∶1，全国是3∶1，广东缴费的人多，但是领取退休待遇的人少。一旦全国统筹，国家拿走了广东缴费部分，支出时给到广东的又少，那么广东省的基金结余肯定会越来越少。

另一个值得注意的是，目前广东社保覆盖面虽然很大，但是保障水平很低。俞雪花表示："广东参加职工养老保险的门槛比较高，这些人员退休后每月起码能领到1 500元。目前全省有500万45—60岁居民参加的是城乡养老保险,退休只能拿到80元/月。广东应该放低职工养老保险的门槛,让这些人可以尽早补缴,享受职工养老保险待遇。一旦全国统筹,广东还没有把这些人的养老待遇解决,广东就会一直吃亏下去。"若广东降低门槛,让这些人补缴成为职工养老保险参保人,届时统筹,国家补给这些参保人的钱,就会比现在城乡养老保险的高出很多。

林少春表示,将尽快启动基础养老金省级统筹,抓紧解决各地社保负担不平衡问题,积极应对基础养老金全国统筹可能对广东省带来的影响。

资料来源:南方都市报2014年7月9日。

思考:基础养老金要实现全国统筹可能面临哪些障碍?

第八章　机关事业单位养老保险制度

学习目标

理解和掌握中国机关事业单位养老保险制度的发展历程、变迁动力;养老金并轨的历史背景以及并轨前后养老制度的差异;并轨后机关事业单位基本养老保险的制度模式、筹资政策、待遇计发政策及其具体计算;并轨后机关与企业人员养老保险待遇的差异,基本养老保险关系的转移接续政策;根据基本政策分析现实问题。

导入案例

老黄是某公司的职工,老李是某机关事业单位的职工,两人一起出来吃饭时聊到自己的养老问题。老黄说:"唉,我们退休前忙里忙外,就是为了将来能安逸地养老,你们这个铁饭碗比我们好多了,拿到职称后养老基本不愁,我们坐的是'绿皮火车',你们坐的是'高铁'啊!"为什么老黄说机关事业的员工养老时像是在坐"高铁"?企业职工和机关事业单位职工养老金待遇有何不同?

2016年的某天,两人又聚在一起吃饭时,老李感叹说:"现在倒好了呀,国家给你们'升舱'了啊。"老黄说:"是啊,两条轨并上以后,以后的日子能好过多了呢。"为什么我国养老金制度要并轨,并轨后企业职工和机关事业单位员工待遇又会是怎样?

案例来源:作者自编

第一节　机关事业单位养老保险制度演进历程

按照制度本身的运行规律,机关事业单位退休金制度分为三个阶段:1949—1957年的初创阶段;1958—1977年的统一调整和后期倒退阶段;1993年以后的改革试点阶段,其中以2008年为界又分为地方改革阶段和事业单位改革阶段。按照公私养老金制度的关系,可分为"统—分—统"三个阶段:20世纪50年代初至90年代初,机关事业单位与城镇企业退休金制度模式基本一致，都属于财政养老金制度；自1993年开始，机关事业单位和城镇企业的退休金制度彻底分离，"双轨制"定型；2015年至今，机关事业单位由财政供养制度全面转向社会养老保险制度，与企业基本养老保险制度相互融合，实现养老金并轨。

一、单轨制财政养老金制度的形成

机关事业单位财政养老金制度始建于20世纪50年代，成形于1978年。1951年新中国第一部劳动保险法出台，企业按职工工资总额的3%缴费，男职工年满60岁且工作25年、女职工年满50岁且工作20年可领取相当于本人工资35%—60%的退休金，这是新中国第一个养老保险制度。此后，制度覆盖范围扩大（扩大至工、矿、交通事业的基建企业和国营建筑公司）、待遇水平提高（最高计发比例由60%提高至70%）、最低工作年限要求缩短5年（由20年减至15年）。1955年12月，参照这一制度，中央政府出台了《国家机关工作人员退休处理暂行办法》，除最低工作年限要求（男性25年和女性20年，均比企业多5年）以外，机关和企业退休金制度一致。

1978年6月2日国务院下发《关于安置老弱病残干部的暂行办法》，基本确立了干部退休制度，其内容包括退休条件、退休待遇和抚恤善后等。计划经济时期，企业采取包干制工资制度，1985年1月起工资总额与经济效益挂钩，工资差别开始显现，但矛盾并不突出。

二、双轨制产生与定形

1978年十一届三中全会决定改革开放，同年，国务院颁布了《国务院关于工人退休、退职的暂行办法》和《国务院关于安置老弱病残干部的暂行办法》，前者恢复了国有企业传统的"国家企业保险"制度，它适用于全民所有制企业、事业单位和国家机关、人民团体的工人；后者意味着建立了一整套完整的党政机关、群众团体、企业和事业单位干部的离休退休和退职干部的安置体系，包括从退休收入的不同标准到资金来源等。这两个文件既标志着与改革开放政策相配套的退休制度的建立，同时也意味着中国城镇全民所有制企业退休制度的恢复，旨在迅速解决由于10年"文化大革命"期间没有正常退休制度而遗留的历史问题。

1978年颁布的这两个文件可视为机关事业和企业建立不同养老保险制度并一直实施至今的政策源头。其实，1951年2月颁布的《中华人民共和国劳动保险条例》和1955年12月颁布的《国家机关工作人员退休处理暂行办法》是分别建立城镇企业职工劳动保险制度和国家机关事业单位工作人员退休制度的制度雏形，尽管这两个制度分别只有15年和10年的历史，但却具有深远的影响，并成为1978年在改革开放之初迅速建立适应经济建设为中心的社会保险制度的唯一参照系和重要出发点。这个分立的养老保险制度在改革开放初期为把工作重心转移到经济建设上来发挥了不可替代的作用。

1985年6月，机关事业单位实行工资改革，将工资分解为基础工资、职务工资、工龄津贴和奖励工资4个部分，不同职级人员的职务工资差距拉大。从这个时期开始，机关事业和企业内部以及机关事业与企业之间的工资差别以及退休金的差距逐渐显现。

1986年，国务院下发《关于发布改革劳动制度四个规定的通知》，规定国家机关、事业单位和社会团体的退休养老实行社会保险制度。1992年，原人事部印发《关于机关、事业单位养老保险制度改革有关问题的通知》,重申机关事业单位养老保险制度改革,逐步改变退休金实行现收现付、全部由国家包下来的做法。

1993年起国家推行公务员制度,国务院印发了《事业单位工作人员工资制度改革实施办法》。进行工资改革,机关以职务工资和级别工资为主,事业单位以职务工资和津贴为主,工资差别与1985年工资改革时基本保持一致,并保留了各种隐性福利。与此同时,国企改革使企业工资的货币化程度提高,机关事业单位与企业的劳动收入和退休金结构发生变化。

为了配合国企改革,1993年党的第十四届三中全会通过的《中共中央关于建立社会主义市场经济体制若干问题的决定》,首次提出"建立多层次的社会保障体系"和"实行社会统筹和个人账户相结合"的制度目标。1995年发布的《国务院关于深化企业职工养老保险制度改革的通知》再次确定了"社会统筹与个人账户相结合"的实施方案,结合当时各地的不同情况,提出了两个实施方案供各省、自治区和直辖市选择。1997年发布的《国务院关于建立统一的企业职工基本养老保险制度的决定》最终将各地不同账户比例、缴费比例等统一起来,标志着城镇企业职工统账结合养老保险制度在中国正式建立。至此,企业与机关事业单位的退休金制度完全分离,前者的退休金由社会平均工资和个人账户积累额决定,后者的退休待遇则与职级职称和服务年限关联,"双轨制"成形。

2006年7月公务员工资改革,事业单位同步实行岗位绩效工资制度。改革后,津贴补贴成为在职人员工资和退休人员退休金的重要来源,部分地区生活补贴在退休金中的比例甚至达到60%—70%[①],机关事业单位与企业退休金的差距进一步拉大。双轨制后,二者养老金制度差异见表8-1。

表8-1　1997年和2006年企业社会养老保险制度与机关事业单位财政退休制度的比较

项目	机关事业单位财政退休制度	城镇企业基本养老保险制度
退休条件	男60周岁,女55周岁	男60周岁,女干部55周岁,女工人50周岁
待遇标准	退休工资:(基础工资和工龄工资)×100%+(职务工资+级别工资)×n n的取值:对于工作年满35年、30—35年、20—30年、10—20年的人,n(1997年)=88%、82%和75%,n(2006年)=90%、80%和70% 生活补贴:按照职级、职称或职务、工作年限以及同级财政负担能力,由各地分别确定标准	基础养老金(1997年)=当地社会平均工资×20%;基础养老金(2006年)=(上年度在岗职工月平均工资+本人指数化月平均缴费工资)÷2×缴费年限×1%;个人账户月养老金=本人账户储存额÷计发月数,其中1997年计发月数为固定值120;过渡性养老金:1997年没有具体规定,2006年规定为上年度在岗职工月平均工资×本人平均缴费指数×视同缴费年限×1.40%
待遇目标	退休前工资的80%以上(估计值)	退休前工资的58.5%(制度目标值)
缴费责任	个人不缴费	个人按本人工资的8%缴费

资料来源:根据国发〔1993〕79号、国发〔1997〕26号、国发〔1999〕10号、国发〔2005〕38号、国发〔2006〕22号和国发〔2006〕56号文件整理。

[①] 人民网,我国公务员津贴补贴占工资7成,被指不利于廉政,2014年9月。

三、双轨制养老金的改革

由于政府机关的改革重心在横向上主要放在国务院机构改革和职能转变上,包括按政府综合管理职能合并政府部门,最大限度避免政府职能交叉、政出多门,以提高行政效率和降低行政成本;在纵向上主要集中在中央和地方的关系上,包括财权与事权的关系,财税体系重构等;事业单位的改革主要从体制机制入手转变政府职能和管理方式,不断调整和规范政事关系,完善事业单位分类改革等。所以党政机关和事业单位的社会保险制度和福利制度改革位居经济建设之后,基本养老保险制度在城镇逐渐形成了一个双元结构或称双轨制度:企业职工基本养老保险制度是实行统账结合,建立地方管理的基金池、待遇计发公式较为复杂、雇员与雇主双方共同缴费的现代保险制度,而机关和事业单位则始终以财政供养的传统退休制度为主。

1994年,原人事部印发《关于机关、事业单位工资制度改革实施中若干问题的规定》,对退休金的计发基数、比例标准做了详细规定。1994年开始,云南、江苏、福建等地先后发布机关、事业单位养老保险改革的有关文件,并开展试点工作。据原人事部有关资料显示,截至1997年,全国28个省(区、市)的1 700多个地市、县开展了试点,其中19个省(区、市)政府出台省级方案,全国参保人数超过1 000万人,约占机关、事业单位人数的1/3,但是各地试点适用范围差别较大,实施细节也各不相同。这次试点,实现了前端缴费改革,且大部分省、地、市甚至县级社会保险经办机构建立了机关事业单位养老保险管理部门。但由于其待遇计发方式没变,待遇水平没有改变,所以从待遇计发和融资属性看,机关事业单位仍基本处于1978年制度初建时的财政供养型传统退休制度状态。

1999年,经国务院批准,原国家经贸委所属10个国家局管理的242个科研机构、中央所属的178家工程勘察设计单位以及原建设部等11个部门所属的134个科研机构改革了管理体制,实行属地化、企业化管理,这些转制的科研机构实行城镇企业职工养老保险制度。2000年,《国务院关于印发完善城镇社会保障体系试点方案的通知》规定,公务员和全部由财政供款的事业单位维持现行养老保险制度,部分财政供款事业单位的养老保险办法在调查研究和试点基础上分别制定,要求已进行改革试点的地区继续完善和规范。2001年,原劳动和社会保障部发布《关于职工在机关事业单位与企业之间流动时社会保险关系处理意见的通知》,对职工在机关、事业单位和企业之间流动时转移各项社会保险关系作了规定。

2006年,原人事部、财政部《关于印发〈关于机关事业单位离退休人员计发离退休费等问题的实施办法〉的通知》明确,事业单位工作人员退休后的退休费按本人退休前岗位工资和薪级工资之和的70%—90%计发(退职人员按50%—70%计发)。

2009年,为推动事业发展,发挥绩效工资的激励约束功能,经国务院批准,事业单位分三步走实施绩效工资制度。在职职工领取绩效工资,对离退休人员发放生活补贴。生活补贴标准由县级以上人民政府人事、财政部门确定,绩效工资不作为计发离退休费的基数。因此,目前事业单位退休人员待遇分为两个部分:一是按本人退休前岗位工资和薪级工资之和的一定比例计发的基本退休费;二是属地化的生活补贴,即替代绩效工资的部分。

2008年,国务院原则通过了《事业单位工作人员养老保险制度改革试点方案》,确定在山西、上海、浙江、广东、重庆5省市先期开展试点,与事业单位分类改革配套推进。2009年1月,国务院要求5个试点省份正式启动此项改革,实现企业与机关事业单位之间制度能够衔接,事业单位养老保险制度改革与企业基本一致,深圳做了有益探索,但没有取得实质进展。

2013年11月12日,中共十八届三中全会通过的《中共中央关于全面深化改革若干重大问题的决定》,提出推进机关事业单位养老保险制度改革。此决定一出,引起媒体及各界的广泛关注。

2015年1月3日,发布《国务院关于机关事业单位工作人员养老保险制度改革的决定》(国发〔2015〕2号,以下简称"养老保险新政"),决定自2014年10月1日起,机关事业单位工作人员应当参加基本养老保险和职业年金,并按规定比例缴费;同时改革基本养老金计发办法,实行社会化发放。机关事业单位由财政退休制度全面转向社会养老保险制度,与企业职工一样开始实行社会统筹与个人账户相结合制度,实现养老金并轨。

专栏8-1

深圳探路机关事业单位养老保险制度改革
公务员告别"财政养老"(政策聚焦·关注改革探索)

2013年提出"推进机关事业单位养老保险制度改革"。早在2008年2月,国务院常务会议讨论并原则通过了《事业单位工作人员养老保险制度改革试点方案》,确定在山西、上海、浙江、广东、重庆5省市先期开展试点,但截至目前大多没有取得实质进展。深圳在这方面作出了有益的探索。

2010年2月,深圳在全市行政机关全面启动公务员分类管理改革,新进入行政机关人员一律实行聘任制:跟企业一样,签订劳动合同,购买社会养老保险。2012年8月,改革之"火"烧到了深圳事业单位。"让机关和事业单位的人才流动起来",不再是一个"空想"。

据介绍,2013年深圳机关事业单位养老保险制度改革采用"新人新办法",实行"社会基本养老保险与职业年金相结合"的养老保险制度。按照规定,深圳新进机关事业单位人员,在职期间,与企业职工一样,按照一定标准缴纳养老保险。目前,购买养老保险的标准为每月工资的21%,其中单位缴13%,个人缴8%。购买地方补充养老保险,缴费比例为工资的1%,由单位缴纳。考核合格的,由财政每月按工资的一定比例缴交职业年金,待退休后领取,缴交比例暂定为8%,月工资总额超过城镇在岗月平均工资3倍以上的,缴交比例为9%。

当前,委任制公务员退休待遇是以离职当月的职级来计算一个比例。而经过测算,基本养老加职业年金的新模式和现行退休制度的待遇水平大致相当。职业年金制度作为基本养老保险制度的补充,既是对机关事业单位工作人员服务社会事业的激励,实行年功积累,可以体现其服务贡献程度,也保障了其合理的退休待遇。

而在大众看来更为棘手和难办的"中人"(在职的委任制公务员),深圳市人力资源和社会保障局局长王敏认为,如果不抓紧实施"中人"改革,未来会有更多委任制公务员辞职。很多优秀的人才渴望流动,但流动最大的瓶颈在于养老。"很多委任制公务员都盼望着能尽快完成改革。这样,如果他们要离开不必'净身出户'。还有一种情况是,在原有体制下,真正优秀的同志留也留不住,反而是有些不太干事的、没本事的,你想赶都赶不走。"

据透露,截至2013年,经过详细的测算和调研,深圳人社局已向上级部门提交了一套关于"中人"改革的完整方案,只待上级部门决策,真正实现机关、事业单位和社会之间的无障碍交流,可进可出。

"深圳的探索,是保障社会公平的需要,也体现了社会的巨大进步,对全国有借鉴意义。"深圳综合开发研究院公共政策与政府绩效评估研究中心副研究员王梅说。

资料来源:人民网-人民日报2013年12月3日。

第二节 2015年养老金并轨,财政退休制度全面转向社会养老保险制度

一、养老金并轨背景

公、私部门之间退休人员待遇差别引起社会不满

如前所述,自20世纪90年代企业建立养老保险制度以来,机关事业单位和企业的退休金待遇的差距不断扩大。以2000—2004年为例,企业、机关和事业单位退休金上涨幅度分别是27.50%、7%和68.60%,企业与机关事业单位人均退休金的差距由1.50倍扩大到2倍[①]。2006年工资改革后,生活补贴占退休收入的比例不断提高。以陕西省为例,2006年工资改革时确定的生活标准为660—1 760元/月[②],相当于当年该省在岗职工平均工资的50%—125%。生活补贴不仅提高了机关事业单位离退休人员的退休金水平,继续拉大与企业退休金的差距,同时也使机关事业单位的退休金与社会平均工资割裂开,待遇水平隐形化。

与内生驱动的企业基本养老保险制度改革不同,机关事业单位养老保险制度的改革是外生驱动的。在传统财政退休制度下,地方政府和上级拨款共同保障退休金的给付,财政承担无限责任,制度运行没有也不会发生破产风险,因此缺乏内生改革动力。截至目前,2 090万机关事业单位人员参加了养老保险,其制度赡养率是32.30%,即离退休人员大约510万(机关80万,事业单位430万),缴费人员1 580万(机关280万,事业单位1 300万),而城镇企业职工养老保险制度赡养率是33.30%(离退休人数8 041万人,缴费人数24 177万人)[③],二者相差无几,甚至机关事业单位的赡养率略低一些。所以,机关事业单位养老金双轨制改革动力是来自非财政性的社会因素,最先点燃改革导火索的是对"双轨制"的不满,即对党政机关和事业单位建立特权养老金制度的不满和抨击与日俱增,甚至已经到了难以克制的程度。

---

① 国家统计局,《中国劳动与社会保障统计年鉴2005》(光盘版)。
② 《陕西省直机关规范公务员津贴补贴实施方案》(陕纪发[2007]2号)。
③ 郑秉文:机关事业单位养老金并轨改革 从碎片化到大一统[J],《中国人口科学》,2015年第1期。

机关事业单位和企业退休金制度的"双轨制"被认为是最不公平的社会政策之一。人民网和人民日报每年会组织调研,2012年,92%的网友希望提高养老金的上涨幅度和速度,社会保障再居"两会调查"榜首,超九成网友希望提高养老金涨幅①,2013年98%的网友认为废除企业和机关事业单位退休金"双轨制"的条件已经成熟,96%的网友认为企业职工和公务员养老制度实行"双轨制"非常不合理②,2014年86.30%的网友支持养老金制度并轨,认为改革进程太慢③,2015年24.78%的调查对象在最关注的问题中选择了"养老金并轨"④。社会舆论推动改革进度加快。

然而"碎片化"的改革动力在地方和中央不尽相同。在地方层面,养老金制度碎片化改革动力主要来自财政。上海之所以能够自主改革主要原因是财政压力,因为上海人口老龄化情况十分严峻,2010年缴费职工人数543万人,离退休人员是352万人,制度赡养率高达65%,"城保"收支严重失衡,财政补贴逐年扩大。2008年财政补贴92亿元,2009年、2010年、2011年分别为101亿、107亿和100亿元。为缓解财政压力,2011年上海开始整合各个小制度,打通它们之间的"壁垒"(主要是"综保"),稀释赡养率,效果十分明显,2012年财政补贴下降到84亿元,2013年进一步降至4亿元⑤。

二、养老金并轨前的准备

由于没有建立起养老金正常调整机制,替代率逐年下降,从2000年的71.20%⑥下降到2005年的50.30%。但机关和事业单位退休费的计发政策始终较为稳定:解放战争时期参加革命工作的,按本人标准工资的80%发放;新中国成立后参加工作、工作年限满20年的按本人标准工资的75%发放⑦。相比之下,企业养老金替代率开始与机关事业单位的退休费逐渐拉开距离,待遇差逐年加大(见表8-2)。表8-2的结果与官方披露的个别数据可能不尽一致。例如2014年12月23日马凯副总理在第十二届全国人民代表大会常务委员会第十二次会议上所做的《国务院关于统筹推进城乡社会保障体系建设工作情况的报告》中披露的2004年和2014年月均企业养老金分别是647元和2070元⑧,与本文略有出入。

---

① http://politics.people.com.cn/GB/17159215.html。
② 凤凰网:社保居两会热点调查首位 废除养老金"双轨制"呼声最高.(2013-03-05).http://news.ifeng.com/gundong/detail_2013_03/05/22735599_0.shtml。
③ 人民网:向人民报告:2013年,社保新政密集出台[EB/OL].(2014-02-26).http://politics.people.cn/n/2014/0226/c1001-24468137-2.html。
④ 人民网:两会调查 连续4年呼吁取消养老金"双轨制"[EB/OL].http://politics.people.com.cn/n/2014/1224/c1001-26267124.html。
⑤ 上海人力资源和社会保障局官网。
⑥ 1997—1999年为制度初建时期,参保人数和参保退休人数的统计口径不统一,财政补贴用于退休费支出的规模较大,所以,这几年的情况特殊,数据质量不高,这里略去。
⑦ 数据来自1978年6月2日发布的《国务院关于安置老弱病残干部的暂行办法》。
⑧ http://www.npc.gov.cn/mpe/xinwen/2014-12/24/content_1890884.htm。

表 8-2　2000—2015 年中国城镇企业职工基本养老保险替代率

年份	替代率(%)	月养老金(元)	年份	替代率(%)	月养老金(元)
2000	71.20	556	2008	47.70	1 161
2001	63.10	572	2009	46.80	1 276
2002	63.50	657	2010	45.10	1 395
2003	57.60	674	2011	44.00	1 558
2004	53.20	711	2012	43.90	1 741
2005	50.30	770	2013	43.80	1 914
2006	50.30	880	2014	44.10	2 109
2007	48.30	1 003	2015	44.60	2 352

注：表中数据为作者计算。其中，月养老金根据历年人力资源和社会保障部发布的《人力资源和社会保障事业发展统计公报》中"全年基金总支出"与"参保离退休人员"计算得出；"替代率"是在"月养老金"的基础上根据《中国统计年鉴(2013)》(电子版)的"城镇单位在岗职工平均工资"计算得出；2013 年、2014 年和 2015 年的"城镇单位在岗职工平均工资"等数据为作者估算。

鉴于替代率逐年下降的趋势，2005 年发布的《国务院关于完善企业职工基本养老保险制度的决定》正式宣布"建立基本养老金正常调整机制"，即"根据职工工资和物价变动等情况，国务院适时调整企业退休人员基本养老金水平，调整幅度为省、自治区、直辖市当地企业在岗职工平均工资年增长率的一定比例"。2005 年至今，国务院每年宣布上调企业养老金，年均涨幅为 10%，已连续 11 年。利用行政手段从外部对企业养老金替代率进行调整是一个非正常手段，有效遏制了企业养老金意想不到的急速下滑势头，缩小了与机关事业单位养老金待遇差，尤其是对实现社会稳定和营造良好的改革环境发挥了难以替代的作用。连续 11 年全面干预替代率，为积极筹备机关事业单位养老金并轨赢得了时间，同时也使数以亿计的参保人同步分享到国民经济快速发展的成果。

专栏 8-2

养老金替代率概念

养老金替代率是衡量养老保障水平的最重要的指标，是养老金与某种不同定义的工资收入之比。由于基数的内涵不同，养老金替代率的意义是不同的。各国常用的替代率有以下几种：

一是最后工资替代率。该替代率指标指养老金与雇员个人退休前工资收入之比，反映的是个人退休前后收入的变化。该指标背后的价值观是，养老金是保证退休人员不因退休而使其收入和生活发生大的变化。许多东欧前社会主义国家都用过养老金最后收入替代率，中国 20 世纪 50 年代建立起来的退休金制度也是采用这一指标。工龄达到 30 年且达到退休年龄的人员几乎可以领取自己最后工资 80% 以上的退休金。在稳态的经济中，这一比例是很高的，这也是 20 世纪 90 年代中国对原有的退休金制度进行改革的理由之一。

二是终生平均工资替代率。该替代率指标是指养老金与个人退休前终生平均工资收入的比例。这一指标背后的价值观更多地强调效率,即养老金收入与个人一生的贡献相联系。这是一些高收入国家较早采用的养老金计算方法之一,与最后收入替代率相比,相同替代率水平实质降低了养老金水平(终身平均收入一般要低于最后工资收入),但会减轻养老金制度的支出压力。中国基本养老金制度中社会统筹这一部分引入了这一指标,强调了职工一生的缴费年限和缴费基数对养老金水平的意义。

三是某些年份的平均工资替代率。该替代率指标是指养老金与个人终生收入中某一段最高收入的平均数之比。在相同替代率下,这一指标的退休收入水平会介于最后工资替代率与终生平均工资替代率之间。有些国家用一生中最高收入的五年作为计算的基数,有些国家则用更长的年限。一般来说,作为计算基础的年限越长,其计算中的分母就越接近于终生平均工资替代率中的分母。替代率不变时,个人养老金收入越少,制度的负担越轻。三十余年来,在各国的养老金制度改革中常用的一个办法是增加基数计算的年限,比如,1993 年法国养老金制度改革就将计算养老金的基数由原来收入最高的 10 年提高到 25 年。相较于直接降低替代率,这一做法更容易被接受,虽然这只是一个数字游戏。

四是社会平均工资替代率(简称"社平工资替代率")。该指标是指养老金占当期社会平均工资的比例。该指标的最大特点是其计算基础是时刻变化着的社会平均工资,而不是不变的个人工作期间工资,反映了退休人员与在职人员收入分配关系,更易观察退休人员的实际生活保障状况。在经济高速增长的国家,采用这一指标对保障退休人员收入尤其重要。我国城镇职工基本养老保险实际采用的是这一指标,也应该采用。因为随着我国经济的快速发展,工资增长速度较快,若养老金仍然仅仅盯住退休前收入,则会失去现实意义,不能真实地、动态地反映养老金对老年人的保障水平。

资料来源:余桔云,"并轨前后养老保险制度的替代率和公平性评估",《改革》,2015 年第 7 期。

三、机关事业单位养老保险新政的基本内容

国发〔2015〕2 号文决定改革原公职人员退休金制度,与现行城镇企业职工基本养老保险并轨,统一实行社会统筹与个人账户相结合的养老保险模式,改善了《公务员法》的相关内容,拓展了《社会保险法》的适用调整,使公职人员的养老金权益保障有法可依。同步推出以下配套措施:(1)上调机关事业单位基本工资和离退休人员的退休金。据估计,参保缴费后,机关事业单位中大约有 40% 的人其工资将低于城镇在岗职工平均工资。为了不因加入养老保险制度给在岗工作人员带来明显重负[①],2015 年 1 月国家调整机关事业单位工作人员基本工资标准,平均上调 20%,职务和职级越低上调幅度越大,同时将机关事业单位离退休费上调 10%。(2)实施强制性职业年金制度。2015 年 3 月 27 日发布的《关于印发机关事业单位职业年金办法的通知》(国办发〔2015〕18 号),建立职业年金制度,作为机关事业单位的补

---

① 郑秉文:《中国养老金发展报告 2014——向名义账户制转型》,经济管理出版社 2014 年版,第 136 页。

充养老保险制度。与企业年金相比,后者是自愿参加,自 2004 年实施以来,运行 10 余年仅覆盖 2 300 万人,覆盖率(占基本养老保险参保职工人数的比例)仅为 6.50%[①],而职业年金是强制性制度,机关事业单位在职人数约 3 800 万,可实现 100% 覆盖。

新《公务员法》正式通过,提前退休可以申请

2018 年 12 月 29 日,第十三届全国人民代表大会常务委员会第七次会议审议通过了《中华人民共和国公务员法(修订草案)》,国家主席习近平颁布第 20 号主席令,宣布修订后的《中华人民共和国公务员法》自 2019 年 6 月 1 日起施行。

新《公务员法》规定,公务员干满三十年可以申请退休,因此参加工作越早的公务员,越可以尽早享受天伦之乐,特别是公务员职业常态化以后,公务员的收入基本逐步规范,级别之间的待遇会逐步缩小,大家往往会看淡一些东西,也会把家庭生活看得非常重要。特别是干部年轻化的提出,今后公务员队伍中五十岁的处级科级干部或将不存在,新公务员法对于解决干部队伍年轻化无疑将起保驾护航的作用。

第九十三条规定了公务员提前退休的条件。第一,工作满三十年的。第二,工作二十年以上离退休年龄不超过五年的。第三,符合国家规定可以提前退休的其他情形的。这一规定,让公务员可以提前享受国家的退休待遇,更好地安度晚年,享受天伦之乐。

资料来源:http://news.cctv.com/2019/01/01/ARTIMQ8lOwexOiBdDuBlIuI6190101.shtml.

(一) 新政养老保险制度的主要规定

(1) 新政明确公职人员全覆盖。"适用于按照公务员法管理的单位、参照公务员法管理的机关(单位)、事业单位及其编制内的工作人员",即原由国家财政供养的公职人员,做到人手一张"全国统一的社会保障卡"。

(2) 新政强制公职人员缴费。养老保险费"由单位和个人共同负担",机关事业单位"应当为其工作人员建立职业年金"。单位每月按 20%、8% 分别缴纳养老保险费、职业年金,公职人员每月按 8%、4% 分别缴纳养老保险费、职业年金。公职人员缴费基数同样介于在岗职工月社会平均工资的 0.6—3 倍。

三是新政调整待遇结构和计发方法。公职人员退休后月基本养老金由"基础养老金和个人账户养老金"构成。计发方法引入激励约束机制,将待遇水平与缴费年限、缴费工资水平直接挂钩。基础养老金=(当地上年度在岗职工月平均工资+本人指数化月平均缴费工资)÷2×(缴费年限×1%);个人账户养老金=个人账户储存额÷计发月数。新制度下的中人再依据视同缴费年限长短发给过渡性养老金。

另外,新政还就公职人员养老保险基金征收管理监督、关系转移接续、待遇正常调整机制都做了明确规定。机关事业单位养老金制度并轨前后的差异见表 8-3。

---

① 人力资源和社会保障部官网. 全国企业年金基金业务数据摘要(2015 年第二季度)[EB/OL].(2015-09-12). http://www.mohrss.gov.cn/SYrlzyhshbzb/zwgk/szrs/qttjcl/201509/W020150912763024435640.pdf.

表8-3 2015年改革前后机关事业单位退休金制度的比较

项目	改革前	改革后
制度模式	财政退休制度单支柱	社会养老保险制度多支柱,配套建立了强制性职业年金制度
待遇决定	取决于职务或职称,计发办法与企业职工不同	基础养老金取决于缴费年限,个人账户养老金和职业年金取决于缴费和投资收益;计发办法与企业一致
政府责任	全额承担退休金	承担雇主缴费责任
个人责任	无责任	个人向基本养老保险账户和职业年金账户缴费

（二）新老政策平稳过渡期

关于机关事业单位养老保险制度中的老人、中人、新人的规定。

制度"老人"是指2014年9月30日之前退休的员工,老人老办法,养老金的计算方式依据并轨前政策规定;制度"中人"是指2014年9月30日之前工作、之后退休的员工,中人基本养老金＝基础养老金＋过渡性养老金＋个人账户养老金;制度"新人"是指2014年9月30日之后工作的员工,新人的基本养老金＝基础养老金＋个人账户养老金。

为了改革的平稳推进,政策规定新老政策平稳过渡期为10年,即从2014年10月1日至2024年9月30日。在过渡期内退休的人员,其养老待遇遵循"保底限高"原则,如果新办法计算的养老待遇低于老办法待遇,则按老办法发放。如果新办法计发待遇高于老办法,则按过渡期政策补发增额部分,具体规定见图8-1。

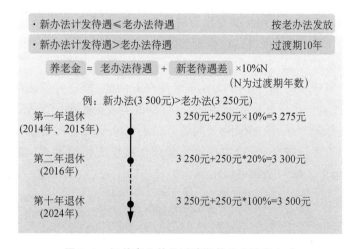

图8-1 机关事业单位过渡期养老金计发方式

【案例1】 江西省公务员李某2000年10月1日开始工作,2033年10月1日退休,退休年龄为60岁;个人缴费工资指数为2,其中视同缴费指数为2.50;退休时个人账户累计额为24万。已知2032年江西省在岗职工月均工资为6 000元。请问李某退休第一个月领取的基本养老金为多少？

基本养老金＝基础养老金＋个人账户养老金＋过渡性养老金
＝(统筹地上年度职工月平均工资＋本人指数化月平均缴费工资)/2×
缴费年限(含视同缴费年限)×1％＋个人账户储存额/计发月数＋
上年度在岗职工月均工资×本人视同缴费工资指数×
视同缴费年限×1.30％
＝(6 000＋6 000×2)/2×33％＋240 000/139＋6 000×2.5×14×1.30％
＝2 970＋1 727＋2 730
＝7 427(元)

第三节　并轨后机关与企业人员养老保险制度比较

并轨后,机关事业单位养老保险制度主要由基本养老保险制度和职业年金制度构成,前者与企业职工基本养老保险制度完全融合,二者养老金待遇差异主要体现在年金上①。

一、企业年金相关政策②

(一) 筹资政策

企业年金采取实账积累和运营,但企业缴费部分一般属于个人的既得权益。既得权益指基于法律规定或合同约定,在当事人符合特定条件或履行特定义务后应当享有的权利和利益,受益人面临一定风险。

职工在参加基本养老保险基础上,企业根据自身经营状况自主为职工建立企业年金,企业和个人共同缴费。对于企业年金缴费没有硬性政策约束,企业最高缴费率12％,企业和职工个人合计不超过12％,满足条件可以税前扣除。

(二) 待遇给付

职工在达到国家规定的退休年龄或者完全丧失劳动能力时,可以从本人企业年金个人账户中按月、分次或者一次性领取企业年金,也可以将本人企业年金个人账户资金全部或者部分购买商业养老保险产品,依据保险合同领取待遇并享受相应的继承权。出国(境)定居人员的企业年金个人账户资金,可以根据本人要求一次性支付给本人。职工或者退休人员死亡后,其企业年金个人账户余额可以继承。

专栏 8-4

宁夏调整区属国有企业年金制度

为进一步完善宁夏自治区区属国有企业年金管理工作,宁夏自治区国资委2019年5月发布《关于自治区属国有企业规范实施企业年金的指导意见》,调整了宁夏自治区属国有企

---

① 由于目前企业养老保险缴费基数的不规范,机关与企业人员即使工资收入相同,缴费额度也会存在差异,从而导致养老金待遇的不同。

② 根据2018年2月1日正式实施的《企业年金法》内容编辑。

业年金制度。其中,企业缴费部分最高上限由每年最高不得超过本企业上年职工工资总额的5%提高到8%;企业和职工个人缴费合计每年不得超过本企业上年职工工资总额的12%,允许有条件亏损补缴,差距倍比上限提高。

《指导意见》修改了实施条件。宁夏自治区区属国有企业实施企业年金的前提条件是具有完善的法人治理结构,各项内部控制管理制度有效执行,劳动用工和收入分配管理规范,并具备相应的经济能力和持续缴费能力,原则上职工参与率不得低于70%。提高缴费比例上限,企业缴费部分最高上限由每年最高不得超过本企业上年职工工资总额的5%提高到8%;企业和职工个人缴费合计每年不得超过本企业上年职工工资总额的12%。

《指导意见》提出允许有条件亏损补缴。原规定亏损期间企业暂停缴费,恢复缴费后不得为亏损期间补缴。《指导意见》修改为企业亏损时应中止年金缴费,盈利并弥补以前年度亏损后可恢复缴费,并可根据有关规定,按照中止缴费时的企业年金方案予以补缴。补缴的金额和年限应当根据恢复缴费年度的效益状况、人工成本承受能力以及中止缴费时间等因素合理确定,不得超过实际中止的金额和年限,补缴年限最长不得超过3年。

资料来源:《宁夏日报》,2019年7月1日,记者马越 http://dw.chinanews.com/chinanews/content.jsp?id=4485118fzkrnwi&classify=zw&pageSize=6&language=chs.

二、职业年金相关政策

(一)筹资政策

实行单位和个人共同缴费,采取个人账户方式管理。单位按本单位工资总额的8%缴费,个人按本人缴费工资的4%缴费。其中,财政全额供款的单位,单位的缴费采取记账方式(类似NDC模式),每年按公布利率计息。个人退休前,累计储存额由同级财政做实;其余缴费实行实账积累(即DC模式)并进行市场化投资运营,按实际收益计息。

职业年金个人账户资金随同工作变动转移,促进人员的合理流动;根据本人退休时的个人账户储存额确定待遇水平,缴费与待遇挂钩;社保经办机构负责职业年金的经办管理,不断提高管理服务水平;职业年金基金实行市场化投资运营,实现保值增值;政府部门加强监管,确保资金安全。

(二)待遇给付

根据职业年金个人账户积累额除以退休年龄对应的计发月数,按月领取;或一次性购买商业养老保险。

三、职业年金与企业年金的比较

根据以上年金政策的相关规定,两者之间的主要差异表现在制度模式、建立性质、缴费政策、领取方式、可能面临的风险等方面,具体见表8-4。

表 8-4　职业年金与企业年金的比较

	职业年金	企业年金
建立方式	强制性	自主性
覆盖面	100%	目前只有 7% 左右
缴费方式	企业按工资的 8%、个人按工资的 4%	企业、个人缴费总和不超过 12%，可以享受税收优惠；尚无强制性的具体规定
筹资方式	财政全额供款单位缴费实行 NDC 模式，其余采取 DC 模式	实行 DC 模式，实账积累
领取方式	按月领取或一次性购买商业养老保险	按月、分次或者一次性领取
可能面临的风险	NDC 不能获得合意投资收益甚至不能兑现	企业缴费一般属于既得权益，个人面临一定风险

养老保险破除"双轨制"之后

一份问卷调查显示，49% 的被调查者对机关事业单位职工退休金与企业职工养老金差距大表示不满。同等学历、同等职称、同等技能、同等贡献的人，因为单位性质不同，退休待遇差距较大，这已撕裂社会公平，甚至造成了阶层冲突。诚如马凯副总理所称，"虽然我国社会保障体系基本形成，但公平性不足"。如今双轨并成一轨，是对企业职工的心理慰帖，也将助推社会公平。

叫好之余，也不妨前瞻性地审视可能形成的新问题。

其一，改革前，公务员不用缴纳养老金，却能享受到 80% 甚至 90% 的养老金替代率，退休金约为在职工资的八九成；企业职工一直缴纳养老金，养老金却只有在职工资的四成，这当然不公平。但是，让公务员像企业职工一样缴费，他们乐意吗？如果不乐意，如何化解？一些基层公务员待遇较低，如何才能更合理缴费？

按照"一统一"、"五同步"的制度设计，公务员普遍加薪在所难免，即"养老保险制度改革与完善工资制度同步推进，待遇调整机制与计发办法同步改革"。如果公务员加薪，会不会引起民间情绪反弹？有学者建议，在结合各地物价和社会平均工资的基础上，为各级公务员进一步制定更明确的工资标准，严禁地方随意为公务员增发津补贴。或许唯有如此，才能减少质疑。

其二，养老金的缺口如何解决？对外经贸大学公共政策研究所首席研究员苏培科认为，改革后的主要关注点，应该是并轨后公务员的缴纳标准与企业是否一致，其次是养老金的缺口问题如何解决。一方面需正视养老金缺口，另一方面更须正视养老金管理。马凯也提到两大难题，一是社会保障筹资渠道仍偏窄，二是目前社保基金保值增值机制尚不健全。在确保基金安全的前提下扩大投资渠道，实现养老基金保值增值，增强基金支付能力，迫在眉睫。

其三，机关事业单位与城镇职工的养老金并轨了，其他群体要不要并轨？中国社科院社会政策研究中心秘书长、研究员唐钧表示，我国现有养老金实行七轨制，"国家公务员，事业单位人员，城市居民，农民，企业职工，军人，还有一块农民工，农民工虽然讲可以包含在城市职工这个范畴里,但实质上是不同的。"企业职工养老金与机关事业单位人员养老金相比,低了一大截,城乡居民养老金和一些地方参加新农保的农民的养老金更低。将七轨变为一轨,如此一刀切并不合理,但逐渐缩小它们之间的差距,确实是大趋势。

其四,如何关注那些没有养老金的人?目前全国还有1亿多人没有参加基本养老保险,主要是部分非公经济组织员工、城镇灵活就业人员、农民工以及部分农村居民等。还有部分群体没有参加基本医疗保险制度,建筑业等高职业风险行业农民工参加工伤保险的比例比较低,这些人员还不能充分享受到社会保障。这1亿多人,其养老谁来保障?

资料来源:中国青年报2019年1月11日。

第四节　基本养老保险关系的转移接续

为做好机关事业单位养老保险参保人员基本养老保险关系和职业年金转移接续工作,切实维护流动就业人员的养老保险权益,人社部、财政部2017年印发了《人力资源社会保障部　财政部关于机关事业单位基本养老保险关系和职业年金转移接续有关问题的通知》(人社部规〔2017〕1号)。

《通知》指出,参保人员在同一统筹范围内的机关事业单位之间流动的,只转移基本养老保险关系,不转移基金。参保人员在机关事业单位养老保险制度内跨统筹范围流动的,在转移基本养老保险关系的同时,转移基金。参保人员从机关事业单位流动到企业的,在转移基本养老保险关系的同时,转移基金。

参保人员同时存续多重基本养老保险关系或重复缴纳基本养老保险费的,应按照"先转后清"的原则,由转入地社保经办机构负责按规定清理。

在职业年金转移接续方面,《通知》指出,参保人员在由相应的同级财政全额供款的单位之间流动时,可转移本人的职业年金单位缴费部分的累计记账额,继续由转入单位采取记账方式管理。参保人员由机关事业单位流动到企业、在非同级财政全额供款的单位之间流动,或者由财政全额供款单位流动到非财政全额供款单位的,应当由转出单位相应的同级财政保障拨付资金记实后转移接续。参保人员由非财政全额供款单位流动到财政全额供款单位后,原实账积累的个人账户资金按规定转移接续,同时其到新就业单位后的职业年金单位缴费部分可采取记账方式管理。

《通知》还明确了机关事业单位参保人员养老保险关系转移接续后的职业年金补记、相关待遇计发参数、待遇领取地确定,以及职业年金、企业年金个人账户管理和待遇计发等事项。

为统一规范机关事业单位基本养老保险关系和职业年金转移接续业务经办流程,确保转移接续衔接顺畅,人社部印发了《机关事业单位基本养老保险关系和职业年金转移接续经办规程(暂行)》,并发出通知,就贯彻执行提出了要求。

一、企业职工基本养老保险关系转移

(1)出具参保缴费凭证。参保人员转移接续前,参保单位或参保人员到基本养老保

关系所在地(以下简称转出地)社会保险经办机构申请开具《养老保险参保缴费凭证》(以下简称《参保缴费凭证》)。转出地社会保险经办机构核对相关信息后,出具《参保缴费凭证》,并告知转移接续条件。

(2) 转移接续申请。参保人员新就业单位或本人向新参保地(以下简称转入地)社会保险经办机构提出转移接续申请并出示《参保缴费凭证》,填写《养老保险关系转移接续申请表》(以下简称《申请表》)。如参保人员在离开转出地时未开具《参保缴费凭证》,由转入地社会保险经办机构与转出地社会保险经办机构联系补办。

(3) 发联系函。转入地社会保险经办机构对符合转移接续条件的,应在受理之日起15个工作日内生成《基本养老保险关系转移接续联系函》(以下简称《基本养老保险联系函》),并向参保人员转出地社会保险经办机构发出。

(4) 转出基本养老保险信息表和基金。转出地社会保险经办机构在收到《基本养老保险联系函》之日起15个工作日内完成以下手续:

① 核对有关信息并生成《基本养老保险关系转移接续信息表》(以下简称《基本养老保险信息表》);机关事业单位之间转移接续的,转出地社会保险经办机构应将缴费工资基数、相应年度在岗职工平均工资等记录在《基本养老保险信息表附表》;

② 办理基本养老保险基金划转手续。其中:个人缴费部分按记入本人个人账户的全部储存额计算转移。单位缴费部分以本人改革后各年度实际缴费工资为基数,按12%的总和转移;参保缴费不足1年的,按实际缴费月数计算转移。当发生两次及以上转移的,原从企业职工基本养老保险转入的单位缴费部分和个人账户储存额随同转移;

③ 将《基本养老保险信息表》和《基本养老保险信息表附表》传送给转入地社会保险经办机构;

④ 终止参保人员在本地的基本养老保险关系。

(5) 基本养老保险关系转入。转入地社会保险经办机构收到《基本养老保险信息表》和转移基金,在信息、资金匹配一致后15个工作日内办结以下接续手续:

① 核对《基本养老保险信息表》及转移基金额;

② 将转移基金额按规定分别计入统筹基金和参保人员个人账户;

③ 根据《基本养老保险信息表》及参保单位或参保人员提供的材料,补充完善相关信息;机关事业单位之间转移接续的,根据《基本养老保险信息表附表》按照就高不就低的原则核实参保人员的实际缴费指数。

④ 将办结情况告知新参保单位或参保人员。

二、机关事业单位基本养老保险关系的转移接续

视频:机关事业单位基本养老保险,国家有了新说法 https://www.iqiyi.com/v_19rral40p0.html?fromvsogou=1#curid=609914600_b760cf9c1851698bdca3d625cff0bd81。

参保人员在机关事业单位之间跨省流动的、从机关事业单位流动到企业的,按以下流程办理:

(1) 出具参保缴费凭证。参保人员转移接续前,参保单位或参保人员到基本养老保险关系所在地(以下简称转出地)社会保险经办机构申请开具《养老保险参保缴费凭证》(以下

简称《参保缴费凭证》)。转出地社会保险经办机构核对相关信息后,出具《参保缴费凭证》,并告知转移接续条件。

(2) 转移接续申请。参保人员新就业单位或本人向新参保地(以下简称转入地)社会保险经办机构提出转移接续申请并出示《参保缴费凭证》,填写《养老保险关系转移接续申请表》(以下简称《申请表》)。如参保人员在离开转出地时未开具《参保缴费凭证》,由转入地社会保险经办机构与转出地社会保险经办机构联系补办。

(3) 发联系函。转入地社会保险经办机构对符合转移接续条件的,应在受理之日起 15 个工作日内生成《基本养老保险关系转移接续联系函》(以下简称《基本养老保险联系函》),并向参保人员转出地社会保险经办机构发出。

(4) 转出基本养老保险信息表和基金。转出地社会保险经办机构在收到《基本养老保险联系函》之日起 15 个工作日内完成以下手续:

① 核对有关信息并生成《基本养老保险关系转移接续信息表》(以下简称《基本养老保险信息表》);机关事业单位之间转移接续的,转出地社会保险经办机构应将缴费工资基数、相应年度在岗职工平均工资等记录在《基本养老保险信息表附表》;

② 办理基本养老保险基金划转手续。其中:个人缴费部分按记入本人个人账户的全部储存额计算转移。单位缴费部分以本人改革后各年度实际缴费工资为基数,按 12% 的总和转移;参保缴费不足 1 年的,按实际缴费月数计算转移。当发生两次及以上转移的,原从企业职工基本养老保险转入的单位缴费部分和个人账户储存额随同转移;

③ 将《基本养老保险信息表》和《基本养老保险信息表附表》传送给转入地社会保险经办机构;

④ 终止参保人员在本地的基本养老保险关系。

(5) 基本养老保险关系转入。转入地社会保险经办机构收到《基本养老保险信息表》和转移基金,在信息、资金匹配一致后 15 个工作日内办结以下接续手续:

① 核对《基本养老保险信息表》及转移基金额;

② 将转移基金额按规定分别记入统筹基金和参保人员个人账户;

③ 根据《基本养老保险信息表》及参保单位或参保人员提供的材料,补充完善相关信息;机关事业单位之间转移接续的,根据《基本养老保险信息表附表》按照就高不就低的原则核实参保人员的实际缴费指数。

参保人员从企业流动到机关事业单位的,其流程按本规程第七条规定办理。转移基金按以下办法计算:

(1) 个人账户储存额:1998 年 1 月 1 日之前个人缴费累计本息和 1998 年 1 月 1 日之后个人账户的全部储存额。个人账户储存额与按规定计算的资金转移额不一致的,1998 年 1 月 1 日之前的,转入地和转出地均保留原个人账户记录;1998 年 1 月 1 日至 2005 年 12 月 31 日期间,个人账户记账比例高于 11% 的部分不计算为转移基金,个人账户记录不予调整,低于 11% 的,转出地按 11% 计算转移资金并相应调整个人账户记录;2006 年 1 月 1 日之后的个人账户记账比例高于 8% 的部分不转移,个人账户不予调整,低于 8% 的,转出地按 8% 计算转移资金,并相应调整个人账户记录。

(2) 统筹基金(单位缴费):以本人 1998 年 1 月 1 日后各年度实际缴费工资为基数,按

12%的总和转移;参保缴费不足1年的,按实际缴费月数计算转移。

参保人员因辞职、辞退、未按规定程序离职、开除、判刑等原因离开机关事业单位的,应将基本养老保险关系转移至户籍所在地企业职工社会保险经办机构,按以下流程办理转移接续手续:

(1) 原参保单位提交《机关事业单位辞职辞退等人员基本养老保险关系转移申请表》(附件6),并提供相关资料。

(2) 转出地社会保险经办机构在收到《机关事业单位辞职辞退等人员基本养老保险关系转移申请表》之日起15个工作日内完成以下手续:

① 核对有关信息并生成《基本养老保险信息表》;
② 办理基本养老保险基金划转手续,转移基金额按本规程第七条第四款第2项规定计算;
③ 将《基本养老保险信息表》传送给转入地社会保险经办机构;
④ 终止参保人员在本地的基本养老保险关系并将办结情况告知原参保单位。

(3) 基本养老保险关系转入。转入地社会保险经办机构收到《基本养老保险信息表》和转移基金,在信息、资金匹配一致后15个工作日内办结以下接续手续:

① 核对《基本养老保险信息表》及转移基金额;
② 将转移基金额按规定分别记入统筹基金和参保人员个人账户;
③ 根据《基本养老保险信息表》及相关资料,补充完善相关信息;
④ 将办结情况告知参保人员或原参保单位。

三、职业年金转移

实缴的、记账的、补记的、原转入的企业年金。

(1) 参保人员在相应的同级财政全额供款的单位之间流动的,职业年金个人账户中记账金额无需记实。除此之外,职业年金个人账户中记账部分需在转移接续前记实。

(2) 由机关事业单位转到建立企业年金的企业:则职业年金转入企业年金合并。

职业年金不转移:参保人员升学、参军、失业期间;参保人员的新就业单位没有实行职业年金或企业年金制度的。

(3) 由企业转入机关事业单位的,企业年金转出记入职业年金账户。

参加机关事业单位养老保险人员在2014年10月1日后办理了正式调动或辞职、辞退手续离开机关事业单位的,应由原参保单位填报《职业年金补记申请表》,并提供改革前本人在机关事业单位工作年限相关证明材料。转出地社会保险经办机构依据单位申请资料,协助计算所需补记的职业年金个人账户金额,生成《职业年金个人账户记实/补记通知》(以下简称《记实/补记通知》);原参保单位根据《记实/补记通知》向原资金保障渠道申请资金,及时划转至社会保险经办机构职业年金归集账户。社会保险经办机构确认账实相符后,记入其职业年金个人账户。

本 章 小 结

按照制度本身的运行规律,机关事业单位退休金制度分为三个阶段,即1949—1957

年的初创阶段；1958—1977年的统一调整和后期倒退阶段；1993年以后的改革试点阶段，其中以2008年为界又分为地方改革阶段和事业单位改革阶段。按照公私养老金制度的关系，可分为"统—分—统"三个阶段：20世纪50年代初至90年代初，机关事业单位与城镇企业退休金制度模式基本一致，都属于财政养老金制度；自1993年开始，机关事业单位和城镇企业的退休金制度彻底分离，"双轨制"定形；2015年至今，机关事业单位由财政供养制度全面转向社会养老保险制度，与企业基本养老保险制度相互融合，实现养老金并轨。

机关事业单位养老保险制度中的老人、中人、新人的规定及对应养老金计发。制度"老人"是指2014年9月30日之前退休的员工，老人老办法，养老金的计算方式依据并轨前政策规定；制度"中人"是指2014年9月30日之前工作、之后退休的员工，中人基本养老金＝基础养老金＋过渡性养老金＋个人账户养老金；制度"新人"是指2014年9月30日之后工作的员工，新人的基本养老金＝基础养老金＋个人账户养老金。

为了改革的平稳推进，政策规定新老政策平稳过渡期为10年，即从2014年10月1日至2024年9月30日。在过渡期内退休的人员，其养老待遇遵循"保底限高"原则，如果新办法计算的养老待遇低于老办法待遇，则按老办法发放。如果新办法计发待遇高于老办法，则按过渡期政策补发增额部分。

当然，"并轨"不是简单地把机关事业单位退休制度"并入"企业养老保险制度，而是朝着共同方向改革和推进，最终取消"双轨制"。养老金并轨后，机关事业单位养老保险制度由基本养老保险制度和职业年金制度构成，前者与企业的养老制度模式相同。二者之间的差异主要体现在年金制度上，职业年金和企业年金在建立手段、积累方式、缴费规定、领取方式等方面存在显著差异。职业年金实行单位和个人共同缴费，采取个人账户方式管理。单位按本单位工资总额的8%缴费，个人按本人缴费工资的4%缴费。其中，财政全额供款的单位，单位的缴费采取记账方式（类似NDC模式），每年按公布利率计息。个人退休前，累计储存额由同级财政做实；其余缴费实行实账积累（即DC模式）并进行市场化投资运营，按实际收益计息。员工退休时，根据职业年金个人账户积累额除以退休年龄对应的计发月数，按月领取；或一次性购买商业养老保险。职业年金采用强制方式实施，覆盖率100%，而企业年金是企业自主实施的，目前覆盖率为7%左右。职业年金的缴费率明确规定，企业为8%、个人为4%，而企业年金没有明确的硬性规定。

为做好机关事业单位养老保险参保人员基本养老保险关系和职业年金转移接续工作，切实维护流动就业人员的养老保险权益，人社部、财政部2017年印发了《关于机关事业单位基本养老保险关系和职业年金转移接续有关问题的通知》（人社部规〔2017〕1号）。

基 本 概 念

财政养老　基本养老保险　基本养老金　基础养老金　机关事业单位养老保险中的中人、新人和老人　养老金并轨　职业年金　企业年金

养老保险：理论与政策

复习思考题

1. 简述我国机关事业单位养老保险制度发展历程。
2. 简述养老金并轨的动力和阻力？并与国际典型国家制度并轨进行比较分析。
3. 养老金并轨是否等于拉平企业与机关之间的养老金差距？
4. 如果机关事业单位与企业间养老金差距仍然存在，其主要影响因素是什么？那么，存在差距是否等于不公平？
5. 养老金并轨的意义是什么？
6. 并轨后的养老保险制度面临哪些挑战？

附录：职工基本养老保险制度发展的重要文件

1951年2月实施《劳动保险条例》，规定个人不缴费，企业按工资总额的3%缴纳，由全国总工会管理。退休待遇为工资的35%—36%。

1986年7月全国各地普遍推行县级养老保险费用统筹制度（国家实行劳动合同制，废止顶职制度，首次规定合同制工人的缴费率为3%，企业为15%）。

1991年发布了《国务院关于企业职工养老保险制度改革的决定》（国发〔1991〕33号），这是中央首次对养老保险做出制度性规定，要求由县级统筹逐步向省级统筹过渡。

1993年，党的十四届三中全会《关于建立社会主义市场经济体制若干问题的决定》进一步明确提出了养老保险制度改革方向、目标、原则；明确了养老医疗实行社会统筹与个人账户相结合的模式。

1995年发布了《关于深化企业职工养老保险制度改革的决定》，该模式进行全面实施。

1997年7月发布《关于建立统一的企业职工养老保险制度改革的决定》。

2005年12月，国务院出台了《关于完善企业职工基本养老保险制度的决定》（国发〔2005〕38号）。2006年1月以后施行。

2015年1月14日发布《国务院关于机关事业单位工作人员养老保险制度改革的决定》（国发〔2015〕2号），从2014年10月1日实施，标志双轨制的废除。

10余省(区、市)公布2019年养老金调整方案 能涨多少钱？

据记者不完全统计，截至6月28日，至少已有上海、北京、广东、广西、宁夏、湖南、湖北、江苏、河南、新疆、辽宁、山西等地公布了2019年养老金调整具体方案，浙江养老金调整方案也结束公开征求意见。

根据人社部和财政部下发的《人力资源社会保障部 财政部关于2019年调整退休人员基本养老金的通知》，今年养老金调整人员范围是，2018年12月31日前已按规定办理退休手续并按月领取基本养老金的退休人员。多数地区均按此规定，不过，广东、江苏比较特别，其养老金调整人员范围有所扩大。其中，广东的调整范围还包括2019年1月至6月首次按月领取基本养老金的退休人员，江苏增加了参加企业职工基本养老保险并于2019年1月1日至6月30日期间办理退休、退职手续的人员。

养老金到底怎么涨？

今年养老金的总体涨幅是5%左右，但这是企业和机关事业单位全部退休人员待遇调整的总体人均水平，并不是企业和机关事业单位退休人员分别以各自人均养老金水平为基数、都按照5%的比例调整。在具体调整办法上，按照国家要求，各地的调整方案，普遍采取定额调整、挂钩调整与适当倾斜相结合的调整办法。

具体调整金额有多少？

第一步是定额调整，同一地区各类退休人员统一增加相同额度的养老金。比如，上海、广东是每人每月增加60元，北京每人每月增加50元；江苏是每人每月增加34元。

第二步是挂钩调整，也就是与个人缴费年限、养老金水平挂钩，体现"多缴多得""长缴多得"的激励机制，使在职时多缴费、长缴费的人员多得养老金。如，上海明确规定，缴费年限（含视同缴费年限）每满1年每月增加2元；再按本人2018年12月份按月领取的基本养老金为基数每月增加2.20%。北京明确规定，缴费年限满10年及以上的退休人员，缴费年限每满1年每月增加3元。月养老金低于3 959元的，每人每月增加65元；月养老金在3 959元及以上，低于5 459元的，每人每月增加55元；月养老金在5 459元及以上的，每人每月增加45元。

谁能多涨一点？

第三步是倾斜调整，主要是让高龄退休人员、艰苦边远地区退休人员等群体养老金可以多涨一些。在高龄退休人员方面，上海对于女年满60周岁、男年满65周岁的人员，每人每月增加20元。北京规定，年满65周岁及以上的高龄退休人员，可根据年龄再享受40元至70元四个档次的倾斜政策。对于艰苦边远地区退休人员，湖北规定，国家规定范围的艰苦边远地区的调整对象每人每月增加15元。宁夏对艰苦边远一类区每人每月再增加基本养老金5元，对艰苦边远三类区每人每月再增加基本养老金10元。不少地方还扩大了养老金倾斜调整的人员范围，比如湖南有4类退休人员可以享受倾斜照顾，包括高龄退休人员、艰苦边远地区退休人员、企业退休军转干部、工残退休人员。

个人能涨多少钱？

由于每个省份的养老金调整方案不尽一致，具体到每一位退休人员，由于缴费年限和养老金水平不同等原因，实际增加的养老金绝对额是不同的，对应到占个人养老金的比例也是不同的。其中，北京市人社局表示，调整后，养老金人均增长220元左右，平均水平将达每月4 157元；湖南人均月增加金额为140元左右。

以上海的方案为例，企业退休人员老赵今年70岁，去年12月本人养老金5 000元，退休前工作年限35年。这次他可增加养老金的金额是：定额增加60元；缴费年限挂钩调整可增加70元；再按与本人养老金挂钩2.20%可增加110元。另外，他还可享受高龄人员倾斜增加20元。四项合计，老赵这次一共可以增加260元。

目前，上海、北京增加的养老金已经发放到位；湖南、广东、广西、宁夏、江苏、河南等地明确将在7月底前将增加的养老金发放到位。各地发放到位时间不尽相同,但对退休人员而言,无论各地在何时开始组织发放,都将从2019年1月1日起补发。

资料来源:环球网2019年6月29日。

思考:目前养老金调整方案有哪些?从公平与效率的视角进行评述并提出自己的建议。

第九章 城乡居民养老保险制度

> **学习目标**
>
> 理解和掌握农村养老保险制度变迁的历程和动力,每阶段制度形成的经济基础;新农保的基本政策、特点、创新以及不足;养老保险制度间的转移接续;能运用基本政策分析现实问题并对改革提出政策建议。

> **导入案例**
>
>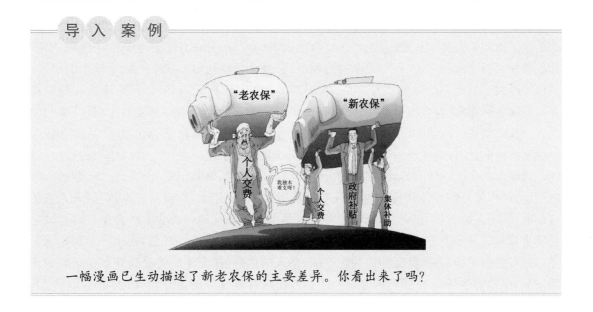
>
> 一幅漫画已生动描述了新老农保的主要差异。你看出来了吗?

第一节 农村养老保险制度的变迁

农村社会养老保险制度变迁分为三个阶段:萌芽阶段(1956—1986年);传统农村社会养老保险制度发展阶段(1986—2002年);新型农村社会养老保险制度发展阶段(2002年至今)。其中新型农村社会养老保险制度又包括地方新型农村社会养老保险制度(简称"地方新农保")和全国新型农村社会养老保险制度(简称"普惠制新农保")。这几种表述主要是按其筹资特点加以区分的。①

---

① 本节除了注明外,其余相关资料和观点主要引自余桔云,《新中国农村社会养老保险制度变迁与绩效评估》,江西高校出版社2012年版。

一、萌芽阶段(1956—1986年)

新中国建立之初,中国共产党领导下的人民政府在抓国民经济恢复和发展工作的同时,也特别注重农民基本生活保障问题。1949年的《中国人民政治协商会议共同纲领》①和1954年《中华人民共和国宪法》都规定:劳动者在年老、疾病或者丧失劳动能力的时候,有获得物质帮助的权利。国家举办社会保险、社会救济和群众卫生事业,并且逐步扩大这些设施,以保证劳动者享受这种权利。此外,作为社会保障制度主要管理机构的重要机构——民政部的前身内务部于1949年11月正式成立,直接管理农村救灾、社会救济和社会优抚安置等社会保障工作。自此,中国农村社会保障工作有了统一的管理机构。

尽管在1949—1956年,尚未出现针对农村人口的养老保障政策,农村老人完全依赖家庭养老,但是党和政府对农村"无依无靠又无生活来源"的困难群体给予了高度重视。农业合作化时期,毛泽东在《中国农村的社会主义高潮》一书的按语中指出:"一切合作社有责任帮助鳏寡孤独、缺乏劳动力的社员(应当吸收他们入社)和虽然有劳动能力但是生活上十分困难的社员,解决他们的困难。"这为农业合作社妥善解决鳏寡孤独和残疾人等特殊困难群体的生活指明了方向。从此,农业合作社将他们吸收入社,并在分工分业上给予照顾,安排他们参加力所能及的劳动,利用集体的公积金、公益金帮助他们解决生产和生活上的困难,并逐步形成了制度。1956年1月,中央政府以草案的形式颁布了《1956年到1967年全国农业发展纲要》(亦称"农业四十条",1957年10月修订草案,后于1960年4月10日二届全国人大二次会议通过),其中第三十条规定:"农业合作社对于社内缺乏劳动力、生活没有依靠的鳏寡孤独的社员,应当统一筹划,指定生产队或者生产小组在生产上给以适当的安排,使他们能够参加力能胜任的劳动;在生活上给以适当的照顾,做到保吃、保穿、保烧(燃料)、保教(儿童和少年)、保葬,使他们的生养死葬都有指靠。"②同年6月30日,一届全国人大三次会议通过了《高级农业生产合作社示范章程》,其中也明确规定:"农业生产合作社对于缺乏劳动力或者完全丧失劳动力,生活没有依靠的老、弱、孤、寡、残疾的社员,在生产上和生活上给以适当的安排和照顾,保证他们的吃、穿和柴火的供应,保证年幼的受到教育和年老的死后安葬,使他们生养死葬都有依靠。"③以上为特殊群体提供的五个方面的保障,简称"五保"。享受这种保障的个人或家庭被称之为"五保户",相应的政策被称之为"五保政策"。④ 以上两个文件是关于"五保供养"的最早法规性文件。从此,五保户供养制度就载入了中国的史册,并成为农村地区的一项长期的社会保障政策。自此,中国农村形成了"以家庭保障为主、五保制度并行"的养老保障模式。

十一届三中全会以后,以家庭联产承包责任制为起点的农村改革拉开了中国经济体制改革的序幕。农村改革与始于20世纪80年代中期的城市经济体制改革给我国农村社会经济发展带来了巨大的变化,主要表现:(1)家庭联产承包责任制的推行改变了农村生产经营

---

① 该纲领具有临时宪法作用。
② 中华人民共和国国家农业委员办公厅编:《农业集体化重要文件汇编(1949—1957)(上册)》,中共中央党校出版社1981年版,第529页。
③ 同上书,第577页。
④ 李本公、姜力主编,《救灾救济》,中国社会出版社1996年版,第196—197页。

方式和分配方式。实行承包责任制以后,在绝大多数农村地区,农民家庭取代了集体经济组织(生产大队和生产队),成为农业生产经营主体。农民不但拥有了对土地的生产经营权,而且还可以自主支配自己的劳动和劳动成果,加之,国家实施了提高农副产品收购价格等措施,极大地调动了广大农民的生产积极性。随着农业生产的高速增长,农民的收入普遍得以提高,不少农民有了存款。(2)随着改革开放的推进,党逐步放宽了农村各项经济政策,使得农村乡镇企业和个体经济得以快速发展和壮大。农民因此有了不同职业选择,家庭收入来源日趋多样化。(3)城镇的发展和城市经济体制改革为农民进城务工创造了大量的就业机会,农民工成为城镇经济发展的一支重要力量。

可见,农村经济的改革与发展以及农民收入的提高,不仅增强了家庭保障功能,而且还为农村社会保障事业的发展准备了重要的物质基础。但同时,农村社会保障事业也因之面临一些冲击和挑战。(1)人民公社组织体制和以队为基础的集体经济组织的解体,使得许多地区的集体公共积累明显减少,这自然会冲击原来依托于农村集体经济组织的各项社会保障事业。(2)由于农业收入在家庭收入中的比重不断下降,使得集体组织曾经发挥的潜在社会保障功能日趋减弱。(3)农村劳动力向城市转移过程中,一些年轻农民工在受到城市文明熏陶以后,不仅不愿意返回农村,而且在敬老、养老的观念上也会发生变化。加之,计划生育政策的实施,进一步加深了农村人口老龄化的程度。这些变化都会导致原来颇为有效的农村家庭保障功能的弱化,使得农村养老问题尤为突出。以前家庭规模较大,家庭保障功能也较强,家庭养老几乎不成问题。实行计划生育政策后,出现了"4—2—1"或"4—2—2"型家庭结构,让这种家庭结构继续承担传统的家庭保障功能和养老责任确实勉为其难。

总之,随着农村经济体制改革的推进、家庭联产承包责任制的实行,家户经济取代了人民公社政社合一体制下的集体经济,集体保障丧失了经济基础和组织依托,集体的潜在保障功能在弱化;加之,随着人口的流动、家庭结构的小型化,传统的家庭养老保障模式越来越不适应社会经济发展的要求,农村养老问题变得日趋凸显和严重。为此,各级政府部门从农村的实际出发,积极探索农村社会养老保障制度。

十一届三中全会通过的《农村人民公社工作条例(试行草案)》中除上述集体保障制度外还规定"有条件的基本核算单位可以实行养老金制度"[1],据此一部分经济发达地区开始试行农村退休养老金制度。早在20世纪80年代初,我国农村部分村庄就已经开始试行农民退休养老。1982年,全国有11个省市3 457个生产队实行了农民退休养老办法。该办法规定农民享受退休金的条件:参加集体劳动10年以上,男满65周岁、女满60周岁的社员。享受了养老金的农民约有426 000名,一般人均可得到养老金10—15元/月,最高可达20元以上。养老金来源于队办企业利润和公益金,具体分担比例依大队、生产队的经济状况而定[2]。这可能是我国农村最早的较具完全意义上的社会养老保险实践了。但是以上的五保制度和少数村庄实施的退休制度都不符合社会养老保险的基本特征:(1)缺乏相关部门和统一政策指导,实施过程的随意性较大;(2)资金来源于集体经济收益,给付标准因集体收益好

---

[1] 中华人民共和国民政部:《民政部大事记(1949—1986)》,内部资料1988年,第340页。
[2] "农民也领退休金",《光明日报》,1982年7月21日。

坏而定,其运行的物质基础不稳定;(3)统筹层次仅限于村集体,属于一种社区养老方式,不符合大数法则和社会化原则;四是实施的对象仅限于少数村庄,不具有实施对象的普遍性。所以这种退休办法只能算是农村社会化养老的一种雏形,是我国农村社会养老保险制度的萌芽。

二、传统农村社会养老保险制度发展阶段(1986—2002年)

(一)探索阶段(1986—1992年)

顺应农村的实际需要,党中央和国务院提出了逐步建立农村社会保障制度的要求。对此,《中华人民共和国国民经济和社会发展第七个五年计划》(1985年9月)明确提出:要"认真研究和建立形式多样、项目不同、标准有别的新的社会保障制度"。1986年10月,民政部和国务院有关部委在江苏省沙洲县召开了"全国农村基层生活保障工作座谈会",会议从实际情况出发,确定了农村社会保障建设的主要任务:贫困地区以搞好社会救济和扶贫为主;中等地区以完善五保制度、兴办福利工厂、建立敬老院为主;经济发达和较发达地区,主要任务是建设以社区(即乡镇、村)为单位的农村社会养老保险。12月,民政部向国务院提交了《关于探索建立农村基层社会保障制度的报告》,报告提出:在现阶段,建立农村社会保障制度必须从各方的实际经济承受能力出发,坚持由点到面、试点先行、逐步推进的原则。如覆盖范围上应由小到大,保障内容上应由少到多,支付标准上应由低到高等。1987年3月,在国务院批准了该报告之后,农村社会保障制度的探索在全国逐步推开。据不完全统计,截至1989年底,全国已有19个省(自治区、直辖市)的190多个县(市、区、旗)开展了农村养老保险方面的探索,有800多个乡镇已经建立了以乡镇、村为单位的养老保障制度①,参加人数达90多万人,资金积累4 100万元,开始领取养老金的农民已有21.60万②。

这种以乡村为单位的社区型养老保险必然存在一些缺陷:(1)尽管这种探索是在中央政府的推动下进行的,但在实际试点过程中并没有上级政府的组织参与,缺乏统一的政策法规指导,只有乡镇办法或村规民约,制度实施的随意性较大,如养老金计发标准混乱,没有科学严格的计算办法等。(2)统筹层次太低,保障范围仅局限于乡村,且乡村之间制度缺乏兼容性,效率很低。(3)养老保险资金主要甚至完全来自村集体,个人不缴费,权利与义务不对等,导致集体负担过重,无法保障制度的可持续性。(4)不能实现资金的保值增值。养老资金的管理单位为村或乡镇,投资方式一般是存入银行或用于当地经济发展,存入银行能保证资金的安全性,但很难实现增值,而后者能增值但风险太大。且现收现付制的资金运行模式很难应对未来人口老龄化。

根据农村社会养老保险的基本特征和政府的责任定位,以上这种探索仍不是真正意义的农村社会养老保险。为顺应农村社会养老保险发展的需要,1990年7月,国务院明确了农村社会养老保险制度建设的主管部门为民政部。1991年1月,由民政部选择一批有条件的地区,开展县级农村社会养老保险制度的试点工作。同年2月,民政部党组决定成立"民政部农村社会养老保险办公室"具体负责这项工作。

---

① 劳动部课题组:《中国社会保障体系的建立与完善》,中国经济出版社1994年版,第139页。
② 王以才、张朴主编:《农村社会养老保险》,中国社会出版社1996年版,第20页。

（二）曲折发展阶段（1992—2002 年）

在总结探索农村社会保障工作试点经验与深入调查研究的基础上，1991 年 6 月，民政部制定了《县级农村社会养老保险基本方案（试行）》（以下简称《基本方案》，于 1992 年 1 月 3 日正式颁布实施）。《基本方案》是中国历史上首个专门针对农民制定的正式社会保险法规。自此，我国真正开始了建立农村社会养老保险制度的探索。

《基本方案》确定了农村社会养老保险制度建设的一些基本原则：(1)养老保障水平以保障农村老人基本生活为标准。(2)坚持"个人缴纳为主，集体补助为辅，国家予以政策扶持"，自助为主、互济为辅的筹资原则。其中，集体补助资金主要由乡镇企业利润和集体积累进行保障，国家政策扶持主要体现在对乡镇企业支付的集体补助允许税前列支的税收优惠上。(3)坚持农村务农、务工、经商等各类人员社会养老保险制度一体化的方向。(4)坚持由点到面、逐步发展的原则。具体内容有：①采取完全基金制的个人账户模式，个人缴费和集体补助全部计入个人账户，并按一定的记账利率计息，产权属个人所有；②参保对象为 20—60 周岁的本地农民，他们可在 2、4、6、8……20 元十个月缴费档次中自由选择；农民到 60 岁开始领取养老金待遇，按照余命 10 年确定养老金待遇，用公式表达为个人账户积累的本息总额/120。可见设定的保证领取期是 10 年，如果参保人领取养老金不到 10 年就死亡的，可由法定继承人或指定受益人继续领取，一直到 10 年为止，或者一次性继承。③基金实行县（市）、乡（镇）、村三级管理，并设置基金监管和具体业务经办两个主要机构；在指定的银行设立农保基金专户，农保机构管理服务费按当年收取保险费总额的 3% 提取；基金投资渠道为国债和银行存款。

根据《基本方案》所提出的基本原则和主要内容，民政部在山东组织了较大规模的试点。同年 8 月，山东牟平等 5 个县（市）开始进行农村社会养老保险制度的试点工作，在一个半月的时间内，参加农村社会养老保险制度的乡镇有 30 个、村有 281 个、乡镇企业 38 个，参保人数近 8 万人，筹集养老保险基金近 500 万元①。同年 10 月，民政部在山东牟平县召开了"全国农村社会养老保险试点工作会议"，会议讨论了探索农村社会养老保险制度的必要性和模式选择等问题，总结推广了山东的试点经验，进一步明确了农村社会养老保险不是商业保险而是政府行为。②

之后，农村社会养老保险试点工作迅速展开，其中武汉市发展最快，在 3 个多月的时间内，整个武汉市基本建立起了农村社会养老保险制度。1992 年 7 月，民政部在武汉召开了"全国农村社会养老保险工作经验交流会"，会议重点总结推广了武汉市的经验，提出了"学武汉、赶山东，农村社会养老保险更上新台阶"的奋斗目标。这进一步促进了农村社会养老保险的发展。江苏省率先在全省各县（市、区）全面开展农村社会养老保险工作；山东省在近百个县推开农村社会养老保险；其余 20 多个省（自治区、直辖市）如河北、福建、上海等地也加强了这项工作。到 1992 年底，试点工作在全国推开，共有 1 000 多个县（市、区）开展了这项工作，其中 700 多个县根据《基本方案》的原则，制定了相应的实施管理办法，成立了专门的管理机构，接近 20 个县基本建立起了覆盖全体农民的农村社会养老保险制度，参保农民

---

① 王以才、张朴主编：《农村社会养老保险》，中国社会出版社 1996 年版，第 22 页。
② 劳动部课题组：《中国社会保障体系的建立与完善》，中国经济出版社 1994 年版，第 139 页。

人数高达 3 500 多万①。

1993 年,国务院批准民政部成立农村社会保险司,1994 年组建了农村社会养老保险管理服务中心,健全了中央级管理机构。之后,全国有 20 多个省(自治区、直辖市)的民政部门相继设立了农村社会保险管理处,1 100 多个县、市、区建立了事业性的农村社会养老保险管理机构②。

1995 年 10 月,民政部在杭州召开全国农村社会养老保险工作会议,会议明确提出,有条件的地区应积极发展农村社会养老保险,并争取在 2005 年基本建立农村社会养老保险制度。此后,民政部根据《"九五"计划和 2010 年远景目标纲要》的要求,结合试点经验,有计划有组织地扩大农村社会养老保险制度的试点范围。从杭州会议开始,农村社会保险工作重点由过去的发展为主逐步转变为发展与管理并重。

在国家的强力推动下,传统农村养老保险在各地推广,参保人数不断上升,传统农村养老保险得到了进一步发展。到 1998 年年底,全国已有 2 123 个县、市和 65％的乡、镇开展了这项工作,参保农民达 8 025 万人,是 1994 年末参保人数 3 461 万人的 2.32 倍。全年农村社会养老保险基金收入 31.4 亿元,支出 5.4 亿元,当期结余 26 亿元,期末滚存结余 166.2 亿元③。与此同时,从中央到乡村上下贯通的管理体系和多级工作网络基本形成。到 1997 年底,全国农保机构有 27 797 个,专职农保人员 24 163 人,兼职农保人员 28 251 人,代办员数十万人④。

但 1996 年以来,我国银行利率连续下调,对传统农村养老保险造成了很大压力。因为当初农保部门为吸引广大农民参保,承诺个人账户计息标准永远高于国家银行存款利率,并保证最低复利率为 8.80％。这就是当时大部分县、区工作人员遵照上级指示在 1993—1996 年对农民面对面宣传的内容。现在利率多次下调,如果仍按承诺利息实施,必将产生巨大利差损失。为了保证农村养老金的收支平衡,化解基金风险,个人账户记账利率只好下调(具体情况见表 9-1)。造成投保人实际收益的大幅下降,引起了一些人的极度不满,参保农民因此失去了信心。一个几乎完全由个人缴费的养老制度,不仅支付了 3％的管理费,而且还要自行承担增值风险,它还能有什么吸引力?于是全国大部分地区出现了参保人数下降、基金运行困难等问题,一些地区农村社会养老保险工作甚至陷入停顿状态。

表 9-1　1991—1996 年个人账户记账利率调整情况　　　　　　　　　　单位:％

年份	1991 年 1 月—1993 年 7 月	1993 年 7 月—1997 年 12 月	1998 年 1 月	1998 年 7 月—1999 年 7 月	1999 年 7 月
年复利率	8.80	12	6.80	5	2.50

数据来源:参见民政部农村社会保险司《关于执行〈农村社会养老保险养老金计发办法〉有关事宜的通知》(险标字〔1994〕9 号),参见民险函〔1997〕225 号、劳社部函〔1998〕131 号、劳社部函〔1999〕183 号等文件的相关规定。

同时,官方态度也发生了动摇。1999 年 7 月,《国务院批转整顿保险业工作小组保险业

---

① 1992 年民政事业发展统计公报。
② 张左己主编:《领导干部社会保障知识读本》,中国劳动社会保障出版社 2002 年版,第 98 页。
③ 1998 年劳动和社会保障事业发展统计公报。
④ 王以才:"谁来赡养中国老农?——农村社会养老保险的现状、问题及措施",《中外管理导报》,1999 年第 2 期。

整顿与改革方案的通知》(国发〔1999〕14号)指出,我国农村尚不具备普遍实行社会保险的条件,要求停止接受新业务,有条件的转为商业保险。

此后,劳保部提出了两个整顿方案:(1)在有条件的地区继续开展农村养老保险制度的探索工作,不具备条件的地区暂不开展。(2)政府给政策并转变职能、实行市场化运营,业务经办采用商业化方式。就两方案征求有关部门意见,分歧很大尚无定论。至此,中国农村社会养老保险事业基本处于停滞状态。

传统农保自1992年开始试点,经历了发展、停滞、衰退的曲折历程。传统农保试点以后的前几年,参保人数呈上升趋势,1998年以后,国家对农村社会养老保险进行了改革整顿,此项工作进入衰退阶段。截至1999年年底,尽管全国有31个省、市、自治区76%的乡镇开展了农村社会养老保险工作,但参保的农民仅有6 000多万人,只占农村人口的8%左右。到2002年底传统农村社会养老保险的参保人数已缩减了一半,覆盖面也非常低,除了少数富裕地区外,其他地区基本处于停滞状态。在这一变化过程中,参保率的变化情况如表9-2所示。

表9-2 1994—2002年传统农保参保率变化情况

年份	1994	1995	1996	1997	1998	1999	2000	2001	2002
年末参保人数	4 361	5 143	6 594	7 452	8 025	6 460	6 172	5 995	5 461
农村人口数(万人)	85 681	85 947	85 085	84 177	83 153	82 038	80 837	79 563	78 241
参保率	5.09%	5.98%	7.75%	8.85%	9.65%	7.87%	7.64%	7.53%	6.98%

资料来源:"年末参保人数"根据《1995—2003年中国劳动统计年鉴》的相关数据整理而成;"农村人口数"来自《2010年中国统计年鉴》;参保率=年末参保人数/农村人口数

从表9-2可知,传统农保的参保率呈现先升后降的状况,但最高参保率都没超过10%。根据社会养老保险的普遍性特征,传统农保基本不具有普遍性,并且造成了农村养老水平的严重不公。因为当时参加农村社会养老保险的多数为经济发达地区的富裕农民,绝大多数需要养老保障的农民并不能从该制度中获益。

三、新型农村社会养老保险制度[①]发展阶段(2002年至今)

(一)新农保的试点(2002—2009年)

1. 发展状况

2002年党的十六大提出,有条件的地方要"探索建立农村养老、医疗保险和最低生活保障制度"。十七大又进一步提出了"建立覆盖城乡居民的社会保障体系"的战略构想,要探索建立适合中国国情、具有中国特色的农村社会保障制度。

十六大以后,全国各地开始了新型农村社会养老保险的试点工作,很多地方通过加大政府引导和财政支持,创新农村养老保险模式,扩大覆盖范围,在试点探索中积累了许多有益经验。按照《国务院批转劳动和社会保障事业发展"十一五"规划纲要的通知》(国发〔2006〕35号)关于"探索建立与农村经济发展水平相适应,与其他保障措施相配套的农村社会养老

---

① 后文简称"新农保",之前的农保简称"老农保"。

保险制度"的要求,劳保部于2006年1月选择了北京市大兴区、山西省柳林县、山东省烟台招远市、福建省南平市延平区、安徽省霍邱县、四川省巴中市通江县、山东省菏泽市牡丹区、云南省南华县等8个县市区,开展新型农村社会养老保险(简称新农保)的试点工作。新农保政策规定:养老金由个人、集体和政府三方共同筹资,各级政府和农村集体经济应逐步加大对新农保的资金投入力度,并且财政投入力度将随着社会的进步、经济的发展逐渐增强。2006年1至11月,试点地区的参保人数快速增长,如表9-3所示,其中四川通江县在新农保试点之后,新增参保人数为1.1万人,增幅高达52.38%。到2007年年底,全国已有31个省(区、市)的近2 000个县(市、区、旗)不同程度地开展了新型农村社会养老保险的试点工作,参保农民有5 000多万人,积累保险基金300多亿元,领取养老金的参保农民有300多万人。

表9-3　2006年地方性新农保试点情况

	北京大兴	山东招远	菏泽市牡丹区	四川通江
新增参保人数	6 876	23 000	10 600	11 000人
增幅	14.83%	22.55%	13.08%	52.38%

资料来源:2006年劳动和社会保障发展统计公报。

十六大以后,全国各地逐步开展了新型农村社会养老保险制度的探索和试点工作,并已取得初步成效。截至2008年底,全国已开展此项工作的县(市、区、旗)达到1 955个,乡(镇)有22 746个,年末有5 595万人参加了农村养老保险,比上年末增加424万人。全年领取养老金的人数是512万,比上年增加120万人。全年支付养老金共计56.80亿元,比上年增加42%,年末农村养老保险基金累计结存499亿元。年末有27个省份的1 201个县(市、区、旗)开展了被征地农民社会保障工作,纳入基本生活保障或养老保障制度的被征地农民达到1 324万①。其中,300多个县(市、区、旗)自行开展了有财政补贴的新型农村社会养老保险的探索与试点。

2. 代表性模式

在地方新农保的试点过程中,形成了几个较具地方特色的典型新农保模式,如北京模式、中山模式、宝鸡模式。三种模式在制度框架基本相同的前提下,仍然具有各自的特色,具体差异如表9-4所示。

表9-4　三种模式的制度差异比较

比较项目	北京模式	中山模式	宝鸡模式
缴费基数	年缴费基数上年农民人均纯收入	月缴费基数为300元、500元或参照城镇职工社会养老保险的缴费标准	年缴费基数上年农民人均纯收入
缴费比例	9%—30%	16%	9%—30%
参保对象	城乡所有未参加或未享受城镇养老保险,男:16—59岁;女:16—54岁的居民	城乡所有未参加或未享受城镇养老保险,男:18—59岁;女:16—54岁的居民	除参加被征地农民养老保险城乡所有未参加城镇养老保险的18—59岁的所有居民

---

① 人力资源社会保障部、国家统计局:《2008年度人力资源和社会保障事业发展统计公报》,2009年05月19日。

(续表)

比较项目	北京模式	中山模式	宝鸡模式
财政补贴阶段	财政补出口(补贴养老金)	财政补两端(缴费补贴和养老金补贴)	财政补两端
财政补贴方式及力度	财政仅补基础养老金280/(人·月),不补个人账户(集体有能力的补)	补社会统筹和缴费补贴	仅补老人基础养老金60/(人·月);分级别补个人账户
缴费激励机制	无	缴费基数为300元、500元时,市级财政分别补贴6元/(人·月)和10元/(人·月)	缴费比例提高一个档次,定额财政补贴相应增加10元/(人·年);45周岁以下农民的缴费年限达到15年后,每多缴费一年,基础养老金每月就增加2元;未参保农民领取养老金的条件是其子女(包括女婿等)配偶必须正常参保缴费
参保性质	个人自愿	参保单位为村集体,且可自由选择参保和缴费,但村内农民则强制	个人自愿
补缴规定	到领取年龄不符合领取条件的,需要继续按年缴纳保险费,缴费标准不低于北京市上一年度农村居民人均纯收入的9%	到领取养老金年龄但缴费未满15年的需补缴	对于45—59岁的人员只需缴费到60岁即可,无需补缴
个人缴费负担	较高	低	较高

资料来源:根据各地最新出台的新农保试行办法、实施细则等文件内容整理。

3. 经验总结

三种典型模式的"地方新农保"都建立了城乡统筹的新型农村社会养老保险制度框架,改变了城乡养老保险制度衔接困难的现状;强调了地方财政的主体责任,突破了传统农保财政责任缺失、完全依靠农民自己缴费进行自我积累的制度缺陷,具体创新可参考上述三种模式共性分析的要点。但由于我国经济发展不平衡,地方财力差异较大,建立在市、县、区财政责任基础上的地方新农保,必然造成地区间养老保障水平的巨大差异。(1)一些经济较为落后的中西部地区会出现财政补贴不足,农民参保负担过重。这必然影响地方新农保的可持续发展,并且会加大农村居民之间养老保障水平的差距,不利于社会公平公正。(2)由于地方政府在制度设计上的选择权较大,必然出现省市之间、甚至是市区之间政策的五花八门,这客观上造成了各省市或各市县之间养老保险制度转移接续的困难。(3)这种较低统筹层次的地方新农保由于缴费基数、缴费比例、测算方法、领取待遇等方面的差异,必然阻碍全国养老保险制度的统筹发展和更高统筹层次的形成,增加了后续经济制度改革和社会发展的制度成本。(4)地方制度的分割不利于基金的统筹管理和保值增值。对此,总结几点启示:

(1)应出台全国统一的新型农村社会养老保险制度,以结束各地制度设计上各自为政、五花八门的分割甚至对立的局面。统一制度是指制度模式、制度框架的统一,要求一些测算指标性质相同,具体数量上可以不同。如缴费基数可以选择农民上年人均纯收入,由于各地的收入水平不同,缴费标准也不尽相同,保障水平就不同。并且各地在统一制度模式、制度框架下可以也应该保持地方特色。如地方财政的补贴方式、补贴力度、补贴阶段等方面,都可以也应该根据地方实际情况制定相应的政策。

(2) 应强调中央和省级政府的财政责任。地方新农保的财政责任主体是市县(区)级政府,尤其是县、乡镇两级。这对于经济发达的北京市、中山市和东部经济发达地区来讲,地方财政的补贴能力较强,并且这些地方尤其是东部沿海城市,乡镇经济和集体经济非常发达,能提供新农保较高的补贴,这些地方的农民参保负担自然较低。但对于像宝鸡市这种西部省份的城市来讲,财政补贴的压力就非常大。因为这些地方财政实力处于全国中下游,集体经济又大部分形同虚设。于是集体补助基本落空,地方政府的财政补贴能力又不强,这些地方新农保运行的物质基础难以保证,甚至面临待遇支付的风险。所以,必须提高新农保财政责任主体的政府级次,明确中央、省级政府在新农保中的财政责任,建立中央、省级财政对地方新农保的转移支付体系。否则,会造成农村地区社会养老的不公平和新农保制度供给不足。因为一些落后地方没有条件开展地方性新农保,即使开展了,也面临待遇支付风险,无法维持其可持续性发展。此外,农村社会养老保险作为权益性公共品,也需要中央政府的强力推进和强制实施。因为我国经济发展不平衡,地方政府的财力差异较大,完全依赖地方政府发展农村社会养老保险,必然使养老保障水平出现马太效应——少数发达地区保障水平较高,大部分地区需要保障的广大农民基本得不到保障①。养老保障制度作为实现社会公平的重要手段,反而成为不公平的根源。这有悖基本公共服务均等化的理念和社会公平原则,不利于和谐社会的实现。所以,要改变地方新农保供给不足的现状,必须加大中央、省级政府的财政投入。

(3) 应制定城乡社会养老保险转移接续政策。尽管有些地区制定了新农保与城镇基本养老保险的转移接续办法,但是实行这种政策的地区多是社会经济发展水平较高,城乡经济一体化程度较高的地区,如中山市。而大部分地区都只是单纯考虑新农保的试点、建立与完善问题,在制度设计上尚未考虑到未来城乡养老保险制度的转移接续问题。但是,随着我国工业化、城镇化进程的不断推进以及城市化水平的提高,逐步形成城乡一体化的基本养老保险制度是必然趋势。

(二) 新农保的建立

在地方新农保试点实践的基础上,中央通过政策法规适时推进这项工作,最终出台了全国统一的新型农村社会养老保险制度。

2008 年 10 月,党的十七届三中全会再次提出"贯彻广覆盖、保基本、多层次、可持续原则,加快健全农村社会保障体系。按照个人缴费、集体补助、政府补贴相结合的要求,建立新型农村社会养老保险制度。创造条件探索城乡养老保险制度有效衔接办法。做好被征地农民社会保障,发展农村老龄服务等"。

2009 年 9 月 1 日,出台了《国务院关于开展新型农村社会养老保险试点的指导意见》(国

---

① 余桔云:"关于普惠制'新农保'几个问题的探讨",《经济问题探索》,2009 年第 10 期。

发〔2009〕32号①,决定从2009年起开展新型农村社会养老保险(以下简称"新农保")试点工作,试点地区为全国10%的县(市、区、旗),以后逐步扩大试点范围,到2020年之前基本实现对农村适龄居民的全覆盖。

2010年"中央一号文件",再次强调"提高农村社会保障水平,继续抓好新型农村社会养老保险试点,有条件的地方可加快试点步伐。积极引导试点地区适龄农村居民参保,确保符合规定条件的老年居民按时足额领取养老金。抓紧落实包括农民工在内的城镇企业职工基本养老保险关系转移接续办法。探索应对农村人口老龄化的有效办法"。②

在中央政府的强力推动下,首批新农保试点工作平稳推进,第二批扩大试点工作顺利启动。该制度的试点工作不仅在经济发达地区取得了较为全面的成功,而且在较为贫困的地区同样取得了成效。2010年,西藏和甘肃、青海、云南、四川等4藏区、新疆的南疆3地州及边境县、贫困县及其他省份的边境县、民族自治地方的贫困县和牧区县等较为贫困地区开始推行新农保试点工作,并已初具成效。这不仅证明了新农保制度的科学性和生命力,而且显示了该制度在促进家庭和睦、维护社会稳定、确保国家安全等方面的重要作用。

此外,《社会保险法》(2008年出台草案)历经四次审议,于2010年第十一届全国人民代表大会常务委员会第十七次会议上获得高票通过。这部重要法律的颁布实施,对于社会保障事业的健康发展具有十分重要的意义。《社会保险法》第二十条规定"新型农村社会养老保险实行个人缴费、集体补助和政府补贴相结合",第二十一条规定"新型农村社会养老保险待遇由基础养老金和个人账户养老金组成"。这为新型农村社会养老保险的健康发展提供了法律保障,有利于新农保的法治化、规范化和程序化。

第二节 新农保的基本政策与创新

一、新农保的基本政策

根据国发〔2009〕32号文件的相关规定:

(一)参保对象

新农保的参保对象主要是年满16周岁(不含在校学生)、未参加城镇职工基本养老保险的农村居民,可以在户籍所在地自愿参加新农保。其中,一是16周岁及以上的在校学生,暂不参加新农保;二是已参加城镇职工基本养老保险的,不再参加新农保,将来可以接续。

(二)资金筹集

新农保资金来源包括个人缴费、集体补助、政府补贴三部分。

(1)个人缴费。参加新农保的农村居民应按规定缴纳养老保险费。个人缴费标准国家目前设为100—500元5个档次,地方可以根据实际情况增设缴费档次。参保人应按年缴

---

① 《国务院关于开展新型农村社会养老保险试点的指导意见》(国发〔2009〕32号),中央人民政府网。http://www.gov.cn/zwgk/2009-09/04/content_1409216.htm。

② "中共中央国务院关于加大统筹城乡发展力度 进一步夯实农业农村发展基础的若干意见",《人民日报》,2010年02月01日。

费,自主选择档次缴费,每百元为一个缴费档次,多缴多得。国家根据农村居民人均纯收入增长等情况适时调整缴费档次。

(2) 集体补助,有条件的村集体应当对参保人缴费给予补助,补助标准由村民委员会召开村民会议民主确定。鼓励其他经济组织、社会公益组织、个人为参保人缴费提供资助。

(3) 政府补贴。

① 对个人缴费的补贴("进口"补)。

a. 省、市、县三级政府对参保人缴费给予补贴。省级财政根据各县财力情况分四档,按80%、60%、40%、20%的比例对县进行补助。例如某县为第一档补80%,即政府补贴30元×80%=24元由省财政支出,其余由当地财政支出。

b. 缴费补贴标准不低于每人每年30元;选择较高档次标准缴费的,给予适当鼓励,即缴100元,政府补贴30元,缴200元,政府补贴35元,逐档增加补贴5元,直至缴纳500元及以上,政府补贴封顶为50元。新农保制度实施时46—59周岁的农民参保,应按年缴费,到60周岁办理养老金领取手续前,允许其一次性补缴不足15年的部分,补缴不足年限各级财政给予相应补贴。

② 对基础养老金的补贴("出口"补)。中央确定基础养老金最低标准为55元/(人·月),由国家财政全额支付,实行非缴费型的普惠式发放;其中,中央财政对中西部地区按中央确定的基础养老金标准给予全额补助,对东部地区给予50%的补助。基础养老金最低标准根据社会经济发展及物价变动等情况进行适时调整;地方政府也可以根据实际情况增加基础养老金待遇,为鼓励长期缴费的农村居民,可适当对其加发基础养老金,增加和加发部分的养老金由地方政府出资。这既体现了政府的财政责任又具有社会公平的普惠性。

(4) 对特殊群体的补贴。

① 对农村重度残疾人、农村低保户、农村计生对象中独生子女死亡或伤残、手术并发症人员等缴费困难群体,政府为其代缴不低于50%的最低标准养老保险费,所需资金由市、县政府承担。如,缴费困难群体选择100元缴费档次,政府代缴50元,自己只要缴50元,政府还给缴费补贴30元,合计130元。如果他人资助缴费200元,政府代缴也是最低缴费标准100元的50%,即50元,政府补贴可享受35元。

② 对参加新农保的农村45—59周岁生育两个女孩或生育一个子女的夫妻,在每人每年不低于30元缴费补贴的基础上,省财政再增加20元缴费补贴。

专栏9-1

江西地区财政对新农保补贴情况

环节	补助对象		补助情况		
			中央财政	省财政	县区财政
缴费环节 (入口)	参保农民养老 保险个人账户	普通缴费群体	不补	24元	6元
		农村重度残疾人	不补	代缴80元	代缴20元

(续表)

环节	补助对象	补助情况		
		中央财政	省财政	县区财政
给付环节（出口）	最低标准基础养老金[55元/（月·人）]	中央财政全额补助	不补	不补
	提高和加发部分基础养老金	不补	不补	补助100%

（三）个人账户

国家为每个参保农民建立终身记录的养老保险个人账户：

1. 个人账户特点

个人缴费、集体补助（集体及其他经济组织、社会公益组织、个人对参保人缴费的资助），政府缴费补贴，利息收入，全部记入个人账户。个人账户储存额目前每年参考中国人民银行公布的金融机构人民币一年期存款利率计息。参保人因户籍迁移等原因转移养老保险关系，个人账户储存额可转移。参保人身故时，除政府补贴外，个人账户中其他资金余额可依法继承；政府补贴余额用于继续支付其他长寿者的养老金，体现社会互济原则。

2. 基金管理

试点阶段，新农保基金暂时实行县级管理，随着试点范围的扩大，逐步提高管理层次，有条件的地方也可以直接实行省级管理。新农保基金纳入社会保障基金财政专户，实行"收支两条线"管理，单独记账、核算。

（四）领取条件

年满60周岁、未享受城镇职工基本养老保险待遇或机关事业单位养老保险的农村有户籍的老年人，可以按月领取养老金。新农保制度实施时，已年满60周岁、未享受城镇职工基本养老保险或机关事业单位养老保险待遇的，不用缴费，可以按月领取基础养老金，但其符合参保条件的子女应当参保缴费（即"家庭联动机制"）。

符合条件的子女是指年满16周岁、未参加城镇企业职工基本养老保险或机关事业单位养老保险、具有当地农业户籍、与父母同村居住的儿子、儿媳、未结婚女儿以及招婿的女儿和入赘女婿，不包括已嫁的女儿。原则上符合条件的子女参保缴费后，其年满60周岁的父母才能领取基础养老金。子女经济困难可申请缓缴。在制度实施时，年龄45周岁以上，距领取年龄不足15年的，应按年缴费，也允许补缴，累计缴费不超过15年。年龄45周岁以下，距领取年龄超过15年的，应按年缴费，累计缴费不少于15年。

（五）与老农保衔接

凡已参加了老农保、年满60周岁且已领取老农保养老金的参保人，可直接享受新农保基础养老金。对已参加老农保、未满60周岁且没有领取养老金的参保人，应将老农保个人账户资金并入新农保个人账户，按新农保的缴费标准继续缴费，待符合规定条件时享受相应待遇。

（六）养老金待遇

新农保养老金待遇由基础养老金和个人账户养老金组成，支付终身。其计发公式如下：

养老金待遇＝基础养老金＋个人账户养老金

基础养老金：中央确定的基础养老金标准为每人每月 55 元。地方政府可以根据实际情况提高当地基础养老金标准；对于长期缴费的农村居民，可适当加发基础养老金，提高和加发部分的资金由地方政府支出。

个人账户养老金：个人账户养老金月计发标准为个人账户全部储存额除以 139（与现行城镇职工基本养老保险个人账户养老金计发系数相同）。参保人身故后，个人账户中的资金余额，除政府补贴外，可以依法继承；政府补贴余额用于继续支付其他参保人的养老金。

二、新老农保比较

（1）筹资的结构不同。过去的老农保主要都是农民自己缴费，实际上是自我储蓄的模式。而新农保一个最大的区别就是个人缴费、集体补助和政府补贴相结合，是三个筹资渠道。

（2）缴费档次不同。老农保月缴费档次分为 2 元、4 元、6 元……20 元 10 个档次。新农保年缴费档次分为 100 元、200 元……500 元五个档次。新农保的缴费水平提高了，同时也是为了提高农民退休之后的养老金水平，提高退休后的生活质量。

（3）给付待遇不同。老农保主要是建立农民的账户，新农保在支付结构上的设计是两部分：一部分是基础养老金，一部分是个人账户的养老金。而基础养老金是由国家财政全部保证支付的。换句话说，就是中国农民 60 岁以后都将享受到国家普惠式的养老金。新老农保的比较如表 9-5 所示。

表 9-5　新老农保之比较

	筹资结构	缴费档次	给付待遇
老农保	个人缴费为主，集体补助为辅。几乎都是个人缴费	月缴 2 元、4 元、6 元、8 元……20 元共 10 个档次	个人账户积累总额
新农保	个人缴费、集体补助、国家补贴相结合	年缴 100 元、200 元……500 元共五个档次	基础养老金＋个人账户积累总额/139，支付终身

三、新农保建立时的条件

根据典型国家建立覆盖城乡社会保障制度的经验，一个国家或地区建立农村社会养老保险制度，除了一定的社会背景和政治决策驱动外，至少需满足三个基本条件：(1)经济发展水平达到或超过中等收入国家，人均 GDP 在 1 000 美元以上；(2)工业化进程处于中后期发展阶段，三次产业结构合理且农业产值比重低于 15％，城镇化水平一般超过 50％；(3)覆盖城乡社会养老保险制度的时点基本与工业大规模反哺农业同步，农村社会养老保险制度与其他政策一起，共同形成农业、农村发展的扇面政策支持体系。我国在 2008 年已经明确提出建立个人、集体和政府多方筹资的新型农村社会养老保险制度，2009 年开始试点，并计划在 2020 年实现全覆盖。中国与国外典型国家建立覆盖城乡养老保险制度时的经济条件比较，如表 9-6 所示。

表 9-6　中国与典型国家建立农村社会养老保险制度时的经济条件比较

		人均 GDP（美元）	工业产值比重(%)	农业产值比重(%)	农业就业人口比重(%)	城镇人口比重(%)	财政收入占GDP比重(%)
典型国家	平均值	2 003	46.30	9.60	16.40	68.50	24.30
	变动区间	1 055—3 075	41.30—49.60	5.70—14.60	5.70—31.20	43.10—77.90	18.20—30.80
中国(2008)		1 079	48.60	11.30	61.00	45.70	19.20

注：人均 GDP 按 1990 年国际平价购买力计算并换算成 1970 年美元价格，各年价格的换算采取钱纳里等在《工业化和经济增长比较研究》中利用美国不同年份价格减缩指数进行换算的方法，下同。详见 H. 钱纳里等，《工业化和经济增长的比较研究》，上海三联书店、上海人民出版社，1995 年版。美国价格缩减指数引自美工劳动部网站(http://www.bls.gov)。

根据表 9-6 的数据，2008 年中国人均 GDP 约为 22 640 元，按 1970 年价格折算后是 1 079 美元，已经步入中等收入国家行列。GDP 的三次产业结构是 11.3∶48.6∶40.1，接近工业化中期阶段，但产业结构不尽合理。城镇化水平为 45.70%，农村就业人口比重是 61%。如果与典型国家建立覆盖城乡养老保险制度时的经济条件相比，中国现阶段尚未达到典型国家社会养老保险制度覆盖城乡时的最高条件。除工业产值比重指标外，其余指标与典型国家的平均水平还存在较大差距，如农业人口的就业比重较高、城镇化率和人均 GDP 等指标较低，但基本达到了最低条件。特别是中国目前经济发展保持了较快的增速，与日本在 20 世纪 50 年代凭借经济快速增长，而在经济发展水平相对较低时建立国民保险的背景相似。所以，中国目前已经具备了建立覆盖城乡居民社会养老保险制度的最基本之经济条件。

四、新农保的创新

（1）新农保的创新在两个方面表现最为突出：①养老金待遇实行基础养老金＋个人账户养老金相结合的模式，其中最低标准的基础养老金由国家财政全额支付；②实行"个人缴费、集体补助、政府补贴"相结合的筹资原则，地方财政对农民实行缴费补贴。新农保的这两个显著特征，强调了国家对农民养老所承担的重要责任，明确了政府的财政责任，与传统农村社会养老保险仅靠农民进行自我储蓄的养老方式有着本质区别，体现了制度的公平性和普惠性。

（2）新农保强调中央和省级政府的财政责任，弥补了地方新农保财政责任主体层级过低的制度缺陷。①统一了新农保的制度模式。2010 年 10 月通过的《社会保险法》明确规定了新农保的筹资原则和养老金待遇模式，结束了各地制度设计上各自为政、五花八门的分割甚至对立局面。②明确了中央和省级政府的财政责任。地方新农保财政责任主体是市县（区）乡镇级政府，尤其是县、乡镇两级。由于地方新农保的责任主体层次较低，在经济发展水平极不平衡的情况下，这样的财政支持模式，使得地方性新农保很难在全国推广。一些经济不发达的县市即使开展了地方性新农保的试点工作，但由于财政支持压力较大，新农保正常运行的物质基础难以保证，制度很难持续发展。这样就会形成农村养老保险的马太效应，即经济发达地区新农保发展较好，本身较富裕的农民又拥有了社会养老保险的进一步保障，而最急需养老保障的贫困地区的农民却被排斥在社会养老保障之外,造成了农村地区养老保障的极大不公。新农保明确了中央和省级政府的财政责任,不仅能够保障这项制度的推广和普及,而且有利于提高社会养老保险均等化水平,夯实和谐社会基础。此外,这种以中央为主的财政投入体制,有利于地方政府动员村集体和个人参保;有利于加快建立公平公正、覆盖城乡居民的真正的社会养老保险制度。在中西部地区,由于地方政府的财政负担不大,他们具有很高的积极性做好新农保的宣传员、组织领导等工作,加上新农保受到当地农民的广泛支持,从而使得农民的参保率往往达到80%,甚至超过90%,普遍高于东部地区。

(3) 制度设计的弹性和灵活性有利于地方政府的创新和新农保制度的迅速推广。根据我国经济发展不平衡的现状,新农保在制度设计上给地方留有一定的创新空间,以满足不同区域、不同群体的差异性与个性化需求。一是允许地方根据实际情况增设缴费档次以及根据农民年人均纯收入的增长情况调整缴费档次。如河南省有6个县、山东省有15个县分别增设了600元以上不等的档次,河南省最高缴费档次为1 500元,山东省最高缴费档次为2 500元,江苏省增设了一个600元的缴费档次;并鼓励有条件的地区设定更高缴费标准。二是有条件的地区可提高缴费补贴标准。地方财政对参保人员的缴费补贴由30元/(人·年)上浮到30—50元/(人·年),对选择较高缴费档次的,可适当增加补贴;三是地方政府可以自行设计适合地方特点的缴费激励机制,部分地区在试点方案中设计了"多缴多补"和"长缴多得"的缴费激励机制,鼓励农民早缴费、多缴费、长期缴费。如贵州省安顺市的平坝县就对长期缴费的参保人员提高了基础养老金标准,参保人员缴费满15年后,每多缴费1年,就增加基础养老金1元,所需资金由县政府筹集;对符合《贵州省人口与计划生育条例》生育政策的"农村独生子女户、双女节育户夫妇",县人民政府将按个人缴费的最低标准代其缴纳;对于养老金领取人员死亡且符合县政府殡葬改革政策的,还规定了500元一次性丧葬补助费,所需资金由县级财政承担。这种全方位、全过程的补贴激励和约束机制主要体现在:有缴有补(缴100元补30元)、多缴多补、长缴多补、多缴多得、父母享受子女缴费、残疾和贫困人口由政府代缴。

(4) 新农保为农村现行社会保障制度提供了整合的制度平台。在新农保实施之前,我国已经制定了针对不同群体不同需求的一系列具有一定保障功能的社会政策,包括被征地农民养老保障、城镇居民最低生活保障、农村居民最低生活保障、计划生育奖励扶助政策、农村五保供养制度、水库移民后期扶持政策、退耕还林与退牧还草、社会优抚等政策制度。这些政策制度具有保障、救助、奖励、补偿、抚恤、保险等性质的某一种或多种,其功能目标、资金来源、管理体制、运行机制等方面会有所差异,但新农保的基础养老金具有国民待遇性质。所以,新农保与上述政策之间的衔接,并不会改变这些政策本身的性质、功能及其继续实施的重要性、必要性和迫切性。在上述政策制度的保障、奖励、抚恤、补偿、救助水平都不很高的情况下,迫切需要做好新农保与上述政策制度之间的过渡衔接并适时进行整合。

部分试点地区已按照优先优惠,只叠加、不扣减、不冲销,待遇水平不降低并兼顾现行政策实施原则,做好新农保与上述政策制度之间的衔接,确保上述特殊人群能够优先领取新农保的基础养老金。这样,不仅有利于收入分配结构的调整、消除老年贫困、扩大有效消费需求,而且有利于提高财政资金的使用效率、增加公民的选择权,加快城乡养老保险制度的一体化发展。

（5）新农保的试点加快了养老保险制度的城乡一体化，形成了农村先行的格局。一些经济发达的省（直辖市）、市如浙江省和上海、北京、天津、重庆四个直辖市以及厦门、成都、郑州、宝鸡等城市在全国率先建立了覆盖城乡居民的社会养老保险制度。这为建立全国统一、城乡统一的社会养老保险制度奠定了基础。浙江省城乡居民养老保险是在国家新农保试点的基础上，结合浙江省本地实际特点实施的一项创新制度，参保范围覆盖到了城乡所有居民，体现了统筹城乡养老保障体系、促进城乡一体化发展的政策取向。从全国来看，新农保试点之处，城镇居民养老保险制度还处于缺失状态，养老保险制度建设出现了农村先行的格局。

第三节　养老保险制度间的转移接续和整合

一、城乡居民养老保险制度的统一

2014年2月21日，出台了《国务院关于建立统一的城乡居民基本养老保险制度的意见》（国发〔2014〕8号），提出"十二五"末，在全国实现新农保与城居保制度的合并实施，并与职工基本养老保险制度相衔接。2020年前，全面建成公平、统一、规范的城乡居民基本养老保险制度，这标志着我国迈出了建立城乡统一的社会养老保险制度的第一步。根据国发〔2014〕8号文件，相对新农保制度，城乡居民养老保险制度的主要变化体现在以下几个方面：

（一）参保范围

年满16周岁（不含在校学生），非国家机关和事业单位工作人员及不属于职工基本养老保险制度覆盖范围的城乡居民，可以在户籍地参加城乡居民养老保险。

（二）基金筹集与管理

1. 个人缴费

城乡居民养老保险的缴费标准目前设为每年100元、200元、300元、400元、500元、600元、700元、800元、900元、1 000元、1 500元、2 000元12个档次，省（区、市）人民政府可以根据实际情况增设缴费档次，最高缴费档次标准原则上不超过当地灵活就业人员参加职工基本养老保险的年缴费额，并报人力资源社会保障部备案。人力资源社会保障部会同财政部依据城乡居民收入增长等情况适时调整缴费档次标准。参保人自主选择档次缴费，多缴多得。可见，比新农保增加了7个基本档次。

2. 政府补贴

政府对符合领取城乡居民养老保险待遇条件的参保人全额支付基础养老金，其中，中央财政对中西部地区按中央确定的基础养老金标准给予全额补助，对东部地区给予50%的补助。

地方人民政府应当对参保人缴费给予补贴，对选择最低档次标准缴费的，补贴标准不低于每人每年30元；对选择较高档次标准缴费的，适当增加补贴金额；对选择500元及以上档

养老保险：理论与政策

次标准缴费的，补贴标准不低于每人每年 60 元，具体标准和办法由省（区、市）人民政府确定。对重度残疾人等缴费困难群体，地方人民政府为其代缴部分或全部最低标准的养老保险费。

3. 基金管理

将新农保基金和城居保基金合并为城乡居民养老保险基金，纳入社会保障基金财政专户，实行收支两条线管理，单独记账、独立核算，逐步推进城乡居民养老保险基金省级管理。

（三）转移接续与制度衔接

参加城乡居民养老保险的人员，在缴费期间户籍迁移、需要跨地区转移城乡居民养老保险关系的，可在迁入地申请转移养老保险关系，一次性转移个人账户全部储存额，并按迁入地规定继续参保缴费，缴费年限累计计算；已经按规定领取城乡居民养老保险待遇的，无论户籍是否迁移，其养老保险关系不转移。

城乡居民养老保险制度与职工基本养老保险、优抚安置、城乡居民最低生活保障、农村五保供养等社会保障制度以及农村部分计划生育家庭奖励扶助制度的衔接，按有关规定执行。

为了明晰城乡居民养老保险制度的变化，将上述内容用表 9-7 表示。

表 9-7 城乡居民养老保险制度相对新农保的主要变化

	参保范围	缴费档次	财政补贴
城乡居民养老保险	年满 16 周岁（不含在校学生），非国家机关和事业单位工作人员及不属于职工基本养老保险制度覆盖范围的城乡居民	年缴 100 元、200 元……500 元、600—1 000 元、1 500 元、2 000 元 12 个档次。最高缴费档次标准原则上不超过当地灵活就业人员参加职工基本养老保险的年缴费额	除了最低缴费的补贴外，对选择 500 元及以上档次标准缴费的，补贴标准不低于每人每年 60 元
新农保	年满 16 周岁（不含在校学生），未参加城镇职工基本养老保险的农村居民	年缴 100 元、200 元……500 元 5 个档次	对选择最低档次标准缴费的，补贴标准不低于每人每年 30 元

专栏 9-2

江西省发布《关于调整全省城乡居民基本养老保险缴费档次和补贴标准的通知》

为进一步提高城乡居民基本养老保险参保群众的待遇领取水平，2018 年 3 月 9 日江西省人力资源和社会保障厅、江西省财政厅发布《关于调整全省城乡居民基本养老保险缴费档次和补贴标准的通知》。具体内容如下：

从 2018 年 4 月 1 日起，将城乡居民基本养老保险缴费标准调整为每年 300 元、400 元、500 元、600 元、700 元、800 元、900 元、1 000 元、1 500 元、2 000 元和 3 000 元等 11 个缴费档次。各地可根据实际情况增设缴费档次，最高缴费档次标准原则上不超过江西省灵活就业人员参加职工基本养老保险的年缴费额。参保人自主选择档次缴费，多缴多得。

对参保人缴费给予财政补贴。对于选择 300 元至 500 元缴费档次的，缴费 300 元补贴 40 元，缴费 400 元补贴 50 元，缴费 500 元补贴 60 元；对于选择 600 元及以上缴费档次的，每提高一个缴费档次,政府补贴在60元基础上分别增加5元(即缴费600元补贴65元,缴费700元补贴70元,依此类推,缴费2 000元补贴95元,缴费3 000元补贴100元)。补贴标准原则上不超过100元。缴费补贴所需资金,西部政策延伸县由省、县(市、区)财政按8∶2负担,其他县(市、区)由省、县(市、区)财政按6∶4负担。

对建档立卡贫困户、城乡低保对象、特困人员、城乡重度残疾人等困难群体,暂时保留原有的每人每年100元的最低缴费档次,由县(市、区)财政为其代缴最低标准的养老保险每人每年100元。缴费补贴标准为30元,所需资金,西部政策延伸县由省、县(市、区)财政按8∶2负担,其他县(市、区)由省、县(市、区)财政按6∶4负担。

资料来源:http://www.zgsr.gov.cn/uploadfiles/201812/17/20181217173241558758O4.pdf。

二、居民养老保险与职工养老保险间的转移接续

《城镇企业职工基本养老保险关系转移接续暂行办法》旨在保障参加城镇企业职工基本养老保险人员的合法权益,促进人力资源合理配置和有序流动,实现参保人员跨省、自治区、直辖市流动并在城镇就业时基本养老保险关系的顺畅转移接续。该办法解决了同一养老保险制度内部的关系转移。但是,如果参保人员因工作流动,需要从居民养老保险跨到职工养老保险,或反之,这种制度间的转移该如何处理?

2014年2月24日,人力资源社会保障部、财政部以及人社部印发《城乡养老保险制度衔接暂行办法》。该《办法》共11条,自2014年7月1日起施行。《办法》规定,参加城镇职工养老保险和城乡居民养老保险人员,达到城镇职工养老保险法定退休年龄后,城镇职工养老保险缴费年限满15年(含延长缴费至15年)的,可以申请从城乡居民养老保险转入城镇职工养老保险,按照城镇职工养老保险办法计发相应待遇;城镇职工养老保险缴费年限不足15年的,可以申请从城镇职工养老保险转入城乡居民养老保险,待达到城乡居民养老保险规定的领取条件时,按照城乡居民养老保险办法计发相应待遇。

当参保人员在不同养老保险制度间流动时,主要涉及养老保险账户的转移以及保费的折算和年限的确定。

对于保险关系转移的参保对象,养老金的发放应该以转入地基本养老保险待遇为标准。从城乡居民养老保险转入城镇职工基本养老保险后,应该执行城镇职工基本养老保险条例,按照相应的待遇标准发放;从城镇职工基本养老保险转入城乡居民养老保险的,待遇应该按照城乡居民养老保险的规定进行发放。

除了账户转换、保险费折算、缴费年限的确定、养老金待遇的调整外,其他的要素也需要调整和统一。如记账利率、缴费期限、缴费标准等也应该做相应的调整。先转移进来的参保对象应该视同老参保对象。在保险关系转移后,与老参保对象具有同样的权利和义务。

三、不同身份参保人员待遇的比较

养老金并轨后,中国养老保险体系不再是城乡二元结构,而是根据居民的就业性质分别采用不同制度,城镇就业者参加城镇职工基本养老保险制度,其余居民参加城乡居民养老保

险制度,简称"职保"和"居保"。两大制度模式具有一定程度的融合性,都可以归为社会统筹＋个人账户模式,但两者之间实质区别较大。

"职保"覆盖对象为企业职工和机关事业单位人员,两类群体虽然基本养老保险制度模式相同,但两者间养老待遇差异很明显。根据第八章的分析,机关事业单位和企业职工之间的养老待遇差异主要表现在年金上。此外,由于企业缴费不够规范,分属公私两部门但工资性收入相同的人员,其缴费基数可能存在差异。根据缴得多、缴得长待遇就高的关系,两者之间会因为缴费基数的不同产生待遇差。

城乡居民养老保险缴费政策实行个人缴费,政府集体补贴的方式。养老待遇包括基础养老金和个人账户养老金。基础养老金实行普惠制,由财政支出;个人账户养老金由账户积累额决定,由于积累时间不长、缴费标准较低,比如 2017 年,人均缴费达到 282 元,虽然比 2012 年提高近一倍,但缴费水平较低。个人账户养老金非常低,如 2017 年月人均养老金 125 元,其中基础养老金 113 元,个人账户养老金平均 12 元。而同期职工基本养老金平均为 2 362 元。

本 章 小 结

农村社会养老保险制度变迁分为三个阶段:萌芽阶段(1956—1986 年);传统农村社会养老保险制度发展阶段(1986—2002 年);新型农村社会养老保险制度发展阶段(2002 年至今)。其中新型农村社会养老保险制度又包括地方新型农村社会养老保险制度(简称"地方新农保")和全国新型农村社会养老保险制度(简称"普惠制新农保")。这几种表述主要是按其筹资特点加以区分的。

新农保的创新在两个方面表现最为突出:一是养老金待遇实行基础养老金＋个人账户养老金相结合的模式,其中最低标准的基础养老金由国家财政全额支付;二是实行"个人缴费、集体补助、政府补贴"相结合的筹资原则,地方财政对农民实行缴费补贴。新农保的这两个显著特征,强调了国家对农民养老所承担的重要责任,明确了政府的财政责任,与传统农村社会养老保险仅靠农民进行自我储蓄的养老方式有着本质区别,体现了制度的公平性和普惠性。

2014 年 2 月 21 日,国务院出台了《关于建立统一的城乡居民基本养老保险制度的意见》(国发〔2014〕8 号),提出"十二五"末,在全国实现新农保与城居保制度的合并实施,并与职工基本养老保险制度相衔接。2020 年前,全面建成公平、统一、规范的城乡居民基本养老保险制度,这标志着我国迈出了建立城乡统一的社会养老保险制度的第一步。

2014 年 2 月 24 日,人力资源社会保障部、财政部以及人社部印发《城乡养老保险制度衔接暂行办法》。该《办法》共 11 条,自 2014 年 7 月 1 日起施行。《办法》规定,参加城镇职工养老保险和城乡居民养老保险人员,达到城镇职工养老保险法定退休年龄后,城镇职工养老保险缴费年限满 15 年(含延长缴费至 15 年)的,可以申请从城乡居民养老保险转入城镇职工养老保险,按照城镇职工养老保险办法计发相应待遇;城镇职工养老保险缴费年限不足 15 年的,可以申请从城镇职工养老保险转入城乡居民养老保险,待达到城乡居民养老保险规定的领取条件时,按照城乡居民养老保险办法计发相应待遇。

基本概念

老农保　新农保　新农保进口补贴　新农保出口补贴　城乡居民养老保险

复习思考题

1. 简述农村养老保险制度变迁的主要阶段。
2. 试比较农村养老保险制度不同发展阶段的制度模式和经济基础。
3. 简述新农保的基本特点和创新所在。
4. 全国性新农保的推出是否时机成熟?
5. 试比较新老农保的异同?
6. 请问你对中国养老保险制度的整合有何见解?

附录:城乡居民基本养老参保人数超5亿 将建正常调整机制

解决保障水平较低、缴费激励约束不强等问题

城乡居民基本养老保险制度建立以来,在保障老年居民基本生活、调节收入分配、促进社会和谐稳定、强化党在基层的执政基础等方面发挥了积极作用。到2017年12月底,参保人数达到51 255万人,其中领取养老金人数达到15 598万人,月人均养老金125元,其中基础养老金113元。

党的十九大要求完善城乡居民养老保险制度,提出了兜底线、织密网、建机制的要求。只有建立起符合中国实际的制度机制,才能把社会保障网织密;只有将制度机制的作用发挥好,才能兜得住底线。所以,建立激励约束有效、筹资权责清晰、保障水平适度的待遇确定和基础养老金正常调整机制,既是措施也是目的。

适时提出城乡居民全国基础养老金最低标准调整方案

针对城乡居民基本养老保险现存问题,将从以下几个方面加以解决:

完善待遇确定机制。城乡居民养老保险待遇由基础养老金和个人账户养老金构成,指导意见进一步明确了它们的确定机制。中央根据全国城乡居民人均可支配收入和财力状况等因素,合理确定全国基础养老金最低标准;地方根据当地实际提高基础养老金标准,对65岁及以上城乡老年居民予以适当倾斜;对长期缴费、超过最低缴费年限的,应适当加发年限基础养老金。各地提高基础养老金和加发年限基础养老金所需资金由地方财政负担。个人账户养老金由个人账户储存额除以计发系数确定,计发系数与职工养老保险个人账户养老金计发系数一致。

建立基础养老金正常调整机制。人社部会同财政部参考城乡居民收入增长、物价变动和职工基本养老保险等其他社会保障标准调整情况,适时提出城乡居民全国基础养老金最低标准调整方案,报请党中央和国务院确定;地方基础养老金的调整,应由当地人社部门会同财政部门提出方案,报请同级党委和政府确定。

建立个人缴费档次标准调整机制、缴费补贴调整机制。实现个人账户基金保值增值。各地要按照有关规定,开展城乡居民基本养老保险基金委托投资,实现基金保值增值,提高个人账户养老金水平和基金支付能力。

鼓励参保者长缴费、多缴费

目前参加城乡居民养老保险5亿多人,农村居民占95%以上,参保缴费人员确实有较大比例的人选择较低档次缴费,缴费时间短,个人账户储存额不高。未来将从4个方面来解决这一问题:一是根据城乡居民收入增长情况,合理确定和调整城乡居保缴费档次标准,提高个人缴费;二是要根据经济发展、个人缴费标准和财力状况,提高政府对个人缴费补贴;三是鼓励其他社会组织、公益慈善组织、个人为参保人缴费加大资助;四是开展城乡居民基本养老保险基金委托投资,增加收益。

随着城乡居民收入水平的提高,参保居民的缴费水平逐年提升。2017年,人均缴费达到282元,比2012年提高近一倍。将加大政策宣传,促进长期缴费和多缴费,推进政策落实,强化个人、集体、政府等各方筹资责任,个人账户储存额未来将会正常增长。

资料来源:《人民日报》,2018年03月30日。

第四篇　拓展篇

第十章　中国基本养老保险基金管理投资

学习目标

理解和掌握基养老保险基金管理的主要模式和特点；基金投资的原则，基金管理存在的问题；并能根据相关理论与实践提出基金管理的优化措施；了解国际养老保险基金投资管理经验。

导入案例

去年基本养老保险权益投资收益逾98亿元，收益率2.56%

8月20日，澎湃新闻从全国社会保障基金理事会（下称社保基金会）网站获悉，社保基金会于8月19日发布《全国社会保障基金理事会基本养老保险基金受托运营年度报告（2018年度）》。2018年，基本养老保险基金权益投资收益额98.64亿元，投资收益率2.56%。其中：已实现收益额145.27亿元（已实现收益率3.81%），交易类资产公允价值变动额－46.63亿元。基本养老保险基金自2016年12月受托运营以来，累计投资收益额186.83亿元。

报告显示，2018年末，基本养老保险基金资产总额7 032.82亿元。其中：直接投资资产2 456.13亿元，占基本养老保险基金资产总额的34.92%；委托投资资产4 576.69亿元，占基本养老保险基金资产总额的65.08%。

2018年末，基本养老保险基金负债余额793.41亿元，主要是基本养老保险基金在投资运营中形成的短期负债。

2018年末，基本养老保险基金权益总额6 239.41亿元，其中：委托省份基本养老保险基金权益6 232.95亿元，包括委托省份划入委托资金本金6 050亿元，记账收益181.08亿元，风险准备金1.87亿元；基金公积2.58亿元（主要是可供出售金融资产的浮动盈亏变动额）；受托管理基本养老保险基金风险基金3.88亿元。

在投资运营管理方面，截至2018年末，社保基金会已先后与17个省（区、市）签署委托投资合同，合同总金额8 580亿元，均为委托期5年的承诺保底模式，实际到账资金6 050亿元。

全国社会保障基金是国家社会保障储备基金，由中央财政预算拨款、国有资本划转、基金投资收益和国务院批准的其他方式筹集的资金构成，专门用于人口老龄化高峰时期的养老保险等社会保障支出的补充、调剂，由全国社会保障基金理事会负责管理运营。

目前,全国社会保障基金理事会官网显示的领导班子为:党组书记、副理事长王尔乘,理事长刘伟,副理事长陈文辉、吴焰、王文灵。

信息来源:澎湃新闻,2019年08月20日。

第一节 中国基本养老保险基金管理概述

一、含义

（一）养老保险基金

养老保险基金是指企业和个人依照相关法律法规按一定比例向社会养老保险计划缴纳养老保险金而积累形成的基金,它是各种各样的养老保险计划为支付当期和预期的养老金债务而储蓄的基金。目前,中国养老保险基金主要由两部分组成,一部分是法律强制征收的社会养老保险费用形成的社会养老保险基金,另一部分是其他养老保险计划形成的个人养老保险基金。

社会养老保险基金是中国社会保险基金中最为重要的组成部分,中国养老保险基金是一个由三部分构成的多层次体系。第一层次由基本养老保险基金构成,其中基本养老保险基金包括社会统筹基金和个人账户基金两部分。企业年金作为一种补充性的养老保险,构成中国养老保险基金体系的第二个层次。企业年金是企业根据其本身的发展状况和经济实力,在完全自愿的前提下,按国家有关规定为本企业员工建立的一种作为社会养老保险之外的补充性的养老保险制度。企业年金保险费用可以由企业完全承担或企业和个人按一定比例共同承担,截至2013年年底,全国建立了企业年金的企业共有6.60万户,2013年年末企业年金累计总额达到6 035亿元。除了社会养老保险和企业年金之外,个人还自愿购买了商业养老保险,这就形成了养老保险基金的第三个层次:个人储蓄性养老保险,这是个人通过购买商业养老保险的形式实现的,随着中国商业保险的不断发展,个人储蓄性养老保险的比例也在不断提高。

（二）基本养老保险基金

基本养老保险基金是中国三支柱养老保险基金体系中第一支柱的核心组成部分,它的资金来源主要是企业和个人按相关法律法规规定的一定比例缴纳的社会养老保险的费用。企业和个人缴纳的费用分别按照一定的比例记入实行现收现付制的社会统筹基金和实行完全积累制的个人账户基金。

2011年出台的《社会保险法》规定,企业和个人必须依法参加社会养老保险,并按比例缴纳养老保险费,由此确保了中国基本养老保险基金的资金来源。目前,为保证基本养老保险基金的安全性,投资范围仅局限于银行存款和国债两种投资工具,由于二者的收益率都相对较低,因此,基本养老保险基金的投资收益也很低。而基本养老保险基金承担着支付养老保险金的主要任务,对基本养老保险基金保值增值的要求更为迫切,因此本章将基本养老保险基金作为养老保险基金管理投资研究的主要对象。基本养老保险基金由社会统筹账户基金和个人账户基金构成,其中,社会统筹账户主要承担当期养老金的支付任务,对资金的充足性和可流动性要求高,因此在进行投资的时候依然保持现有的投资状态,即运用银行存款和国债进行投资,以最大限度地规避投资风险,保证资金的安全性和可流动性。个人账户是为个人积累的养老保险基金,用于个人退休后养老金的支付,个人账户具有积累时间长,资金来源相对稳定的特点,适合进行多元化的投资,从而实现基本养老保险基金的保值增值。[1]

二、基本养老保险基金管理模式

在本书的第三章中,已经对养老保险基金管理模式进行了详细的介绍,在此把三种基金管理模式做一个简单的比较。

表 10-1 三种基金管理模式的优缺点比较

模式	优点	缺点
公共部门集中管理模式	统一管理,基金运营能够与国家经济政策相结合,利用国家经济增长	机构繁多,效率低下,可能产生官僚主义,收益率难以保证
委托投资管理模式	各个部分分工协作,权责清晰	基金运用可能不够合理,长期基金和短期基金可能混用
完全市场化管理模式	引入市场竞争机制,收益效率较高	竞争激烈,费用偏高

三、养老保险基金运营原则及特点

(一)养老保险基金投资管理的原则

任何投资都要兼顾盈利性原则,安全性原则和流动性原则,养老保险基金投资也是如此。但是,由于在长期积累过程中养老基金的受益人要承担替代率风险、投资风险、通货膨胀风险及养老金储蓄的偿付能力风险,养老保险基金投资必须在保证基金安全的基础上提高基金的收益率,保证其流动性需要。因此,养老保险基金的功能要求决定了其投资原则的排列顺序是:安全性原则、盈利性原则、流动性原则。这三大原则之间有着特殊的关系,养老保险基金投资管理要遵循这三大原则来寻找最佳的投资途径,使基金发挥出最大的经济效益。

1. 安全性原则

养老保险基金的投资营运直接关系到退休职工和在职职工退休后的收入能否得到保证。因此,养老保险基金投资的安全要求,是投资原则中第一位的、也是最根本的原则。养老保险基金投资的安全原则指保证养老保险基金投资的本金能够及时、足额地收回,并取得预期的投资收益。对养老保险基金来说,投资安全往往被认为是第一位的。但是,这并不是说养老保险基金投资不能有任何投资风险。既然是投资就要冒风险,即投资的不确定性,一般说来,投资风险与收益相伴而生且呈很高的正相关关系。预期收益越高,投资要冒的风险就越大;反之,没有风险的投资也是没有收益的,即使有也很少。

所谓养老保险基金的安全投资应当是根据基金性质和收益需要预先确定一种合适的风险与收益标准,在进行投资时,严格以此标准为依据,既不要为追求过高的收益而冒很大的风险,也不能为了安全不顾收益。

---

[1] 李悦:《中国基本养老保险基金多元化投资研究》,辽宁大学硕士学位论文,2013 年。

2. 盈利性原则

盈利性原则是指在符合安全性原则的前提下,养老金的投资能够获得最大的投资收益。很显然,实现养老保险基金的运营,可以抵御通货膨胀对养老保险基金的侵蚀,也就是说,只有在基金投资收益率大于通货膨胀率的情况下,才能真正实现养老基金的保值增值,才有利于减轻国家、企业和个人的负担,提高应对未来养老金支付压力的能力,并能为国家经济建设提供长期资金,实现养老保险的最终目标。在具体投资活动中,盈利性原则常与安全性原则相冲突,这要求投资人在项目投资决策时权衡收益与风险的关系,注意两者是否相称。

3. 流动性原则

流动性原则是指所投资的资产在不发生价值损失的条件下所具有的随时变现的能力,以满足逐年退休职工的养老金分期发放的要求。由于养老保险基金的特殊性质,对到期的投保人必须以现金(这里的现金既可以是狭义的现金,也可以是广义的现金)形式支付,如果资金因投资而冻结于某项固定用途而无法脱手兑现时,势必影响养老保险基金支付能力和投保人的生活。因此,在进行养老保险基金投资时,要细心研究、精确计算,确保投资资产与现金的适度比例和投资资产变现的灵活性。

(二) 养老保险基金投资营运的特点

虽然与一般投资行为的目的一样,养老基金投资也是为了获取投资收益,实现资金的保值增值,但养老基金的特殊性决定其投资行为与一般的投资行为不同,具体说来,主要有以下三个特点:

(1) 国家对养老基金投资政策规定有特殊性。一般投资是在遵循国家有关投资政策的前提下,实现投资收益的最大化,国家对其投资方向、模式结构、区域以及数额等不加干涉,但对养老基金往往要在政策或法律上对上述方面做出特殊的限制性规定。

(2) 养老基金投资涉及面大,须兼顾经济效益和社会效益,并以社会效益为重。养老基金是退休人员的生活收入保障,直接关乎整个社会的安定。因此,对那些有损社会公众利益的投资项目,即使投资收益很高,养老基金也不能投资。这就是说,只有促进国民经济健康发展,或与社会发展、人民利益密切相关的投资项目,养老基金才能考虑进行投资。

(3) 投资收益免征所得税。养老基金投资的目的是为了获取投资收益,但其收益与一般的投资收益用途不同,它并不直接用于分配,而是再转到基金中去,以增强基金的实力,同时也减轻国家在养老保险方面的费用负担,这是于国于民都有益的好事,因此一般免征所得税。从一定意义上看,这也是国家对养老保险事业的一种资助。

目前,国际上社会保险基金投资规则一般包括两方面的内容:

(1) 应该明确投资主体,社会保险基金的投资必须有一个投资主体。世界上各国社会保险基金的投资主体主要采用两种形式,第一种是投资管理委员会,这种形式主要是由一些发达国家运用;另一种形式是建立专门的社会保险基金投资的金融机构,适用于那些社会保险基金投资业务比较复杂的国家。

(2) 要明确投资机构权利范围和法律责任。社会保险基金投资机构应具有一定的自主性和独立性,具有管理、使用基金资产的权利,同时应对基金的保值增值负责。

第二节 基本养老保险基金管理投资的现状和问题

一、我国基本养老保险基金投资运营的现状

自 1952 年中国养老保险制度的雏形出现开始,经过不断的改革与探索,目前中国已初步建立了以基本养老保险基金和全国社会保障基金,补充养老基金以及个人储蓄养老基金组成的三支柱养老保险基金体系。其中,基本养老保险基金包括社会统筹基金和个人账户基金两个部分,社会统筹基金用于满足当期的养老金支付需求,实行现收现付制;个人账户基金是个人按月缴纳的养老费用的积累,用于个人退休后养老金的支付,实行完全积累制。

1995 年十一届三中全会做出《关于建立社会主义市场经济体制若干问题的决定》,第一次提出城镇职工养老保险实行社会统筹和个人账户相结合的说法,并于 1995 年 3 月由国务院下发《关于深化企业职工养老保险制度改革的通知》,该通知不仅进一步阐明"统账结合"的养老保险模式的原则,还根据地区间差异提出了不同的实施办法供各地区结合自身特点做出选择。然而,在实施的过程中,由于转制的困难等原因并没有真正形成社会统筹基金和个人账户基金并存的模式。实际上,各地区还是实行着现收现付制,为了弥补统筹账户入不敷出的问题,出现了统筹账户基金挪用个人账户基金的情况,致使个人账户"有名无实",长期处于空账运行的状态,没有实现规划中的养老保险基金的积累。针对这一问题,1997 年 7 月,国务院颁布《关于建立统一的企业职工基本养老保险制度的决定》,要求全国范围内建立统一的企业职工基本养老保险制度,并严格规定了个人账户的缴费细则以及个人账户基金的运营和管理方法。尽管"统账结合"的制度在改革过程中不断完善,但是制度成长过程中形成的个人账户空账运行问题难以在短期内得到有效的解决。为解决这一问题,2000 年年底国务院发布了《关于完善城镇社会保障体系的试点方案》,并于 2001 起先后在辽宁、吉林、黑龙江等省开展试点,着力做实个人账户。截至 2007 年年末,中国养老保险基金累计结存 7 391 亿元,养老保险个人账户基金积累 786 亿元;到 2013 年年末,中国养老保险基金累计结存已达到 31 275 亿元,养老金个人账户基金积累达 4 154 亿元。截至 2016 年年末城乡居民养老保险参保人数达到 50 847 万人,城乡居民养老基金收入达到 2 933 亿元,城乡居民养老基金支出 2 150 亿元,基金结余达到 5 385 亿元。从人社部公布的数据来看,我国 2017 年 1 至 11 月,城乡居民基本养老保险参保人数 51 065 万人,基金收入为 2 854.30 亿元,基金支出为 2 160.40 亿元。[①]

可见,随着养老保险制度的发展以及"社会统筹与个人账户相结合"的筹资模式的发展与完善,无论是养老保险基金还是个人账户基金积累都大幅增加。伴随着全球化带来的经济发展,通货膨胀率的波动增长,大量养老保险积累基金的保值目标受到冲击。由于养老保险基金是养老保险的灵魂,肩负着供养日渐增多的老年人的重任,所以在选择养老保险基金

---

① 中华人民共和国人力资源和社会保障部,2016 年人力资源社会保障年度数据[EB/OL]. http://www.mohrss.gov.cn/SYrlzyhshbzb/zwgk/szrs/tjgb/201705/W020170531358206938948.pdf.

保值的工具时必须要谨慎,追求稳妥。

一直以来,中国基本养老保险基金都选择银行存款、国债等低风险的投资运营方式,然而这两种投资运营方式的收益率不高。据社科院世界社保研究中心主任郑秉文说,存银行、买国债的投资模式收益率极低,每年还不足2%。由于通货膨胀率涨幅高于银行存款利率和国债利率的涨幅,中国银行存款利率和国债利率在抵消通货膨胀的冲击后,实际利率呈下降趋势。作为中国基本养老保险基金的主要投资工具,银行存款和国债并不能实现基本养老保险基金保值增值的目标。

专栏 10-1

全国社会保障基金理事会 基本养老保险基金受托运营年度报告

全国社会保障基金理事会
基本养老保险基金受托运营年度报告节选
(2017年度)

一、基本养老保险基金投资运营

社保基金会根据《中华人民共和国社会保险法》、国务院印发的《基本养老保险基金投资管理办法》以及国务院、人力资源社会保障部与财政部的相关批准文件对基本养老保险基金进行受托运营。人力资源社会保障部会同财政部对基本养老保险基金的投资运作和托管情况进行监督。

(一)投资理念、方式和范围

投资理念:社保基金会坚持长期投资、价值投资和责任投资的理念,按照审慎投资、安全至上、控制风险、提高收益的方针进行投资运营管理,确保基金安全,实现保值增值。

投资方式:社保基金会采取直接投资与委托投资相结合的方式开展投资运作。直接投资由社保基金会直接管理运作,主要包括银行存款和股权投资。委托投资由社保基金会委托投资管理人管理运作,主要包括境内股票、债券、养老金产品、上市流通的证券投资基金,以及股指期货、国债期货等,委托投资资产由社保基金会选择的托管人托管。

投资范围:根据《基本养老保险基金投资管理办法》第六章第三十四条规定,基本养老保险基金限于境内投资。投资范围包括:银行存款,中央银行票据,同业存单;国债,政策性、开发性银行债券,信用等级在投资级以上的金融债、企业(公司)债、地方政府债券、可转换债(含分离交易可转换债)、短期融资券、中期票据、资产支持证券,债券回购;养老金产品,上市流通的证券投资基金,股票,股权,股指期货,国债期货。

此外,根据《基本养老保险基金投资管理办法》第六章第三十五条规定,国家重大工程和重大项目建设,基本养老保险基金可以通过适当方式参与投资。第三十六条规定,国有重点企业改制、上市,基本养老保险基金可以进行股权投资。范围限定为中央企业及其一级子公司,以及地方具有核心竞争力的行业龙头企业,包括省级财政部门、国有资产管理部门出资的国有或国有控股企业。

资产独立性:基本养老保险基金资产独立于社保基金、划转的部分国有资本和社保基金会、社保基金会选聘的投资管理人、托管人的固有财产以及社保基金会选聘的投资管理人管理和托管人托管的其他资产。基本养老保险基金与社保基金、划转的部分国有资本、社保基金会单位财务分别建账,分别核算。

(二)资产配置与风险管理

经过多年探索实践,社保基金会在投资运营中形成了包括战略资产配置计划、年度战术资产配置计划和季度资产配置执行计划在内的较为完善的资产配置体系。其中,战略资产配置计划确定各类资产中长期目标配置比例和比例范围。年度战术资产配置计划是在战略资产配置计划规定的各类资产比例范围内,确定各类资产年度内的配置比例。季度资产配置执行计划是通过对形势分析和年度资产配置计划的审视,确定季度具体的执行计划,进行动态调整。

风险管理围绕总体投资目标,针对管理运营各环节可能出现的各类投资风险,通过专门的风险管理手段和方法进行风险的识别、衡量、评估、监测和控制应对,覆盖投资管理活动全领域、全过程,建立业务部门、风险管理职能部门、风险管理委员会和投资决策委员会的风险管理责任制度,形成了较为健全的风险管理体系。

(三)投资运营管理

2017年,面对国内外形势的深刻复杂变化,在以习近平同志为核心的党中央坚强领导下,社保基金会认真落实党中央决策部署和国务院工作要求,坚持稳中求进的工作总基调,牢固树立新发展理念,主动适应、把握、引领经济发展新常态,完善投资决策体系,强化会党组对基金重大投资决策事项审核把关作用,加强形势分析研判,统筹推进增效益、强规模、促改革、防风险,以科学精细管理提升投资绩效,努力实现基本养老保险基金安全和保值增值。

扎实推进受托管理工作。认真落实国务院的决策部署,坚持扩大受托规模与做好投资运营两手抓,稳扎稳打,积极推动基本养老保险基金受托管理工作。截至2017年年末,社保基金会已先后与广西、北京、河南、云南、湖北、上海、陕西、安徽、山西9个省(区、市)签署基本养老保险基金委托投资合同,合同总金额4 300亿元,委托期限均为5年,均采取承诺保底收益合同版本,实际到账资金2 731.50亿元。

认真开展基金配置工作。深入研究基本养老保险基金投资政策和中长期市场形势,科学设定基本养老保险基金的投资目标和风险政策,制定和实施基本养老保险基金战略资产配置计划和战术资产配置计划。股票配置上严格控制建仓点位,在市场低位逐步增加投资;固定收益配置上精准把握利率处于高位的机会,加大配置力度,为全年取得稳定较好的收益奠定了基础。

初步构建投资产品体系。积极应对运营初期资金集中到账的挑战,统筹安排调度,提高用款效率和资金收益。加强债券投资策略研究,有效规避风险,稳步扩大收益。积极论证非标型养老金产品委托组合,在严控风险的基础上提高收益。股票投资更加注重安全稳健,有效地把握市场机会。加强基本养老保险基金股权投资项目的研究论证,积极寻找优质项目,做好项目储备。

严格落实风险管控措施。面对错综复杂的市场形势,切实加大风险防控力度,落实落细风险防控措施。加强对委托投资机构和重大投资项目的调研检查,开展风险监测预警,严格信用债风险管理,加大对重大投资项目合规风险监控,主动识别、有效化解合规风险。完善委托投资考核评价体系,优化委托产品投资方针,突出长期业绩和业绩稳定性评价指标的导向性。

积极推进内部控制体系建设。成立内部控制委员会,扎实推进组织机构、控制方法和业务链条三维立体的内部控制体系建设。研究制定了内部控制基本制度和基础性业务制度等规范性文件,研究建立内部控制执行体系,完善内控风险报告、考评、检查和问责机制。认真开展内控检查和内部审计,及时发现风险隐患及问题,切实堵塞漏洞、防范风险。

二、基本养老保险基金主要财务数据

(一)财务状况

2017年末,基本养老保险基金资产总额3 155.19亿元。其中:直接投资资产934.69亿元,占基本养老保险基金资产总额的29.62%;委托投资资产2 220.50亿元,占基本养老保险基金资产总额的70.38%。

2017年末,基本养老保险基金负债余额336.18亿元,主要是基本养老保险基金在投资运营中形成的短期负债。

2017年末,基本养老保险基金权益总额2 819.01亿元,其中:委托省份基本养老保险基金权益2 815.81亿元,包括委托省份划入委托资金本金2 731.50亿元,记账收益83.43亿元,风险准备金0.88亿元;基金公积-0.68亿元(主要是可供出售金融资产的浮动盈亏变动额);受托管理基本养老保险基金风险基金3.88亿元。

(二)投资业绩

2017年,基本养老保险基金投资收益额87.83亿元,投资收益率5.23%。其中:已实现收益额76.42亿元(已实现收益率4.55%),交易类资产公允价值变动额11.41亿元。

基本养老保险基金自2016年12月受托运营以来,累计投资收益额为88.19亿元(其中2016年投资收益额为0.36亿元)。

二、我国养老保险基金管理中存在的问题

(一) 基金保值增值困难

养老保险基金的投资渠道狭窄,基金的保值增值不容乐观。将养老保险基金存入银行或购买国债似乎就可以高枕无忧了,但从历年的银行存款利率和通货膨胀率的对比中可以发现,养老保险基金受到通货膨胀的巨大侵蚀,已出现隐性贬值。世界银行在研究报告《防止老龄化危机》中指出:"中国在八十年代中期改革开放了养老基金,这些基金常常放在银行的账户中,获得的实际利率是负的。"因为银行存款的安全性不过是就其名义价值而言的,所以世界上还没有一个国家将大部分的养老保险基金存入银行坐收利息。同样,将养老保险基金单纯投资于国债亦难以实现其保值增值的目的。因为,目前我国国债利率是被动地跟着银行利率浮动的,这种做法虽然使国债利率高于同期银行存款利率,但不具有指数调节机制。可见,养老保险基金的目前运营状况,表面上看似乎无风险,实际上这种单一的投向本身就具有相当大的风险。

(二) 养老保险基金存在资金缺口

中国在改革开放以前,养老保险制度主要是"统收统支"下的现收现付制。随着人口年龄结构的变化,它已不适合我国养老保障的长期需要。1991年开始改革养老保险制度,建立企业职工社会养老统筹和个人账户相结合的制度,与中国几十年"代际转嫁"的社会统筹

制实行了嫁接。但是,企业面临着既要为当代老人支付养老费、又要为在职职工储备养老金的双重压力,而国家又无法解决巨额的养老基金问题,唯一的出路似乎就是在一定程度上以个人账户的"空账"运转作为中国养老保险制度的主要支撑技术。个人账户基金不足,用统筹基金填补;统筹基金不足,向个人账户拆借。这样,显然会减弱养老基金收支之间制衡关系的约束力,出现悄然蚕食养老积累金的"寅吃卯粮"的现象,在高通货膨胀或工资高速增长时期,特别容易产生个人账户的支付危机。这些问题在进入人口老龄化高峰之后将显现出来,实际上把风险与困难留给了后人,有悖于养老保险制度的可持续发展战略。

(三)政府部门分散管理,基金挪用现象严重

目前,基本养老基金的管理分为两部分:全国社会保障基金理事会管理全国社会保障基金;与以县市为单位进行统筹相一致的是,地方养老基金分散在 2 000 多个社会保障管理局。也就是说,养老基金的管理主要还是政府部门分散管理。这不但增加了管理的难度,降低了管理的效率,也使各基金的平均规模过小,投资风险和经营成本增加。而且,由于养老基金管理机构没有明确与政府分离,所以政府行为时常会影响到基金管理。此外,信息披露制度不健全,基金管理透明度低,缺乏监督,加上内控薄弱,这就导致养老基金被挤占、挪用,占基金总额的 10%。在有些情况下,挪用在大多数情况下并不是欺骗或贪污,而是将基金用在了地方政府开支的其他方面,诸如支付政府工作人员的工资,这是违反关于禁止基金用于一般预算支出的规定的。当然,有些负面现象这几年由于国家加强了监督而得到了一定的遏制,但是,只要不建立一套完善的监督体系,不把养老基金统一起来交给专业化投资机构去运作,那么有些问题是难以杜绝的。

专栏 10-2

社保基金　多省社保局委托全国社保基金理事会投资运作

2012 年 3 月 20 日晚间,全国社保基金理事会发布消息,全国社保基金理事会受广东省政府委托,将投资运营广东省城镇职工基本养老保险结存资金 1 000 亿元,这对地方管理的养老保险资金尚属首次。

资料来源:网易新闻,2012 年 03 月 21 日。http://news.163.com/12/0321/14/7T4KHPH700014AED.html。

7 月 21 日,新华社披露,山东省确定将 1 000 亿元职工养老保险结余基金委托全国社保基金理事会投资运作,首批 100 亿元已划转到位,其余资金正在归集。山东省养老基金结余的规模在全国位列第四,全省社会保险基金累计结余 3 550 亿元,较去年增长 3.60%。其中职工基本养老保险结余 1 962 亿元。7 月 21 日当天,广东省也宣布,与全国社保基金理事会的合作将延期三年。

广东、山东两省以委托方式展开投资运营,为全国更大规模养老金入市试水。

一个月前公布的《基本养老保险基金投资管理办法(征求意见稿)》称,各地区的养老基金结余额在预留一定支付费用后,可委托国务院授权的机构进行投资运营。

根据这份征求意见稿,省级政府作为养老基金委托投资的"委托人",可指定省级社会保险行政部门、财政部门承办具体事务。"委托人"将养老基金委托给"受托机构",即"国家设

立、国务院授权的养老基金管理机构"。

资料来源:《凤凰财经》2015 年 7 月 22 日。http://finance.ifeng.com/a/20150722/13857105_0.shtml。

(四) 基金管理费偏高,而平均回报率太低

据不完全统计,各地养老保险基金管理结构从基金中提取的管理费率为 2%—6%,平均为 4%。若将养老保险基金委托专门的基金管理公司,则管理费率将降低到 1% 左右,大大减少了运作管理成本,同时还有利于养老保险基金的监管和操作透明度。由于目前养老保险基金的操作管理者能力有限,且投资对象单一、资产组合欠科学,通常平均投资回报率仅为 1%,再扣除 4% 的管理费,所剩无几,而且还得面对残酷的通货膨胀压力。

第三节 优化基金管理投资的关键性措施

一、灵活运用多元化投资工具

基本养老保险基金的多元化投资是依托多元化的投资工具展开的,加强中国基本养老保险基金多元化投资首先要逐渐放开投资的限制,为基金选择多元化的投资工具提供可能。在展开多元化投资的初期,中国基本养老保险基金可以采用银行存款、国债和股票这种以无风险和低风险投资工具为主,以部分风险资产作为增值的主要工具的投资组合,随着投资运营的不断完善,可以参考全国社会保障基金的投资模式,逐渐增加实业投资,企业债券投资等投资工具的比例,减少银行存款和国债的比例,从而把基金投资的重心从保值向增值方向转移。与此同时,金融创新可以开发出更多的高效投资工具,可以为基本养老保险基金投资提供更多的可选工具,推动多元化投资的发展。

专栏 10-3

人力资源和社会保障部 将制定养老保险基金多元化投资运营办法

人力资源和社会保障部新闻发言人李忠 24 日介绍 2013 年第四季度人力资源和社会保障工作进展情况时表示,人社部将加强社会保险(放心保)基金投资管理和监督,制定养老保险基金市场化、多元化投资运营办法。同时,落实税收优惠等支持政策,大力发展企业年金、职业年金等多层次养老保险。据透露,2013 年城镇五项社会保险基金总收入合计为 32 900.9 亿元,同比增长 13.80%;五项社会保险基金总支出合计为 26 521.0 亿元,同比增长 19.60%。

李忠指出,下一步人社部还将积极推进社会保障制度建设,深化养老保险顶层设计研究,整合城镇居民社会养老保险和新型农村社会养老保险制度,实施职工养老保险与城乡居民养老保险接续政策。推进城乡居民基本医疗保险制度整合,全面推进和完善居民大病保险制度,深化医保付费方式改革,完善异地就医结算办法。适时启动机关事业单位养老保险制度改革,制定基础养老金全国统筹实施方案。研究渐进式延迟退休年龄政策。大力加强社会保险基金监管,完善社会保险基金预算制度,推进基金安全评估和社会监督试点,严厉打击诈骗社保基金行为。提高经办管理服务水平,加强社会保险精算工作,加强基层经办管

理服务能力建设。完善社会保险信息披露制度,拓展信息披露渠道,定期主动公开基金运营和结存、经办管理和服务情况等。

资料来源:http://funds.hexun.com/2014-01-25/161750076.html?from=rss。

二、提升基本养老保险基金统筹层次

要实现基本养老保险基金的有效投资,首先应加快做实个人账户的步伐,夯实投资基金的来源,提高投资基数,从而推动基本养老保险基金与资本市场的良性互动作用。要实现这个目标,提升基本养老保险基金的统筹层次是前提。目前,中国各地养老保险基金统筹层次不一,最高为省级统筹,这对于基本养老保险基金的接续、转移、监管等都有一定的负面影响。因此,要着力促进基本养老保险基金的国家统筹。实现国家统筹能够实现全国统一的缴费标准和待遇标准,从而在人员流动时,可以实现基本养老保险基金的转移,基金的调剂功能大大提高。与此同时,实现国家级的统筹,可以实现全国基本养老保险基金的统一管理和运营,不但节省管理成本,还提高了投资基数,有利于开发更多元化的投资渠道,争取更大的收益。基本养老保险金由国家集中管理也可以避免由于监管不力导致的基本养老保险基金被挪用、贪污等问题,一定程度上有利于保障基金的安全性。

2018年6月13日,国务院发布《国务院关于建立企业职工基本养老保险基金中央调剂制度的通知(国发〔2018〕18号》(以下简称通知)。通知提出在现行企业职工基本养老保险省级统筹基础上,建立中央调剂基金,对各省份养老保险基金进行适度调剂,确保基本养老金按时足额发放。

三、建立基本养老保险基金投资管理规范和管理机构

由于基本养老保险基金背负着"老百姓的养老钱"的特殊身份,在投资时要格外考虑资金在安全方面的较高要求,收益的稳定和持续性等问题。这就需要基本养老保险基金投资管理规范来对基本养老保险基金的投资工具,投资方式,投资管理方法,投资收益分配等内容做出指导和规定。否则,所有对于基本养老保险基金投资的设想都难以真正付诸实践。除了制度上的规范指导,专门的投资管理机构的建立也必不可少。专门的投资管理机构应是与政府机构分离,独立建立的,负责基本养老保险基金的投资运营和管理,定期公开投资运营状况和收益状况,以及下一阶段的投资计划。政府部门负责监管投资管理机构,保障资金的安全性和有效运营。

目前,全国社会保障基金理事会负责全国社会保障基金的投资管理,并且基金运行情况良好,可以参考该模式进行投资管理机构的设立。

专栏10-4

《基本养老保险基金投资管理办法》发布及其解读

中国政府网2018年10月公布的《基本养老保险基金投资管理办法》明确,养老基金投资股票、股票基金、混合基金、股票型养老金产品的比例,合计不得高于养老基金资产净值的30%;投资国家重大项目和重点企业股权的比例,合计不得高于养老基金资产净值的20%;

参与股指期货、国债期货交易,只能以套期保值为目的。机构测算结果显示,养老基金有望为股市注入上万亿元长期资金。

可参与国企改制上市

《办法》明确,各省、自治区、直辖市养老基金结余额,可预留一定支付费用后,确定具体投资额度,委托给国务院授权的机构进行投资运营。委托投资的资金额度、划出和划回等事项,要向人力资源社会保障部、财政部报告。

养老基金限于境内投资。投资范围包括:银行存款,中央银行票据,同业存单;国债,政策性、开发性银行债券,信用等级在投资级以上的金融债、企业(公司)债、地方政府债券、可转换债(含分离交易可转换债)、短期融资券、中期票据、资产支持证券,债券回购;养老金产品,上市流通的证券投资基金,股票,股权,股指期货,国债期货。

国家重大工程和重大项目建设,养老基金可以通过适当方式参与投资。

国有重点企业改制、上市,养老基金可以进行股权投资。范围限定为中央企业及其一级子公司,以及地方具有核心竞争力的行业龙头企业,包括省级财政部门、国有资产管理部门出资的国有或国有控股企业。

多渠道投资股市

《办法》明确,养老基金投资比例按照公允价值计算应当符合下列规定:

一是投资银行活期存款,一年期以内(含一年)的定期存款、中央银行票据、剩余期限在一年期以内(含一年)的国债、债券回购、货币型养老金产品、货币市场基金的比例,合计不得低于养老基金资产净值的5%。清算备付金、证券清算款以及一级市场证券申购资金视为流动性资产。

二是投资一年期以上的银行定期存款、协议存款、同业存单,剩余期限在一年期以上的国债,政策性、开发性银行债券,金融债,企业(公司)债,地方政府债券,可转换债(含分离交易可转换债)、短期融资券,中期票据,资产支持证券,固定收益型养老金产品,混合型养老金产品,债券基金的比例,合计不得高于养老基金资产净值的135%。其中,债券正回购的资金余额在每个交易日均不得高于养老基金资产净值的40%。

三是投资股票、股票基金、混合基金、股票型养老金产品的比例,合计不得高于养老基金资产净值的30%。养老基金不得用于向他人贷款和提供担保,不得直接投资于权证,但因投资股票、分离交易可转换债等投资品种而衍生获得的权证,应当在权证上市交易之日起10个交易日内卖出。四是投资国家重大项目和重点企业股权的比例,合计不得高于养老基金资产净值的20%。

养老基金资产参与股指期货、国债期货交易,只能以套期保值为目的,并按照中国金融期货交易所套期保值管理的有关规定执行;在任何交易日日终,所持有的卖出股指期货、国债期货合约价值,不得超过其对冲标的的账面价值。

有助股市稳定健康发展

银河证券研究报告认为,根据财政部公布的2015年基本养老保险预算情况,2015年企业职工基本养老保险基金和城乡居民基本养老保险基金两者合计的基本养老保险基金预算收入为2.70万亿元,年末滚存结余约3.59万亿元。按照养老基金入市30%的比例上限,理论上约1.07万亿元资金可以进入股市。多位机构人士认为,作为长期稳定资金,养老基金获准直接和间接投资股市,将对股市的稳定健康运行发挥重要作用。银河证券分析师孙建波认为,由于养老基金的特殊性质,在其结余资金的投资运营中,保障基金的绝对安全成为最重要的前提。在此背景下,预计养老基金在A股市场上的投资将更多地选择估值相对较低、有业绩支撑、高股息率的一、二线蓝筹股。银行、非银行金融、交通运输、建筑、石化、电力、医药、消费等板块有望成为养老基金的目标。未来养老基金还有望积极参与国企混合所有制改革,从而为保险资管产品创新提供了空间。证券分析师魏伟认为,养老基金投资管理应坚持五个方向,一是建立专门的基本养老金管理机构或部门,独立从事基金的投资运营;二是明确投资目标,建立多层次的资产配置决策体系;三是采用直接投资与委托投资相结合的模式;四是采取循序渐进的多元化投资原则,权益类和实体经济并重;五是建立定期的监督与绩效评价机制。魏伟认为,目前养老基金统筹层次较低,管理呈现分散化、碎片化的特点,有的仍由地级市、县级市管理。个人账户的市场化投资改革应该在完成省级统筹、做实个人账户的基础上进行。全国社保基金的投资管理经验能够为养老基金投资管理改革提供具可操作性的参考与借鉴。

资料来源:凤凰金融 2018 年 10 月 31 日 https://www.fengjr.com/cn/bank/detail-zx-209948。

四、建立投资跟踪调整机制

在基本养老保险基金投资的过程中,应建立投资跟踪调整机制,分阶段进行投资组合和收益分析。在进行投资的初期阶段,投资工具的选择面比较单一,主要以低风险和零风险的国债和银行存款为主,仅一小部分投资股票。在投资机制运行成熟以后,可以在保留充足的备用金的前提下,根据经济发展形势,适时调整投资组合的比例。同时,应不断开发创新产品的投资渠道,如:建立基本养老保险基金银行,将一定安全比例的养老金以贷款的形式投资国有设施建设等风险小的项目,从而真正实现基本养老保险基金的多元化投资,实现资金的保值增值。

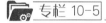专栏10-5

审计署:社保基金投资监控待完善

审计署 2013 年 6 月 24 日公布了 57 个中央部门单位 2012 年度预算执行情况和其他财政收支情况审计结果,其中全国社保基金会的部门预算审计结果显示,社保基金会部分投资项目存在违规问题,其委托投资、股权投资基金监控尚待完善。

审计署表示,截至 2012 年年底社保基金会管理的基金总资产 11 082.75 亿元,其中含中央财政累计净拨入 5 445.94 亿元,占总资产比重已达 49%。此外还包含总负债 338.93 亿元,所有者权益 10 743.82 亿元,其中归属于社保基金会的权益 8 923.22 亿元、归属于 10 省区市但由社保基金会代管的权益 1 820.60 亿元。

在社保基金管理方面,审计结果显示,去年部分投资项目存在问题,包括社保基金会此前投向贵州棚户区改造和云南老鹰地一期工程等项目中的资金有 2.75 亿元被项目业主单位挪用于其他项目,投资的铜川矿务局棚户区改造项目信托贷款中有 11 亿元被投向"四证"不齐项目,去年基金会办理 670 亿元协议存款中有 3 份签报未按规定执行会签程序,涉及金额 25 亿元。

对此,审计署已下达了审计决定书,要求社保基金会对信托贷款被挪用及投向手续不齐全的建设项目问题尽快建立完善投后管理制度,加强对直接投资项目实施情况的跟踪分析,对未按规定程序办理协议存款的问题,要求针对部门职责调整及时修订相关办法,严格执行内控制度。

此外,审计署表示,社保基金会还存在对委托投资、股权投资基金等监控不到位、部分股权投资亏损等问题。对此,审计署要求社保基金会完善风险控制系统的监控功能并加强跟踪检查,建议社保基金会健全对委托投资管理人的监督机制,完善投资决策和相关跟踪管理制度,严格执行政府采购程序并加强支出控制。

在其他财政收支方面,审计结果显示,除社保基金外,其余大部分中央部门也存在会务费用、职工福利、费用挂靠等问题,审计署已对相关问题提出处理建议,要求严格贯彻中央关于厉行勤俭节约、反对铺张浪费等规定,切实加强相关支出管理,杜绝此类问题再次发生。

资料来源:http://news.xinhuanet.com/fortune/2013-06/25/c_124905152.htm。

五、建立有效的监管制度

要实现基本养老保险基金投资的有效性,必须要有科学有效的监管制度作为保障。总体来说要实现预防监管、过程监管和问题监管。预防监管即对基本养老保险基金投资前期准备活动的监管。基本养老保险基金在投资前,应将对市场环境的分析,对资金投资的方案选择以及投资收益的预测报到人力资源与社会保障部和监管部门,经审核通过后方可实行。这可以从多角度保证基金投资的科学合理性。过程监管即对资金投资过程的监管,如发现投资收益预测偏差较大,投资机构私自挪用资金等问题时,可以根据跟踪调节机制和相关法律规定适时采取措施,将基金的损失控制在最小程度。问题监管是在季度或年度投资周期结束后,对投资整体过程的各个环节进行总结,寻找其中存在的问题,在下一个投资周期加以避免。

具体来说,首先,从监管主体方面来说,应明确劳动与社会保障部、基本养老保险基金投资管理机构、基本养老保险基金监督管理机构的职责范围和责任,避免由于权责混杂或相互间的利益制约而引发的监管问题。其次,在资金的监管方面,应建立信息定期公开机制。基本养老保险基金投资机构应定期公开基金的投资运营状况,包括投资总额,各投资工具间的投资比例,现期投资收益,下一阶段投资计划等。基本养老保险基金监管机构应定期公开监管成果,包括监管中发现的问题和问题改进情况等,也可征集广大受益人代表阶段性地参与到监管活动中。

监管能否发挥效力还取决于是否有完善的法律体系提供支持。只有将基本养老保险投资过程中涉及的有关规定以法律的形式固定下来,才能真正对相关主体形成约束,保证基本养老保险基金投资的有效实施,因此,中国应加快建立关于基本养老保险基金投资运营的法律制度。

专栏 10-6

瑞典养老保险基金管理经验

一、瑞典养老基金管理体制

瑞典实施以个人账户为基础、强制执行、部分积累、集中管理、市场运作、审慎监管的基本养老保险制度。该制度包括两个层次,第一层次是名义个人账户制度,它是以现收现付财务模式为基础,进行空账运行的一种收入关联型养老保险制度。个人账户资金按规定的名义记账利率进行积累,退休时根据该时点同代人的平均余命,按照年金化的公式计算养老金。第二层次是以实账个人账户为基础的辅助养老金制度,它是按完全积累财务模式运作的一种收入关联型养老保险制度。

公共养老金制度由国家保证养老金(Guaranteed Pension)和收入关联养老金(Income Pension)构成,收入关联养老金包括名义账户和确定缴费型养老金(National Defined Contribution,NDC)和强制性的个人账户确定缴费型养老金(Financial Defined Contribution,FDC),收入关联养老金为公共养老金的主要来源,其缴费比率为工资收入的18.50%,其中16%以税收形式进入养老金的现收现付账户,2.50%的费率划入养老保险基金的个人账户。名义账户NDC制度再分配功能一般只存在于代际间,代际内的再分配功能弱小,以政府税收为资金来源的国家保证养老金为中低收入的退休者提供基本保障。即收入基数小于1.26时,享受100%的国家保险养老金给付,当收入基数在1.26—3.07间时,可享受一个递减比例的保证养老金给付,当收入基数大于3.07时,则不能享受国家养老金给付。

2001年瑞典政府设立四大国民养老基金管理公司(AP1—AP4)对名义账户养老保险基金进行管理,每个养老保险基金公司从瑞典国债委员会分到等额的养老保险缓冲基金。1960年瑞典补充养老保险计划ATP引入AF基金,其设立目的是为国民经济提供储蓄,建立养老保险储备或缓冲基金以应对公共养老金计划发生赤字。AP组织是一个政府机构,具有较高的独立性,该组织直接对国民社会保险委员会负责。AP基金设立董事会,成员由政府指定,董事会成员对养老基金经营与投资负责。

五大缓冲基金:

(一)AP1 国家第一养老基金

AP1基金是独立性最强的政府性机构,其运营完全不受政府制约,仅仅受国家养老基金法案的管制。由政府任命董事局,董事局再指定常务董事,政府同时委任多名审计员。每年瑞典政府对该基金的业绩进行评测,将结果向国会报告并公布于众。AP1基金的运营目标由董事局确定,包括总收益率目标和经营管理目标。AP1基金可投资瑞典股票、非瑞典股票、新兴市场股票、固定收益债券以及其他投资。内部投资部门负责整个投资资产的分配和全球债券组合、欧洲股票和外汇管理。

(二)AP2 国家第二养老基金

AP2从2001年开始运营,其管理的资产可投资股票、固定收益债券等其他投资工具。2007年该基金组织引入了新的管理机构,这一管理机构由瑞典Alpha策略,全球Alpha策略、定量策略以及外部经理组成。新的管理机构明确了各部门的责任,使得多种资产组合种类成为可能,5年间,AP2的平均收益率达到了6%,基本达到成立时设立的目标收益率6.10%的水平。

(三)AP3 国家第三养老基金

AP3基金受国会委托管理基金资产,它是国立养老基金,政府指定董事局。AP3资产可投资股票、固定收益债券和其他资产(包括私有资本、房地产、木材、基础设施、生命科学财产等)。

(四) AP4 国家第四养老基金

AP4 基金根据瑞典国家养老基金法案的要求,保障养老金领取者的利益,不受国家商业和其他经济政策的限制。但在与高收益目标不冲突的情况下,必须考虑外界和社会伦理道德的影响。AP4 组织机构分成 8 个不同的责任部门:瑞典股票、全球股票、固定收益和现货管理、私有资本、资产分配、风险控制、公司治理和通信以及行政部门。资产可投资于股票、固定收益资产和房地产。该基金非常注重资产种类的分配,而且会更多地委托给外部投资机构进行投资管理,一般进行三个时间段的投资:长期投资(40 年)、中期投资(3—5 年)、短期投资(6—12 个月),其中中期投资所占比重较大。

(五) AP6 国家第六养老基金

AP6 基金规模很小,其基金资产包括初始资本和未分配利润,主要投资于瑞典中小成长型的公司,以此促进瑞典工业的发展。

AP6 的初始资本包括从 AP1、AP2、和 AP3 转移过来的资本、基金清算后的剩余资本。AP6 基金是不需要每年支付养老金的,盈余部分可以用于再投资。为了满足市场需求,AP6 设立了四个业务区和一个财务部门,财务部门主要负责管理市场风险和基金的流动,业务区涉及的业务包括:AP 直接投资(商品和服务部门等)、AP 合伙投资、AP 可转换债券、AP 网络投资、生命科学投资(包括生物工艺、医疗技术、医药品)以及基金投资。

表 10-2 2006—2013 年瑞典国民养老缓冲基金投资收益率

	2006	2007	2008	2009	2010	2011	2012	2013
AP1	9.80%	4.80%	−21.70%	20.40%	10.10%	−1.80%	11.40%	11.30%
AP2	13%	4.20%	−24%	20.60%	11.20%	−1.90%	13.50%	12.80%
AP3	9.70%	5.10%	−19.70%	16.40%	9.10%	−2.40%	10.70%	14.20%
AP4	10.40%	2.40%	−21%	21.50%	110%	−0.70%	11.30%	16.50%

资料来源:www.ap1.se/www.ap2.se/www.ap3.se/www.ap4.se。

二、强制性个人账户制养老保险基金投资管理

个人账户养老金分积累投资期与保险期两个时期,在资金积累期内进行养老金缴费与投资,在保险期内进行养老金给付或领取。缴费者从 61 岁可以申领养老金,个人账户养老金可以单独给付,也可以与 NDC 账户合并给付。根据年金领取人数可分为单一生命年金、联合生命年金、单一声明年金附加生存者年金等给付方式,根据年金给付金额是否固定可分为固定年金领取方式和变动年金领取方式。年金产品由政府管理机构——个人账户管理局提供,未体现公共养老金防止老年贫困的目的,较多人士认为退休养老金给付不宜采用一次给付形式,而且年金产品应该由国家垄断。

在基金管理机构主体资格方面,个人账户的养老金投资应体现出投资者的投资意愿,养老保险基金投资机构不应该只局限于保险公司,凡是符合特定条件的投资机构可申请准入(养老基金投资主体条件:注册并与 PPA 签订协议,提供股东的充分信息,转换不收取手续费,对管理费用提供详细报告)与英国退出型 SERPS 个人账户养老基金管理模式相近。个人账户缴费方式实行税务机构征收,其征税边际成本为零。如表 10-3 所示。

表 10-3　瑞典、澳大利亚与英国个人账户模式比较

国家	基金经理选择	保费筹集	会计财务信息公布	基金选择	年金提供者选择	保险供给者	给付形式
瑞典	雇员	税务机构	清算所	雇员在众多养老基金公司选择	政府	由政府机构PPA提供	无性别差异年金给付，达退休年龄后部分或全部给付，自存者给付
澳大利亚	雇员经理	私营养老基金公司	私营养老基金公司	养老基金公司有多只基金，由雇员选择	退休者	存放在养老基金公司或者向保险公司购买年金	55岁后一次性给付或年金给付，制度允许时可享有生存者给付
英国	雇员	税务机构	私营养老基金公司	养老基金公司提供数只基金，由雇员选择	退休者	存放在养老基金公司或者向保险公司购买年金	从养老金领取日至75岁间一次性给付或者年金给付，生存者给付

资料来源：Edward Palmer. The Swedish Pension Reform Model：Framework and Issues. The National Social Insurance Board，2001：40。

设立清算所。强制型个人账户如果完全由私营机构管理，其管理成本较高，而完全采取政府垄断管理，又往往导致管理效率低下。清算所模式是解决上述矛盾困境的一种选择。清算所职能由个人账户养老金管理局PPA执行，其主要职责有：与提供养老金投资的基金公司签订合同；集中缴费者个人的养老保险基金投资指令，然后由清算所对养老保险基金进行统一购买。清算所每天集中所有的个人交易指令，并对买卖净差额进行转移，交易价格由交易时的基金价值决定；每天收集并公布基金投资的可用信息，提供个人账户的投资记录。

无最低投资收益保证制度的规定。公共养老保险基金投资没有设立最低投资收益保证制度，养老保险基金投资管理的监督重点主要是基金组织的产权机构、信息披露规则、会计财务审计要求。养老保险基金投资中，基金公司的不恰当行为，将导致其养老基金投资经营执照的丧失，并用其股本进行相应补偿。

三、从瑞典模式得到的借鉴与启示

大多数国家公共养老保险基金均实行政府集中的公共管理模式，我国也不例外。并且在投资工具的选择上，除去金融市场比较完备的欧美国家，其他国家养老基金一般不能直接投资股票，这些国家往往是选择比较稳妥的政府债券，基础设施投资等等，这样一来养老基金投资效率就会比较低，缺乏效率。瑞典名义账户养老基金管理实行集中管理与竞争机制相结合的政府主导管理模式，该模式的制度绩效在于其既体现出政府对养老金投资的主导，又体现出养老保险基金投资的竞争机制与效率机制。政府制定五大缓冲基金管理公司投资制度，在坚持投资制度规定的前提下，较为充分地体现了投资的独立性与主动性。需要指出的是，五大基金管理投资公司投资透明度较高，与社会公众保持了有效的沟通，得到了民众的大力支持。从投资内容来看，这几大基金投资组合中将近60%投资于股票，这从根本上解决了政府公共养老基金不能投资股票的困境，也有利于公共养老基金的保值增值。

从英国、瑞典与澳大利亚的强制型个人账户投资模式来看，三种模式均采用私营竞争性的养老基金公司管理模式，其共同缺点是管理成本较高，个别养老基金公司为了能吸引更多投资者，甚至使个人投资者的养老金投资发生不必要的账户转移。因此瑞典政府设立了个人账户管理局，成为基金公司与个人投资者之间的管理机构与传导机构。个人账户缴费通过政府的税收机构进行，基金公司的投资指令与投资信息传导至个人账户管理局，基金管理公司与个人投资者之间不发生直接的投资往来。PPA集中个人投资者的所有交易指令，与养老基金公司进行指令划转。该种模式既体现了个人选择投资的自主性，又体现了政府机构在其中的参与、监督与管理。因而使个人账户的投资管理成本大大降低，并使个人账户投资者具有一定的信息优势。此外，该种模式不允许个人账户拥有者一次性获得养老金给付，年金产品只能由政府的管理机构 PPA 提供。

资料来源：袁中美，《中国社会养老保险个人账户基金管理制度研究》，西南财经大学 2011 年。

本 章 小 结

养老保险基金是指企业和个人依照相关法律法规按一定比例向社会养老保险计划缴纳养老保险金而积累形成的基金，它是各种各样的养老保险计划为支付当期和预期的养老金债务而储蓄的基金。基本养老保险基金是中国三支柱养老保险基金体系中第一支柱的核心组成部分，它的资金来源主要是企业和个人按相关法律法规规定的一定比例缴纳的社会养老保险的费用。企业和个人缴纳的费用分别按照一定的比例记入实行现收现付制的社会统筹基金和实行完全积累制的个人账户基金。

基本养老保险基金管理模式有公共部门集中管理模式、委托投资管理模式、完全市场化管理模式三种模式。养老保险基金投资营运是为了获取投资收益，实现资金的保值增值，但与一般的投资行为相比，养老基金投资有其特殊性：(1)国家对养老基金投资政策规定有特殊性。一般投资是在遵循国家有关投资政策的前提下，实现投资收益的最大化，国家对其投资方向、模式结构、区域以及数额等不加干涉，但对养老基金往往要在政策或法律上对上述方面做出特殊的限制性规定。(2)养老基金投资涉及面大，须兼顾经济效益和社会效益，并以社会效益为重。养老基金是退休人员的生活收入保障，直接关乎整个社会的安定。(3)投资收益免征所得税。

我国养老保险基金管理中存在的问题主要有：(1)养老保险基金的投资渠道狭窄，基金的保值增值前景不容乐观。(2)养老保险基金存在资金缺口。(3)政府部门分散管理，基金挪用现象严重。由于养老基金管理机构没有明确与政府分离，所以政府行为时常会影响到基金管理。

优化基本养老保险基金管理投资的关键性措施：(1)灵活运用多元化投资工具，首先要逐渐放开投资的限制，为基金选择多元化的投资工具提供可能。(2)提升基本养老保险基金统筹层次。(3)建立基本养老保险基金投资管理规范和管理机构。(4)建立投资跟踪调整机制，分阶段进行投资组合和收益分析。(5)建立有效的监管制度，以实现预防监管、过程监管和问题监管。

基本概念

养老保险基金　基本养老保险基金　个人账户养老金　全国社保基金　养老保险基金投资

复习思考题

1. 我国养老保险基金管理模式及特点是什么?
2. 养老保险基金监管模式及特点是什么?
3. 基金投资管理三原则是什么,三者有什么关系?
4. 基金管理投资存在哪些主要问题?
5. 优化基金管理投资的关键措施有哪些?
6. 瑞典的公共养老缓冲基金带给你哪些思考?对我国养老基金管理投资有何启发?

案例 1

社保基金为何大案频发

截至 2009 年年底,中国各项社保基金规模已超过 1.80 万亿元。每一个基金的缴纳者只知道社保基金管理中心在管理自己的"保命钱",却很难知道这笔钱是如何被管理的。事实上,"泛行政化"的社保基金运作和管理机制本身就值得关注。

7 月底,多起涉案金额巨大的社保基金被挪用案件经媒体披露,公共基金管理问题再次成为舆论焦点。

"保命钱"被挪用,这已经不是第一次发生。早在 2004 年 3 月,山西省太原市中级人民法院就宣判了一起涉案数额巨大的社保基金挪用诈骗案。几名被告人共挪用社保基金 7 659 万元,金融诈骗涉案金额近 1.80 亿元。2002 年 9 月,因诈骗农村社会养老保险金 2 000 万元,原海南达龙实业有限公司总经理龙泉润被判处死刑。今年 5 月,河北省电力公司社保中心原基金管理员秦援非挪用 3 817 万元社保基金炒股票,被廊坊市中级人民法院以挪用公款罪一审判处有期徒刑 15 年。

统计显示,在 1986 年至 1997 年间,全国有上百亿元社会保险基金被违规动用。据不完全统计,1998 年以来,全国清理回收挤占挪用基金 160 多亿元,至 2005 年底,还有 10 亿元没有回收入账。"十五"期间,劳动和社会保障部接到挤占挪用基金举报案件 96 件。

此类案件频频发生,社保基金运作及管理机制是否存在缺陷?

1993 年,国务院曾发布《企业职工养老保险基金管理规定》(国务院令第 117 号),允许各级社保管理机构对历年滚存结余的养老保险基金,在保证各项离退休费用正常开支 6 个月之需、留足必要周转金的情况下,运用一部分结余基金增值。

117 号文对社保基金增值保值的方式作了明确规定:一是购买国库券以及国家银行发行的债券;二是委托国家银行、国家信托投资公司放款。除此之外,"各级社会保险管理机构不得经办放款业务,不得经商、办企业和购买各种股票,也不得为各类经济活动作经济担保。"

然而,1990年代初,全国上下处于令人振奋的投资热潮中。地方社保基金管理机构也难免蠢蠢欲动,更被投机商人推波助澜。对于117号文中允许投资的规定如获至宝,而对其中的禁止条例要么视而不见,要么暗渡陈仓。

1994年,当时的劳动部、财政部联合发布《关于加强企业职工社会保险基金投资管理的暂行规定》,明令禁止社保基金"在境内外进行其他直接投资和各种形式的委托投资",以"刹车令"的形式叫停投资。

1996年4月,国务院办公厅又发明传电报——《关于一些地区挤占挪用社会保险基金等问题的通报》,重申社保基金结余"主要用于购买国家债券","仍有结余的应按规定存入银行专户,不得用于其他任何形式的投资"。直到1998年,各地社保基金的违规投资才基本停止。当年,国家劳动和社会保障部成立,同期组建社保基金监督司,对前几年的历史旧账进行全面清理与回收。

尽管经过大规模的整顿和清理,时至今日,挪用、盗用社保基金的大案仍时有发生。究其根源,与社保基金的管理架构错位密切相关。

目前,每个人的社保基金都由当地的社保基金管理中心代为管理。各级管理中心的归口管理单位为劳动和社会保障部社会保险事业管理中心。该中心是劳动和社会保障部直属事业单位。各地管理中心目前大都也为事业单位编制。而这些大大小小的管理中心却承担相当多的行政职能,与政府有着千丝万缕的联系,有的甚至就是政府的一个部门。

这种"泛行政化"的制度设计,在没有法人资产和独立的经济利益约束的情况下,不能独立承担民事责任的社保基金管理中心很难建立起有效的监督管理机制、规范的会计审计、信息披露制度和风险防范机制,即使有健全的法律法规也极易成为美丽的陪衬。

资料来源:搜狐财经,2006年8月10日,https://business.sohu.com/20060810/n244729154.shtml

思考:根据以上案例分析:社保基金被骗、被盗、被挪用等现象屡发不止,原因可能是什么?如何杜绝之?

案例2

戴相龙:人口老龄化高峰期　社保基金缺口很大

人口老龄化问题对社保基金也带来了现实的影响,今后谁来养老、怎么养老的问题成为昨日论坛讨论的焦点。全国社会保障基金理事会党组书记戴相龙昨日承认,人口老龄化高峰时期社保基金的缺口是很大的,但他也强调对此问题"有缺口、有办法、能保障"。解决缺口的办法主要有两个:一是延长退休年龄;二是划拨国有资产充实社保基金。

划拨国有资产有望实现养老账户均衡

昨日论坛披露的数据显示,到2050年我国80岁以上人口有1亿人。戴相龙指出,完全靠公共养老金养老是不行的,国外的养老金30%来自政府,30%来自企业,40%来自个人。解决这个问题要靠发展公共养老保险、普通养老保险和个人保险三个支柱的办法,不能全都依赖国家。

戴相龙还澄清,如果把社保基金的个人账户和基本账户加在一起支付当期养老金是没有缺口的,如果只用统筹资金支付是有缺口的,现在是把个人账户和基本账户分开,逐步做实个人账户,这是历史转制成本造成的缺口。

戴相龙预测,我国到人口老龄化的高峰时期,这个缺口将是很大的。解决这个缺口有两个办法,一是适当延长退休年龄,这不仅仅是实现财务平衡,也是充分实现人的价值。二是划拨国有资产充实社保基金,我国国有企业总资产有70万亿,中央企业有30万亿,2012年中央企业上市市值达到12万亿,国有股超过51%的部分有2万亿。他认为通过划拨国有资产充实社保基金,社保基金的储备资金到2020年达到3万亿—5万亿是可以做到的,从而能够解决社会保障的均衡性问题。

国家考虑成立机构运营地方养老金

全国社会保障基金理事会日前公布的数据显示,社保基金会管理资产总额首次突破1万亿,受托投资运营广东1 000亿元养老金取得较好收益。2012年全国社保基金投资收益645.36亿元,投资收益率为7%,其中已实现收益率4.38%,创近三年来的最好水平。

戴相龙是全国社会保障基金理事会的第三任理事长,今年全国两会后宣布财政部原部长谢旭人出任全国社会保障基金理事会理事长,但戴相龙目前还保留全国社会保障基金理事会党组书记的职务,他昨日回顾了社保基金近年来的投资运营情况。

"12年来社保基金投资回报率达到8.4%,扣除通货膨胀还有6个百分点,去年广东省委托我们1 000亿,还有9个省市委托我们700多亿,投资回报率都在9%以上。"戴相龙还透露,国家考虑成立一个机构投资运营地方养老金,但是究竟是新成立一个机构,还是发挥目前社保理事会的作用,还没确定,他希望早点定下来帮助养老金保值增值。

回应社保制度漏洞问题

财政部部长楼继伟此前在出席论坛回答是否会将外汇储备资金注入中国社保基金的问题时指出,不太倾向把外汇储备的资金用于社会保险资金,社保基金投资的收益必须覆盖成本,如果做不到将面临很大的风险。他还指出,"社会保险方面的制度漏洞太多,如果我们不把这些制度的漏洞堵上,提供一些有约束、有激励的机制安排,给多少钱也会吃光。"

"我相信不是说我们社保基金管理上有漏洞。"戴相龙昨日对此做出回应,他认为目前存在的漏洞是指地方管理的养老金收支管理上的漏洞,比如冒领、少交等行为。

资料来源:中国行业研究网,2013年04月08日,https://finance.chinairn.com/News/2013/04/08/092428863.html

思考:社保基金缺口是否存在?如果存在,该如何弥补?

案例3

广东湛江一社保局长伪造证明帮助2 000人骗取养老金

据新华社电,短短两年,广东省湛江市坡头区社保局长杨流带领4名工作人员,打着破产企业的旗号,伪造相关证明,帮助两千多名社会人员骗取"养老金"。近日,该案已被移送司法机关处理。作为国家社保基金"守门人",杨流等基层干部为何蜕变为公共财产"盗窃者"?

社保局长"骗保"谎称"受人之托"

这个区的社保局,是湛江市人力资源和社会保障局下属的事业单位,仅有9名工作人员。令人难以置信的是,这样一个小部门,竟有5名工作人员涉嫌集体受贿、违法办理社会保险。

2012年8月,纪检部门调查发现,从2010年底,这个局的局长杨流、司机莫亚来等人借官渡水泥厂、半球包装材料厂等职工办理社保手续的名义,为2 000多名社会人员办理了社保手续。

坡头区纪委常委韩荣告诉记者,杨流曾交代,他当时认为这些社会人员也是困难群体,一方面是出于同情,另一方面觉得受人之托,帮"朋友"办点事,应该没多大问题。

然而,所谓帮"朋友"办事,离不开利益驱使。据杨流供认,两年间他收受贿赂89万元。司机莫亚来也供认,从中获取了40多万元"好处费"。

坡头区社保局副局长陈钊告诉记者,城镇居民退休后可领取每月55元的养老金,经过杨流等人的"身份包装"后,这些社会人员可按职工标准每月领到五六百元的养老金。

据统计,若杨流等人骗保成功,会给国家社保基金造成2 000多万元的损失。

内外勾结花样繁多骗保成为"公害"

近年来,类似杨流等人通过弄虚作假等手段骗取社保资金的案件时有发生,养老保险、医疗保险、失业保险……不同种类社保资金似乎都遭遇到"骗保"的困扰。

深圳市社保局此前调查发现,国内知名药品零售连锁企业中联大药房,帮助参保人员刷医保卡套取燕窝、阿胶、花旗参等,违规骗保183万多元。

今年2月,河南郑州一市民举报,郑州和谐医院与参保人员勾结,编造病例然后报销分利,非法诈骗医保基金。经有关部门调查,该院从2008年到2011年涉嫌诈骗、违规案件共28人次,涉案金额已追回14万多元。"骗保"甚至还"盯"上了生育保险。广西柳州一名社区计生专职干部,不久前将200多名没有工作的孕妇,分别挂靠在18家公司"任职",骗取生育保险200多万元,自己从中抽取了近一半的"好处费"。

权威部门统计,2011年全国已查出6万人冒领社会保险9 475万元,已追回资金9 084万元。

专家建议监管先保证安全再谈增值

随着我国社会老龄化问题的扩展,养老基金缺口已经显现。

然而,一边是想方设法增加社保资金;一边是"家贼难防"流失大量社保资金。如此监管"养老金",实现增值谈何容易?

业内人士指出,如何确保"养老金"安全,不仅与百姓利益息息相关,而且关系到政府公信力。

有关数据显示,2011年年末,全国城镇职工基本养老保险、城镇基本医疗保险、工伤、失业和生育五项社会保险基金资产总额高达30 175亿元。

如何监管数以万亿计的社保基金,已成为相关机构的重大课题。专家建议,监管社保基金,必须建立严格透明的财务、审计制度,首先要保障其安全性,其次才是保值、增值,否则"千里之堤,毁于蚁穴"。针对社保准入、稽核的薄弱环节,要进一步加强监察。

资料来源:《山东商报》,2012年10月06日。

思考:如何加强养老保险基金的监管?

案例 4

广东千亿养老金入市两年赚 94 亿元

广东与全国的养老保险抚养比之比较

千亿养老金两年赚了 94 亿

南都讯：广东千亿养老金入市，去年赚了 60 亿元。在 2012 年委托全国社保基金理事会投资运营以来，总计收益已达到 94.09 亿。广东省财政厅称，目前广东社保基金没有增加入市规模的打算，也没有考虑新增社保基金保值增值方式。

思考：养老保险基金投资应坚持哪些原则？投资收益是否应该归属于参保者？

第十一章 养老服务体系

学习目标

理解和掌握家庭养老、机构养老和社区养老的基本概念;三种养老服务方式的特点和优缺点;了解我国养老服务发展态势。在人口老龄化和家庭结构小型化的今天,如何构建适合中国国情的养老服务体系是本章的难点。

导入案例

《国务院办公厅关于推进养老服务发展的意见》(国办发〔2019〕5号)

党中央、国务院高度重视养老服务,党的十八大以来,出台了加快发展养老服务业、全面放开养老服务市场等政策措施,养老服务体系建设取得显著成效。但总的看,养老服务市场活力尚未充分激发,发展不平衡不充分、有效供给不足、服务质量不高等问题依然存在,人民群众养老服务需求尚未有效满足。当前,我国已经进入人口老龄化快速发展阶段,2018年年底我国60周岁及以上人口已达2.49亿,占总人口的17.90%。积极应对人口老龄化,加快发展养老服务业,不断满足老年人持续增长的养老服务需求,是全面建成小康社会的一项紧迫任务,有利于保障老年人权益,共享改革发展成果,有利于拉动消费、扩大就业,有利于保障和改善民生,促进社会和谐,推进经济社会持续健康发展。

在上述意见中提出28条具体举措,旨在为养老服务打通"堵点",消除"痛点",让老年人及其子女获得感、幸福感、安全感显著提高。业内人士和相关专家表示,可以从五个要点进一步理解《意见》的重要意义和作用。

一、5项措施解决养老服务"入住难"等问题。《意见》特别针对这些问题,从提供基本服务、满足多元需求、提升支付能力、支持社会参与、保护合法权益5个方面提出了具体政策举措。

二、为社会力量参与养老服务集中"清障"。对此,《意见》提出了5个方面的政策措施:进一步放宽行业准入;进一步扩大投融资渠道;完善养老服务设施供地政策;推动居家、社区和机构养老融合发展;持续优化营商环境。

三、破解养老服务行业良莠不齐、监管薄弱难题。针对养老服务行业统筹不够、质量不高、监管薄弱等问题,《意见》从完善体制机制、提高质量等角度提出了3方面政策措施:一是完善工作机制;二是建立综合监管;三是完善标准体系,制定确保养老机构基本服务质量安全的强制性国家标准,推行全国统一的养老服务等级评定与认证制度。

四、守住养老机构消防安全的底线。《意见》涉及消防安全的有3项,包括解决养老机构消防审验问题、推行养老服务行业消防安全标准化管理和实施民办养老机构消防安全达标工程。

五、提升从业人员的培养水平和社会认同。《意见》针对性地列出了3项举措,包括建立完善养老护理员职业技能等级认定和教育培训制度、大力推进养老服务业吸纳就业、建立养老服务褒扬机制。

第一节 家庭养老

古语云:父母在,不远游。在中国,家庭养老既是悠久的传统,也是一个古老的制度。在传统的农业社会中,由于家庭既是生产单位,又是消费单位,家庭兼有养老、育小、教育、生产、消费、交换等多项功能。对于养老而言,家庭既提供养老的经济保障,又肩负着老年人的日常生活照料重任,直至老年人生命终结,赡养老人照顾老人统一于家庭之中,在家庭内部完成。

一、基本概述

家庭养老是中国传统养老模式,即养老的物质需要和生活照料由家庭成员提供。家庭养老可以看作在家养老和子女养老相结合的形式,不完整的家庭养老则是两者相分离的情形,实际上这种分离就是传统养老方式的变革过程,也是家庭养老功能弱化、面临挑战的过程。

家庭养老不仅是我国传统的养老方式,在国际上也受到越来越高的重视。1982年联合国《老龄问题国际行动计划》指出:"应设法按一个社会价值和家庭的老年成员的需求来帮助、保护和加强家庭。"1991年的《联合国老年人原则》再次强调"老年人应尽可能在家里居住"和"老年人应该得到家庭和社区根据每个社会的文化价值体系而给予的照顾和保护"。这是因为养老不单是物质上的,而且是精神上的。除了给老年人以生活上的保障外,还要通过家庭照顾的方式给他们家庭的温馨。老年人家庭照顾主要是指来自家庭成员对老人的照顾,家庭成员包括配偶、子女、子女的配偶、孙子女和老年人的兄弟姐妹等亲属。在老人的非正式照顾网络中,子女是老人照顾的重要基础。照顾内容包括了对老年人的经济支持、日常生活照料、精神疏导和患病情况下的护理等。家庭照顾多发生在老年人的家庭里面,有时候也发生在家庭外的一些其他场所,如在医院中的家属陪伴。在老年父母与成年子女之间的互动关系中,涉及了父母与子女的互惠和子女对父母的责任等传统文化因素。有研究表明,在家庭照顾的背景下子女与父母之间的日常互动和支持对老人的身心健康有较明显的影响。

由于文化传统的影响,东西方子女赡养父母的方式有所不同。中国的家庭养老具有自身特定内容,在中国实施居家养老,需要体现和利用这一特定内容,更好地为老年人服务。中国子女与父母之间是一种"反哺模式",即下一代对上一代的赡养。在传统的伦理文化中子女具有赡养父母的义务,它体现了养儿防老的均衡互惠原则,成为维系家庭经济共同体的纽带。从20世纪80年代中国城市实行经济体制改革以来,出现了"逆反哺模式",即年老父母在经济上支持子女的一种反向抚育关系。总的说来,在中国家庭成员尤其是子女照顾父母是天经地义的,它成为传统价值中的重要内容而被世代推崇。家庭照顾依旧是目前中国城乡老年人照顾的主体,特别是当老年人因疾病或年迈需要照顾的时候。这一现象是中国几千年传统文化不断沉积并产生影响的结果,中国传统的道德伦理观念一直支持着这种代代相传的具有血缘联系、地缘联系、经济联系和其他联系的老年人与子女之间的社会关系。老人与成年子女间存在着千丝万缕的联系,即便没有同住在一起。随着交通以及通讯的改善,老人无论是长期还是日常的生活照顾都可以依靠子女。成年子女是老人非正式支持网络中的重要基础,家庭支持对于老年人的照顾非常重要,越来越多的老年人可能不再与他们的子女生活在一起,不住在一起,并不一定妨碍子女照顾父母,但是地理上的隔离在客观上给成年子女照顾老人带来了许多困难。照顾老人是一件琐碎的工作,照顾工作不仅包含有关心和爱的情绪在内,同时也包含了一系列的义务和责任。老人的子女是主要照顾者,很多国外的研究都指出除了配偶以外,子女是老人的主要照顾者以及支持来源,而且女儿在照顾工作方面承担的比儿子还多。总而言之,无论是过去还是现在和将来,家庭养老在中国的养老服务中都发挥了、发挥着并将继续发挥基础性作用。

与社会养老相比,家庭养老的特点在于:(1)家庭养老的社会基础是几代人组成的大家庭,而社会养老是将个人、企业和国家作为一个整体,在此基础上建立养老保险制度;(2)家庭养老的经济基础是以家庭为生产组织的小农经济,而社会养老是现代社会化大生产和信息时代的产物;(3)家庭养老的思想基础是对老一代人的孝敬和由此产生的赡养责任,社会养老是现代人类文明的社会互助;(4)家庭养老的原则是养儿防老、积谷防饥、各尽所能,社会养老的原则是公平与效率相结合。因此,家庭养老成本低、易管理、适应性强,但是安全程度差;社会养老必须以其更低的成本、有效的管理去实现最大的安全系数。

二、家庭养老面临的挑战与问题

伴随着社会生产方式、分配方式的变化,家庭结构与功能发生了变迁,生产功能逐渐从家庭中分离出去,所以对老年人的部分经济保障也慢慢从家庭转向了社会。退休金、养老金、老年保险、个人积蓄等已经成为现代老人的主要经济来源,但是家庭的日常生活保障功能相对于老年人的经济赡养方面的转变,明显具有滞后性和复杂性。在妇女高劳动参与率的条件下,导致了家庭养老人力资源的严重匮乏。老年人中身体不健康的比例较高,对照料的需求很大,而且存在客观的精神需要,而社会环境的变化,如老年保障制度的改革、生育率的下降、妇女就业、人口的迁移和流动等因素削弱了老年人依靠家庭养老的基础,使得老年人处于经济水平和社会地位的相对劣势。"父母在,不远游"的古老遗训,在社会市场经济条件下很难再产生影响。家庭养老面临的主要挑战在于以下几个方面:

(一) 家庭规模小型化

家庭的平均规模在缩小,而核心家庭在增多。根据2010年的第六次全国人口普查报告,31个省、自治区、直辖市共有家庭40 152万户,家庭人口124 461万人,平均每个家庭的人口为3.10人,比2000年人口普查的3.44人减少0.34人。中国家庭结构正趋向核心化和小型化已成不争之事实。从20世纪80年代初到现在,我国家庭总体规模是向小型化发展,大体上保持在 2—4 人。同时,中国的家庭结构也转变为以核心家庭为主体,虽然目前核心家庭比重有所下降,但独居老人比例有所升高,单亲家庭、丁克家庭、隔代家庭等快速增长。

家庭平均规模的缩小和完全核心家庭的增多导致纯老年户不断增加。根据国家统计局统计年报中有关数据,截至 2013 年年末全国总人口数量为 13.6 亿,其中有 2 亿多 60 岁以上的老人,占总人口比重达到 14.90%,1.3 亿多 65 岁以上的老人,占总人口比重达到 9.70%。生育率下降和居住方式的代际分离使得子女对老年父母的照料产生了许多困难。子女多意味着老年人有较多的支持来源,独生子女现象的出现使得独生子女父母的养老变得异乎寻常的困难,这已成为共识。居住方式的代际分离意味着健康不佳的老年人在经济供养之外还面临生活不便、照料不够、精神苦闷等问题。

(二)家庭养老基础有所削弱

传统的家庭养老功能也在现代化因素的影响下有所削弱。一方面,一些子女迫于社会竞争压力,忙于工作和事业,无暇顾及家中的老人;另一方面,在一些独生子女家庭所观察到的"代际倾斜"现象,即一些青年夫妇较重视子女的教育和成长问题,有限的时间、精力和财力都向子女倾斜,产生了"重幼轻老现象",这对老年父母的心理健康和实际的生活质量都产生了负面影响。特别是目前城市老人生活照料的问题比较突出,在很大程度上,这是个人工作与照料父母之间的矛盾。

(三)老年人平均期望余寿的延长

随着老年人平均期望余寿的延长,老年人口高龄化也使家庭养老的负担加重。一般的规律是,随年龄增长(特别是超过 75 岁之后),老年人口健康状况有所恶化,患病率、伤残率会上升,自理能力下降,将更多地需要日常护理、生活照料和社会服务。余寿虽然增加了,但带病期也在延长。

老年人口高龄化是未来的发展趋势。可以预见的是,21 世纪我国人口老龄化所带来的养老负担问题不会仅仅是经济供养方面的问题,而且在生活照料和精神慰藉方面的问题会日趋突出。

三、发展趋势

养老功能在家庭和社会之间的转移、替代和扩展是历史的必然,今后可能会出现两种并行不悖的趋势:

(1)以家庭养老为主,但家庭养老功能的弱化又要求我们大力发展社会化助老事业,包括社会扶助和社区服务两方面内容。社会扶助包括各种各样的志愿者行动以及慈善事业,一般是无偿的,是一种人道主义精神的社会实践;社区服务则可涉及从洗衣、做饭、购物到读报、聊天、日常照料等诸多内容,一般是有偿的。托老所也许可看作社会化助老的一种较为合适的方式。

(2)家庭养老已难以为继,要积极发展社会化养老事业,实现养老功能的完全转移和替代。例如,兴办老年公寓、实现公寓养老,就颇为典型,其他自费进养老院的做法均可归为此类。有时,公寓养老不过是自我养老或子女养老的一种现代形式,抑或家庭养老的一种变形。如果养老公寓离家不远,子女探望方便,所谓分而不离,加之公寓养老管理完善,则是较好选择。①

📁 专栏 11-1

《中华人民共和国老年人权益保障法》亮点解读

新修订的《中华人民共和国老年人权益保障法》由中华人民共和国第十一届全国人民代表大会常务委员会第三十次会议于 2012 年 12 月 28 日修订通过,自 2013 年 7 月 1 日起施行。与原《老年法》相比,增加了三章,即社会优待、宜居环境和参与社会发展;对原法修改了 38 条,新增了 38 条。总体上看,修改幅度大,新增内容多,成为新中国成立以来修订案修改内容最多的法律之一,使《老年法》得以"脱胎换骨",实现了质的飞跃。亮点有八:把积极应对人口老龄化上升为国家的一项长期战略任务;对家庭养老进行了重新定位;规定国家逐步开展长期护理保障工作;确定了老龄服务体系建设的基本框架;突出了对老年人的精神慰藉;增加了社会优待的内容;确定了老年人监护制度;增加了宜居环境建设的内容。

资料来源:http://blog.sina.com.cn/s/blog_7307433a0101fn9j.html.

第二节 机构养老

一、机构养老的概述

机构养老是指老年人居住在养老机构内,费用由家庭和(或)社会养老保障体系支付,又称集中养老,是专门为老人提供长期护理、食宿、照料的敬老院、养老院、护理院和老年公寓。老年人长期护理是指完全或部分失能、失智的老年人,配合其功能或自我照顾能力,提供不同程度的照顾措施,使其保持自尊、自主及独立性或享有品质生活,既包括普通的日常生活照顾,也包括专业的医疗护理服务。失能是指其因各种原因导致的完全或部分丧失生活自理能力的情况。生活自理能力分为工具性日常生活活动能力(使用交通工具、购物、做家务、洗衣、做饭、打电话、处理钱物、服药)和日常生活活动能力(行走、洗澡、如厕、穿衣、梳洗、进食)。

老年人"离开家进入养老机构"属于一种迁移行为,理由在于:一是这一过程实现了居住地的改变。在现有的户籍管理体系中,老年人迁入养老院可以导致吊销老年人原居住地户口的后果;二是研究发现,老年人是否选择养老机构与迁移的发生机制有着很大的相似性。迁移分析中的一系列概念(如推力、拉力)、工具(如成本-效益分析)都可以较好地移植到对"机构养老"的研究中去。养老机构对老年人口存在的引力包括,更好的居住条件、较好的生活照顾、完善的医疗设施、和谐的人际关系。家庭存在一系列的诱人之处,比如家人团聚的欢乐、熟悉的社区环境、在出生地和成长地长期形成的社区网络等,但同样有一些排斥因素,如家庭关系冷漠、居住环境不适合老年生活、经济收入不足等,所有这些排斥因素又构成一种"推力"。

---

① 穆光宗,《家庭养老面临的挑战以及社会对策问题》,《中州学刊》,1999 年第 1 期。

二、机构养老面临的问题

(一) 机构养老供不应求与资源利用率不高并存

目前,我国在机构里养老的老年人仅占老年群体的1%左右,99%的老年人采用居家养老的模式。我国养老机构和专业护理人员严重不足,按照国际标准"平均每千名老人占有养老床位50张"测算。全国老年人共需养老床位800万张,而目前仅有266.20万张,床位缺口近540万张,远远不能适应机构养老的发展需要。

虽然缺口很大,但养老机构并不都满员,有一些养老机构只是达到入住率的五六成,有的才二三成。社会福利机构在中国的发展,出现了矛盾的现象:其一,老年人及其家庭有入住意愿,但未必最终选择入住;其二,虽然社会福利床位供给数量相对有限,但床位闲置率仍然很高。原因是老年人支付能力不足,对传统家庭养老方式的偏爱,对养老机构服务质量的担心等。

一方面是供不应求,一方面是住不起、住不满,养老机构的这一对矛盾,使得养老机构资源的有效利用率并不高,造成了资源的浪费。而且,现在真正有需求的老人很多不能入住到养老机构,民办养老院费用高,公立养老院又严重不足,住不起、住不进、住哪里,成为很多老年人的"养老之忧"。

(二) 养老机构自我发展能力不强

自我发展能力不强是当下很多养老机构共同面临的难题:一是入住率不高导致经济上入不敷出。收费太高,老人住不起;收费太低,机构难以营运。随着传统的"养儿防老"模式受到挑战,越来越多的老年人走进养老院,各种养老机构发展很快,但无论公办还是民办的养老院,都面临巨大的生存压力。二是电费支出较大。根据有关部门此前规定,养老院的电费应该按居民用电价格收取,但是,到目前为止,许多养老机构应得的用电优惠无法享受,由此给企业运营造成极大的压力。三是经营成本较高。老年公寓运行成本比较高,除了能源成本以外,人员工资占很大比重。另一方面,由于入住率低,增加收费的难度亦相当大。四是最困难的当属民办民营养老机构。占机构养老大多数的"民办"养老机构,其经营的压力最大,在硬件设施、资金和医疗技术等方面,民办养老机构与公办养老机构存在较大差异。

(三) 养、护、医、送四大功能分离

我国养老机构服务功能结构单一,老年人的康复护理需求得不到满足,老年人精神文化需求难以满足。调查发现,我国有近一半的养老机构表示只接收自理老人或以接收自理老人为主,不收住失能老人。

想住老人公寓的老人现在身体很好,但担心随着年龄的增长,健康状况会下降,而最核心的养老需求正是医疗和护理。老年人希望公寓的医务室能纳入医保,并派出专业人员陪同上医院看病。然而,我国养老机构尚未实现功能分类,护理型养老机构偏少。入院老人大致可以分为三类:健康能够自理的老人;亚健康病患老人,如糖尿病、高血压等慢性病;失能半失能老人,需要长期护理、全天候护理。多数入院的老人属于第二类、第三类老人,他们需要专业的、全天候的照顾,才来到专业化的养老机构。今后入住养老机构的老年人由于高龄化和残疾化,特别需要医养护理。这个问题已经影响到一些养老机构的运行,很多老人为此离开了不具备医疗功能的养老机构。

(四)机构养老缺乏家居认同和亲情滋养

老年人难以适应机构养老的一个重要原因就是缺乏家的感觉和自由。养老机构所提供的服务也多集中在满足老人基本的物质生活需要上,在老年照护中很少关注老人的心理需要,更少给予必要的心理支持与帮助。

机构护理的问题是缺乏亲情,这意味着离开亲人的老人们必须适应护理机构孤独而标准化的集体生活。生活在养老院中的老人是全社会所有老人群体中一个重要的组成部分,关注老年人的心理健康需求,根据老人心理健康的特点,在老年照护中给予其必要的心理和社会支持,是当前提高和完善养老机构服务质量中值得重视的问题。

(五)专业的老年护工和管理人才短缺

我国60岁以上老年人口达到2.16亿,约占总人口的16.70%,其中需要长期照料和护理的老年人将占到19.60%,近4 000万人。假定按照1∶4的护理人员配置,需要1 000万护理人员,但持证者现在只有2万左右。不仅如此,护理人员的周转率非常高,很多老年公寓的人员周转率高达100%,个别老年公寓甚至高达140%。政府部门需要制定相关的行业职业规划,一些专业学校应在此方面加强人才培养。

(六)农村养老机构的非规范发展

众所周知,农村人口老龄化速度快于城市,养老危机深刻。近几年来,随着农村大批青壮劳动力外出打工,农村中空巢老人、孤寡老人日渐多了起来。于是,居家养老院、居家养老服务站这些民办养老机构在农村应运而生。

但是,农村开办收养老人的机构大多存在着不规范性。一些机构的房屋质量缺乏政府部门认定的安全鉴定书及消防许可证;一些院站规模小、设施简陋,甚至存在着严重安全隐患。

三、机构养老的发展对策

解决目前机构养老面临的各种挑战,是一项系统工程。政府、市场、社会应共同努力,借助市场化手段,构建以"公有民办"为基础,以"民办公助"为主体,以市场化养老为重要补充的多元化机构养老体系,为各类老人有效率地提供无偿、低偿、有偿等不同层次的机构养老服务。针对机构养老健康发展,需要提出如下对策:

(1)建立老年生命质量和生活品质并重的机构养老观。成功的机构养老要实现机构养老居家化、宜老化、品质化和人文化四大目标。首先在居住环境上,要实现"机构养老居家化"目标,让老年人有宾至如归的感觉;其次在环境设施上,要实现"机构养老宜老化",安全、方便和舒适;再次在服务品质上,要实现"机构养老品质化",机构养老要追求"品质养老"的境界,有品质的养老机构一定要提供专业、规范的养老服务和产品;最后在精神归属上,要实现"机构养老人文化",关注老年人的物质、心灵、情感和精神需求。

(2)专业化、标准化、规范化和职业化是机构养老发展的方向,重点要突出发展老年护理院。我国对于养老机构管理办法和审计需要与时俱进,真正做到宏观战略管理与具体养老机构实施细则相结合。机构养老的标准化包括行业职业标准,也包括品牌标准。在老年护理院发展过程中,需要把握的原则有:安全原则,康复原则,尊严原则,舒适原则,安心原则。

（3）鼓励多元投资，扩大机构养老规模，发展旗舰企业，延长养老产业链。我国除应鼓励国内私营企业兴建养老机构外，还应鼓励中外合作、中外合资和外商独资兴办养老机构。建立产业联盟，资源共享，实现各地区无差异、无障碍养老；政府应该鼓励社会力量养老，持续增加公共投入，扶持机构养老长足发展；统筹考虑养老事业，准确划分完全不能自理老人、半自理能力老人和能自理老人。

（4）政府和机构要共同探索双红利导向型的社会企业发展模式，兼顾社会效益和经济效益。老龄产业是慈善产业，也是道德产业，养老机构可以理解为"社会企业"，收获的是道德红利（企业品牌和社会效益）和商业红利（市场利润和经济效益）。机构养老的福利化就是提供社会福利和市场福利，社会企业的定位，非营利机构的定位，为中低收入老年人着想。阻碍机构养老事业发展的原因首先是品质，其次是观念。机构养老要以自己的品质环境和品质服务取胜，国家应当以品牌战略来引领国内养老服务业的发展。

（5）养老的机构支持、家庭支持和社会支持要"三结合"。老人入住养老机构，并不意味着儿女就可以卸下赡养父母的责任了。家庭养老的社会化是养老职能的转移，而非养老责任的放弃。家庭对于老人的精神赡养功能是养老机构所不能替代的，家庭亲情支持或朋辈友情支持对于提高机构养老生命质量和生活质量具有重要性。机构养老和居家养老的品质服务体系包含着相同的价值追求，亲情化是人文目标，福利化是社会目标，专业化是行业目标，社会化是机制目标，这"四化"是品质养老的可靠保障。①

第三节　社 区 养 老

社区是由一定的地理区域、人口、社会组织、社会文化四大因素相互作用形成的空间形态。社区是国家、社会和个人的中介，随着家庭养老能力的下降，老年需求的日益增长和对老年人社会化服务的滞后，即使老年产业十分发达，老年人的很多需求仍必须由就近、方便、人际关系熟悉的社区服务来满足。社区养老使老年人既能生活在熟悉的生活环境里，又能发挥社区老年人互相帮助的优势，对老年人、家庭、国家和社会都是最优选择，其与居家养老相配合将形成一个最普遍、最有生命力的体系。

一、社区养老的概念

对于社区养老的定义，学者们给出了很多种解释，在此主要介绍两种理论界定：

梁新颖把社区养老定义为，由社区成立养老服务机构，为那些生活不能自理或不能完全自理的老人提供有偿又有效的生活服务。这种社区养老服务，可以说既是家庭养老的一种变形，也是社会养老的一种变通，它能够弥补家庭养老之不足，并充分发挥家庭养老与社会养老二者的长处。

史柏年认为，社区养老是发挥社区特点的一种照顾方式，其功能与方式介于家庭照顾和机构照顾之间，由社区提供服务人员和资源支持，使老人在熟悉环境中接受正规服务，避免

---

① 穆光宗："我国机构养老发展的困境与对策"，《华中师范大学学报》，2012年第2期。

院所隔离式养老的缺点。

对社区养老的理解还有很多,本书对社区养老的理解在于,把家庭养老和机构养老的最佳结合点集中在社区,使老年人可以居住在家中的同时能够得到社区服务人员提供的服务。也就是说,社区养老主要是以居家养老为主、社区机构养老为辅,而在居家老年人照料服务这一面,又是以上门服务为主、托老所服务为辅的整合社会各方力量的养老模式。

由社区所提供的社区养老服务是通过政府扶持、社会参与、市场运作,逐步建立以家庭养老为核心,社区服务为依托,专业化服务人员为依靠,向居住在家中的老年人提供生活照料、医疗保健、精神慰藉、文体娱乐等为主要内容的服务。常见的服务内容有,在社区办老年饭桌、设置家庭病床、上门料理家务等。收费方面以福利为主,根据老人的不同生活条件收取相应的费用,社区养老既可以满足老年人希望留在家中的愿望,又可以弥补因子女的远离而造成的赡养不周。

二、社区养老的必要性

(一) 家庭养老功能弱化

传统的家庭养老模式随着时代的不断发展正面临着巨大的冲击。由于我国人口老龄化的加剧、年轻人跨地域就业流动、人们生活方式的变化、计划生育政策的实施等等,家庭的代际关系模式也受到了深刻的影响。家庭养老难以提供充足的人力照顾,即便是照顾也很难满足老年人专业护理的需求,并且由家庭养老所提供的照顾缺乏连续性,诸如资金不足等原因会减弱家庭照顾能力。养老问题不再仅仅是家庭内部的事,而是正在演变成为社会化问题。

(二) 机构养老陷入困境

(1)机构养老缺乏家庭氛围,无法满足大多数老年人希望居住在家中的心理需求;(2)现有养老机构数量较少,无法满足社会需求;(3)很多养老机构的设施简陋,服务人员的专业素质较低,很难可持续地发展;(4)社会养老机构为老人提供的服务普遍具有单一性,难以满足一些老年人的个性化需求。

机构养老作为养老模式的一种,并不能弥补家庭养老的空缺。我国是在未富先老的情况下步入了老龄社会,进行社会养老必须要有一定的经济实力,因此寻求一种弥补家庭养老与机构养老不足的养老方式迫在眉睫。而社区养老作为一种新型的养老方式,能够为老年人的晚年生活提供最理想的活动场所和交往空间,能够更好地满足老年人的需求。

(三) 社区养老优势显著

与传统的家庭养老相比,健全的社区养老服务具有专业优势。社区养老服务人员来自专业的社区工作人员队伍,他们经过专业的老年服务培训,有着较强的服务技能,因此,由社区的专业服务人员来照顾老人,可以为老人提供更专业的服务。

与机构养老相比,健全的社区养老服务具有便利和成本低廉的优势。在社区养老中,老年人居住于社区,在家中即可享受到来自社区的照料,减少了来往于家庭与机构之间的交通费用和时间;同时,由于就近服务,社区养老服务与机构养老相比所花成本更低,这些都使得社区养老更加便利和实惠。

以社区医疗服务为例,老年人在社区医院中就诊,可以免于在生病时到大医院排队挂号的麻烦,并且社区医院还能够提供上门送医送药服务,使老年人能更加方便地得到服务;从成本来看,社区养老弥补了机构养老成本过高的不足,实现低成本运作。另外,社区养老也顺应了养老社会化趋势,并与社区建设这一宏大社会背景结合起来,有力地保障了老年人社区养老工作的开展。

三、社区养老存在的问题

(一) 社区养老建设资金短缺

服务需求的扩展和资金短缺这对矛盾一直是我国社区服务事业发展进程中的一大问题。社区养老作为社区服务的一个重要组成部分,也同样存在资金短缺的问题。一般来讲,社区养老与其他社区服务项目一样,其资金来源主要有三个,即政府财政拨款、自筹资金和服务收入。目前我国城市社区养老建设存在的资金短缺问题,可以从以上三个资金来源入手展开分析:在政府财政拨款方面存在地方财政资金短缺的问题,在自筹资金方面存在社会捐助不足的问题,在服务收入方面存在老人及家庭付费意愿低下的问题。

(二) 社区养老服务基础设施不完善

养老服务设施的完善与否直接关系到养老服务的质量,同时也关系到老年人需求能否得到满足。本书中的社区养老服务设施指的是老年福利院、老年文化娱乐中心、托老中心等。为应对老龄化带来的影响,我国各个社区都越来越重视老年服务设施的设置,但一些社区养老服务基础设施不完善的问题比较明显。例如,很多社区的养老服务设施只是为了应付民政部提出的"星光计划",并没有考虑到老年人的特殊需求,忽视了这些设施应该具有防碰撞、防滑等功能。

社区医疗卫生服务设施建设不足也是社区养老服务基础设施不完善的表现。在有些城市,社区医疗服务中心规模和数量都不能满足老年人看病的需求,社区医疗人员技术水平参差不齐,一定程度上影响了老年人的看病率,多数老年人不得不选择去大医院排队治疗,既浪费时间精力,也花费了额外的资金。

(三) 社区工作人员服务水平有限

在我国,很多社区的服务人员多为下岗失业人员或是一些仅凭爱心和经验而工作的人,文化水平普遍不高,他们在处理社区日常事务方面有着丰富的实践经验和人际交往能力,但是在照料老年人方面服务水平非常有限。多数社区工作人员既缺乏专业技能,又缺乏动力。在专业技能方面,社区工作人员队伍中严重缺乏专业技术人员;在工作动力方面,较低的报酬降低了社区服务人员的工作积极性。

(四) 社区内社会互助不足

社会互助泛指社会成员基于自愿而参与帮助他人的活动,并在有需要时能够获得他人帮助的社会性行为。在社区养老的研究中,社会互助强调社区成员、邻里对老年人的帮助和关怀,也提倡社区志愿者团队的广泛活动,从而有助于社区老年人解决生活困难,更有助于建立起和谐的社区养老环境。

在国外,有非常多的社会义务服务人员为社区的老年人提供服务,邻里互助的现象也很常见,社会互助及社会化程度都比较高。然而,在我国,社区志愿者队伍的建设并不是很成熟,多数志愿行为是在某些行政部门的宣传、动员下以一次性活动的形式服务于老人,日常的、规范的志愿助老活动在多数城市尚未出现。目前在我国多数城市,社区志愿者带动社区互助的力量是非常有限的,老年人从社区志愿者那里所获得的帮助与照顾更是微乎其微。

四、社区养老的发展策略

（一）加快完善有利于社区养老模式发展的外部环境

1. 政府应制定相关的政策,为社区养老的发展提供保证

政府具有推动社区养老发展的功能,因此应该督促社区养老朝着更强的方向发展,面对社区养老基础设施建设薄弱的问题,政府应该制定相关的措施,加强对社区养老基础设施方面的重视力度。加强政府对社区养老事业的监督与投入力度,加大资金的支持和政策上的倾斜,将政府在税收上的资金运用到社区养老上,借此提高社区养老的设施完善程度,政府应该给予社区养老政策优惠,减轻社区养老的负担。社区养老的本质是社会养老,因此发展社区养老应大力加强政府的主导作用。各级政府应该充分协调、充分重视社区养老这个大的养老模式,将社区养老规划纳入整个地区发展的规划,促进本地整体经济的发展。

2. 明确社区养老服务的范围和职责标准

社区养老都会有一定的年龄限制,基本上是60岁以上的老年人。对他们的服务主要分为两部分:一部分是政府提供的无偿服务;一部分是政府提供的有偿服务。如果老人觉得自己的经济条件太差,经过社区有关人员的考察,确定情况属实,则会提供无偿的服务。社区人员根据标准对老年人建立服务档案。对于老年人的经济情况的细分,主要有以下几个方面:一是一些"三无"人员;二是无照顾自己能力的老年人;三是生活完全不能自理,完全需要社区照顾的老年人。

3. 加大社区养老的宣传力度,鼓励社会力量参与

鼓励社会各阶层投入到社区养老的建设中,聚集四面八方的力量来发展社区养老事业,搜集各种社区养老的资料,达到社区养老模式的不断完善。养老资金的筹集不但是政府单方面的责任,还需要个人和社会各方面的努力。当前应当采取政府、社会、个人三方面集中筹资的方式,可以建立一些社区资金筹集的机构,发动广大人民群众的力量,进行社会筹资,还可以在各地区开展公益性的活动,调动广大群众的积极性,针对那些以获取利息为目标的机构,可以执行优惠政策对它们进行指引。

（二）加强社区机构和服务能力建设

1. 加快社区硬件基础设施建设

每个社区的基础设施情况都不同,在基础设施建设方面,应该具体情况具体分析,根据每个社区的情况,进行新的规划,确保能够使社区的设施建设和本地区的经济发展情况相吻合,避免出现投资不足和铺张浪费的现象。对于一些服务机构建设有问题的,租房或者采取经济适用房或廉租房也是个值得考虑的选择。社区养老主要是提供多方面的服务,以小面积、多功能为目标。在场所的建设上要保持干净,能够让人产生愉悦感。在内部员工的安排上,应该加强员工的素质教育,对服务质量比较优秀的员工给予物质或精神方面的鼓励。

2. 开展社区养老服务人员技能素养培训

每个岗位都有与之相对应的服务团队,同样,社区养老服务机构也需要培养一支专业的服务队伍。为养老护理工作人员提供专业的培训,定期举办培训班,根据工作人员的能力对

他们进行评级,根据不同的评级,发放各等级所对应的工资。可以实行在各大高校开设养老护理专业,增设老年学、老年心理学和护理课程等科目,建设稳定的养老护理员队伍,完善养老志愿者服务体系。

3. 提供贴近老年人需求的综合服务

对于老年人的需求,应充分明确老年人的个人需求,做好前期的调研,以满足老年人的需求为宗旨。在制定各种政策时,应该加强灵活性,将权力下放给各个地区,以此来满足不同地区不同社区不同老人的相关需求。社区养老的内容也应该丰富,可以建立多方面的服务体系,并多关注老年人的心理需求。

(三) 提高社区养老服务的网络化程度

网络化服务的加强可以解决资源分配不平衡的问题,对于一些大的基础设施可以实现老年社区资源共享,各地区的人才,可以实现流动轮岗。突破单一组织所带来的弊端,通过网络使服务更加完善,老年人也可以根据自己的喜好选择更适合自己的服务。

第四节 加强养老服务体系建设的思考

《国务院办公厅关于推进养老服务发展的意见》(国办发〔2019〕5号)指出,党的十八大以来,出台了加快发展养老服务业、全面放开养老服务市场等政策措施,养老服务体系建设取得显著成效。但总的看,养老服务市场活力尚未充分激发,发展不平衡不充分、有效供给不足、服务质量不高等问题依然存在,人民群众养老服务需求尚未有效满足。加强养老服务体系建设的主要举措有以下几个方面:

一、完善相关政策法规

法律制度是养老服务稳步推进的基本保障,是开展养老服务体系建设的基础性工作。政府要强化政策的制定和执行,就要制定较完善的配套政策,并在政策落实上下大力气,以确保政策能执行到位。政策法规是影响养老服务主体行为决定、资源配置和养老效益的最重要的环境变量。

政府要对居家养老服务的制度体系进行系统设计,建立健全具有可操作性的规则体系,对居家养老的对象、内容、标准、机构、管理、工作人员等内容做出制度化、规范化的界定,做到权责明确,有法可依、有章可循。出台老人意外伤害事故处理的法律法规,为养老机构的健康发展提供制度基础,特别是规范养老机构老人入住、送医以及退出等机制,避免老人在养老机构中出现意外而引起的不必要风险;完善养老机构危机处理流程,以强化养老机构的管理,并使得养老机构在面临意外和危机时能够有律可循,进而更加规范养老机构养老服务的提供等。再如,出台相关配套政策法规保证养老设施专项用地,将养老设施的规划、建设、管理法治化,以保障老年基础公共服务设施、社区托老机构、养老福利机构等硬件设施的建设。

二、强化政府监管责任,健全养老服务评估制度

由于养老服务的特殊性,市场竞争机制、自制机制不能完全调节,且由于养老服务具有

人身性，应对此进行事前控制、事中掌控和事后的监督管理。按照相关的法律、法规所设定的资质条件，依程序对提供养老服务的组织、机构的设施、配备及人员等条件进行调查核实，从而决定是否准许其进入养老服务行业。同时，对养老服务经营承担监管责任，政府自身或借助中介、第三方对相关养老服务的实施进行考核，对养老服务质量、执行养老政策法规的情况、对政府财政资金的分配使用、对相关人员的权利保障状况等进行评估和判断。

组建评估监管机构，制定服务评估标准，对养老的服务对象、服务内容、服务质量和服务人员等加强评估监管。以老年人经济状况和身体状况评估为重点，建立健全养老服务评估制度，以增加入住养老机构的公开透明性为重点，建立健全社会评议和公示制度，并对养老资金的投向和使用效率进行审计监督。

三、加大财政投入、完善支持政策、拓展养老资源、增加养老服务供给

（一）建立财政投入的长效机制

建立对养老投入的长效机制、增长机制，确定养老投入比例和覆盖范围，加大财政投入力度，合理配置资源。鼓励和支持社会力量从事养老服务业的同时，要统筹考虑养老服务设施建设、队伍建设和运营管理等问题，合理配置资源。

此外，应加大对农村公共养老服务体系建设的投入。统筹城乡养老服务业要在较短时间内取得突破性进展，逐步提高在农村地区的投入比重，向农村地区倾斜，平衡养老服务条件薄弱的农村地区和基础条件相对占优势的城市地区的养老资源，减少城乡间差异，实现城乡养老服务资源的均衡化。

（二）改善社区养老服务设施、提高社区养老服务能力

(1)改善居住条件，积极开发老年宜居住宅和代际亲情住宅，鼓励老年家庭成员共同生活或就近居住，减少老年空巢现象。(2)加强养老服务设施与社区卫生、文化、体育等设施的功能衔接，各类具有为老年人服务功能的设施要向老年人开放。加大无障碍设施的建设与改造力度，新建城市道路、公共建筑和养老机构等场所，无障碍率要达到100%。(3)不断提升养老服务信息化水平。加大养老服务信息化网络和平台建设力度，全面提高养老服务效率和水平。利用网络信息服务平台开展居家养老服务，丰富虚拟养老院模式，给居家养老提供便利，实现居家养老服务的供求平衡。(4)建设覆盖城乡的社区养老服务中心，提供多元化服务。(5)着力完善社区养老服务设施，鼓励社区成员参与养老服务。按照就近就便、小型多样、功能配套的要求，建设和改造一批托老所、日间照料中心、星光老年之家等社区养老服务设施。鼓励个人或家庭在社区内开展养老服务，对因此而取得的收入实行税收减免等。六是整合各类养老服务资源，拓展社区居家养老服务内容。

（三）积极扶持民办养老机构发展

(1)进一步完善扶持优惠政策。要进一步降低社会力量创办养老机构的门槛、简化手续、规范程序、公开信息，明确交通配套、医疗机构配套、投融资政策、税费优惠政策、补贴支持政策，加大资金投入。(2)对民办养老机构运营及新增床位实行财政资助。对租房养老、以房养老、养老机构床位补贴等问题进行探讨，有针对性地完善财政资助政策。(3)加快破解用地难的问题。尤其是要加快破解用地控规、调规难度较大的问题。(4)协助核定非营利性民办养老机构收费标准。建议给予非营利性民办养老机构及其他民办非企业单位一定的

成本回收,待成本回收完成后,再按照非营利性的原则确定收费标准。五是培育机构养老服务产业集群。

(四)支持以房养老

应通过税收优惠政策积极鼓励以房养老,美国早在20世纪六十年代就开始试行这种模式。今后可考虑对采用以房养老模式的老人免征房产税(两套以内);同时对以养老为目的的老人转让住房免征营业税和个人所得税(限一套)。此外,对与老人居住在一起的子女给予优惠政策。当个人所得税改为综合征收模式后,可考虑制定对与老人居住在一起的子女的所得收入的费用扣除额,实现赡养费用的税前扣除。

(五)提高老年人的支付能力

进一步完善养老保障制度,在广覆盖的基础上,不断提高城乡养老保障支付水平,完善低保、高龄津贴等各种养老福利补贴制度,并逐步建立长期护理保险制度,让老人们不要为了顾虑未来的风险而不敢花钱。同时,还要通过扩大宣传、引导消费、体验式服务来逐步提高老人的认识,转变他们的消费观念。甚至可以尝试在经济发达地区发展高端养老机构,随着老年人收入的不断提高,一些较高收入的老人对养老机构各方面的期望值不断上升。高端养老机构的发展既能满足多样化需求,又能推动经济发展。

(六)协助家庭承担养老责任

政府要在经济上支持老年人家庭,为老年人提供照顾对一个家庭来说是件消耗资源的事情,资源的缺乏是现代家庭养老功能削弱的重要因素,政府可以通过税收减免政策给予老年人家庭支持,也可以通过建立家庭津贴制度以降低养老的成本,协助家庭承担养老功能。鼓励或要求用人单位制定有利于职工履行其家庭责任的工作制度。要充分认识到帮助职工实现工作和家庭责任的平衡是企业的社会责任之一;在现实中家庭的养老任务可能与工作单位的要求相互冲突,政府应在劳动政策的制定中充分考虑履行家庭责任的需要,要求用人单位在其工作制度中充分考虑职工的家庭责任,采取弹性工作时间或灵活的家庭责任假期等。政府要探索利用社会政策手段,维护家庭的稳定性,避免因贫困、迁移、离婚等导致家庭为老服务能力的丧失。尝试建立以家庭为单位的社会政策体系,通过完善社会福利体系,适当分担家庭承担的儿童养育、医疗、住房、社会保障、养老等成本。发展家庭服务,既为困境中家庭缓解燃眉之急,又为一般家庭提供咨询、应急、法律援助、信息等服务,提高家庭为老服务的能力。

四、加强养老服务队伍建设

(一)要开设养老服务的管理专业,培养大量的养老服务管理人才

鼓励有条件的高等院校专门开设老年社会工作、养老护理、养老服务机构建设与管理、老年产品开发等专业,对上述院校在招生、基础设施建设、收费等方面给予政策扶持。

(二)开展上岗职业技能培训和继续教育培训,以提高服务能力和职业道德水准

制定服务人员业务培训继续教育制度,委托专业的劳动职业培训机构或者有考评资格的服务机构,每年定期对服务人员开展培训教育,并组织有一定文化程度的服务人员考取相关的职业技术证书。尤其是培养专业的养老护理人员,选派不同等级的护理人员定期为老年人提供居家养老护理服务。

（三）加强老年服务志愿者队伍建设

首先，建立和完善"服务储蓄""义工""时间银行"等机制。从目前中国一些地区试行的"服务储蓄"效果来看，在很大程度上还有互助和社区自助色彩，义工在很大程度上带有政府行为的色彩，还没有像一些发达国家那样形成自觉。为此，应在制度上保证"服务储蓄"的实施，以制度化保证，通过信息化方式，对志愿者活动给予确认和积累，等老人需要服务时就可以从"时间银行"得到满足。其次，在全社会范围内推广服务储蓄。尊老爱老，绝不能仅仅停留在口头上，要让在校大中小学生都有"服务记录"，把自觉行为和制度化行为结合起来，为老年人提供各种及时的服务，促使更多人自觉地参加到为老服务中去。国家可以通过各项活动，鼓励民间团体和其他组织关怀老人、参与为老服务活动，让志愿者和一些团体的为老服务常态化，而不是流于形式，同时积极动员和鼓励身心健康的低龄老人也加入到志愿者活动中。英国的老年人志愿者活动值得借鉴。"目前英国约有20%的老年人参加了各类志愿者组织。英国各个社区经常举办各种联谊会，提出带老年人到乡间去郊游的口号，人们志愿组织起来和孤老交朋友，利用休息日和他们谈心，用自己的车带他们去郊游，或请他们到家中来喝茶，为老年人的生活增添乐趣。"

五、加强养老资源整合，提高养老服务供给效率

（一）建立长期护理保险制度与养老服务补贴制度

应该在城镇职工基本养老保险制度的参加者中试点建立长期护理保险制度，逐步实现长期护理保险从自愿参加到强制参加，并实施国家、企业与退休者个人共同缴费机制。与此同时，领取农村居民与城镇居民基本养老保险者根据年龄或者失能情况享受由政府提供的养老服务补贴。逐步建立有助于完善居家养老服务的收入所得税优惠或者购房优惠等政策。在收入所得税优惠政策方面，可以借鉴香港实行赡养年迈父母以及与年迈父母一同居住者的纳税优惠政策，认同家庭成员所履行的赡养老人和提供养老服务的责任与义务；在购房优惠政策方面，可以借鉴新加坡实行的与老年人共同居住者购房优先与优惠政策，实行与父母（包括岳父母）及祖父母一起居住者在购买经济适用房等方面享有优先和优惠权的制度。如对年轻人愿意和父母亲居住在一起或购买房屋与父母亲居住较近的，经有关部门审核、批准后可一次性减少3万新元，以鼓励年轻人赡养父母、照顾老人。

（二）积极推进"医养融合"发展

较大且有条件的地（市）级以上城市至少建有一所以长期护理，康复和临终关怀为主要功能的专业性护理院，全国养老护理床位数应占高龄和失能老年人总数的10%以上。政府投资、资助的养老机构以护理型为主，新建、改建、扩建的养老机构中护理床位应占总床位数的60%以上。鼓励社区卫生服务机构开展老年康复护理服务。建立资源共享、优势互补的医养结合服务模式。支持医疗机构发展养老服务，有条件的二级以上综合医院应开设老年病科，增加老年病床数量。支持省、市、县现有医院与社会资本合作建设、运营养老护理院。鼓励民间资本兴办"医养一体化"医院，积极发挥民办医院在养老服务中的作用。支持基层医疗机构在结构和功能调整中，合理利用医疗资源举办护理院、老年病医院、康复医院。支持养老机构完善医疗康复功能，支持有条件的养老机构设置康复医院、护理院或设立卫生所、医务室等医疗机构。建立医疗机构与养老机构协作机制，探索医疗机构向养老机构派驻

医生、远程会诊等合作方式。推动医疗卫生资源进入养老机构、社区和居民家庭。建立社区医院与老年人家庭医疗契约服务关系,开展上门诊视、健康查体、保健咨询等服务。建立居家养老服务中心(站)与社区卫生机构对口联系制度,实施定期巡诊、检查等,并为老年人建立健康档案。健全医疗保险机制,鼓励老年人投保健康保险、长期护理保险、意外伤害保险等人身保险产品,鼓励和引导商业保险公司开展相关业务。

(三)将托老所和托儿所有机地结合在一起,老少集中管理

既顺应了社会的发展需要、解决年轻人的后顾之忧,又满足了人们的精神需求,增进了人际交往与沟通,防止"代沟"的出现。

(四)完善设施建设,发挥已有资源优

在普通住宅区内建造老年公寓、康复中心,或在一般住宅建筑中,建设便于老年人居住的辅助性住宅。在现有资源的基础上,结合老年人的实际需求,完善设施建设,形成养老资源系统性流通,充分发挥已有资源优势,使设施效用最大化。

(五)统筹城乡养老资源,推进异地养老

将农家乐公寓与老年公寓相结合,由企业出资金、村委会出地、政府出政策,把以花果园、采摘园、无公害蔬菜园为主要内容的观光农业与"乡村公寓养老"相结合。这种利用移入地与移出地的房价差、生活费用差,打破城乡界限的异地养老方式,在减轻移出地养老压力的同时,大大促进了移入地养老服务的发展。

第五节 养老服务发展态势

一、养老服务政策的发展阶段

新中国成立至今,我国出台了一系列促进养老服务发展的政策。根据养老服务政策中政府的角色定位,可以把我国养老服务政策大致划分为四个发展阶段。

(一)新中国成立到改革开放初期:由政府和家庭承担主要养老服务的阶段

新中国成立后,农村集体福利体系和城市社区服务体系的运作仍然有效地支持了家庭养老体系。在城镇,单位包办职工及家属的福利,有单位的老年人退休后的生老病死由原单位负责,单位以外未就业人员老年后由家庭人员提供养老服务,对于无劳动能力、无生活来源、无法定赡养人和抚养人的城镇"三无"老年人则由政府送进公办养老院进行集中供养;在农村,绝大部分老年人的养老还是靠家庭解决,但国家1956年通过《高级农业合作社示范章程》建立起"五保"制度以及少量的救灾救济项目来为少数农村老年人提供养老服务。无论农村还是城市,集体举办的养老院或敬老院只接收"三无""五保"老年人。综上可见,新中国成立到改革开放阶段的养老服务主要由家庭和单位承担,由于单位主要是政府举办,因此政府控制着养老服务资源的分布和供给,市场和社会在养老服务中的作用微乎其微。

(二)20世纪80年代到1999年:政府责任收缩,家庭、个人独担养老服务的阶段

改革开放后,计划经济时期建立的单位福利体制被打破,很多企业退休职工和下岗人员的养老服务需求被推向社会,同时计划生育政策的实施弱化了家庭养老的功能,政府自身无

法面对高涨的养老服务需求,于是国家开始着手进行社会福利改革。首先,民政部在1984年全国民政社会福利工作会议上首次提出了社会福利社会化的构想。1994年民政部等十部委又发布了《中国老龄工作七年发展纲要(1994—2000)》,提出要多渠道筹措老龄事业发展资金。接着,1996年出台了《中华人民共和国老年人权益保障法》,进一步指出国家要鼓励、扶持社会组织或者个人兴办老年福利院、敬老院、老年公寓、老年医疗康复中心和老年文化体育活动场所等设施。两年后,民政部选定13个城市进行社会福利社会化试点工作。总体来看,此阶段出台的养老服务政策把解决老龄问题的视角由家庭逐步转向社会,这在方向上是正确的。但国家在将社会福利事业引入市场机制、发动社会力量时,忽视了养老服务的准公共物品性质,在没有形成市场、社会有效供给的局面时就过早地让渡、弱化了政府养老服务责任,把养老服务全部推给了家庭和个人。

（三）2000—2012年:政府主导养老服务体系化建设的阶段

2000年是养老服务发展阶段的重要年份,因为1999年我国已正式进入了老龄化社会,政府认识到老龄化形势的严峻性和养老服务的重要性,因此集中出台了一系列养老服务政策来推动养老服务的发展。政府首先出台了《关于加快实现社会福利社会化的意见》和《关于加强老龄工作的决定》,第一次明确提出要努力建立以家庭养老为基础、社区服务为依托、社会养老为补充的养老机制。2005年后,又出台了《关于支持社会力量兴办社会福利机构的意见》《民政事业发展第十一个五年规划》和《关于加快发展养老服务业的意见》,在全国城市开展养老服务社会化示范活动,引导和鼓励社会力量参与养老服务。为进一步凸显对"居家养老服务"的重视,2008年《关于全面推进居家养老服务工作的意见》和《关于老年服务机构有关税收政策的通知》提出要运用税收优惠政策鼓励和支持社会力量参与、兴办居家养老服务业,建立和完善社区居家养老服务网络。2011年12月,《关于印发社会养老服务体系建设规划(2011—2015年)的通知》指出要建设以居家为基础、社区为依托、机构为支撑的社会养老服务体系。从先前的"机构为补充"到"机构为支撑"体现了对养老机构职能和养老服务体系的重新认识。接着国家还出台了《养老机构安全管理》《国家基本公共服务体系"十二五"规划》《国家人口发展"十二五"规划》和《民政部关于鼓励和引导民间资本进入养老服务领域的实施意见》等一些列促进养老服务发展的政策。此时期,养老服务政策的数量和内容都得到了长足的发展,政府在养老服务政策制定上思路更加清晰,将科学规划、引导发展作为首要职责。"以居家养老为基础、社区养老为依托、机构养老为支撑"的养老服务机制的提出,表明我国养老服务政策在养老服务体系化建设方面迈出了重大的一步。

（四）2013年至今:政府创新养老服务供给方式、提高养老服务质量的阶段

2013年以来,新一届政府更加关注治理和改善民生,集中出台了一系列促进养老服务社会化的政策。2013年修订了《中华人民共和国老年人权益保障法》,出台了《国务院关于促进健康服务业发展的若干意见》《关于开展公办养老机构改革试点工作的通知》《关于政府向社会力量购买服务的指导意见》《关于开展养老服务业综合改革试点工作的通知》和《关于推进养老服务评估工作的指导意见》等,提出要加快发展健康养老服务,推进医疗机构与养老机构等加强合作、探索公建民营、政府购买养老服务等多种养老服务供给方式,并对养老服务需求内容进行评估,以提供有针对性的养老服务。满足老年人的基本养老保障和高层次养老需求。同年,国家陆续出台了一系列文件,2013年,《养老机构设立许可办法》和《养

老机构管理办法》为机构养老提出了设立条件,明确了设立程序,规范了服务内容,做好了监督管理。2014年年初,《关于加强养老服务标准化工作的指导意见》和《关于推进养老机构责任保险工作的指导意见》中提出要加强养老服务标准化建设,构建养老服务业风险分担机制。随后又发布了《关于推进城镇养老服务设施建设工作的通知》和《关于加强老年人家庭及居住区公共设施无障碍改造工作的通知》,以加强养老服务设施建设。9月起,政府相关部门又相继出台了《关于做好政府购买养老服务工作的通知》《关于民政部门利用福利彩票公益金向社会力量购买服务的指导意见》和《关于鼓励外国投资者在华设立营利性养老机构从事养老服务的公告》,继续支持鼓励民营资本、外国资本等进入养老服务领域。2016年12月,《国务院办公厅关于全面放开养老服务市场提升养老服务质量若干意见》,首次在国家层面明确提出了养老服务业发展的市场化方向,强调养老服务供给主体多元化,鼓励提供方式创新。2017年,《"十三五"国家老龄事业发展和养老服务体系建设规划》中明确,要建设"以居家养老为基础、社区养老为依托、机构养老为补充、医养结合的养老服务体系"。至此,我国的养老服务体系建设初步完成。2019年3月29日,国务院办公厅《关于推进养老服务发展的意见》,标志着"新时代"养老服务产业定位已经由"民生工程"抬升至"扩内需新动能"。此阶段养老服务政策主要集中在养老服务供给方式创新以及养老服务质量提高上,是养老服务体系化、社会化建设的进一步延伸。

二、养老服务政策演进的特点

建国以来出台的70多项养老服务政策是我国养老服务实践的行动指南。从政策科学的角度分析,发现我国养老服务政策呈现以下特点。

(一) 政策客体逐渐扩大

客观界定政策目标群体(政策客体)是确保政策科学有效的前提条件之一。新中国成立后到改革开放初期,接受社会养老服务的老年人数量非常有限,有单位依托的职工老年后享受单位的养老福利,集体举办的敬老院只接收社会上的"三无"和"五保"老年人,农村绝大部分老年人的养老靠家庭解决。改革开放后,养老服务对象有所扩大。例如,民政部在1984年全国民政社会福利工作会议上提出中国社会福利服务对象要从过去的"三无"老人、"五保"老人向特殊老人群体转变,包括失能、失智老人和社区内其他具有福利服务需要的老年人群。1994年的《中国老龄工作七年发展纲要》中把养老服务发展的总体原则确立为"保基本、广覆盖、可持续"。2009年《基本养老服务体系建设试点方案》规定向所有老年人群体提供基本养老服务。2012年和2013年出台的《老龄事业发展"十二五"规划》《国务院关于促进健康服务业发展的若干意见》提出要发展适度普惠型的老年社会福利事业,健全覆盖城乡居民的社会养老保障体系,确保全国老年人人享有基本养老保障。从以上内容可以看出,我国养老服务政策的目标群体经历了由过去重点保障优抚对象和城乡"三无""五保"老年人到中低收入失能、半失能老年人等群体,再到一般老年人群体转化的过程,政策客体逐渐扩大。

(二) 养老服务项目内容日益丰富

新中国成立到改革开放时期,我国社会养老服务的项目比较单一,主要是对城乡"三无""五保"老人提供生活救助,保障其基本生活。改革开放后养老服务内容逐渐拓宽。1984年全国民政社会福利工作会议上提出,养老服务的保障形态要由基本生活保障向饮食起居、医疗保健、精神生活等全方位服务保障转变。在这种政策的引导下,我国的养老服务项目逐渐由单一的生活保障发展为医疗服务、康复、娱乐等,同时对经济困难的老年人,地方各级人民政府还逐步给予养老服务补贴。1994年《中国老龄工作七年发展纲要(1994—2000)》提出在努力为老年人提供衣食住行用等物质保障的同时,还要注重老年人心理健康,多方面提高老年人的生活质量。2000年《关于加快实现社会福利社会化的意见》和《关于加强老龄工作的决定》表示要以服务方式多样化的方针促进社会福利的社会化,把体育健身、文化教育和法律服务纳入养老服务。2006年《关于加快发展养老服务业的意见》提出要发展老年护理、临终关怀服务业务。2008年《关于全面推进居家养老服务工作的意见》把康复护理、文体娱乐、信息咨询、老年教育等纳入养老服务的范围。次年出台的《基本养老服务体系建设试点方案》又把紧急救援和社会服务纳入养老服务的内容。2012年《老年人权益保障法(修正案)》强调要全方位发展养老服务体系,努力实现"五有"目标,对经济困难的老年人,地方各级政府要逐步给予养老服务补贴。由上可见,我国养老服务的项目、内容越来越丰富,从基本生活照料逐渐扩展到医疗保健、情感关怀、护理康复、精神娱乐、体育健身、文化教育、法律服务、紧急救援和社会参与等多方面,不仅包括食物和金钱等物质帮助,更包括各类无形的服务。

(三)日益凸显社区居家养老方式的作用

从建国初到改革开放,社会养老服务主要是把城乡"三无""五保"老人集中到养老院、敬老院进行院内救济。八十年代中期,卫生部出台的《关于加强我国老年医疗卫生工作的意见》提出要大力开展家庭病床建设,把家庭病床作为解决老年人住院难的便民措施,这为我国日后开展居家养老服务工作提供了有力的医疗卫生服务方面的支撑。1989年《全国城市社会福利事业单位深化改革工作座谈会纪要》提出,要积极创办老人庇护所、老人日托所等。《中国老龄工作七年发展纲要(1994—2000)》则第一次提出要大力发展城镇社区养老服务业。1996年《中华人民共和国老年人权益保障法》以法律形式明确规定发展城乡社区养老服务是地方各级人民政府和有关部门的责任和义务。1999年我国正式步入老龄化社会。2000年《关于加强老龄工作的决定》明确指出中国老年服务业发展重点是社区养老服务或居家养老服务,建立以家庭养老为基础、社区服务为依托、社会养老为补充的养老机制。6年后,又发布了《关于加快发展养老服务业的意见》和《关于加强基层老龄工作的意见》,继续倡导居家养老的理念,鼓励发展居家老人服务业务。2008年以后出台的《关于全面推进居家养老服务工作的意见》《老龄事业发展"十二五"规划》和《关于加快发展养老服务业的意见》,提出要建立以居家为基础、社区为依托、机构为支撑的养老服务体系,重点发展居家养老服务,建立健全县(市、区)、乡镇(街道)和社区(村)三级服务网络,大力发展社区照料服务,把日间照料中心、托老所、星光老年之家、互助式社区养老服务中心等社区养老设施,纳入小区配套建设规划。养老服务政策日益凸显社区居家养老服务的作用,符合我国老年人数量众多的基本国情,也符合大多数人老年人的精神需求。

(四)更多采用市场型、动员型政策工具

政策工具是人们为解决某一社会问题或达成一定的政策目标而采取的具体手段和方式。以资源作为政策工具的分类依据,可将政策工具分为管制性、动员性及市场化政策工具等。管制性政策工具以权威资源为主,市场化政策工具以制度化资源为主,包括合同承包、特许经营、用者付费、凭单制等,而动员性政策工具以组织机构为主,包括公私部门间关系、公共部门间关系、志愿者组织、家庭、社区。新中国成立后到改革开放初期,政府创办、管理企业和社会组织,有单位依托的人员年老后由单位提供养老服务,没有单位依托的城乡"三无""五保"老人则送到政府举办的福利院进行集中供养,此时期有限的养老服务主要是政府直接提供,政府主要运用管制性政策工具。改革开放后,尤其是2000年以来,养老服务政策越来越多运用市场型政策工具。《关于支持社会力量兴办社会福利机构的意见》《民政事业发展第十一个五年规划》《关于加快发展养老服务业的意见》《关于开展公办养老机构改革试点工作的通知》和《关于开展养老服务业综合改革试点工作的通知》等,提出要以"政策引导、政府扶持、社会兴办、市场运作"的模式,保证社会办福利机构在规划、建设、税费减免、用地、用水、用电等方面与政府办社会福利机构一样享受同等待遇,并不断扩大社会互助范围,通过"民办公助""公办民营""政府购买服务"等方式,引导和鼓励社会力量参与养老服务。2014年又下发《关于做好政府购买养老服务工作的通知》《关于民政部门利用福利彩票公益金向社会力量购买服务的指导意见》《关于鼓励外国投资者在华设立营利性养老机构从事养老服务的公告》,进一步规范政府购买养老服务工作,鼓励社会资本从事养老服务。税收优惠、"民办公助""公办民营""政府购买服务"等都是市场化政策工具的具体体现。2016年12月,《国务院办公厅关于全面放开养老服务市场提升养老服务质量的若干意见》出台,首次在国家层面明确提出了养老服务业发展的市场化方向,强调养老服务供给主体多元化,鼓励提供方式创新。此后,20余个省级行政单位先后出台了相应的实施意见,养老服务新政的热潮一时间席卷了全国。2017年8月1日,江西省人民政府办公厅《关于全面放开养老服务市场的实施意见》,简化养老机构设立程序,对养老机构提供养老服务补贴和相关税收优惠政策,以加大力度发展养老机构。

在市场化政策工具运用的同时,养老服务政策还注重运用动员性政策工具。2000年和2007年出台的《关于加快实现社会福利社会化的意见》《"十一五"社区服务体系发展规划》提出要大力倡导志愿者服务,培育社区志愿服务意识,大力开发社区志愿服务项目,逐步建立社区志愿服务的注册制度、培训制度和激励机制。《关于全面推进居家养老服务工作的意见》则进一步指出要发挥社区居家养老服务志愿者组织的作用,尽可能把居家养老服务中能够与政府剥离的服务职能交给社会组织、非营利机构等去做。修订后的《中华人民共和国老年人权益保障法》则以法律条文正式提出要发挥家庭、邻里互助组织、慈善组织和志愿组织的作用,并倡导老年人互助服务。养老服务政策更多运用市场性和志愿性政策工具,有利于鼓励促进养老服务供给主体、养老服务资金渠道的多元化。

(五)日益重视政策效果,加强养老服务质量建设

养老服务政策的根本目的是提高养老服务质量,改善老年人的生活品质。20世纪90年代以前,我国养老服务政策中涉及养老服务质量的条文较少。90年代后,民政部等部委相继制定了一系列管理社会福利机构的办法,加强养老机构规范化建设。与此同时还制定了养老服务设施建设、养老服务质量和养老服务职业等标准,建立健全养老机构分类管理和养老服务评估制度。2000年后陆续发布的《老年人社会福利机构基本规范》和《关于加快发展养老服务业的意见》,界定了养老相关术语和社会机构的服务内容,表示要组织或促进制定建筑设施、卫生条件、质量标准、服务规范等养老服务行业标准,开展服务质量评估和服务行为监督,促进养老服务业向规范化、标准化发展。2013年《民政部关于推进养老服务评估工

作的指导意见》进一步提出要加快制定养老服务设施建设、养老服务质量、养老服务职业标准、养老机构分类管理办法,探索建立有效的养老服务评估制度等。2014年1月,民政部等部门发布了《关于加强养老服务标准化工作的指导意见》,表示要加紧完善包括养老服务基础通用标准、服务技能标准、服务机构管理标准、居家养老服务标准、社区养老服务标准、老年产品用品标准等在内的养老服务标准体系。2019年3月29日,国务院办公厅《关于推进养老服务发展的意见》明确提出了提升医养结合服务能力、持续开展养老院服务质量建设专项行动、实施"互联网+养老"行动和发展老年教育等促进养老服务高质量发展。

三、2000—2019年养老服务政策核心内容、特点

本部分以2000—2019年中央政府养老服务政策文本为研究对象,政策主要来源于中央部委网站、北大法宝等数据库,以国务院办公厅的行政法规和相关部门的指导意见进行筛选,最终梳理具有代表性的政策样本12份(见表11-1)。

表11-1　2000—2019年养老服务政策核心内容、特点

年份	政策	内容特点
2000	国务院《关于加强老龄工作的决定》	第一次提出要"建立以家庭养老为基础、社区服务为依托、社会养老为补充的养老机制"
2006	国务院办公厅《关于加快发展养老服务业的意见》	明确了"养老服务业"的内涵,提出积极发展老年社会福利事业,大力发展社会养老服务机构,促进老年用品市场开发等任务
2008	全国老龄办、民政部等联合出台《关于全面推进居家养老服务工作的意见》	社会养老服务体系得到了快速的发展
2011	国务院办公厅《关于社会养老服务体系建设规划(2011—2015)》	初步形成了养老服务政策体系。指出要建设以居家为基础、社区为依托、机构为支撑的社会养老服务体系
2013	国务院《关于加快发展养老服务业的若干意见》	将养老服务体系建设上升为国家战略,同时确立了加快发展养老服务业的基本原则、发展目标以及配套政策等
2014	《关于加强养老服务标准化工作的指导意见》	提出了行业标准和市场规范,是推进养老服务工作的重要基石,应加强行业管理、推进养老服务标准体系建设、研究和实施
2014	《关于推动养老服务产业发展的指导意见》	引导和带动社会力量参与养老服务业发展,扩大养老服务产业规模
2015	《关于鼓励民间资本参与养老服务业发展的实施意见》	支持鼓励社会资本、外国资本等进入养老服务领域
2015	国务院办公厅《关于推进医疗卫生与养老服务相结合指导意见的通知》	进一步推进医疗卫生与养老服务相结合
2016	国务院办公厅《关于全面放开养老服务市场提升养老服务质量的若干意见》	首次在国家层面明确提出了养老服务业发展的市场化方向,强调养老服务供给主体多元化,鼓励提供方式创新
2017	《"十三五"国家老龄事业发展和养老服务体系建设规划》	明确了"以居家养老为基础、社区养老为依托、机构养老为补充,医养结合的养老服务体系"

(续表)

年份	政策	内容特点
2019	国务院办公厅《关于推进养老服务发展的意见》	持续完善居家为基础、社区为依托、机构为补充、医养相结合的养老服务体系。标志着"新时代"养老服务产业定位已经由"民生工程"抬升至"扩内需新动能"

本章小结

家庭养老是中国传统养老模式,即养老的物质需要和生活照料由家庭成员提供。家庭养老可以看作在家养老和子女养老相结合的形式,不完整的家庭养老则是两者相分离的情形,实际上这种分离就是传统养老方式的变革过程,也是家庭养老功能弱化、面临挑战的过程。家庭养老不仅是我国传统的养老方式,在国际上也受到越来越高的重视。

机构养老是指老年人居住在养老机构内,费用由家庭和(或)社会养老保障体系支付,又称集中养老,是专门为老人提供长期护理、食宿、照料的敬老院、养老院、护理院和老年公寓。机构养老面临一系列问题:机构养老供不应求与资源利用率不高并存;养老机构自我发展能力不强;养、护、医、送四大功能分离;机构养老缺乏家居认同和亲情滋养;专业的老年护工和管理人才短缺;农村养老机构的非规范发展等。

社区养老是把家庭养老和机构养老的最佳结合点集中在社区,使老年人可以居住在家中的同时能够得到社区服务人员提供的服务。与传统的家庭养老相比,健全的社区养老服务具有专业优势;与机构养老相比,健全的社区养老服务具有便利和成本低廉的优势。

加强养老服体系建设的主要举措有:完善相关法律法规;加大财政投入、完善支持政策、拓展养老资源、增加养老服务供给;加强政府监管、建立相关评估机制;加强养老服务队伍建设;加强养老资源间的整合,提高养老服务供给效率。

新中国成立以来养老服务从无到有再到逐步完善,我国养老服务政策有以下特点:政策客体逐渐扩大;养老服务项目内容日益丰富;日益凸显社区居家养老方式的作用;更多采用市场化、动员性政策工具;日益重视政策效果,加强养老服务质量建设。

基 本 概 念

养老服务体系　家庭养老　机构养老　社区养老　医养融合

复习思考题

1. 比较家庭养老、机构养老和社区养老的异同。
2. 家庭养老、机构养老和社区养老这三种养老方式的优缺点。
3. 试比较居家养老与传统的家庭养老的差异。
4. 简述发展我国养老服务体系的策略。

5. 如何避免机构养老的虐老事件?

案例 1

老人们何去何从?

上海市长宁区天山老年人日间服务中心,88岁的老人周金娣饶有兴致地坐在沙发上收看黄梅戏《天仙配》。天山老年人日间服务中心是上海"9073"养老服务格局中"7"的项目部分,民间将其生动地比喻为"托老所",在整个上海,共有这样的服务机构326家,而作为居家养老社区服务的一部分,上海还建设了老年人助餐服务点405个,26万余老人享受这样的居家养老服务。

周金娣老人育有五个子女,由于多数都已迈入老年且各有家庭,几年前丈夫去世后,周金娣便成了独居老人。她一度闷闷不乐。2009年年底天山街道建成天山老年人日间服务中心,周金娣嚷嚷着要子女们把她送到这里。

天山老年人日间服务中心共入托27名老人,最小的年龄73岁,最长者92岁。与养老院不同,"托老所"不能过夜,老人们晨来晚归。早上来到"托老所"后,老人们会在管理员带领下做体操、洗澡、吃饭,午睡后自由活动,"托老所"设有麻将室、运动室、图书馆。

管理员吴云华告诉记者,老人们每月只需要交350元,这个标准从中心成立至今没有变过。"到了夏天,老人们在自己家孵空调,电费都不止这些。"

上海所有这样的老年人日间服务中心收费都差不多在这个档次,入不敷出,缺口由所在街、镇或区财政补贴。

对在"托老所"的生活,周金娣老人赞不绝口,然而问及日后行动不便不再适合日托时,老人显得神情黯淡,"反正,我是不想去养老院的。"

这也是吴云华最为发愁的一点,按规定入托老人必须身体健康,能够自理,一旦失能、失智或者有严重的身体疾病则必须由子女接回或送至养老院等更为专业的机构。但与老人不愿意进养老院形成鲜明对比的却是老人们一旦进了"托老所"后便不肯离开。

91岁的老人冯惠黎是目前唯一一个被劝离的老人,去年11月,老人心脏病突发,幸亏被"托老所"负责人张爱珠及时发现,送至毗邻的天山街道社区医院,这样的老人显然不再适合入托,但老人死活不肯离开,哭着求张爱珠,无奈之下只得让她过渡一下,不签合同,也不赶她走,每天只要交饭费即可。

三个月后鉴于老人身体状况实在不适合,只得坚决劝离。老人如今被子女送进养老院,"想起老人临别的眼神就心疼,但没办法,我们不具备对失能半失能或重大疾病老人的处置能力。"吴云华感叹。

因为害怕被劝离继而被子女送至养老院,老人们对吴云华等人的话很敏感,有一名老人每次都喜欢偷偷将日托所的厕纸带回家,且有轻度老年痴呆迹象,吴云华委婉地问她:"阿姨,您是不是需要帮助,比如头脑是不是不够用?"老人立即哀求她:"我没问题的,你千万不要把我送到养老院啊!"

这些多数已经年过八旬的老人尽管都很依赖托老所,但依照吴云华对他们的了解,终究还是要去他们惧怕的养老院。

案例 2

"医养融合"让老年人享受更多便捷优质的基本医疗服务

长期以来,由于医疗服务和养老服务分属两大体系,虽服务内容有交叉,但缺乏融合的理念与机制。南京市民政局、卫生局以此为动因和契机,积极主动探索医疗机构和养老机构融合发展的新模式。去年12月,在秦淮区召开全市养老服务"医养融合"工作现场推进会,对作为试点、已运行一年的秦淮区经验做法进行总结推广。自推进会以来,按照中央、省、市关于加强和改善民生工作的一系列指示要求,秦淮区围绕"老有颐养,病有良医"目标,把养老问题作为要解决好的"五道民生难题"之一,整合区域资源,创新服务机制,积极探索"医养融合"服务新模式,实现了区域养老机构医疗卫生服务全覆盖,并逐步扩大到居家养老群体,让老年人享受更多便捷质优的基本医疗服务。

以社区卫生全科团队为服务网底,在养老机构全面推开

目前,秦淮区有12家社区卫生服务中心,共建立75个全科医生团队,按照责任片区,分别服务全区38家养老机构。根据《秦淮区"健康养老惠民"行动实施方案》,社区卫生服务中心分别与养老机构对接,签订"医养融合"服务协议,采取指导服务型、巡诊服务型、紧密结合型三种模式,为入住老人提供卫生保健服务。其中,对内部已设立医疗机构的6家养老机构,按照"指导型"模式定期对其进行业务指导培训、监督检查,并提供相关服务;对未设立医疗机构的32家养老机构,根据距离远近,由对接的全科医生服务团队为入住老人提供"紧密型""巡诊型"医疗卫生服务;为老人建立健康管理档案,定期开展体检,进行常见病、多发病诊治,开展慢性病综合干预、康复训练指导和健康宣教等,使"医养融合"逐步落地。

以社区卫生"健康快车"为服务通道,在居家养老群体延伸

据了解,为做到"医养融合"服务均等化,让每一个老人都能受益,继市民政局、卫生局在秦淮区召开"医养融合"工作现场推进会以来,秦淮区卫生局又推进"社区健康快车"服务,在开展养老机构健康服务的基础上,将服务触角延伸至社区居家养老群体,社区失独、失能等困难老人群体,着重解决全区37 844名失能、半失能、独居、空巢老人看病就医难题。按照东部、南部、西部几个片区,在全区范围内开通34辆健康快车,借助家庭病床管理模式,通过预约,为居家行动不便的老人、社区困难群体提供血糖监测、心电图检查、拔插胃管、导尿管、换药、褥疮护理等基础性的检查、治疗和护理,实施"零距离、互动式"服务,实现健康养老惠民全覆盖。

以居家养老服务中心为枢纽,建立"医养融合"服务体系

为满足不同层次老人多样化的健康服务需求,卫生、民政、街道三方整合资源,依托全区297家各级各类医疗机构,联合居家养老服务中心、社会组织以及政府办的社区卫生服务机构,建立为老服务医疗联盟。社区居家养老服务中心作为主体,对老人的健康需求进行分类,将老人的需求与供给对接。依托社区卫生服务机构专业队伍实现对失能、半失能的困难老人提供"助医"等基本医疗卫生服务需求服务;对社会健康老人,提供养生保健的有偿上门服务,让老人得到不同层次的医疗、养生、养老服务。街道、社区作为第三方,对服务的质量内容进行监督,让医养结合真正落到实处。

资料来源:《南京日报》,2014年04月15日。

思考：请结合上述做法，谈谈江西省如何推进"医养融合"？

案例3

如何杜绝养老院频频变身"虐老院"

2014年7月22日，黑龙江省青冈县一养老院中发生血案，一名养老者将同院3人的睾丸切除。24日，伤者已被送至哈医大四院进行救治，行凶者也被警方控制，当地官方通报，目前，3名伤者经过手术处理伤情基本稳定，无生命危险。一名53岁的伤者称，行凶者30岁左右，平时帮老人打饭，事发前曾因剩饭问题发生争吵。

据青冈县民政局工作人员介绍，这三名老人中有一名是流浪汉，"是从外边捡回来的"。三位老人都是"失能老人"。事发次日，养老院院长在巡查时才发现老人睾丸被切。本以为能在养老院安度晚年，结果却等来了生命中不能承受之痛。虐待行为来自同在养老院居住的王某，据说他"是个五保户，无儿无女无人照顾""看上去有些智障"。这种残害，来自弱势群体之间的"互戕"，养老院的失察之责不可推卸。

近年来，发生在养老院内的虐老事件频频发生，人人都会变老，如果养老院变成"虐老院"，那人们壮年之后的岁月又将何处安放？目前我国养老床位总数为390万张，如果要在2015年实现每千名老年人30张床位的目标，还需要增加270万张床位。按照全国东中西部平均费用计算，每张床位需要8万到10万元的平均数，270万张床位就需要2 430亿元的投入。巨大需求与捉襟见肘的养老机构服务供给之间，充满了纠结与无奈。

类似于北京"一福""四季青"这样的明星公立养老院，想要排队等待入住，要等上百年。于是，巨大的养老需求只能流向民营养老院。这些民办养老院在缺乏强有力监管的情况下，养老很多时候变成了"圈老"。养老服务的公益性、福利性与企业追求利润最大化之间的矛盾重重。以此次出事的黑龙江省青冈县养老院为例，犯罪嫌疑人本身就有些残疾，自顾不暇，却还要肩负着照顾失能老人的职责，相信这种安排也是为了节省人力成本开支的无奈之举。

类似的情形，在许多民营养老院都层出不穷。此前，郑州市李江沟村畅乐园老年公寓就曾发生过虐待老人的事件，护工郑焕明凌晨三四点叫醒被护理老人，强迫老人喝尿。周边居民称养老院经常传出打人声，惨叫声。而在此案中，虐待老人的护工郑焕明也已经62岁了。正应该颐养天年，却还要承担如此繁重的护理工作，一定程度上暴露了民营养老院的举步维艰。

要想杜绝养老院变身"虐老院"现象的产生，一方面必须加强政府对民营养老机构的监管，另一方面，则需要国家层面上将对民营养老机构的政策和资金支持落到实处，确保民营养老院成为"老有所养"的坚实阵地。

资料来源：中山文明网，2014年07月25日。

案例4

江西省南昌市九九颐家养老中心精心打造社区"嵌入式"连锁养老机构品牌连锁新样板

（一）基本情况

中铁建业养老产业投资管理有限公司（简称中铁建业养老）是由中铁建业集团控股的一

家致力于推动老龄事业发展和养老产业项目投资建设及运营管理的专业化、综合性养老产业投资管理公司。"九九颐家"系列养老服务机构是中铁建业养老倾力打造和运营的品牌化连锁养老服务机构,目前,"九九颐家"系列养老服务机构已投入使用的养老床位有500余张,在建床位500张,是一个拥有医师、护士、生活管家、健康管家、心理咨询师、营养配餐师和社工等100余人的综合养老服务团队,现已在江西省南昌市青山湖区等地建设运营了九九颐家养老中心等多家养老服务机构。

(二) 主要做法

2013年,中铁建业养老通过两年多的参观、学习和调研,发现绝大多数老人在选择养老机构时,更倾向于选择离家近、便于家属和子女探望的机构,且养老问题已成为众多以"421"形态组成的家庭的生活隐忧。在此背景下,中铁建业养老认准方向、明确目标、精准发力,快速建设运营了一系列以"九九颐家"为品牌的小规模、多功能社区"嵌入式"连锁养老服务机构,探索出一条真正适应养老市场需求、养老服务需求、养老行业需求的养老产业发展之路。

1. 整合改造社会闲置资源,发展小规模、多功能的社区"嵌入式"连锁养老服务机构,助推养老服务产业发展,解决老人"就近养老"的实际需要

早在2013年年底,中铁建业养老就确立了充分利用社会闲置资源改造养老服务设施的指导思想。通过两年多的调研摸底、考察选址和沟通协商,2015年,中铁建业养老利用江西省南昌市青山湖区湖坊镇洪都村废弃的村办工厂,分两期改造建设了九九颐家养老中心(即顺化门社区居家养老服务中心)和九九颐家护养中心。上述机构设计床位共计137张,分别于2015年12月和2017年1月投入运营。截至2017年8月末,九九颐家养老中心和九九颐家护养中心入住老人共计126人,入住率91.97%;实际床位使用量135张(含包房),实际床位使用率98.54%,已实现满员运营。上述机构入住老人多为周边社区的老人,失能、部分失能(失智)老人与自理老人占比为8:2。2016年6月和9月,中铁建业养老又分别利用南昌市新建区溪霞水库管委会和青山湖区湖坊镇肖坊村的闲置物业,改造建设了九九颐家养生源旅居养老项目及九九颐家康养中心"医养结合"项目。

由此可见,充分整合社会闲置资源并从中甄选交通便利、改造可行、布局合理、特色突出的物业,改造建设小规模、多功能的社区"嵌入式"连锁养老服务机构,能够充分解决老人"就近养老"的实际需求,是有力助推养老服务产业发展和全面改善老年人福祉的有效方法。

2. 功能完善、追求精品,快速复制、品牌连锁

"九九颐家"的实例证明,"一地多用、一址多证"的小规模并兼顾居家养老与机构养老等多功能于一体的养老服务机构,作为养老服务体系"供给侧"改革的新型养老服务模式,积极顺应了国家老龄战略发展的需要。这样的养老机构,只要环境好、价格优、服务周到、功能完善、追求精品,便可以极大程度地满足老年人对养老服务的需求,减轻社会养老压力。以此为基础,不断总结经验,改善和提高养老服务质量,形成服务管理体系,便能在短期内实现快速复制、品牌连锁、长久推行。

3. 健康管理与心理慰藉并举,24小时协同照护

"九九颐家"率先在南昌市同行业中引入"整合照护"理念,将日常生活照护、心理慰藉照护、身体健康管理、医疗康复护理、养老养生修行等养老服务技法整合为一体,生活、健康、康复理疗、心理咨询和膳食营养等多部门全年无休、24小时联动服务、协同照护。"九九颐家"

要求所有工作人员必须定期接受严格的在岗培训,必须按标准流程完成全天工作,并如实完善《护理记录》《用药记录》《健康档案记录》《生活起居记录》《消防安全巡检记录》《交接班记录》等日常工作台账,借此不断提升机构的照护水平和服务态度。

4. 服务用房分区管理,配套设施齐全,活动丰富多样

"九九颐家"根据入住老人的护理级别评定,均采用养老服务用房分区管理的方法,将机构的养老服务用房分为自理专区、介助专区、介护专区、认知症专区及长期照料专区等。

配套设施方面。"九九颐家"设立了综合接待中心、多媒体活动中心、健康管理室、心理咨询室、康复活动室、书画棋牌室、网络阅览室、理容室、助浴室、助餐室、工作站及餐厅等配套服务设施。

日常生活方面。"九九颐家"要求必须做到"日课"安排科学化、节日活动固定化、公益活动常态化。除此之外,"九九颐家"还要求所有机构每月必须组织入住老人集体生日会、欢迎会、诗歌会、书画会、棋牌赛等形式多样的文化娱乐活动,借此提高入住老人的生活质量和幸福体验感,满足老人的精神需求,为老人搭建一个健康养生、学习生活、交流娱乐的"享老"平台。

5. 践行"医养结合",建立医疗绿色通道

2015年11月,国务院办公厅转发国家卫生计生委等9部委《关于推进医疗卫生与养老服务相结合的指导意见》,首次将"医养结合"上升至国家政策层面,同时也充分体现了医疗卫生与养老服务相结合的重要性。

2015年年底,九九颐家养老中心为突破"医养结合"难以落地的瓶颈,率先通过与南昌市第九医院签订《建立医疗绿色通道协议》的形式,实现了专业医疗机构每周上门为老人巡检和诊疗的常态化健康管理机制,并在专业医疗机构中为入住"中心"的老人建立专属健康档案,实现了"小病不出院、大病直通车"的美好愿景。

2016年9月,九九颐家康养中心"医养结合"项目开工建设,经与江西中医药大学第二附属医院深入探讨、充分沟通,采用中铁建业养老提供医疗用房及医疗硬件投资、江西中医药大学第二附属医院提供医技力量的合作方式,在九九颐家康养中心共同设立了江西中医药大学第二附属医院老年康复分院,开展以康复医疗为主要诊疗科目、以入住老人为主要诊疗对象的康复医疗、老年慢性病及常见病诊疗与医保报销服务工作。

至此,"九九颐家"成功破解了"医养结合"难以落地的难题,实现了"医养结合"的美好愿景,为区域行业内有效解决"医养结合"的相关问题提供了宝贵的借鉴经验与成功案例。

(三)经营效果

"九九颐家"系列养老服务机构自2015年陆续投入运营以来,作为江西省社会力量办养老服务机构的典型案例,得到了国家及地方各级政府、民政部门的充分肯定和服务对象及社会各界人士的高度认可,相关人员多次莅临机构调研、视察并指导工作。九九颐家养老中心更是作为"2017年度江西省社会福利工作会议暨全省养老机构高级管理人员培训班"的示范案例供全省170余位与会代表调研观摩。

江西省萍乡市湘东区在对"九九颐家"进行调研后,决定引进"九九颐家"养老服务模式,并将该区所辖5家乡镇敬老院交由中铁建业养老进行集中供养环境及养老服务质量的改造与提升;浙江省嘉兴市海盐县在对"九九颐家"进行调研后,决定提供15.10亩养老服务设施

用地用于建设运营浙江(海盐)九九颐家养老中心项目。

2017年8月25日,在中央电视台《新闻联播》"砥砺奋进的五年——筑牢安全网、保障困难群众基本生活"中,经民政部福利司推荐,以九九颐家养老中心"全面提升养老院服务质量"作为代表的新闻背景素材在当晚《新闻联播》头条面向全国播出。

纵观"九九颐家"成功的背后,有一些经验值得分享和借鉴。

1. 坚定不移地进行养老服务体系"供给侧"改革

"九九颐家"是一个"藏身"于现代化居住社区里"优雅"的小规模、多功能、庭院式连锁养老机构,涵括了居家、社区、机构"三合一"的养老服务功能,令人感到既惊喜而又弥足珍贵。相较于传统的医院病房式的养老机构或风光秀美却远离都市与亲人的大型"养老社区","九九颐家"养老模式更容易"存活",更"接地气",更具有"家"一般的温暖与亲情,更容易让老人和家属感到亲近并接受,更能够在真正意义上降低和减轻政府及社会面对养老问题的压力。

2. 资源集约、易于复制,便于形成品牌连锁效应

"九九颐家"充分利用社会闲置资源改造养老服务设施的做法,是"不求好大喜功,只求脚踏实地"的具体表现;将有限的资金投入迅速转换为机构的实际运营,在相对较短的周期内实现资金回流,既降低了资金成本和投资风险,又宽松了养老机构的资金链;同时又在运营中总结、形成可复制的运营管理模块,从而实现机构的良性运营,便于复制、形成品牌连锁效应。

3. "医养结合"是提升机构养老服务质量的有力保障

众所周知,老年人机体康复与老年慢性病医疗是养老服务构成中不可缺少的服务内容之一。"九九颐家"系列养老机构的典型案例说明,尽管当前"医养结合"发展存在种种困难与不便,但养老机构必须结合自身与当地的实际情况,充分利用和整合医疗卫生资源,积极探索和尝试破解养老服务与医疗卫生融合发展难以落地的难题。

4. 张弛有度,既要"标准化",又要"去机构化"

"九九颐家"系列养老机构得到服务对象和社会各界人士高度认可的主要因素在于:一方面在打造机构的整体环境和生活氛围上充分"去机构化",充分营造"家"的温暖与亲情,充分关注入住老人的幸福感;另一方面在养老服务工作上又通过充分的"标准化"不断提高养老服务质量。"标准化"与"去机构化"的有机结合是让"九九颐家"系列养老机构成为名副其实的"优雅的庭院式老人之家"的关键。

资料来源:国家发改委官方微信平台,https://baijiahao.baidu.com/s?id=1595541408339825594&wfr=spider&for=pc。

第十二章　以房养老

视频案例

《新闻1+1》20180810 你愿意"以房养老"吗？
来源：http://tv.cntv.cn/video/C10586/977217dbe1394a1694a0420a806abd48
《焦点访谈》20180818 "以房养老"为何两头遇冷。
来源：http://tv.cntv.cn/video/C10326/cf98b1a2bf494c60ae5f72a644939f55
《平安365》20190726 "以房养老"的骗局。
来源：http://tv.cctv.com/2019/07/26/VIDEKrks1ZG2wDhfjnKxy69n190726.shtml。

学习目标

通过本章的学习，了解以房养老的起源、含义和操作模式；了解国外一些以房养老成功模式的具体操作思路，并思考对我国的经验借鉴；明确我国目前的养老状况及政策效果，了解我国以房养老制度探索历程及相应的改革试点经历；思考适应中国现阶段国情的以房养老操作模式。

导入案例

每每谈及贷款买房，中国的老百姓也许还对那个脍炙人口的小故事记忆犹新：一个美国老太太和一个中国老太太在天堂会面，两人谈论起自己与房子的故事：中国老太太一生省吃俭用，攒够了钱财，终于在垂垂老矣的时候买下新房，得偿所愿；而美国老太太在年轻时贷款买房，在退休前还完贷款，住了一辈子新房，同样心满意足地来到天堂。伴随着对美国老太太的啧啧赞叹和这个小故事的风靡，中国人开始改变传统观念，变储蓄购房为贷款买房，用明天的钱实现了自己今天的"买房梦"，按揭贷款购房也逐渐成为中国人住房消费的潮流和首选。

如今又有一位老太太加入了对话的行列，她在早年收入稳定时贷款买房，在临退休前全部还清了购房贷款并拥有了住房的全部产权，为了补偿自己一生的辛劳，老太太在退休后，通过特定机构对住房进行了某种产权安排，老太太可以保留房屋的使用权直至去世，而购房机构以一定方式向老太太支付买房价款。凭着这笔房款，这位老太太晚年的生活变得丰裕满足。

比较这三位老太太的经济行为,我们可以发现:(1)第一位中国老太太是在中国传统影响下坚持着保守的消费观念,其资产较长时间处于闲置状态,且房屋价值几乎没有利用,这对个人而言并非最优的选择;(2)第二位美国老太太具备了超前消费的思想,她的行为也是目前许多人的做法,比起中国老太太,她进步了很多,但是她的超前只是把后半生的资产提前到前半生来消费,就后半生而言,她的家庭资产是凝滞的,巨大的房产价值并没有给她带来生活水平上的提高,从家庭资产运营的角度看,她同样没有做到最优;(3)第三位老太太的做法前卫且新潮,她不仅在前半生通过按揭贷款超前消费了后半生的资产,她更是将原本无法享用的、只能留在身后的房屋资产在养老阶段消费掉了。这种以房养老的做法已经在发达国家如火如荼地推行,也开始在中国出现。

资料来源:胡耀祺,"'以房养老'需求的影响因素分析——基于美国经验的启示",复旦大学2008年。

第一节 以房养老概述

一、含义

（一）养老的含义

养老应该包括三方面内容：一是老有所养。即实现经济上的供养,使老年人有相应的可支配收入,用来满足物质和精神生活的基本需要,幸福地安享晚年。二是老有所居。即拥有安家立身的居所,因为老年人生活内容主要是依托居住空间环境来实现,年龄越大对居所的依赖性越强。三是老有所慰。即老年人能够得到生活上的照料和精神上的慰藉。根据中国的国情,老人一般需要在子女或其他亲人的陪伴下,愉悦地度过最后的人生。

（二）以房养老的含义

所谓"以房养老",简单地说,就是年轻时"以钱买房",年老时"以房换钱"。"以房养老"的主要表现为住房反向抵押贷款模式,也称"倒按揭",是实现以房养老的重要金融工具,也是一种新型的金融产品。它是指老年人以拥有产权的住房抵押给银行、保险公司等金融机构,评估后获得一笔款项,由金融机构按月发放给抵押人用于养老直到其身故,被抵押房产处置后用于偿还贷款本息,同时老年人仍保留房屋居住权的一种融资工具,与传统按揭方式相反。以房养老有多种操作模式,主要有租售换养、以大换小、售房入住养老院、售后返租、异地养老、反向抵押贷款等多种模式。其中,住房反向抵押贷款是众多以房养老模式的高级表现形式,本章所说的以房养老主要就是指"倒按揭"模式。它是以住房为载体,金融保险为手段,养老保障为目的,是将拥有住房的价值,尤其是自己死亡后住房的剩余价值在自己生前提前变现运用于养老的方式。

专栏 12-1

以房养老模式遵循了生命周期理论,考虑到了家庭生命周期与住宅生命周期的差异,在某种程度上是对生命周期理论的一种新的发展,并且依据个人及家庭资源在个人一生中给予优化配置,将住房这种不动产通过一定金融机制和变现形式,在其居住功能不变的状况下实现价值流动,以对家庭的养老保障事宜发挥相应功用;它不仅将人们的收入和货币金融资产,住房资产也能在整个生命周期做平滑消费,实现住房的养老和居住功能。

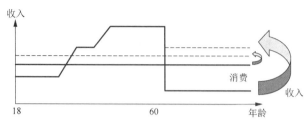

图 12-1　生命周期的收入情况

如图 12-1 所示(实线部分),假设个人从 18 岁开始独立生活、就业取得收入,到 60 岁退休。一般而言,将要经过一个从负储蓄到正储蓄,再到负储蓄的三个阶段,最终使一生的储蓄额度和消费额度保持均衡。对于已经退休的老年人来说,收入已经大幅度降低,但消费水平却无法作大幅度降低。他们需要依靠工作期间的储蓄(退休时领取的养老金,也是工作期间储蓄的一种变形),来弥补养老资金的不足,支付退休期间的各项生活费用。以房养老模式正是要打破这一传统观念,把老人拥有的房产也视为供晚年消费的预期资产,当老人依靠工作期的储蓄(包括养老金)还不足以过上舒适的幸福生活,就可用自有房产的价值变现套现来增加养老资金来源,提高晚年时期生活质量。如图 12-1 所示,老人通过以房养老的方式变现房产,因预期收入的增加使得平均消费水平从实线部分提高到虚线部分。

资料来源:浦舍予,"以房养老对个人理财规划的完善与提升",浙江大学 2007 年。

二、基本特征

(一) 房产养老

以房养老是以产权独立的房产为保险标的,以低收入的老年人为投保人,将其房产转化为保险年金或其他保险收入形式。它的抵押物只能是不动产,而不能是有价证券或其他财产的所有权,也不能是租赁财产。这里所说的不动产指的是 1—4 人家庭的常住居所,且拥有独立产权的房产,或者多个抵押人共同拥有的房产。申请以房养老的老年人,将房产预售给银行、或保险公司等金融机构,金融机构按月支付老人现金,老人可用于养老保障,并且老人拥有在有生之年对该房屋的居住权。在居住期间不需要偿还贷款,只需到期后,以房屋出售的收入来偿还,而且最高还款额以房屋的价值为限。因此,以房养老实质上是把房产在老人的一生中予以优化配置,将住房这种不动产通过住房反向抵押贷款的形式来实现价值的转换和流动,从而达到养老保障的最终目的。

(二) 独立型自我养老

我国传统的养老模式仍以家庭养老和社会养老为主。家庭养老主要是由家庭成员提供养老资源,是建立在血缘关系基础上的亲情养老。社会养老是指老年人晚年生活来源和生活服务由社会提供,如老年人的退休金、医疗费、福利费、救助费。生活照料等方面由社会保障机构、各级政府、企事业单位、社会团体等提供,居住形式包括敬老院、养老院、托老所等。社会养老模式依赖的是政府、社会团体、单位和企业。家庭养老和社会养老都是依赖家庭成员或社会的养老方式,因此都属于依赖型养老。所谓自我养老是指老年人依靠自己的经济收入、以前的积蓄和现有的固定财产,为日常生活提供必要保障的养老模式,这种养老模式依赖的是老人本人。而以房养老正是把固化在住房上的巨大价值通过一定的方式变现,达到让老年人在有生之年消费的目的,这样老年人可以通过这种转换途径在不依赖家庭和社会的情况下实现自我养老保障的目的。因此,以房养老属于独立型自我养老。

（三）居住和养老相结合

以房养老实际上是通过房产实现老年人自助养老,具备"养老、医疗、长期护理、个人消费"等全方位的保障功能。它是依据个人或家庭所拥有的资源在一生中予以优化配置,将住房这种不动产通过某种制度安排,实现价值的转换和流动,以对个人或家庭的养老保障事宜发挥相应的功用。这样一来,老人能够在不移居他处的前提下,通过合理利用自己的住房获得稳定的收入,用以支付医疗、改善居住条件、旅游享受等费用,以提高晚年的生活质量。住房既可以供老人居住,又可以通过一定方式获得资本用来养老。因此,以房养老从功能上发挥了住房的居住和养老双重功能,将住房的商品属性与保障性结合起来,使房产具有了融资和养老双重功效,从而使老年人通过住房实现自我养老。

（四）带有一定风险的市场化运作模式

以房养老是在家庭养老和社会养老的基础上,根据一些空巢老人的养老需求,在政府的主导下,充分发挥商业银行、保险公司、房地产公司、中介机构的优势,以实现取长补短,优势互补,使以房养老模式在金融市场中进行市场化运作的一种方式。它是一系列金融产品的集合创新,通过住房反向抵押贷款的制度设计,使一系列金融业务相互配合,互为补充。这样,不仅可以使老年人得到相应的贷款用于养老,而且可以促进商业银行、保险公司等金融机构的业务多元化发展,培育新的经济增长点,拓展盈利空间,实现社会责任与盈利目标的有机结合。此外,由于以房养老的运作涉及的市场主体较多,贷款期限较长,经济社会面广,受政策和制度影响大,因此,对借款人和参与的市场主体来说,所面临的风险也较大。这是由反向抵押贷款的产品属性与我国的国情所决定的。因此,以房养老是带有一定风险的市场化运作模式。[①]

三、基本操作模式

（一）倒按揭

1. 起源与含义

倒按揭起源于荷兰,成熟于美国。20世纪80年代美国老人中出现了大量现金穷人、住房富人,而他们中的一部分年收入却在三万美元以下。如今"住房倒按揭"已成为一种成熟的贷款方式,在美国、加拿大、日本、新加坡等发达国家日趋兴旺,并成为重要的养老方式。

倒按揭,是以房养老模式中最重要的一种,是指拥有房屋完整产权且达到规定年龄的老年人将自己住房的产权抵押给银行、保险公司等金融机构,后者通过综合评估借款人年龄、生命期望值、房产现值以及预计房主去世时房产价值等因素,将其房屋剩余价值分摊到老人预期寿命中,即提前贴现,每月给房主一笔固定的钱。同时,老人可继续居住但要负责房屋维护,直到去世,故又称为以房养老。当老人身故后,贷款机构获得房屋产权,进行销售、拍卖或者出租。

倒按揭,也称"反向住房抵押贷款",之所以叫"反向抵押贷款",在于它的现金流方向与

---

① 赵慧:《我国以房养老问题研究》,东北师范大学硕士学位论文,2013年5月。

传统抵押贷款相反,以房产为抵押,借方(房主)从贷方(抵押贷款机构)取得现金,而不是传统的住房抵押贷款现金从房主流向银行等金融机构。

2. 基本特征

（1）借款人必须是拥有房屋完整产权的老人；

（2）只要活着,借款人就享有居住权,即使老人寿命超过预期年限,仍可继续居住,且不需支付任何还款和利息；

（3）灵活的支付方式；

（4）还款方式固定,分期发放,一次偿还；

（5）借款人具有回赎权；

（6）贷款人没有追索权。如果老人的实际寿命超过了合同预期寿命或出现房屋市场价值低于贷款本息时,贷款人也无权要求借款人偿还贷款与房屋售价的差额,更无权向老人的其他继承人追索。

（二）住房租换

1. 含义

住房租换,即老人出租自己的大房子或者地段好的房子,然后再租入相对低价房,用房租差价来弥补养老金的不足；或者直接住进养老院,用租金抵补入院支出,从而实现优质老年生活。这种模式既保障老人晚年期照常有房可居,并获取持续稳定的租金收入用于养老生活,又能保证在自己身故后原有住房仍能照常遗留给子女,符合国人养儿防老、遗产继承的传统习俗。

2. 利弊分析

住房租换的优点在于可以盘活部分住房资源,老人同时也可以得到部分养老费用；房屋产权不改变,在自有住房有较大升值潜力时,因免于出售可减少房主损失；比较符合国人遗产继承的传统观念。

不过住房租换也存在许多不足,比如操作程序琐碎、房屋价值没有得到充分利用、补助力度小等。

（三）售后回租

1. 含义

售后回租,即老人将房出售给特定机构再重新租回,取得整笔款项用于投资赢利或缴纳整笔养老保险金,每个月就可以从保险公司得到相当的款项,用来缴纳房租和养老使用。

此种以房养老模式比较适合那些不愿意离开家,且投资比较谨慎的老年人。在这种模式下,老人既可以获取一大笔款项用于养老生活,又能保持晚年期对住房甚至是原有住房的长期乃至终生的使用权,照常有房可居,对老人的更高水平养老增添了一定的保险系数。

2. 优缺点分析

优点:操作较简单；一次性取得款项,可自由支配；住房价值完全利用,且不会失去房屋产权。

缺点:手持一笔巨款存在投资、被骗风险；若房价上升会造成房主损失,租金波动容易造成经济担忧；养老金补助程度随租金价格波动,不能保持稳定。

表 12-1　三种模式的对比分析

模式	反向抵押贷款	住房租换	售后回租
对养老金补助程度	最大	较小	随租金价格波动
操作难度	程序复杂	程序繁琐	比较简单
房屋价值利用	完全利用	部分利用	完全利用
参与方	房主、金融机构、资产评估机构等	大小房主、中介等	房主、购房者、中介等
优点	老年生活保障较为确定	产权不变	一次性取得款项，可自由支配
缺点	住房不再作为财产留给后代	租入小房后，居住条件变差，生活品质下降	若房价上升造成损失；租金波动造成经济担忧

第二节　典型国家以房养老实践

目前实行以房养老比较成功的几个国家主要有美国、加拿大、新加坡，这些国家都根据自己的实际情况推出了各具特色的以房养老模式。

一、美国的以房养老模式

20世纪六十年代，美国开始发展以房养老业务；1987年，美国的联邦住宅和城市开发部推出了住宅权益转换按揭，反向抵押贷款引起了人们的重视；到了2002年可以办理住房反向抵押贷款的金融机构已经达到了1 500家左右；在经历了2007年的美国次贷危机以后，美国的住房反向抵押贷款的业务数量仍然处在不断上升的趋势之中，美国的住房反向抵押贷款机构也在不断地对这一业务进行适时的调整，这同时也促进了反向抵押贷款业务的进一步发展。

发达国家中，反向抵押贷款（倒按揭）是以房养老业务中最成功的模式，其中最完善成熟的当属美国。目前，美国主要有5种反向抵押贷款产品，其中有两种产品是政府机构和公司开发设计的，另外三种产品是一家私营机构设计并提供的。

（一）房产价值转换抵押贷款（HECM）

HECM是国会授权的一种反向抵押贷款产品，其运行接受国会的监督。HECM保险项目得到美国住房与城市发展部（HUD）联邦住房管理局（FHA）的支持。HECM保险项目得到联邦政府的保险，意味着借款人可以得到事先向其承诺的所有资金，这些资金可以用于任何用途。FHA也保证贷款的回收额会超过住房价值并负责贷款意外受损时的赔偿。HUD负责保险项目的设计与改进，FHA负责授权贷款提供人、收取抵押贷款保险金和管理保险基金。

应当注意的是，HUD与FHA并不直接提供反向抵押贷款。HECM的提供者主要是银行、抵押贷款公司和其他私营金融机构，但这些公司实际上把所有发放的贷款全部出售给联邦全国抵押贷款联合会(Fannie Mae),它不仅在HECM项目的运作过程中起到非常重要的作用;是HECM二级市场上的唯一购买者;而且在改善HECM贷款示范项目运行方面也有特殊作用;负责制订项目运行中的一些原则与标准。例如,Fannie Mae禁止使用过桥贷款为超出项目允许的费用进行融资;要求曾经拖欠财产税或保险费的借款人预留部分贷款资金,以防其再次拖欠财产税与保险费;开发电话咨询系统为借款人提供更高质量的咨询服务。

HECM为老年房主提供一种提前贴现其住房余值来养老的金融机制,使得老年住户获得养老资金的同时不必搬出或出售住房。这种贷款的领取方式比较灵活,可以采取终生按月领取、一定时间按月发放、在一定限额内自由支取或者是最后一种方式和前两种方式的结合。目前,采用最多的方式是一定限额内自由领取。

HECM是美国反向抵押贷款市场上规模最大的一种产品,在每个州都能申请到这种贷款。目前,HECM占所有发放的反向抵押贷款的90%以上。近年来保持良好的发展势头。在美国,凡是年龄在62岁以上的老年人家庭,不论其家庭财产或收入状况如何,都可以用独立拥有产权的住房申请反向抵押贷款。从实际运作上来看,借款人的年龄平均在75岁左右。

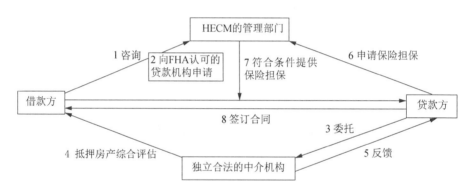

图 12-2 美国 HECM 模式的操作流程

(二) 住房持有者贷款(the Home-keeper Program)

1995年,联邦全国抵押贷款联合会推出了自己的反向抵押贷款产品——Home-keeper。这种产品与HECM非常相似,不同的是贷款领取方式较少,借款人只能选择按月领取、一定限额内自由领取或者两者的组合。Home-keeper贷款与大部分HECM贷款一样,采用按月浮动利率的方式计息。Home-keeper贷款的一个主要优点是拥有较高价值房产的住户可以借到更高数额的资金,这是因为Home-keeper不受HECM借款最大数额的限制。Home-keeper还允许借款人在房产未来升值时享受房产增值的部分好处,他们倾向于选择HECM,原因是HECM的贷款条件更为优惠。具有较高房产价值的借款人倾向于选择Home-keeper贷款。与HECM相比,目前Home-keeper贷款规模还比较小。

(三) 财务自由贷款(Financial Freedom)

财务自由贷款是由老年人财务自由基金公司(Financial Freedom Senior Funding Corporation)提供的。目前,该公司是美国市场上唯一一家自行设计、提供反向抵押贷款产品的私营公司。贷款的最大限额是725 000美元,又被称为"大额贷款"(Jumbo Loan)。这种贷款的结构与 HECM 和 Home-keeper 有很大的不同。借款人在签订借款合同后可以一次性得到一大笔资金,可以用这笔资金购买 Hartford 人寿保险公司的年金从而把房产价值转换为按月支付的年金。这种方式的一个好处就是即使住房出售以后也能按月得到固定收入。财务自由贷款还有一个房产价值分享条款,借款人可以保留一定比例的房产(最高可以达到房产价值的 80%),后代可以继承这部分房产。

老年人财务自由基金公司在 2001 年和 2003 年又分别设计了两种新的产品:标准现金账户(Standard Cash Account)和零点现金账户(the Zero Point Cash Account)。其中零点现金账户是第一个无贷款费用的反向抵押贷款产品。

私营公司提供的反向抵押贷款产品没有联邦政府的保险,这是与公有部门反向抵押贷款产品最大不同之处。

表 12-2 美国反向抵押贷款产品特征

贷款特征 \ 贷款类型	HECM	Home Keeper	Financial Freedom
贷款机构	联邦住房管理局授权的商业银行	Fannie Mae	Senior Funding corporation
贷款机构性质	政府主导	公共公司	私营
贷款限额	从 \$271 050 至 \$625 000 不等,依所在地贷款最高额度限制而定	最高贷款额度为 \$675 000,依所在地贷款最高限制而定	贷款最大限额为 \$725 000
支付方式	终身支付、定期支付信用限额或其组合	终身支付、信用限额或其组合	一次大额支付、购买年金或者开放式最高信用额度,未用额度每年增长 5%
发起费用	多样化、通过反抵押贷款融资的最高额度为 \$1 800	房屋价值的 2%,或最高贷款额的 2% 加 1% 贴息	不超过房屋评估价值的 2%
适用人群	房屋价值较低的借款人	房屋价值中等的借款人	房屋价值较高的借款人
保险情况	由住房与城市发展部承担保险机制的设计管理	无	无
二级市场	Fannie Mae 购买合格的贷款	Fannie Mae 购买合格的贷款	证券化

二、加拿大的以房养老模式

加拿大反向抵押贷款是由一家私营机构——加拿大人住房收入计划(Canadian Home Income Plan,CHIP)公司提供的。CHIP 于 1986 年成立,在对美国和英国反向抵押贷款运作经验进行研究以后,加拿大开始提供反向抵押贷款融资服务。CHIP 拥有 AAA 级的评级,是加拿大第一家也是目前唯一一家提供反向抵押贷款的公司。截至 2002 年年底,该公司已经发放了 2.75 亿加元的反向抵押贷款,主要是通过一些大的金融机构的终端网络开展反向抵押贷款的各项业务。经授权的抵押贷款经纪人以及合格的保险机构为借款人提供贷

款咨询。目前,在加拿大主要有三种反向抵押贷款产品:

(一) 反向年金抵押贷款

这种贷款形式应用得最为广泛。其分为两个方面:首先,借款人使用住房作抵押取得一大笔资金。在整个反向年金抵押贷款期限内,这笔资金是使用复利计算的。然后,利用这笔资金购买一份年金。大多数情况下,年金在借款人的有生之年都能按月为其提供固定的收入。即使在住房被出售、反向抵押贷款已经还清,老年房主仍然拥有年金,年金还会继续支付。反向年金抵押贷款非常适合那些希望有生之年都能按月得到固定收入的老年借款人。这种贷款的弊端是贷款成本很高,这是因为一次性获取支取大笔资金,使用复利计息导致利息支出额增加非常快。

(二) 信用限额反向抵押贷款

这种贷款允许借款人随时支取所需贷款,在年度支取限额内,每次支取数额自行决定。借款人仅需对已支取部分的贷款支付利息。信用限额反向抵押贷款适合那些仅在需要时支取贷款的老年借款人,这样可以把贷款利息降到最小,贷款成本也较低。

(三) 固定期限反向抵押贷款

这种贷款仅在固定期限内提供贷款,例如 5 年或者 10 年。当贷款到期时,所有贷款本息必须还清;如果借款人不能按时清偿贷款本息,住房将被强行出售,售房所得用来归还贷款本息。固定期限反向抵押贷款比较适合那些短期急需资金的借款人。此种方式的反向抵押贷款为那些等待投资到期或养老金开始反放而又急需资金的老年人解决了燃眉之急。

在加拿大并没有特定的法律规范约束反向抵押贷款的运行,由于每月提供的贷款是免税的,反向抵押贷款在加拿大得到越来越多的关注。加拿大的反向抵押贷款运作模式和美国类似,但加拿大政府所起作用要小一些,市场也面临着与美国类似的发展障碍。

三、法国的以房养老模式

在法国,有一种称为"viager"的反向抵押贷款产品。这种产品的买卖双方因对生命进行投机而具有较大的经济利益,又被称为"对死亡进行投机"。具体运作是:首先,根据当地相同房产的最近出售价格确定借款人住房的公平市场价值。然后,根据借款人的年龄确定"viager"价格,60 岁借款人的"viager"价格为公平市场价值的 50%,70 岁为 60%,80 岁为 70%,90 岁为 80%。贷款人一次性付给借款人 0%—30% 的"viager"价格,余下的 70%—100% 根据借款人的预期寿命分月支付,每月的支付根据通货膨胀进行调整。卖者死亡后,贷款人取得房产所有权。如果借款人突然死亡,贷款人非常幸运。例如,一个 60 岁老人在采用"viager"之后一个月就死亡了,贷款人只支付了公平市场价值的 30%—50% 即房产价值的 15% 就取得了住房的所有权。相反,如果借款人寿命足够长,贷款人可能支付住房价值的很多倍才能得到住房。如果贷款人先于借款人死亡,贷款人的家庭要承担支付责任。如果不是一次不支付,借款人就可以把住房重新出售,贷款人损失全部预付款。"viager"通常是个人之间的合同安排,只受双方签订的合同约束,但也有一些中间经纪人撮合潜在的卖者和买者。法国支持推广这种合同安排,把其看作减少对社会保障项目依赖的一条有效途径。

四、新加坡的以房养老模式

1994年,新加坡首次提出住房反向抵押贷款这一设想,新加坡的第一个住房反向抵押贷款的产品是在1997年由一家名为英康的保险公司推出的,新加坡对于参与以房养老的老年人提出了比较严格的条件:借款人必须是50岁以上的英康寿险保户且是新加坡公民或永久居民,拥有私人房产至少70年以上。成功的申请者必须在贷款期内购买抵押保障保险以及英康保险公司的人寿及屋宇保险,并且维持保单在贷款期内的有效性。只有达到这些条件的人才有可能参与到这一养老项目之中,因此,这也在一定程度上限制了以房养老业务的推广。

第三节 中国以房养老的探索

近几年来,伴随着以房养老理念的引入和社会舆论的逐步认可,我国一些大中城市对以房养老模式进行了实践探索,政府也明确提出鼓励发展以房养老,但直到目前,还鲜有成功的例子,以房养老模式的推广,依然面临着许多障碍。

一、中国以房养老的发展历程

伴随着国外以房养老理念的发展和我国老龄化社会的加剧,2003年中国房地产开发集团总裁孟晓苏最早将以房养老理念引入中国。

2006年全国两会时,全国政协委员、建设部科技司司长赖明提交的"以房养老"议案在全国引起了关注,议案中强调选择以房养老来应对中国人口老龄化危机,并建议成立课题组进行可行性调研,选择大城市做试点,成熟后向全国推广。同年,我国在几大城市分别以不同的方式进行了以房养老试点,典型的有北京实施的"养老房屋银行"模式、上海实施的"售后返租"模式和南京实行的"以房换养"模式。但是受诸多因素影响,以上几种模式并没有受到消费者的认可,最终被迫停止。

2007年,上海市公积金管理中心试推以房养老模式,试点因符合条件的申请者太少,最终不得不停办。同年,孟晓苏成立了幸福人寿保险公司,采取以住房反向抵押贷款为基础、以年金为支付方式的寿险险种来推广以房养老模式,但直至目前此项业务还未正式推出。

2011年中信银行在北京等城市推出针对中老年人的专属借记卡"信福年华",并宣布在国内试点"以房养老"业务,凡年满55周岁的中老年人或年满18岁的法定赡养人以房产作为抵押,就可向银行申请贷款用于养老,不过目前该项业务总体业务量不大。

2013年国务院印发的《关于加快发展养老服务业的若干意见》明确提出"开展老年人住房反向抵押养老保险试点",引发舆论广泛关注。

2014年6月23日,中国保监会发布了《中国保监会关于开展老年人住房反向抵押养老保险试点的指导意见》,自2014年7月1日起至2016年6月30日起在北京、上海、广州、武汉试点实施老年人住房反向抵押养老保险。

2015年1月,为全面掌握老年人住房反向抵押养老保险试点业务的开办情况,并以此制定相关政策措施,原保监会发布关于印发《老年人住房反向抵押养老保险试点统计制度》的通知(保监发〔2015〕2号)。2015年3月,由幸福人寿推出的中国首款反向抵押保险产品"幸福房来宝"获批上市销售。

2016年3月,国务院批准国家发展改革委《关于2016年深化经济体制改革重点工作的意见》,将推进住房反向抵押养老保险试点写到了《意见》中去,进一步显示了对"以房养老"工作的重视。2016年7月,中国保监会发布《关于延长老年人住房反向抵押养老保险试点期间并扩大试点范围的通知》,提出老年人住房反向抵押试点期间延长至2018年6月30日,并将试点范围扩大至各直辖市、省会城市(自治区首府)、计划单列市以及江苏省、浙江省、山东省和广东省的部分地级市,上述4省中,每省开展试点的地级市原则上不超过3个。

2017年6月,国务院又印发《关于加快商业养老保险的若干意见》,要求大力发展反向抵押保险等适老性强的商业保险,并提出支持商业保险机构开展反向抵押保险业务,在房地产交易、登记、公证等机构设立绿色通道,降低收费标准,简化办事程序,提升服务效率。

在老年人住房反向抵押养老保险试点实施4年之际,2018年8月,中国银行保险监督管理委员会印发《中国银保监会关于扩大老年人住房反向抵押养老保险开展范围的通知》,将老年人住房反向抵押养老保险从此前的试点扩大到全国范围开展。

二、中国以房养老的尝试

(一) 南京模式

2005年6月,南京汤山建立"温泉留园"老年公寓,在全国率先创立"以房养老南京模式",其打出了"给我你的房子,我替你养老送终"的旗号。该模式规定,在南京市拥有60平方米以上产权房、年龄60岁以上的孤残老人,健康状况不论,可自愿将房产抵押给留园,抵押的房子由汤山温泉留园老年公寓代为出租,如果房租高于老年公寓每月840元的收费标准,超出的钱由老人自由支配。经公证后入住留园,终身免交一切费用。老人去世后,房屋产权归养老院所有。

这一口号刚一打出,就在南京引起了轩然大波,不少市民认为,当时南京市区60平方米以上的房子少说也值三四十万元,温泉留园这样做无非是为了赚老年人的钱。对此,其相关负责人表示其实这么做也要承担一定的风险,因为现在的医疗费用普遍很高,根据协议无论老人得什么病、花多少钱,都要负责医治,所以这方面的开销将会很大。随着社会的进步和观念的更新,都市里的老年人入住老年公寓养老,或寄居在敬老院已经成为常事,但是"以房换养"这种形式的出现还是第一次。该办法提出之初,获得社会各界广泛关注,但仅仅在两年后,由于该办法存在的经济风险等引发的公寓负责人的内部纠纷,该办法已于2007年中止。

这种个体行为人与经营单位之间"以房换养"的养老模式,无疑是养老市场化的有益尝试,能够使这类老人有安度晚年的物质和法律保障。但同时,也有法律方面的专家指出,产权人在签订协议时要对养老机构的资信、履行合同的能力有全面的了解,因为一旦经营单位破产,老人的生存保障就会落空。

这种"以房换养"模式严格说来只是住房"倒按揭"的一个变种,相当于遗赠扶养协议模式,即"以房换养",住房倒按揭这一产品早已盛行于欧美,但在当时,国内还鲜为人知,究其原因,恐怕与保险公司的"冷处理"不无关系。反向抵押贷款是一个跨银行、跨保险的金融理财类产品,对保险公司的精算要求非常高,具体操作难度使国内保险公司对这一产品望而却步。

2012年4月,南京市民政局发布《南京市老龄事业发展第十二个五年规划》。规划中提及"鼓励商业保险企业、商业银行或住房公积金部门建立公益性中介机构,开展'以房养老'(住房反向抵押贷款)试点业务"。南京重提以房养老,鼓励多方合作共同实施,但目前来说,还只是出台政策,没有具体的措施。虽然南京新模式还没有具体实施,但新旧模式的变更中最大的变化即业务主体的变化,益处在于:民众积极性得以提高,由于我国的社会信用体系还不够健全,民众对小型私人机构的信任程度不高,不愿将房屋产权移交给它们。而新模式的商业银行和住房公积金部门带有国营性质,相对于私人养老院等更易获得民众的信任,能使他们有更高的参与积极性。①

(二)上海模式

2007年4月,上海市公积金管理中心推出"以房自助养老模式",其最大的特点是由具有公信力的部门搭建平台,这种模式在由公积金管理中心这一政府背景的公益性机构提供资金服务方面与"新加坡模式"类似。但因真正符合条件的申请人少之又少,响应者寥寥无几,最终不得不停办该业务。

该模式的做法为65岁以上的老人,将自己的产权房出售给市公积金管理中心,一次性获得所有房款;售后,公积金管理中心再将该房屋返租给老人,租期由双方约定,租金与市价等同,老人可按租期一次性支付全部租金,居住过程不再承担其他费用。租期届满,如果老人还健在,续租的租金全免;如果老人在租期内去世,剩余的租金可继承。

显而易见,这种"以房自助养老"模式与倒按揭是有区别的。(1)"倒按揭"是金融机构营利性的行为,作为金融机构提供的一个跨银行、跨保险的金融理财类产品,倒按揭需要综合性的金融服务;而"以房自助养老"更侧重于居家养老服务,属于政府扶助居家养老服务的公益行为。(2)倒按揭的放贷对象是有住房的老年人,以其自有住房作抵押,银行定期向借款人放贷,到期以出售住房或其他资产还贷。所以,两者模式最大的区别在于房屋交易的先后,即"倒按揭"只是抵押,最终产权人还可以是抵押人,而"以房自助养老"则事先已完成产权人的变更。也正因为"以房自助养老"在先的房屋产权变更,遭致了实践中的最大阻力。

(三)北京模式

2007年10月,北京推出"养老房屋银行模式",这一项目是北京寿山福海国际养老服务中心和中大恒基房地产经纪有限公司的合作成果。这种模式过分追求盈利,养老机构与中介公司捆绑销售,老人的利益有被侵害的风险,很多有需求的老人目前持观望的态度。根据其协议:60岁以上的老人只要向养老机构提出养老需求,便可入住北京寿山福海国际养老服务中心,享受标准房间和24小时保健护理服务,而老人原有住房则委托给房屋中介中大恒基公司对外出租,租金用于抵扣老人在养老中心的费用后多退少补。当然养老机构和中介机构会向老人提供一定的养老费优惠和房屋租赁代理费优惠。

该模式采取多家部门合办,房屋产权不变更,以此消除老人对家庭财产流失的顾虑,以

---

① 张仁枫:"以房养老的困境与破解新道",《石家庄经济学院学报》,2012年第2期。

及避免因养老而引起的遗产纠纷,当时寿山福海国际养老服务中心每月费用约为1 300元,而一个二居室房屋租金一般在2 000元左右,抵扣费用后,还有结余,老人还可选择低廉的养老床位。

2011年10月,北京民政局发布《北京市"十二五"时期老龄事业发展规划》,首次提出"以房养老"的概念,鼓励商业保险企业、商业银行或住房公积金管理部门开展"以房养老"试点业务。北京市老龄办相关人员表示,目前正在对"以房养老"进行论证研究,针对企业的相关鼓励措施也在研究中。

(四) 中信银行模式

2011年10月,中信银行推出"养老按揭模式",并设置了严格的规定和较高的准入门槛。该业务在全国推开后,虽得到广泛关注,但未发生实际业务。

中信银行规定:

(1) 申请人条件:年满55周岁,老人可单独申请,或和自己年满18岁的法定赡养人一起申请贷款;申请人最好有两套或以上自有住房;如果老人只有一套房子,那么其赡养人就必须要有自有住房,且老人和其法定赡养人将成为养老按揭的共同借款人。

(2) 贷款额限制:贷款限额不超过评估现值的60%;按揭的最长期限为10年,采用浮动利率,且贷款也必须用于养老。

(3) 付款方式:按月支付,且单月的贷款总额不超过两万元。

(4) 还款方式:每期只还利息,到期后偿还本金;每期偿还一部分本金和利息,到期后偿还剩余本金;最后一次性偿还本息。期满,银行只收回本息,不收回房产,房产的处置由借款人决定。如果借款人到期不能偿还贷款,银行则按合同约定处置抵押房屋。

中信银行相关负责人表示,这实际上是一项专门针对老年人的房产抵押贷款业务,与普通的房产抵押贷款业务没什么本质区别,这与国外实行的"以房养老"存在很大的区别。除了养老和住房观念的区别,更大的差异在于国内房产的70年产权限制。虽然《物权法》规定房屋产权70年期满后自动延续,但银行对此仍然心存戒备,而国外发达国家的房屋连带土地大都实行私有化,随着时间的延续,房子可能贬值,土地大多不会贬值,这是目前国内制约"以房养老"发展的最大障碍。此外,由于缺乏系统和细化的配套政策,也是银行、保险公司等金融机构开展"以房养老"动力不足的原因。这种倒按揭养老贷款业务没什么优势,对老人也没有多大吸引力。作为银行来说,开展这种倒按揭养老贷款业务也觉得没什么意思,所以在深圳和全国都没怎么去推行。

专栏 12-2

"以房养老"落地显效尚需做更多功课

2014年7月1日起至2016年6月30日止,"以房养老"在北京、上海、广州、武汉四城市开展试点。试点已然展开,不过,围绕"以房养老"的各方面争论仍然不断。

首先,"以房养老"到底会有多少人买账就是一个大大的槽点。一项有127 815人参与的调查显示,多达87.60%的受访者认为"以房养老"并不可行,93.40%受访者认为"以房养老"不能代替政府养老。另外一项调查显示,至少有七成人不会购买以房养老保险。

不妨先回顾一下"以房养老"政策走到试点的一路历程。早在 2013 年 9 月 13 日上午，中央人民政府网站公布由国务院印发的《关于加快发展养老服务业的若干意见》，明确提出，"开展老年人住房反向抵押养老保险试点"。具体操作办法和实施计划，有望在 2014 年一季度出台。年初，保监会提出拟在北京、上海、广州和武汉四地率先开展试点。至今，"以房养老"试点城市已经在这四个城市落地。

试点的效果到底会如何？前几年，"以房养老"曾由南京、上海、北京、长春等城市的个别金融机构自发尝试，但均因效果不理想而停滞。因此，业界不乏不太乐观的声音。总结起来，不看好的主要原因包括：1. 不符合传统观念，在我国，养老"靠儿不靠房"的传统观念根深蒂固，不少老人和子女对变卖产权都有心理抵触；2. 此前做出尝试的金融机构为了规避风险，对"以房养老"群体设置门槛过高，导致符合条件的申请人寥寥无几；3. 配套服务设施不完善，"以房养老"需建立在养老相关产业发展的基础之上，现阶段两者无法匹配，等等。

此外，同策咨询研究部总监张宏伟认为，"以房养老"的具体做法未明确，也没有向民间资本开放，养老群体不敢贸然"以房养老"；房地产市场周期波动对于资产升值及价格的影响明显，如何规避、计算、对冲市场风险，现阶段还没有统一的公开的标准；现有住宅房屋产权 70 年，产权未到期或到期后如何处置依然存在政策盲点。到期后房屋是直接归银行等金融机构，还是作为遗产分配给老人子女？这也是值得关注的话题。

应该看到，社会老龄化加速，大量的养老市场需求切实存在，因此，短期内养老产业、养老地产政策频发，鼓励和支持养老产业、养老地产的发展。但是，"以房养老"终究还是处于探索阶段，即使试点在明年有了具体操作办法，短期内来讲还需要解决诸多问题。

专家建议，改变传统观念首当其冲，让更多的家庭、老年群体对于"以房养老"有一个新的认识，以此逐步打开市场；其次，重视养老服务配套及服务体系建设，提高养老服务质量，为"以房养老"的广泛实现奠定基础；最后，解决现有住宅房屋产权 70 年到期之后如何处理的相关问题，使"以房养老"房产 70 年产权到期后如何处置有法可依，如补缴少量土地出让金，可最多延长一定年限住宅产权使用年限，可以增强"以房养老"方式的市场参与活力，使金融机构、养老群体及家庭都会有更多的受益机会和选择。

资料来源：http://news.xinhuanet.com/house/bj/2014-07-11/c_1111573138.htm。

专栏 12-3

让以房养老"叫好又叫座"亟须配套政策落地

"以房养老"在应对传统保险业务的长寿风险和利率风险的同时，还需考虑房地产市场波动风险、房产处置风险等，且由于业务流程管理和风险管控难度较大，税收方面也缺少政策扶持，所以险企对开展相关业务的积极性并不高。近日，中国银保监会发布通知称，将老年人住房反向抵押养老保险（简称"以房养老"）扩大到全国范围。对此，银保监会相关负责人表示，积极发展老年人住房反向抵押养老保险，意在对传统养老方式形成有益补充，满足老年人差异化、多样化养老保障需求。那么，老年人住房反向抵押养老保险是如何定义的？"以房养老"从开始试点到向全国推广，这 4 年间市场反应怎样？未来是否会有更多老年人选择这种养老方式?

试点期间市场遇冷

2014年6月,原中国保监会发布《关于开展老年人住房反向抵押养老保险试点的指导意见》,提出在北京、上海、广州、武汉四个城市开展住房反向抵押养老保险试点,试点期为2年。2016年7月,明确"以房养老"试点时间延长至2018年6月30日,并将试点范围扩大至各直辖市、省会城市、计划单列市以及江苏、浙江、山东、广东等部分地级市。2018年8月8日,银保监会发布《关于扩大老年人住房反向抵押养老保险开展范围的通知》,宣布"自即日起,将老年人住房反向抵押养老保险扩大到全国开展"。同时强调保险机构要积极创新产品,丰富保障内容,拓展保障形式,有效满足社会养老需求。

据了解,试点4年以来,原保监会批复了幸福人寿、人保寿险等公司的老年人住房反向抵押养老保险产品。其中,2015年3月,首款"以房养老"产品"幸福房来宝老年人住房反向抵押养老保险(A款)"获批;2016年10月,"人保寿险安居乐老年人住房反向抵押养老保险"的保险条款和保险费率通过审核。但是,由于参与险企较少,产品设计单一,风险保障不够全面,多数需求方持观望态度。以目前老年人住房反向抵押养老保险主要承保公司幸福人寿的业务数据来看,截至2018年7月31日,该公司累计签约201单(141户),累计承保139单(99户),遭遇市场"冷待"。

亟需配套政策落地

"'以房养老'市场反应不尽如人意,主要缘于需求乏力、供给不足和制度交易环境不成熟。"业内人士指出,一方面,对于需求方而言,多数老年人认为反按揭每月给的补偿较少,没有满足老年人的收益预期;另一方面,在提供产品的保险公司看来,"以房养老"在应对传统保险业务的长寿风险和利率风险的同时,还需考虑房地产市场波动风险、房产处置风险等,且由于业务流程管理和风险管控难度较大,税收方面也缺少政策扶持,所以险企对开展相关业务的积极性并不高。

举个例子,按照已经在售"以房养老"保险产品的设计,老人投保后,保险公司逐月支付费用给老人直至去世,老人身故后,保险公司获得抵押房产处置权,处置所得将优先用于偿付养老保险相关费用。可是人的寿命是不可预知的,而保险公司一旦预测老人寿命较长,每月支付金额就会较少,如果老人过早辞世,又容易引发家属与保险公司对房屋剩余价值的争论。此外,"老人养老金的多少和房屋价值直接挂钩,但房屋评估价格是按照合同约定的,不能更改。如果房价大幅下跌,保险公司也要按照约定的金额给老人发放养老金。如果房价上涨,老人们便会认为'以房养老'不够划算"。某大型险企产品经理介绍说,该业务涉及房地产、金融、财税、司法等多个领域,存在许多不确定性,尤其是法律法规尚不健全,政策基础也较薄弱,风险不易管控,难以赢利。

事实上,"以房养老"是通过市场化手段运作的一种补充养老方式,是为已拥有房产的老年人提供一种增加养老资金来源的选择,不会影响老年人传统的养老方式,在国外也不乏成熟经验。国际上,为防止房价下跌造成的损失,保险公司会采用再保险机制分散风险。而在调动保险公司积极性方面,会配套出台税收优惠和激励性政策支持。

未来发展可期待

国内"以房养老"保险自试点以来,就有不少业内人士建议,让配套政策尽快落地,以助推"以房养老"赢得更多认可,如免除入保房屋产权证增名税费;减免保险企业在反向抵押保险业务上的所得税;免除入保房产的房产税等优惠政策。与此同时,很多消费者向记者坦言,对于老年人来说,并不只看重晚年每月拿到多少养老金,及时的护理服务和较好的医养环境才是晚年生活的必需品。"虽然居家养老是主要的养老方式,但随着老人们身体机能的衰退,必然会有一部分人选择入住养老机构。护理业态完整、配套齐全的全功能养老社区,有居家养老不可替代的价值。"泰康保险相关负责人表示。

值得注意的是,眼下部分保险公司已经在探索"以房养老"的延伸业务,考虑把住房反向抵押养老保险项目与养老机构的护理服务结合起来,建立购买服务的绿色通道,为老人提供一站式养老生活服务,包括对接具备医疗服务的养老社区,让参加项目的老年人获得高质量的晚年生活。银保监会相关负责人表示,接下来会认真总结试点经验,加强与相关部委的沟通协调,推动完善配套政策,探索业务经营规律,逐步建立规范有序的住房反向抵押养老保险市场。还将鼓励更多保险公司参与,保险机构也要做好金融市场、房地产市场等综合研判,扩大和优化保险产品供给,强化老年人住房反向抵押养老保险业务的风险防范与管控。可以预见,"以房养老"将会成为更多人认可的养老方式。

资料来源:https://news.sina.cn/gn/2018-08-31/detail-ihiixzkm2747444.d.html? pos=3&vt=4。

三、中国以房养老的政策建议

（一）政府的大力支持是以房养老健康发展的重要保证

鉴于发达国家以房养老的经验,政府的扶持是住房反向抵押贷款的成功关键。如美国政府对借贷双方给予担保,强化市场监管和风险控制,设立专门机构为申请者提供免费咨询,以保证信息资料的公正性等等。实践证明,美国政府的介入确保了住房反向抵押贷款的顺利实施。日本政府也同样主导住房反向抵押贷款的运作与发展,通过直接参与型与间接参与型的方式,由政府的直属政策机关或金融机构向贷款者融资,减少了运行的风险,同时也促进了住房反向抵押贷款的发展。因此,我国发展以房养老模式应借鉴美国和日本的经验,既要发挥政府的主导作用,又要调动各相关金融机构的积极性。在发展初期,政府的介入可以为以房养老模式的信用升级,也可大大增加民众对以房养老模式发展的信心。在以房养老模式发展过程中,应坚持市场运作与政府相结合,在具体的产品开发、推广、评估等环节上,由政府授权给商业银行、保险公司、房地产中介等相关机构负责。但并不是要政府大包大揽,甚至垄断经营。而是把政府的定位与作用主要体现在:政策与法规的制定者、市场的监督与管理者、信息的咨询者、额外风险的担保者。这样一来,在政府和市场共同的运作下,才能确保以房养老模式在我国健康发展。

（二）广泛的宣传与国民理财教育

住房反向抵押贷款在美国发展得最成功,很大原因归结于美国政府在推出住房反向抵押贷款之前成立了一个独立的非营利性组织——国家住房资产价值转换中心,专门向老年人进行宣传和推广住房反向抵押贷款项目,促使该产品能迅速被广大民众所接受。同时,美国政府规定老年人在申请住房反向抵押贷款之前必须到相应机构进行贷前咨询,确保申请人对此项业务的性质、特征及风险等充分地了解,并教育和培养老年人自我养老的积极意识。这种由政府主导下的国民理财教育和广泛的知识宣传使老年人认识到了住房反向抵押贷款的优越性,公众也开始对此项产品逐渐认同,并广泛推广开来。这就为反向抵押贷款的发展创造了良好的社会氛围。

(三)私营机构的积极参与为以房养老的发展注入了活力

美国和日本等发达国家为促进住房反向抵押贷款的快速发展,都采取了有效的措施来支持和鼓励私营机构的参与。私营机构的介入,为其业务的发展提供了资金,同时也促进了市场的有效竞争,为整个市场增添了活力。此外,私营机构的参与还促使住房反向抵押贷款的业务结构进一步整合,所产生的优势也使规模和抗风险能力大大增强,有利于产品结构的完善和产品种类的细分。由于不同老年人在房屋价值和贷款用途等方面各异,使得他们对产品的需求也不同。产品种类的细分使不同的老年人根据自己的实际需要选择适合自己的产品。我国在发展以房养老模式的过程中,政府要鼓励保险公司、房地产中介等私营机构积极参与其中,这样既可以扩大以房养老的经营范围和开发产品种类,又可以为以房养老注入一定的资金。因此,私营机构的参与对我国住房反向抵押贷款市场的健康、稳定、持续的发展注入了活力。

(四)组织模式的定位

组织模式的确定是以房养老能否取得成功的关键环节。我国发展以房养老模式,既要借鉴国外成熟的宝贵经验,又要结合我国的具体国情、居民的消费习惯、政策法规的实际环境、金融机构的运营状况,综合考虑,以减少运作成本,提高操作效率。目前国外以房养老的组织模式有三种类型:完全市场模式、完全政府模式,以及二者兼顾模式。其中美国属于市场与政府二者兼顾模式。相对于英国、新加坡等国来说,美国实行住房反向抵押贷款时间最长,市场规范,运作较为成功,效果也最为明显。因此,我国发展以房养老,应借鉴美国模式的经验,走市场运作与政府调控相结合之路。要在政府主导下,充分发挥商业银行、保险公司、房地产公司、中介机构的优势,进行市场化运作,以实现取长补短,优势互补。这是由以房养老的产品属性和我国的国情决定的。

本 章 小 结

"以房养老",就是年轻时"以钱买房",年老时"以房换钱"。"以房养老"的主要表现为住房反向抵押贷款模式,也称"倒按揭",是实现以房养老的重要金融工具,也是一种新型的金融产品。它是指老年人以拥有产权的住房抵押给银行、保险公司等金融机构,评估后获得一笔款项,由金融机构按月发放给抵押人用于养老直到其身故,被抵押房产处置后用于偿还贷款本息,同时老年人仍保留房屋居住权的一种融资工具,是一种和传统按揭方式相反的"倒按揭"养老模式。以房养老有多种操作模式,主要有租售换养、以大换小、售房入住养老院、售后返租、异地养老、反向抵押贷款等多种模式。其中,住房反向抵押贷款是众多以房养老模式的高级表现形式,本章所说的以房养老主要就是指"倒按揭"模式。它是以住房为载体,金融保险为手段,养老保障为目的,是将拥有住房的价值,尤其是自己死亡后住房的剩余价值在自己生前提前变现运用于养老的方式。

基 本 概 念

以房养老　倒按揭　住房置换　售后回租

复 习 思 考 题

1. 国际上的"以房养老"业务有几种模式,如何操作?
2. 倒按揭模式的内涵和特征是什么,贷款机构可能面临哪些风险?
3. 我国"以房养老"的实践模式有哪些？效果怎样？实施障碍有哪些？
4. 在中国目前,成熟的"倒按揭式以房养老"难以贴近现实。那么,你认为贴近中国现实的以房养老方式是什么？

七旬独居老人遇养老难题:欲卖房住养老院遭女儿反对

罗阿婆家住上海虹口区,今年 70 岁出头,独居在一套两居室老公房内,退休金有 2 000 多元,可应付生活开销;膝下一女,工作忙又有三口之家,故偶尔照看,但来去匆匆。阿婆说:"我的身体是一年不如一年了,身边没人照顾是肯定不行的。"她便常常为自己的未来发愁,想请保姆(怕合不来)或住进好一点的养老院退休金又不够。

于是,罗阿婆萌发了"卖房养老"的念头,想住进养老院得到更好的照顾。

阿婆的想法:女儿家的条件不错,并不缺自己这套老房子,如果能把房子卖掉,自己手头就能宽裕很多。她说:"我脾气也很倔的,伸手向女儿女婿要钱,我心里总归有负担的,而卖房子的钱是我自己的钱,用起来更舒服一点。"

女儿的态度:不支持卖房。认为住养老院的钱她可以补贴,没必要把房子卖掉,搞得山穷水尽一样,传出去很难听。

罗阿婆得不到女儿的支持,便想悄悄做主自己把房子卖了,然而,由于房产证上还有其女儿的名字,老人咨询后发现如果女儿不签字同意,这套房子就卖不掉。

资料来源:搜狐新闻,2012 年 04 月 22 日,http://news.sohu.com/20120422/n341278765.shtml.

思考:罗阿婆该怎么办？请你为罗阿婆支招。请问阿婆的情况是否具有代表性？

成都"以房养老"第一人后悔:自己的钱都难支取

据新快报报道,2014 年 1 月 17 日,四川省政府提出《关于加快发展养老服务业的实施意见》。《意见》指出,要按照国家统一安排,探索开展老年人住房反抵押养老保险试点。在成都,钟大爷被媒体称为"以房养老第一人"。2012 年 10 月,时年 79 岁的他与当地社区管理机构签订协议,由社区出钱出力帮钟大爷养老送终,大爷百年之后,把自己的房子赠送给社区。然而,记者近日回访钟大爷,钟大爷却说自己后悔了。

养老保险：理论与政策

成都一环路北一小院只有2个单元，设施陈旧，钟大爷就租住在1单元1楼的楼梯背后。2012年，同社区签订遗赠扶养协议不久，钟大爷就搬到了这里。每个月900元的租金，一直由社区代管的"钟大爷专账"支出。据媒体报道，钟大爷原有一套20多平方米的老房子，是过世母亲留下的单位公房。一直未婚的他没有子女，兄弟姐妹也先后去世，侄儿、侄女几乎不来往。原来的老房子里，堆满了捡来的瓶瓶罐罐，一个沙发就是睡觉的地方。当时社区为其办理了低保，一个月有300多元，社区对他主要是"邻里守望、社区帮扶"为主，逢年过节献上一点爱心。2012年，钟大爷的老房子被划入"北改"范围，他也由此获得一套"公改私"的新房，新房将在原址新建，超过60平米。2012年10月，钟大爷与所在社区（新村河边街社区）管理机构签署协议，协议规定由社区安排人员照顾钟大爷，管好他的衣食住行，帮其看病就医。钟大爷百年之后，将房产过户给社区，公证人员在现场做了公证。

大爷后悔了，没用到社区的钱，自己的钱也难支取。钟大爷介绍，搬到这里头几个月，他仍照旧领着低保，"开始说每个月700块钱生活费，我没有拿。"目前，他每个月可以领到1 000元出头的"退休工资"，是去年7月在社区帮助下，一次性购买的城乡居民基本养老保险，购买费用由民政报销一部分，"钟大爷专账"支付10 000多元，"他们承诺得好，说生老病死都由他们负责，（拿我的钱）帮我买了保险叫他们负责吗？买了'工资'过后，就没人管了。"钟大爷说，"专账"里的钱都是他的拆迁补偿款和奖金，并非社区给的钱。

日常生活起居，社区也比较粗心马虎：站了不多久，钟大爷说去自己家坐坐，他的脚累了。早年，钟大爷因为绊倒落下残疾，右脚行动不便，出门都靠手推车，"就这个车子，我想换成轮椅，找他们要钱，他们说怕掉了，不给我买……"钟大爷的租住屋只有30多平方米，堂屋没有卧室大，而卧室只摆放着一张1米宽的床、一张小桌和一台书柜。堂屋里的灯泡坏了，还没人来修，"每周一和周五有人来帮忙打扫卫生，想等他们来了再换，前两天公司说换人了，结果昨天没有来。"钟大爷所说的公司，是由社区购买的居家养老服务，服务机构每周派人来照顾钟大爷两次，每次半天时间。对于社区的工作，钟大爷虽有牢骚，但是他并未打算撕毁与社区的协议，"我现在是过一天算一天，本来就过惯了（苦日子）。"

社区说法：大爷生活改善不少，一月有千多元养老金。在社区管理者概念中，还没有把照顾钟大爷当做"以房养老"的尝试。社区服务中心主任马波说，钟大爷是一个特殊的案例，"他是孤老，年龄很大，很多政策也不清楚，2012年开始拆迁的时候，先是委托我们帮忙办理相关事宜，后头才说把房子交给我们，我们来给他养老。"在马波看来，签订协议之后，钟大爷的生活得到了很大的改善。"可能是性格使然，他平时很少跟人打交道，平时生病都是社区帮忙照顾。"由于钟大爷行动不便，他的住房赔偿、"公改私"等手续，也是委托社区办的。签遗赠扶养协议的事，也是在那时就说好的。"现在他生活得还是不错嘛，他住那个地方，每个月900块钱，他不想搬了。"马波说，社区之前为其争取到廉租房，但是钟大爷没有接受；后又动员其在新房建成后入住新房，钟大爷同样表示"不喜欢电梯公寓"，社区因此一直为其租房居住，"每个月有1 000多块钱的养老金，足够他日常开销。"

大爷新房会租出去不给他钱是存安葬费：社区为钟大爷做了专账，在记者看到的2013年账本上，记录有钟大爷的两笔收入，一笔是60 000余元的拆迁补偿安置费，一笔是20 000元的奖励，总计80 000余元。支出主要有三项，分别是15 000元的搬家及添置生活用品费、10 000多元购买城乡居民基本养老保险的费用、7 000元房屋租金。余下40 000多元。马波介绍,账本会接受审计和监督,"他有时候也会找理由来要钱,比如买了衣服来报销,我们也会给他,但是理由不充分,我们怕他乱用,就没有给他。"马波说,钟大爷曾经以1960年欠人300多元,现在要还30 000多元为由要支取,社区也没有给他。"现在新房子还没有建成,建成之后我们也计划租出去,每个月可能有1 000多元收入,我们会给他贴补费用。"马波说,"虽然现在还有结余,但是如果遇到生病住院,虽然有医保,自费还是要一部分;还有他去世后,还涉及部分安葬费,这点钱肯定不够。"马波表示,如果钱不够,社区将垫付,"将来收取的房租,可能会贴补这一块。"至于老人去世后房子怎么办,马波表示,这要到时候再看。

专家说法:协议为"遗赠扶养"合法有效。四川大学教授王建平表示,钟大爷和社区签订的遗赠扶养协议经过公证人员公证,应该是合法有效的。王建平表示,遗赠扶养协议一般是老人同自己的亲属或者邻居签订,与单位、组织签订较少,但是社区仍是合法的组织,签订的协议合法有效。遗赠扶养协议一般规定要照看老人的日常生活起居等,若受托方没有履行义务,则应通过协商处理。

资料来源:http://house.ifeng.com/pic/photo/detail_2014_02/23/34091295_0.shtml#p=1。

案例3

"以房养老"的热点为何被骗子蹭了

舒圣祥将房子抵押贷出钱来,投进一个号称"以房养老"的理财项目,每月就能拿万元以上的"养老金"——备受关注的中安民生骗局,给老人们绘制的"以房养老"蓝图,是一张无法兑现的空头支票。在中安民生停止给付出资方利息的情况下,很多老人面临着房财两空的困境。北京公安机关目前已对涉事公司实际控制人李佳豪等88名犯罪嫌疑人刑事拘留。

所谓以房养老,其实就是老年人住房反向抵押养老保险,以自己住的房子作抵押,借此在有生之年获得稳定的现金流,以补充养老金的不足。因为涉及传统观念等问题,推行之初原本争议就不小,多年下来发展现状也不好,在市场上普遍遇冷。谁曾想,这个热点却被骗子们给结结实实抓住了,成为其向老年人集资骗钱的利器。

中安民生的理财项目,跟"以房养老"八竿子打不着,其实就是哄骗老年人将房子抵押出去,以个人名义向贷款机构获得12%—24%的高息贷款,然后把钱全数交给中安民生打理,约定4%至6%的年利率回报,以"养老金"形式按月发放。中安民生要付清这两部分利息,投资回报至少要16%—30%,否则肯定无以为继,所以说风险极高。

若是直接告诉大爷大妈,让他们把房子抵押了,借钱投资给中安民生,大爷大妈们大抵不会干,这点风险意识一般人都会有;但是,换了个广播电视里天天提到的"以房养老"的说法,很多人的警惕性可能就降低了,骗子们由此更易得手。更何况,中安民生还蹭了与某些国家部委的所谓"关系",显得很官方,欺骗性更大。

中安民生敢于如此操作,无异于一种赌徒心理,做着只要被投资企业上市能大发横财的美梦;可因为风险早超过了正常的市场投资回报,一旦资金链断裂,或者说无法继续骗到更多人,"庞氏骗局"必然玩不下去。

值得注意的是,在此事件中,相关骗局之所以能成功,作恶者恐非中安民生一家。比如所谓出资人,按照中安民生授意,老人们只要不说是投资理财,资金用途随便怎么编都行。

放贷前,有没有核实过所谓资金用途是否属实,又是否考虑过老人们高息贷款的风险? 与中安民生是否早有勾结? 若是本就奔着占有房子的目的而去,则更有"套路贷"嫌疑。

骗子永远都有,盯着大爷大妈骗的,自然尤其多。必须提高违法成本,让骗子付出代价,同时规范相关制度,追责相关失职主体。此外,金融知识宣传也要跟进,让老人们懂得更多现代社会的理财常识,尤其是在新政策推行之初,更要防止被骗子借机蹭热点。事后的法律援助同样重要,大爷大妈被骗签的合同,意思表示并不真实,当务之急是要帮助他们,通过法律途径挽回损失,避免房财两空。

资料来源:http://house.people.com.cn/GB/n1/2019/0425/c164220-31048546.html.

案例4

警惕"以房养老"背后的"高息理财"骗局

近日,裁判文书网公布了"价值700万元的房子被1 000元贱卖还背上巨债"一案的一审刑事判决书。被告人广某犯集资诈骗罪,判处无期徒刑,剥夺政治权利终身,并处没收个人全部财产。广某大肆鼓吹"以房养老"的理财形式,称完全没风险,一些老年人听信其"高息理财"诱惑,结果房财两空。

所谓"以房养老",就是指老年人有自己独立的房子,而子女又不在身边,于是将房屋抵押给银行或保险公司,由上述机构支付养老费用,保障晚年生活。本来,为老年人建立起一笔长期、持续、稳定乃至延续终生的现金流入,是其生活质量的有力保障。就此而言,"以房养老"确实是一种不错的方式。但令人痛恨的是,很多骗子打着"以房养老"的幌子,骗取老年人的房产,让老人房财两空、老无所依。

正规"以房养老"保险产品是为了给老年人提供便利,但很多老年人对此往往一知半解,只知道有这么一种形式,并不了解其正确的参与方式,所以在骗子的鼓吹下,稀里糊涂就陷了进去。从本案例中可以看到,骗子所谓的"以房养老",只是借用了这种方式的名称,他们表面上承诺,把房产证交给他们3个月,抵押到的钱交给他们理财,参与的老年人便可以每个月拿到9万多元的利息;3个月期满后,本金全部退回,老人可以再用本金赎回房产证。

理论上说,这种办法可以成立,对老年人也有好处;可事实上呢,骗子签署的并非"以房养老"合同,而是一份借款合同和一份委托书。也就是说,骗子所说的"以房养老"之下的高息根本就不存在,他们无非就是利用老年人的信息闭锁和对养老的迫切心情,把他们的房产骗出去倒卖。这种行为已经明显涉嫌集资诈骗罪,理应受到法律的严惩。

作为相关管理部门,理应对此类骗局予以严厉打击,并及时出台相关"以房养老"保险的规章制度,以法律武器防范用心不良者投机取巧。而老年人也应提高自己的防骗意识,要知道天上不会掉馅饼,"以房养老"背后的"高息理财"再诱人,也要分辨其真假,以免上当。当然,作为子女,则应常回家看看,对父母多些陪伴和提醒,父母就不会那么容易上当受骗了。

资料来源:http://life.eastmoney.com/a/201905081115847038.html.

案例5

自家房子莫名其妙被卖了? 原来是上了"以房养老"理财的当。近几年,北京市有多位老人因参加"以房养老"理财项目而失去房产。这些案例的共同特点是,不法分子都会以高回报为诱饵骗老人理财,都会让老人抵押房产借款,随后趁机侵吞房产,而最关键的一步,不法分子还往往通过各种手段,给自己的操作披上貌似合法的外衣。那么,这些中了圈套的房产怎么会在借款人自己不知情的情况下被卖掉?

资料来源:https://weibo.com/1911484643/HubWaAoxq?refer_flag=1001030103_?c&type=comment.

 案例6

严查以房养老骗局背后的"套路"

一些"以房养老"欺诈案例表明,部分"以房养老"骗局背后都有套路,甚至具有明显的"套路贷"犯罪特征。"以房养老"骗局与"套路贷"犯罪具有一定的重合性。有关部门应厘清"以房养老"骗局的犯罪特征,并参考打击"套路贷"犯罪的司法实践,及时出台法规严打"以房养老"欺诈犯罪。

目前由"以房养老"衍生出来的诈骗花样不少,有"天上掉馅饼"式的骗局——"把房子抵押借款半年,期间每月都能得到10%的高息,到期赎回房子";有购买理财产品式的骗局——老人抵押房产,由此获得贷款并去购买特定理财产品;还有投资养老公寓式的骗局,让老人预交大量定金,进行非法集资。近年来,社会上形形色色的骗子,纷纷把贪婪的目光投向老年人,而不幸掉入"以房养老"陷阱的老年人则显得尤为悲惨。在各种"以房养老"骗局中,老人们要么只得到少许利息却失去了唯一的居所,要么被骗去了房子还额外背上了巨额债务,许多涉案老年人失去房子又拿不到养老金,落得老无所依的无助境地。

当前老年人掉入"以房养老"骗局后,合法权益难以维护的局面值得深思。目前,因"以房养老"而失去房屋的受害者,很少能够追回房产。究其原因,"以房养老"骗局的涉案公司往往专业化分工、流程化特征明显,导致受害老人维权难度极大。一些老人被骗子忽悠而签下抵押房产的借款合同,还莫名其妙地签下经公证的"委托书"放弃抗辩权。获得"全权委托"的骗子可以"合法"地随意处置房产,价值数百万的房子甚至以几千元价格贱卖。一些"以房养老"欺诈案例表明,部分"以房养老"骗局背后都有套路,甚至具有明显的"套路贷"犯罪特征。不法分子精心设计出"借款+委托售房"的模式,存在着规避国家法律的明显意图。同时,一些案件存在着若隐若现的公证机构、放贷者、委托代理人、买房人共谋勾结的痕迹。

在一些"以房养老"骗局中,还存在明显的暴力行为,许多案件都是多个壮汉采取打砸方式硬闯入受害老人家中,一些老人甚至是连人带物被扫地出门、扔进楼道。"以房养老"欺诈案中,往往隐约可见分工明确的犯罪集团,同时还有专业的财务、法律人士各司其职。这些人主观上以非法占有他人财产性利益为目的,由不同的犯罪分子分阶段实施物色被害人选、诱骗签订合同,犯罪后期主要以威胁、胁迫等暴力手段驱赶被害人并占有其房产。种种迹象显示,"以房养老"骗局与"套路贷"犯罪具有一定的重合性。有关部门应厘清"以房养老"骗局的犯罪特征,并参考打击"套路贷"犯罪的司法实践,及时出台法规严打"以房养老"欺诈犯罪。不能让受害者失去自己安身立命的房子,必须以法律武器脱去犯罪分子身上披着的"合法"、合同的外衣,必须迅速关闭骗子攫取老人房产的方便之门。

资料来源:http://www.xinhuanet.com/comments/2019-05/06/c_1124454363.htm.

案例 7

浙江"以房养老"个案诞生　房子扮演了怎样的角色

杭州一对老夫妻在杭州市不动产登记服务中心顺利办理了"以房养老"反向抵押登记,8月7日,浙江首单"以房养老"保险发放,这对杭州老夫妻领取到了第一笔养老保险金。而近日,中国银保监会发布通知,在全国范围内推广老年人住房反向抵押养老保险。"以房养老",就是让老人能够提前兑现房子未来的价值,用于养老并改善老人的生活品质。但众多老人心存疑虑,进度较为缓慢。那么,在杭州的这个"以房养老"的案例中,房子究竟扮演了怎样的角色,反向抵押后,其产权又发生了怎样的变化呢?"以房养老"后每月能多领6 000多元,这对杭州老夫妻月收入将有万把块。住房反向抵押养老保险,是指拥有房屋完整产权的老人,将其房产抵押给保险公司,继续拥有房屋占有、使用、收益和经抵押权人同意的处分权,并按约定条件领取养老金直至身故;老人身故后,保险公司获得抵押房产的处分权,处分所得将优先用于偿付养老保险相关费用。

陆先生老两口是杭州第一个"吃螃蟹"的家庭。去年11月,杭州市多部门联合印发《杭州市住房反向抵押养老保险试点工作方案》,年龄范围为60周岁(含)至85周岁(含)的老人可参与投保。这意味着,陆先生老两口有机会申请"以房养老"。

据记者了解,陆老先生已经快80岁了,退休前是普通工薪阶层,老两口的退休金加起来不足4 000元,一旦生病住院,经济压力会比较大。而办理"以房养老"后,夫妻俩还能继续住在房子里,每月能领到6 000多元的养老金。这样的话,老两口每月收入达到万元左右,生活会相对宽裕不少。房子产权仍属于老人,能出租但无法偷偷卖房。很多老人对"以房养老"心存疑虑的原因,是担心房子产权发生变化,生怕养老金拿了几年会出现变故,到最后钱也拿不到,房子也没了。

承保陆老先生两口子"以房养老"的幸福人寿保险股份有限公司浙江分公司的相关负责人表示,老人办理住房反向抵押养老保险后,并非房子的产权转移到了保险公司,事实上,房子的产权仍属于老人(不动产权证仍在老人手上),只是这时候的房子产权是"有限制的所有权"。

钱报记者从杭州市不动产登记服务中心了解到,进行反向抵押登记后,无论是不动产权证上还是后台的数据库,都会有相应的记录。也就是说,办理以房养老保险后,虽然不动产权证仍在自己手里,但想偷偷转让是不可能的,办不了过户。不过,老人可以将房子进行出租(每次签署的租赁合同期限应在两年以下)。像陆老先生的房子位于上城区近江一带,面积不到40平方米,月租金在4 000元左右。办理以房养老后,陆老先生老两口在领取每月6 000多元的养老金基础上,还可以将房子出租,再获得4 000元的租金收益。以后老两口住养老院,费用也绰绰有余。等到老人百年之后,其继承人仍享有优先赎回权,可以选择偿还养老保险相关费用赎回房屋;如继承人不选择赎回,则保险公司对房产再进行处置,处置所得优先偿还养老保险相关费用,如有剩余归属继承人,如不足则由保险公司承担。其中,养老保险相关费用包括:按50%承担的房屋评估、抵押、公证、律师等费用;保单管理费;在特定期限中保险公司已支付的基本养老保险金额及其利息累计值(按年复利5.50%计算);退保手续费；其他可能发生的费用等。

杭州试点半年多，咨询的人多，尝试的人少。从去年11月杭州成为全国第8个住房反向抵押养老保险试点城市至今，杭州仅陆先生夫妻俩成功办理。

"住房反向抵押养老保险，主要是为了满足希望居家养老、增加养老收入、长期终身领取养老金的老人。"幸福人寿浙江分公司相关负责人解释，"来咨询的老人很多，但真正适合办理并且符合所有条件的太少。"

要办理这项业务，首要条件就是老人的房屋产权必须清晰。该负责人举例，"曾经有位孤寡老人来我们公司来咨询，想办这个以房养老的业务，年龄等条件都符合。但是他的不动产权证书上面有3个人的名字，这就涉及后续可能出现各种复杂的纠纷，所以无法办理。"

事实上，从"以房养老"的保险条款来看，要求也颇多。老人与保险公司签订合同时，双方将确定基本养老保险金额，以抵押房产的评估值为基础，同时考虑房屋折旧、预期增值、预期的老年人平均生存年限等，由专业精算师计算，金额一经确定，不能变更。在老人投保期间，碰到抵押房屋拟被征收、征用或拆迁，怎么办？老夫妻双方投保，其间若离婚怎么办？老夫妻双方投保，其中一方身故后，养老保险费用有什么变化？……种种情况，合同上都有相关的详细约定。

资料来源：http://www.xinhuanet.com/politics/2018-08/16/c_1123278652.htm。

第十三章 退休养老规划

学习目标

理解和掌握退休养老规划的基本概念;熟悉制作养老规划的基本流程;了解主要的退休养老规划工具。

导入案例

莫让骗局坏了"以房养老"制度

作为一种创新的养老保障模式,"以房养老"是近年来备受社会关注的话题。一方面,虽然相关方面多方宣传倡导这一新理念,然而一旦落实到现实层面,受制于家庭观念以及操作的便利程度,其推广成效一直未尽如人意;另一方面,一些打着"以房养老"名义的欺诈现象屡屡出现,忽悠老人签下充满陷阱的房屋抵押合同,最后使得不少人陷入房财两空的境地。这种骗局形式上,老人们与公司签订"住房反向抵押贷款"合同,通过"倒按揭"的方式从后者定期获取现金收益,来保障自己的老年生活。问题在于,在整个操作过程中,后者充分利用了双方信息的不对称,把老人抵押的房子变成了攫取利益的工具。例如,该公司安排老人与第三方签订担保合同,但实际上这个第三方却是空壳公司;该公司向老人宣讲"以房养老"抵押可以随时退出,然而一旦签了抵押合同,转身把房子抵押给各种小贷公司。透过这些细节,应该提醒老人们在签订类似的合同时应该谨慎行事。

透过此事还应该认识到,任何一种创新性制度,只有落实好必要的配套监管、风险救济等机制,才可能最大限度地杜绝被一些人"玩概念"或者"挂羊头卖狗肉",用来谋取不正当利益。

资料来源:http://www.xinhuanet.com/comments/2019-05/31/c_1124565630.htm.
相关视频链接:http://tv.cctv.com/2018/08/18/VIDE5l3AaWD9duWrTziVTr02180818.shtml.

第一节 退休养老规划概述

退休养老规划是指根据自己确定的退休后的生活目标,在退休前预计退休后所需的支出金额,通过积累好相应的资金,在退休后按照计划进行消费的一个规划。退休规划是为保证在将来有一个自立、尊严、高品质的退休生活,从工作期间开始积极实施的规划方案。

进行退休规划时,需要明确退休规划和普通理财规划的不同。退休规划分为退休前的积累和退休后的消费,退休前有收入,可持续投资,但退休后原来的收入没了,只剩下支出。所以在退休前,理财规划的要点类似于一般的要求,但在退休后,积累的资产要能提供稳定、定期的现金收入。针对退休前是资产的积累期,退休后进入消耗期的特点,退休规划除了风险考虑的比重提高外,对现金流量的估算的重要性并不次于对报酬率的要求。此外,准备退休费用是一个长期的积累和投资的过程,会遇到很多干扰因素,不要轻易放弃自己的计划。

退休养老规划是个人理财规划的重要组成部分,所谓"兵马未动,粮草先行",科学合理的退休养老规划的制定和执行,将会为人们幸福的晚年生活保驾护航。

一、退休规划的必要性

退休后能够享受自立、尊严、高品质的退休生活,是一个人一生中最重要的财务目标,因此,退休规划是整个人生财务规划中不可缺少的部分。合理有效的退休养老规划不但可以满足退休之后漫长生活的支出需要,保证自己的生活品质,抵御通货膨胀的影响,而且可以显著提高个人的净财富。退休规划的灵活性相对较差,不像房子和子女教育规划,拆借的空间相对较小,而且从某种意义上讲,所有的个人理财规划最终都是为了富足养老服务的。忽略退休规划的重要性和紧迫性,将来就可能陷入严重的困境,所以退休规划尤为必要,不可轻视。

1. 我国已进入人口老龄化社会

随着经济社会的快速发展和人民生活水平的大幅提高,国人的平均寿命在不断延长。我国目前已经进入老龄化社会,老龄化速度快,老年人口数量大。根据2010年第六次人口普查资料,60岁以上人口占13.26%,比2000年人口普查上升2.93%。据预测,到2020年,我国老年人口将达到2.3亿,占总人口的15.60%;2050年将达到4.1亿,占25.80%,北京、上海等特大城市的老年人口还将达到全部人口的40%—50%。2030年到2050年将是我国人口老龄化最严峻的时期。我国"未富先老"的现实,给我们带来了严重的问题和挑战:既要解决发展经济实现富起来和现代化,又要同时解决老龄化社会面临的一系列新问题,整个社会的消费结构、劳动力总量、社会保障体系将面临巨大的变化和挑战。老龄化社会对保障老年人生活质量提出了崭新的课题,中国养老金的缺口越来越大,中央政府用于养老保险的拨款有限。因此,如何保障自己满意的退休生活,做好退休规划尤为重要。

2. 家庭养老方式的转变

我国素有"养儿防老"的传统家庭养老方式。在传统的自然经济下,家庭作为社会的基本细胞,理所当然地担起了赡养老人的义务,通过家庭代际之间的承接实现养老保障。事实上,中国古老的"养儿防老"就是最原始的退休生活规划。然而随着社会的发展,这种养老模式越来越显露出它的弊端。许许多多的老年人,正用他们自身的悲剧否定这种养老模式。据调查,目前在我国的老年人中,"空巢"率已超过25%,这就意味着有25%的老人身边无子女照料;而且随着我国家庭人口数量的减少,年轻劳动力人口向一二线城市流动,"空巢"家庭增多是必然趋势。

特别是随着计划生育的实施,"四二一"家庭大量出现,未来子女养老负担越来越重,在赡养父母方面逐渐变得"心有余而力不足"。在第八届世界华人保险大会暨2010年国际龙奖 IDA 年会上,国际认证财务顾问师协会中国发展中心秘书长郑森源语出惊人:你们这一代应该是被子女"抛弃"的第一代。中青年人应该做好"空巢养老"的准备,必须从现在起留出自己"过冬的粮食",如果期望退休后能安享天年,过上财务自主、独立、有尊严的生活,退休规划就应该得到足够的重视。

3. 社会保障不足

我国目前实行的是"广覆盖、低保障"的社会养老保障制度,国家的养老政策度只能保障居民晚年基本生存,还不能达到幸福生活的要求。老龄人口增多,养老保险基金运营的存在一定的压力。企业年金制度才刚刚起步,还相当不成熟,居民很难通过这一途径获得退休后的坚实保障,约有 30%—50% 的退休金还需要居民自己筹集。

4. 退休生活时间增加

据统计,2010 年中国的人均寿命达到 74.83 岁,比 1949 年的 35.00 岁延长了 1 倍多,已接近发达国家的水平(发达国家的人均寿命为 75 岁);个别地区已超过发达国家的平均水平,例如上海男性人均寿命达到 78.20 岁,女性人均寿命达到 82.44 岁。与此同时,人们的退休年龄并没有推迟,退休后收入减少,无法保证支出,由此可见,随着人均寿命的提高,社会平均退休后生活时间延长,如果用于退休养老的资金不变,就会出现养老金不足,退休生活质量下降的现象。所以提前进行退休规划非常重要。

5. 通货膨胀的压力

2018 年居民消费价格指数(CPI)比 2017 年上涨 2.10%,2018 年 1—10 月,居民消费价格指数同比上涨 2.50%,较 2017 年同期加快 0.60%。其中,食品价格指数同比上涨 3.30%,较 2017 年同期的 −0.40% 加快 3.70%,生活用品和服务类价格指数以及交通通信类价格指数均较 2017 年同期温和上涨,同比涨幅分别由 2017 年同期的 1% 和 1.10% 扩大至 2018 年的 1.60% 和 1.90%。总之,通货膨胀的压力一直存在,为了保证我们的财富不至于严重"缩水",做好理财规划非常重要,而对于养老金的规划更是不容忽视。

6. 退休后医疗费用的增加

无论年轻时多么强壮,随着年龄的增加,身体的机能会逐渐衰退,体质减弱,各种疾病接踵而至。按照一般统计,老年人花费的医疗费用是年轻人的 3 倍以上。而随着医疗体制的改革和医疗技术的发展,医疗费用的上涨速度惊人。因此,退休后的医疗费用支出将成为退休规划的重要组成部分,必须预备一大笔资金用于支付退休后的医疗费用,才能不用在将来忍受有病不敢就医的痛苦。

二、退休规划的影响因素

做任何事情都会受到一些条件的制约,对于退休养老规划也一样,我们在进行退休养老规划的时候,需要对其影响因素进行分析,主要有以下一些:

1. 家庭情况

退休养老规划不是一个人的事,往往是从整个家庭的情况来考虑。家庭情况主要考虑两个因素:一是子女,如果为了供孩子上大学,帮他们筹备婚礼、买车买房,这些不仅需要花费很多的钱,而且会影响退休规划,甚至晚退休。二是配偶,主要考虑配偶的收入情况,如果两个人都有收入,一起为养老做准备,这样压力就会小点;如果配偶工作收入比较低、甚至没有工作,这样可能需要靠一个人的力量来储备两个人的养老资金,压力就会比较大。

2. 职业生涯

职业生涯决定一个人的收入和退休年龄问题。

收入越高,积累财富的能力也就越高。但是,挣得多并不意味着就能提前退休,事实可能恰好相反。这倒并不全是因为你已经习惯了退休前的高品质生活标准,主要是因为你的收入越高,社会保障返回给你的退休福利占退休前收入的比例就会越低(养老替代率低)。结果就是:你要比那些习惯了挣得少花得也少的人攒下更多的钱才行。

退休年龄对退休规划会产生两方面的影响:一方面是影响个人收入积累的时间;另一方面是影响个人退休后生活时间的长短。一般而言,退休后的生活时间可以一国或地区的人均寿命适当延长5—10年作为退休规划的目标时间,退休后的生活费主要靠退休前的工作时间筹措而来的,离退休时间越短,则累计工作的收入期间越短,退休金储备压力就越大。虽然推迟退休可以积累更多的工作收入,缓解退休金的筹备压力,但是推迟退休可能会影响人生的其他规划,而且客观上大多数人的退休时间是不能自主决定的。有些人还会因为种种原因而选择提前退休,如工作太过劳累、压力太大、健康状况不佳等,都会影响退休规划的目标和实施。

3. 退休的生活费用

退休后生活费用的高低一般取决于个人或者家庭的日常生活形态、消费习性和退休所在地的消费水平。退休生活费用越高,退休金储备的压力就越大。

4. 退休前资产累积

退休前累积的资产是退休后主要的收入来源,退休前资产累积越多,则退休后生活越宽裕。比如家里如果有套大房子,还可以将房子出租或者变卖换取养老金。若资产累积迅速或者退休金优厚,则可以规划提前退休,趁年轻完成其他人生愿望。

5. 健康状况

健康状况会影响一个人的寿命,也会影响退休后的费用支出。如果家族历史和自己的健康状况预示你会晚年健康,那就应该多多存钱,攒上足够你花25年、30年甚至更久的钱。也许这就是所谓"活得太久"的长寿风险。但反过来看,如果你超重、从不锻炼、每天一包烟,还是需要存下一笔可观的钱。因为你退休后的时间可能并不长,但恐怕更花钱,因为患上各种老年病的几率更高,甚至可能还要支付一大笔长期护理费用。

6. 通货膨胀

通货膨胀率越高,退休金储备压力就越大。若通货膨胀率为3%,则15年后购买力下降36%;若通货膨胀率为5%,则15年后购买力下降52%;若通货膨胀率为10%,则15年后购买力下降76%。

7. 是否需要为子女留遗产

受中国传统思想的影响,很多人都希望在去世之后依然可以为子女做一些事情,把自己的遗产留给子女。如果要为子女留遗产,退休金储备压力就更大,除了需要储备自己退休后的养老资金,还需要资金作为遗产留给子女。

8. 金融素养

个人金融素养的高低会影响退休养老规划,金融素养越高,人们对金融市场相关概念的了解程度越高,从而促进人们对退休养老规划这一重大金融决策的认知、参与,进而提高了人们将来退休生活的质量。

资料来源:钱锐,《人格特征、金融素养与养老规划的关系研究》,东南大学硕士论文,2017。

三、退休规划的原则

在个人理财规划中,退休养老规划开始于职业生涯的中期,见效于金色晚年。因此,退休养老规划需要格外慎重,在进行退休规划时应该注意以下原则。

1. 尽早规划

养老规划是人生最大的规划之一,你不能指望在短时间内一蹴而就,应越早越好。尽早规划原则就是说退休规划启动的时间越早越好。多数人只关注眼前的利益,认为离退休还早,不愿意牺牲现有的生活品质去规划未来的退休生活。其实,退休规划的起步越早越好。在发达国家,公民一般很早就有理财养老的意识,而且做得很好。尽早开始进行养老规划,运作的空间大,成功的概率也高。对于大多数人而言,工作收入的成长率会随着工资薪金收入水平的提高而降低,而理财收入成长率会随着资产水平提高而增加。最晚应该从40岁起,以还有20年的工作收入储蓄来准备60岁退休后20年的生活,这样才能保证退休以后的舒适生活。

表13-1假定某人期望到60岁退休的时候能有100万元用于养老补贴,在投资回报率12%的情形下,开始投资年份分别从20、25、35和45岁投资的成本和收益状况。

表13-1 退休投资收益率比较(假定投资回报率12%)

开始投资年份	投资总年数	月投资额/元	年投资额/元	总投资额/元	累积价值/万元	增值率/倍
20	40	85	1 020	40 800	100	23.51
25	35	155.50	1 866	65 310	100	14.31
35	25	532	6 384	159 600	100	5.26
45	15	2 001	24 012	360 180	100	1.78

从表中可以看出,投资年份越早,所得收益率就越高。虽然这里没有考虑到通货膨胀等的影响,但是也在一定程度说明了退休规划越早开始越好。

2. 弹性规划

弹性规划原则就是指退休规划要留有充足的余地,不要因为少考虑某一个因素,影响晚年退休生活质量。强调弹性退休规划是考虑到两个因素:一是规划不完善,由于主客观因素的限制,退休规划不可能十全十美,总会存在一些这样那样的缺陷;二是未来经济发展变化的不确定性,养老规划对资金流动性要求较低,但是对安全性要求较高。所以在进行具体规划时,要多考虑一些因素,采取多样化的退休金储备方式。

3. 收益最大化

收益最大化的原则是指在投资风险保持不变的情况下,投资者总是追求收益最大化;在收益保持不变的情况下,投资者总是追求风险最小化。在进行退休规划时,就是要把握好这样的原则,提高投资收益。

在具体的投资操作过程中,如果在众多的投资品中选择一个品种作为投资对象,最好的选择应该是收益率最高或者风险最小的产品。一般情况下,收益率越高,风险越高。因此,可以以收益率较低,但风险也低的养老保险或者退休年金满足基本支出;以收益较高,但风险较大的基金或者股票投资,满足生活品质支出。

若要以养老保险或者退休年金来准备退休金,优点是具有保证的性质,可降低退休规划的不确定性;缺点是报酬率偏低,需要有较高的储蓄能力,才能满足退休需求的金额。其解决之道是将退休后的需求分为两个部分:第一部分是基本生活支出;第二部分是生活品质支出。一旦退休后的收入低于基本生活支出水平,就需要依赖他人救济才能维持生活,因此这是必要的收入。而生活品质支出是补足退休后生活理想所需的额外支出,有较大的弹性。因此,对投资性格保守,但安全需求较高的人来说,以保证给付的养老保险或者退休年金来满足基本生活支出;另以股票或者基金等高报酬、高风险的投资工具来满足生活品质支出,是一种可以兼顾老年安养保障和充分发展退休后兴趣爱好的资产配置方式。

四、退休养老规划常犯的错误

1. 起步太晚

在上面的规划原则里提到养老规划要尽早,但是在现实生活中还是有很多人迟迟没有开始自己的退休养老规划,他们认为现在考虑退休的问题还早,认为现在还有其他更重要的事情要做,没有精力去考虑退休的问题。很多人等到快接近退休时才开始考虑退休规划,这时候就有点晚了,投资运作的空间也小了,这样就不能保证一个满意的退休生活,所以还是尽早准备比较好,至少要提前20年准备养老费用才比较轻松。

2. 储蓄太少

很多人在做退休规划的时候,都会假定自己退休后的财务开支会大幅度减少,从某种经济角度来说,这样的假定是合情合理的,退休之后有些费用是会下降,但是人们不要夸大了这种下降幅度,而且在一些费用下降的同时,有另外一些费用是上升的。由于太过于乐观的估计,有些人就会储备得很少,最后可能大致不够用,一般认为至少应将年收入的10%—20%拨入退休投资基金中。

3. 投资过于保守

为了追求养老金的安全性,大多数人不愿意将养老金投资于高风险的投资工具,一般都是选择保本和稳健的投资工具。但是收益和风险是成正相关的,你不愿冒高风险,也就放弃了高回报。所以在进行养老金投资时,要追求收益和风险的平衡,不能仅仅为了安全,过于保守,这样不利于养老金的增值,甚至会出现贬值。一般认为至少要实现年回报率6%。

4. 受到干扰太多

前面提到退休规划受到很多因素的影响,有些人可以很好地处理这些影响因素,不让其影响自己的退休养老规划,但也有很多人会被各种各样的因素干扰,如为了子女教育或者其他大额开支而推迟退休储备或削减退休储备。

5. 风险太高

风险太高是过于保守的对立面,既不能太保守,也不能冒太大的风险,毕竟养老金是养命钱,退休投资绝对不能亏损,否则老年生活将没有保障。

五、退休规划平衡原理

美国经济学家弗朗科·莫迪利安尼提出生命周期消费理论。生命周期消费理论认为,人们会在相当长时期的跨度内计划自己的消费开支,以便于在整个生命周期内实现消费的最佳配置。从个人一生的时间发展顺序看,一个人年轻时的收入较少,但具有消费的冲动、消费的精力等消费条件,此时的消费会超过收入;进入中年后,收入会逐步增加,收入大于消费,其收入实力既可以偿还年轻时的债务,又可以为今后的老年时代进行积累;退休之后步入老年,收入减少,消费又会超过收入,形成负储蓄。

退休规划是生命周期理论的具体体现。通过规划,可以将一生的收入和资产在整个生命周期做跨时平滑消费。以实现一生效用最大化,从而保障老而无忧。如图13-1所示:

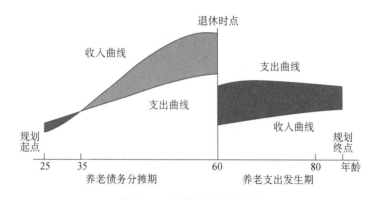

图 13-1 退休规划平衡公式

$$W_x(1+k)^{n-x} + \sum_{t=x}^{n}(E_t - C_t)(1+k)^{n-t} = W = \sum_{t=n}^{D-1}\frac{C_t^*}{(1+k)^{t-n}}$$

时间符号

t:未来某年

x:当前时点

n:退休时点

D:死亡时点

计算符号

W_x:目前拥有的资产

W:退休时点的养老资产

k:贴现率

E_t:第 t 年当期收入

C_t:第 t 年消费支出

C_t^*:第 t 年净支出(第 t 年消费需求—第 t 年养老金供给)

公式的左边表示退休收入总和,右边是退休支出总和,两边相等时代表收支相等,收入刚好满足退休支出,如果不相等就出现了缺口,要进行调整。这个公式在下一节制定退休规划时将会用到。

第二节 退休养老规划流程

退休养老规划是所有财务规划中时间最长的规划。退休养老规划是为了保证将来生活的高品质,这是一个人一生中最重要的财务目标,因此需要尽早开始积极规划。一个完整的退休规划主要包括职业生涯设计、退休生活设计和为弥补养老金缺口而进行的储蓄投资设计。退休规划流程就是由退休生活目标测算出退休后到底需要多少钱,同时由职业生涯状况推算出可领取多少养老金,然后计算出退休后需要花费的资金与可领取的资金之间的差距,即自己应该筹备的退休资金。因此,退休规划的一般流程包括以下几个环节:确定退休养老目标、预测退休后资金需求、预测退休收入、计算退休资金缺口和制定计划弥补资金缺口。

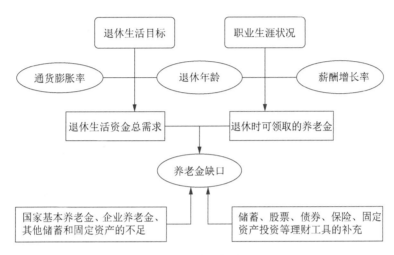

图 13-2 退休规划流程图

一、确定退休养老目标

退休养老的生活目标是个人退休规划所要实现的目标,即人们所追求的退休之后的一种生活状况。个人既可以选择追求精神享受和个性发展的退休养老生活,也可以选择安逸闲适的退休养老生活。它包括人们期望的退休年龄和退休后的生活质量要求。

1. 退休年龄

我国的法定退休年龄是男年满60周岁,女工人年满50周岁,女干部年满55周岁。近几十年来,各国普遍有一种推迟退休年龄的趋势,某些行业的员工可能工作到70岁甚至更久。此外,经济景气状况、不同人群以及自身的身体和精神状况等,也会对退休年龄产生影响。而退休年龄直接影响退休规划的其他内容,希望退休的时间越早,需要积累的退休储蓄金就越多,也就意味着每年要为退休预留更多的钱,或者在投资中冒更高的风险来达到退休目标。

2. 退休后的生活质量

虽然退休规划的目标是实现甚至提高个人退休以后的生活质量,但个人期望的生活方式和生活质量不能脱离现实,仍然应当建立在对收入和支出进行合理规划的基础上,因为毕竟退休所能实现的额外收益是有限的。

应当注意,以上两个目标并非孤立存在,它们之间相互关联,有时甚至此消彼长。例如,在其他条件不变的情况下,为了享受高质量的退休生活,个人必须推迟退休年龄、延长积累时间;反之,为了更早地享受退休生活,有时不得不降低退休后的生活质量。

二、预测退休后的资金需求

退休后选择不同的生活方式必然对应着不同的资金需求。确定了退休目标之后,就应进一步预测退休后的资金需求。退休养老生活的支出包括:居住费用、日常生活费用、医疗费用、参与各种活动的费用、学习和兴趣活动的费用、旅游费用等。进行退休后资金需求预测时,由于受到许多不确定因素的影响,不可能规划得非常准确,只能进行大概估算。最简单的方法就是以当前的支出水平和支出结构为依据,将通货膨胀等各种因素考虑进来之后,分析退休后支出水平和支出结构的变化,进行差额调整后,就可以得出退休后大体上的资金需求。

一般来说,退休支出的预测有以下 3 种方法

1. 退休收入替换法

该方法是基于个人退休前收入的某一百分数进行计算,一般将个人退休后支出设定在最终退休前收入的 60%—70%,以维持相同的生活水平,这一比例被称为工资替换率。该方法是基于退休后某些生活费用将有一定程度降低的假设,包括服装费、差旅费、交际费、房贷费、子女教育费等的降低。

2. 退休消费替换法

该方法是基于退休前支出的某一百分数进行计算,利用个人在当前或退休后的消费与开支替换率(一般经验认为 80% 左右)来评估退休后的消费支出。一般来说,退休后人们日常的消费会相应减少。其具体步骤如下:

(1) 计算当前每月日常支出 A;

(2) 退休后很多活动会减少,支出也会降低,把上面的数字乘以开支替代率(如 80%),计算当前退休时所需要每月支出数字 B,即 $A \times 80\% = B$;

(3) 再考虑从现在到退休时通货膨胀的影响,计算退休时需要每月支出数字 C;

(4) 假设退休后的投资回报率基本抵消通货膨胀的影响,则 $C \times 12 \times$ 退休生活年限 $= D$,就是我们需要的退休金总数。

3. 费用测算法

该方法首先计算当期的生活成本,包括衣、食、住、行、娱乐活动、社交活动等的费用;然后考虑退休后支出项目的变化,比如交通费、交际费、子女教育费等下降,但是医疗费、旅游费、护理费、娱乐活动费等会上升,还有自己退休后一些个性化的支出,比如旅游计划、护理计划、迁居、抚育第三代、遗产等,再考虑通货膨胀的影响,一些意外事件的影响,计算出退休后第一年的支出。最后估算余命,计算一共需要多少退休金,在估算余命时要根据生命表,考虑到性别差异和家族及个人的既往病史等情况,这样估算出来的余命才会更准确一些。

以上三种方法中前两种操作起来比较简单,只要考虑一个替代比率就可以,但是准确度不够高,可能会出现一些长寿风险和一些意外事件的影响。第三种方法比较复杂,考虑的因素比较多,但是比较准确。在具体运用中,可以根据实际情况,适当结合起来。

表 13-2 退休后费用变化情况

费用减少	食品——年龄越大,消费越少
	外面就餐——退休之后一般在家里吃
	衣服和清洁——不再需要职业套装
	住房——回搬入更小的房屋
	交通费——不用上班后,不用经常外出
	按揭偿还——按揭贷款已全部付清
费用增加	医疗保健——身体状况变差,医疗保健开始受到关注,相关费用大幅增加
	家务——随着身体条件的变化,将借助于社会服务,自己做得越来越少
	旅游——退休之后有大量的时间可以游玩
	娱乐活动——越来越多享受娱乐保健活动
	护理——老了之后,可能会需要一些特殊的护理

三、预测退休后收入

每个人的退休生活最终都要以一定的收入来源为基础。个人退休收入主要包括社会基本养老保险、企业年金、商业保险、投资收益、退休时积累的生息资产、子女赡养费、遗产继承、兼职工作收入、资产出售收入等。在所有这些项目中,社会基本养老保险和企业年金是最基本,也是最重要的两种退休收入来源。

退休规划的第三步就是要计算退休时所能领取到的退休金以及现在手边的股票、基金、存款等,预计到退休时,共可累积多少可用资金。

四、计算退休资金缺口

对比预测的退休后收支差额,就可以知道退休资金的缺口,即个人需要弥补的部分。如果收支差额为正,意味着收入足以实现退休目标,那么注意资金的安全是首要的;如果收支差额为负,则要制定相应的理财方案来赚取收入以弥补缺口。需要注意的是,在计算退休资金缺口时,要考虑利率的变动和通货膨胀的影响。

五、制定计划弥补资金缺口

如何为估算的养老资金寻找资金来源是退休规划的最后步骤,应该制定一个相应的理财规划,选择报酬率和风险适当的投资工具,以达到弥补资金缺口的目的。退休资金缺口的弥补可以通过提高储蓄比例、降低退休后开销、延长工作年限、提高投资收益、参加额外的商业保险计划等方式来实现。

根据退休后的生活需求、身体状况等的不同,一般可以将退休生活划分为以下 3 个阶段,并分段进行规划。

(1) 退休前期(一般为 65 岁以前),这一阶段尚有工作能力,为了进一步发挥余热或想获得一些额外收入,可视工作意愿选择兼职工作,以兼职收入维持基本开销,同时保证充分的时间享受退休生活。

(2) 退休中期(65—75岁),本阶段具备积极的生活能力,是退休生活支出的高峰期,如旅游、发展业余爱好等。这一阶段应保证留有 1/3 的退休金额供退休后期使用。

(3) 退休后期(75岁以后),这一阶段是人生的残阳时光,个人的身体健康状况不容乐观,活动性降低,以居家为主,日常生活需要他人照顾,医疗费用增加。这一阶段的花费比前两个阶段要多,需要有一定的退休金作为保障。

第三节 退休养老规划工具

富足怡然的退休生活不仅需要尽早规划,还要选择适合自己的退休养老规划工具。随着投资理财方式越来越多元化,可供养老的工具也日益增多。总体来说,可用来养老的工具大致可以分为六类:基本养老保险、企业年金、商业养老保险、金融投资、以房养老、艺术品投资。

每一种养老工具都有其鲜明的特色,同时也不可避免地存在缺陷,每个人需要根据自己的实际情况选择一种或者几种适合自己的养老工具。

一、基本养老保险

基本养老保险是国家根据法律、法规的规定,强制建立和实施的一种社会保险制度。在这一制度下,用人单位和劳动者必须依法缴纳养老保险费,在劳动者达到国家规定的退休年龄或因其他原因而退出劳动岗位后,社会保险经办机构依法向其支付养老保险金待遇,从而保障其基本生活。基本养老保险与失业保险、基本医疗保险、工伤保险、生育保险等共同构成现代社会保险制度,并且是社会保险制度中最重要的险种之一。

关于基本养老保险的具体内容,在本书的前面章节有具体的介绍,这里就不再展开,读者可以翻阅前面的章节来了解基本养老保险的缴费、待遇领取及领取条件等内容。

要注意的是,我国的基本养老保险发展不平衡,政府机构、事业单位、城镇职工、城镇居民、农村居民的待遇不同,而且待遇的多少和自己缴费的情况及缴费年限有关。在进行退休规划时要根据自己的实际情况进行,如果养老金待遇不高的话,可能还需要其他的工具来储备养老金。

二、企业年金

企业年金即企业补充养老保险,是指在国家基本养老保险的基础上,依据国家政策和本企业的经济状况建立的,旨在提高职工退休后生活水平,对国家基本养老保险进行重要补充的一种养老保险形式。企业年金与基本养老保险既有区别又有联系,其区别主要体现在两种养老保险的层次和功能上的不同,其联系主要体现在两种养老保险的政策和水平相互联系、密不可分。

企业年金的缴费是由企业和个人共同承担,一般不超过本企业上年度职工工资总额的 5%,经济效益好的企业经市社会保险管理局批准,可以适当提高缴费比例。

企业年金应在职工达到法定退休年龄,经批准退休之后才能领取,其支付形式可以由企业根据实际情况按月支付或者是一次性支付。未达到法定退休年龄或者退休人员死亡,其个人账户的企业年金余额可以由受益人或者法定继承人一次性领取。当职工辞职到其他单位工作时个人账户可以转移。

我国的企业年金才刚刚起步,发展较慢,而且发展不平衡,参加企业年金的企业中,绝大部分是中央和地方有实力的国有大中型企业,主要分布在交通、通信、能源、金融等垄断行业。而目前中小企业建立的企业年金基金,在全国企业年金基金总规模中占比非常小,缴费人数也比较少。

所以并不是每个人都可以选择企业年金来作为储备养老金的工具,如果所在的企业建立了企业年金,那么你就多了一条储备养老金的路,如果没有的话,就只能靠其他方式了,比如购买商业保险、进行金融投资。

三、商业养老保险

商业养老保险是职工个人根据收入情况和自身的需要而自愿参加的一种商业性人寿保险形式,是多层次养老保险体系的重要组成部分,商业养老保险的被保险人,在缴纳了一定的保险费以后,就可以从一定的年龄开始领取养老金。这样,尽管被保险人在退休之后的收入下降,但由于有养老金的帮助,仍能保持退休前的水平。

与基本养老保险不同,商业养老保险是一种市场行为,投保人根据自己的经济情况以及想要的养老保障设计养老保险。其最主要的特点是具有较高的保障性,并且个人可以根据自身的能力和需要灵活地选择保障程度,是实现退休规划的主要投资方式。

目前,有养老保障功能的商业保险有很多,大致可以分成传统型养老保险、分红型养老保险、万能型养老保险、投连险这4种。

传统型养老保险的预定利率是确定的,因此日后在什么时间领取多少钱在投保时就可以确知,但收益不高,这一类型适合于理财风格保守、不愿承担风险的人群。分红型养老保险一般有保底的预定利率,但往往低于传统险,不过分红险在预定利率之外还有不确定的分红利益。万能险大部分有保证收益,收益率一般在1.75%—2.50%,但是这个回报率只针对扣除初始费用的投资账户。投连险被称为基金中的基金,收益随市场的变动而变动,收益可能较高,但是波动性也较大,运作过程中可能出现亏损,收益和风险由投保人100%享受或承担。

总体来说,由于退休养老的特殊性,在选择商业保险时应坚持以稳健为主,以降低风险、实现保值增值为主要目的。

四、金融投资

金融投资是目前大多数人比较熟悉的养老方式,可供选择的工具很多。

(1) 养老储蓄产品。包括银行各类存款、人民币理财产品、外币理财产品等。银行存款风险小,但收益低,在养老金刚进入资本市场时一般占较大比重,但随着投资工具选择的多样化,比重逐渐降低,仅作为短期投资工具满足流动性的需要。

(2) 国债。国债由中央政府发行,其收益的稳定性和安全性成为养老金最重要的投资工具。特别是在市场波动较大时,政府债券是理想的避险工具。

(3)证券投资基金。证券投资基金是一种大众化的信托投资工具,是一种风险共担、收益共享的集合投资方式。基金随风险收益不同分为货币型、偏债型、平衡型、偏股型,每个人可以根据自己的实际情况进行搭配。由于养老金的储备是一个长期的过程,投资者最好采用定期定投的方式来投资,因为可以均摊成本、降低风险,符合养老金稳健的特点。

(4)股票。股票具有高收益、高风险的特点。根据国外的经验,谨慎地放宽养老金的股票投资限制是提高养老金投资收益、保证其增值的重要途径。但是要控制投资比例,其投资比例主要取决于资本市场的成熟度和政府的监管水平。

五、房产投资

房产投资有着收益稳定、投资风险较小的优势。在经济条件较好的青壮年时期,购置一套或者几套住宅、商铺或写字楼,等到老年退休的时候,既可以出售房屋获取房价增长的利润来养老,也可以利用租金回报来补充自己的养老组合。这种以房养老的方式正成为很多富裕人群的选择。

房产投资需要丰厚的资金支持,同时,较其他投资方式来看,房产的变现能力也较弱。在目前房价不断上涨的情况下,选择以房养老的方式更要注意入场时机,防止高位接盘,影响养老金的储备。

同时,一些只有一套房的老年人也可以选择相应的方式,即"以房养老"。以房养老可理解为60岁前人养房,60岁之后房养人。其表现方式为反向住房抵押贷款,在60岁之前,通过储蓄存款、按揭贷款等形式购买住宅,并在60岁之前还清房款,取得该住宅的全部产权。再在60岁退休养老之时把自有产权的房子抵押给银行、保险公司等金融机构。后者在综合评估借款人年龄、生命期望值、房产现在价值以及预计房主去世时房产的价值等因素后,在一定年限内,每月向房主一笔固定的钱。房主继续享有居住权,一直延续到房主去世;当房主去世后,其房产出售,其所得用来偿还贷款本息,其升值部分归抵押权人所有。老人可以将住房进行反向抵押贷款,或者将自己的产权房租出去,以定期获得一定数额养老金或者接受老年公寓服务。

六、艺术品投资

随着收藏的不断升温,艺术品投资也开始进入大众的视线,逐渐成为一些人养老的选择,资金丰厚的人选择字画、古玩、红木家具等进行投资,普通民众则青睐邮票、纪念币、纸币,甚至茶叶这些资金占有量不大、升值空间却很大的小项目。

一般来说,艺术品投资是有行业和知识背景的,因此,在进入某一行业前必须有一定的知识和经验储备,否则就很容易赔了夫人又折兵。如果既缺乏专业知识,又无可靠的鉴定渠道,应谨慎介入收藏品市场。

本 章 小 结

退休养老规划是根据自己预期的退休生活目标,对收支情况进行估算,并弥补其中缺口的规划。随着经济和社会的发展变化,人口老龄化加剧、传统养老方式的转变、现行社会保障的不足、退休生活时间延长、通货膨胀、医疗费用上升等让退休养老规划变得很重要,也很有必要。进行退休养老规划的设计要遵循一定的流程:确定退休生活目标、估算退休资金的需求、估算退休收入情况、计算资金缺口、弥补资金缺口。估算退休资金需求有几种方法,要根据实际情况采取合适的方法。

养老规划是要考虑家庭情况、职业生涯、退休生活费用、现有财产情况、健康状况、是否要留遗产等影响因素,遵循尽早规划、弹性规划、安全与收益平衡的原则,避免走入一些常见的误区。

用来储备养老金的工具主要有:基本养老保险、企业年金、商业保险、金融投资、房产投资、艺术品投资。基本养老保险和企业年金是最基本的,它们提供基本的养老金,后面几种方式可以作为弥补资金缺口、让养老金增值的投资工具。

基 本 概 念

退休养老规划　　退休规划平衡原理　　退休养老目标　　退休资金需求　　养老资金缺口　养老规划工具　　商业保险　　金融投资

复 习 思 考 题

1. 简述退休养老规划的含义及必要性。
2. 影响退休养老规划的因素有哪些?
3. 进行退休养老规划会出现哪些误区?
4. 如何理解退休规划平衡原理?
5. 如何制定退休养老规划?
6. 退休养老规划的工具有哪些?
7. 尝试设计一份退休养老规划。

案例1

案例背景

李先生是一位律师,今年30岁,年收入约10万元,妻子汪女士是一家公司的法律顾问,今年27岁月收入4 000元左右,再加上年终奖月1万元,目前小家庭年度收入为16.8万元,年度开支为8万元。李先生预计日后的收入会有较大增长,妻子收入相对稳定。

李先生计划1年后按揭贷款买一辆10—15万元的私家车,并在两三年后生育一个小孩。李先生和妻子的兴趣爱好比较简单,目前未涉足任何投资领域。他们对股票、债券和基金等金融投资方式均不感兴趣。

李先生希望自己能于60岁正常退休,退休后的生活水平与目前的生活水平基本相当。

李先生一家的资产负债及收入支出、保障安排等基本情况见下表。

每月收支状况
单位：元

收入		支出	
该人收入	10 000	基本生活开支	4 000
配偶收入	4 000	医疗	100
其他收入	无	房贷	1 500
合计	14 000	合计	5 600
结余	8 400		

年度收支状况
单位：元

收入		支出	
年终奖金	10 000	保险费	4 800
其他	无	赡养父母	4 000
合计	10 000	外出旅行	4 000
结余	−2 800	合计	12 800

家庭资产负债状况
单位：元

资产		负债	
银行存款	50 000	公积金住房贷款	70 000
房地产（自用）	550 000	商业住房贷款（限期10年）	100 000
资产总计	600 000	负债总计	170 000
资产净值	430 000		

家庭保障安排情况
单位：元

	个人保障	单位保障
该人	养老保险（附加医疗保险和意外险），年交保费4 800，交20年，48岁开始领取养老金	四金
配偶	无	四金
父母	无	四金

养老规划分析

1. 估算养老所需要的费用

由李先生一家每月的收支状况表和年度收支状况表可知，全家每年收入为1.40万元×12+1万元＝16.80万元。如果李先生在退休时的收入与目前收入水平相当，考虑通货膨胀的因素，则李先生在60岁时的收入应该为43万元左右。从60岁到80岁，李先生总共需要的养老费用为1 238.80万元左右。

2. 估算能够筹措到的养老金

首先，李先生30岁时，每年全家收入17.80万元，根据工资收入平均每年增长5%的假设,李先生一家在退休前总共的工资收入约为 1 259.50 万元。

其次,李先生一家在 30 岁时,每年家庭开支为 0.56 万元×12+1.28 万元=8 万元。李先生准备一年后贷款买车,两三年后生育一个小孩。预计李先生 31 岁时每年的家庭开支需 10 万元左右;32 岁以后,有了小孩,每年的开支在 12 万元左右。同时根据家庭开支平均每年增长 3%的假设,李先生从 30—60 岁,家庭开支所需的总支出大约为 560.60 万元。

此外,李先生目前有一套自住房产,考虑到这套房子一般情况下不可能变卖,这里不把该项资产计算在养老规划内(按照"以房养老"而言,可以把该项房产算在养老资源的范围内),还有一笔 5 万元的存款。因李先生在一年后要按揭贷款买车,这笔费用将用于贷款买车的首付,也不计算在内。

估算李先生在 30 年时间内仅靠工资收入能积累多少资金时,为了计算方便,没有把银行利息计算在内。30 年时间里,李先生一家仅靠工作收入,且不做任何投资,能积累的资金为 1 259.50 万元−560.60 万元=698.90 万元。

3. 估算养老金的缺口

从 60—80 岁,李先生总共需要的养老费用为 1 238.80 万元,从 30—60 岁,仅靠工资收入,李先生一家能积累的资金为 698.90 万元,养老金缺口为 1 238.80 万元−698.90 万元=539.90 万元。可见,仅靠工资收入而不做任何投资规划的话,李先生的养老规划很难实现。这就需要李先生将生活费的结余部分拿出来去投资,投资收益正好弥补养老资金的缺口。

4. 制定养老金筹措增值计划

鉴于李先生对股票、债券和基金等金融投资方式均不感兴趣,且作为律师,业余时间有限,没有过多的精力涉足金融投资领域。专家暂不建议李先生投资股票、债券、基金等。但李先生曾在一家房地产公司做法律顾问,现在接受的案子也大多是房地产方面的,投资房产比较合适。

根据专家对各种投资收益率的分析,投资房产的综合收益率(包括出租和出售)为 4%—5%。李先生目前 5 万元的存款将用于购买私家车,要投资房产还需要用一定时间积累资金。李先生可以 5 年为一个积累期和投资期。如 35 岁时,李先生可积累资金大约为 52.90 万元。

李先生 35 岁时可投资一处大约 50 万元的房产。以此类推,在 45 岁和 55 岁时,李先生还可再投资一处房产。这样,如李先生一直持有这些房产,到退休时就可以拥有三处房产。当然其中有可能有买有卖,或不一定等到 10 年期再投资另一处房产,这些都要根据当时的情况而定。

可以大概估算李先生投资房产的收益情况。如把投资房产的平均收益率定为 5%。李先生 35—60 岁的 25 年时间里,李先生投资房产的收益大约为 915.10 万元。

李先生到 60 岁时,可获得资产 915.10 万元+220.30 万元(从 55—60 岁,李先生从工资中积累的资金)=1 135.40 万元。这就是说,李先生如按计划投资房产领域,到退休前,李先生至少能获得 1 135.40 万元的自由资产,距离 1 238.80 万元的养老费用已经非常接近。

计算时没有把银行利息计算在内,如加上银行利息,或者李先生在退休之后继续进行房产投资的话,李先生的养老规划完全可以轻松实现。

案例 2

台湾民众近六成退休沦为"苦老族"

2015年,台湾媒体公布的一项"退休理财生活大调查"结果显示,受访工作者中有近六成退休后将是准备不充分、财富不自由的"苦老族"。调查显示,相对于"苦老族",台湾工作者约有24.60%的"安老族"和19.20%的"享老族"。

据了解,调查采用的"退休准备指数"以7个问题测知工作者目前对退休准备的认知与行动情况,并换算为分数,满分为10分,6分以下属不及格的"苦老族"、6—7.9分为可过安适生活的"安老族",8—10分是可充分享受退休的"享老族"。结果显示,台湾工作者的退休准备整体分数为5.85分,不及格。

据悉,有近六成的"苦老族"不了解如何做退休理财规划,同族群有高达八成六的人觉得自己的退休规划不完善,还有九成认为以现在的规划来说,根本无法存到足够的退休金。

台湾社会目前正经历老年人口比例增加、生育率下降、扶老比增加等挑战,预计2026年,台湾平均每5个人中就有一位65岁以上的老人。台湾平均退休年龄不到60岁,等于有约20年或更长的退休时间。调查报告警示,退休后的"第三人生"如果没有好好规划,长命百岁可能变成一场灾难。

资料来源:http://news.cntv.cn/2015/07/05/ARTI1436077414736744.shtml.

思考:分析"苦老族"形成的原因,并谈谈对我们的启示。